U0529149

湖北省软科学研究专项计划项目"中国地方基本公共服务体制创新研究：以湖北省为例"（2011DHA012）

国家社会科学基金艺术类重点项目"国家文化管理体制改革与创新研究"（15AH007）

湖北省社科联 2020 年度湖北思想库课题"我国公共管理学科话语体系建设研究"（202008024）

湖北高校省级教学研究项目"新文科建设视阈下中国行政管理学科复合型人才培养模式创新研究"（2022014）

武汉大学"双一流"建设引导专项子项目"湖北省地级市公共服务能力指数研究"（413100034）

湖北省市场监管局标准化处委托项目"湖北省政府管理标准化体系优化研究"（1203/250000471）

珞珈政管学术丛书

# 地方政府公共服务能力差异性的结构比较分析

A Comparative Analysis of the Public Service Capacity Structure of Local Governments

陈世香 ◎ 著

中国社会科学出版社

# 图书在版编目（CIP）数据

地方政府公共服务能力差异性的结构比较分析 / 陈世香著 . —北京：中国社会科学出版社，2023.9
（珞珈政管学术丛书）
ISBN 978-7-5227-2636-6

Ⅰ.①地… Ⅱ.①陈… Ⅲ.①地方政府—公共服务—研究—中国 Ⅳ.①D625

中国国家版本馆 CIP 数据核字（2023）第 181973 号

| 出 版 人 | 赵剑英 |
| --- | --- |
| 责任编辑 | 郭曼曼 |
| 责任校对 | 胡新芳 |
| 责任印制 | 王　超 |

| 出　　版 | 中国社会科学出版社 |
| --- | --- |
| 社　　址 | 北京鼓楼西大街甲 158 号 |
| 邮　　编 | 100720 |
| 网　　址 | http：//www.csspw.cn |
| 发 行 部 | 010-84083685 |
| 门 市 部 | 010-84029450 |
| 经　　销 | 新华书店及其他书店 |

| 印　　刷 | 北京明恒达印务有限公司 |
| --- | --- |
| 装　　订 | 廊坊市广阳区广增装订厂 |
| 版　　次 | 2023 年 9 月第 1 版 |
| 印　　次 | 2023 年 9 月第 1 次印刷 |

| 开　　本 | 710×1000　1/16 |
| --- | --- |
| 印　　张 | 28.5 |
| 插　　页 | 2 |
| 字　　数 | 411 千字 |
| 定　　价 | 148.00 元 |

凡购买中国社会科学出版社图书，如有质量问题请与本社营销中心联系调换
电话：010-84083683
**版权所有　侵权必究**

# 《珞珈政管学术丛书》
# 出版说明

　　自 2013 年党的十八届三中全会提出"国家治理体系和治理能力现代化"的重大命题以来,"国家治理"便成为政治学和公共管理的焦点议题。相比于"政府改革""政治发展"和"国家建设","国家治理"是一个更具包容性的概念,也是内涵本土政治诉求的概念。改革开放以来尤其是近十年来,中国在此领域的自觉追求、独特道路、运作机理和丰富经验,成为中国政治学和公共管理研究的富矿所在。对此主题展开自主挖掘和知识提纯,是政治学者和公共管理学者义不容辞的责任。

　　武汉大学政治与公共管理学院由政治学和公共管理两个一级学科构成,每个一级学科的二级学科较为完备,研究方向也比较齐全,形成了颇具规模的学科群。两个一级学科均学术积累深厚,研究定位明确,即始终注重对政治学和公共管理基本问题的理论探讨与实践探索。从内涵上讲,不管是政治学,还是公共管理,探讨的问题都属于"国家治理"的范畴,也无外乎理念、结构、制度、体系、运行、能力和绩效等不同层面。在此意义上,持续探索国家治理现代化的理论与经验问题,也就成为学院人才培养、科学研究和学科发展的主旨。

　　对社会科学学者而言,专著相比于论文更能体现其长远的学术贡献。对科学研究和学科建设而言,代表性著作和系列丛书更是支撑性的评价维度。为迎接武汉大学 130 周年校庆,更为了集中呈现学院教师十余年来学术研究的最新进展,激励老师们潜心治学、打磨精品,同时也为了促进学院的学科建设，推出有代表性的学者和作品，学院经讨论后决定启动《珞珈政管学术丛书》出版计划，并与长期以来与学院多有合作的中国社会科学出版社再续前缘。经教师个人申报，学院教授委员会把关，2023年共有十份书稿纳入此套丛书。

这套丛书的内容，大体涉及政治学、国际关系和公共管理三大板块。既有国内治理，也有国际关系；既有经验挖掘，也有理论提炼；既有量化研究，也有质性研究；既有个案呈现，也有多案例比较。但大都围绕国家治理现代化的重大现实议题展开，因此初步形成了一个涵盖问题较为丰富的成果集群。需要说明的是，这次的丛书出版只是一个开端。《珞珈政管学术丛书》是一套持续展开的丛书，今后学院教师的学术书稿在经过遴选后，仍可纳入其中出版。相信经过多年的积累，将会蔚为大观，以贡献于政治学界和公共管理学界。

学者靠作品说话，作品靠质量说话。这套丛书的学术水准如何，还有待学界同行和广大读者的评鉴。而从学术角度所提的任何批评和建议，都是我们所欢迎的。

武汉大学政治与公共管理学院院长

刘伟

2023年8月24日

# 序

当前中国社会主要矛盾已经转化为人民日益增长的美好生活需要和不平衡不充分的发展之间的矛盾。人民对美好生活需要的增长本质上要求政府公共服务能力的提升。不断满足人民日益增长的权益需要，提升公共服务水平，历来受到党中央、国务院及各级地方政府的高度重视，从国家"十一五"到"十四五"，系列发展规划均遵循了"坚持人民主体地位""抓住人民最关心最直接最现实的利益问题""把提高供给体系质量作为主攻方向"等发展原则。地方政府承载着提供公共服务的重要职能，是全面建设社会主义现代化国家的支撑力量。在此背景下，中国各级地方政府以提高发展质量和效益为中心，以供给侧结构性改革为主线，扩大有效供给，满足有效需求，逐渐从追求以经济增长为主导的晋升锦标赛转移到关注社会公平和经济高质量发展，特别是关系到民生福祉的基本公共服务供给上来。

"十三五"时期是中国社会主义现代化建设"两个一百年"宏伟目标承前启后的关键节点，也是政府公共服务能力优化的重要阶段。自2014年开始，湖北省各级地方政府以标准化、数字化赋能作为提高公共服务供给有效性的重要抓手，运用系列政策措施和手段，促进公共管理科学化、规范化、现代化，不断提升政府公共服务能力。作为中国中部地区省份，湖北省各地方政府所在辖区在资源禀赋及经济发展水平等方面均存在差距，各地区的经济社会发展水平与公共服务供给状况相对全国而言呈现出典型的中间层次特征。由此，对其地方政府公共服务能力的结构特征及其差异性进行测算与比较分析，探析其差异性生成的内外逻辑与因果机制，具有较强的典型性和现实意义。

2020年是中国国民经济和社会发展"十三五"规划收官之年，以此为节点，以湖北省为例，对该省16个省直管地方政府公共服务能力差异性进行结构比较分析，探析各个地方政府公共服务能力的结构性特征和差异性生成机制，有助于诊断地方政府公共服务能力的发展水平、面临的问题与挑战，也有助于更好地把控后续阶段地方政府公共服务能力体系的发展方向。在此基础上，建构起具有实操性和针对性的地方政府公共服务能力评估指标体系，建构有关不同地方政府公共服务能力之间结构特征及其差异性生成机制的分析框架与话语体系，对于推动本土化特色的政府公共服务能力理论建构和相关知识体系的发展也具有重要的理论意义。

20余年来，陈世香教授及其团队深耕地方公共服务创新研究领域，在地方公共文化服务、养老与社会保障服务、医疗卫生服务、教育服务等领域，尤其是在公共服务体制机制改革创新领域取得了一系列研究成果。作为该团队研究的结晶，本书以2020年为节点，以湖北省16个省直管地方政府为研究对象，根据"增加公共服务供给，坚持普惠性、保基本、均等化、可持续的方向，提高公共服务共建能力和共建水平"的发展要求，基于系统论、新公共管理、新公共服务、公共价值和公共资源等相关理论，综合既有研究成果和政府实践，建构起较为系统的政府公共服务能力评估指标体系和有关不同政府公共服务能力差异性的结构比较分析架构。在此基础上，综合运用量化与质性分析方法，通过对各个地方政府在"十三五"时期公共服务能力水平的测度，深度描述和比较分析不同地方政府公共服务能力的差异性结构特征及其结构类型，探讨并提出有关地方政府公共服务能力结构类型及其差异性得以生成的内在结构机理和外生因果机制。本书从内在结构与外生条件组态两个维度阐释了地方政府公共服务能力差异性形成的实践运行逻辑，为进一步重塑和优化地方政府公共服务能力体系提供理论指导与实践依据。作为国内有关地方政府公共服务能力研究领域的最新研究成果之一，本书的贡献主要体现在以下四个方面。

一是拓展了有关地方政府公共服务能力研究的知识空间。现有关于政府公共服务能力的研究多偏重于哲学思辨和传统意义上的比较分析，基于实证分析的科学支撑还较为欠缺。有关地方政府公共服务能力的少数实证研究侧重于政府公共服务能力建设水平或成效。相对于更为宏观层面的国家治理体系及其治理能力现代化研究以及一般意义上的省域、城乡与基层公共服务能力研究，综合运用实证研究方法对某一时期内某一区域范围的地方政府之间公共服务能力的结构特征进行比较分析，尤其是有关不同地方政府公共服务能力差异性结构特征及其不同类型得以形成的内在结构机理与外生因果机制的实证研究尚属空白。《地方政府公共服务能力差异性的结构比较分析》一书进行有关不同地方政府公共服务能力结构特征及其结构类型，尤其是其差异性生成机制的系统分析和实证研究，较好地弥补了这一方面的不足。

二是对于地方政府公共服务能力差异性结构特征的科学合理的测评。为实现对于地方政府公共服务能力差异性的结构特征及其结构类型生成机制的有效研究，一个基本前提是要求实现对于地方政府公共服务能力的有效测度。本书在既有研究的基础上，尤其是借鉴有关政府服务能力或政府能力测评相关研究成果，结合我国地方政府公共服务能力建设实践的最新进展，基于系统论一般架构，融合新公共管理、新公共服务、资源基础、公共管理价值演变与公共产品供给等相关理论研究成果，将理论建构与地方政府公共服务能力建设实践相结合，从公共服务供需均衡视角，建构起具有针对性、系统性与可操作性的地方政府公共服务能力评估指标体系。这一指标体系建构有助于对地方政府公共服务能力差异性的结构特征进行更为系统的测度与评估，也构成对于相关主题既有研究成果的一个系统研究和检验。

三是建构了一个有关不同地方政府公共服务能力差异性结构特征及

其生成机制研究的结构比较分析理论架构。政府能力建设是一个系统工程，是政府能动性与外在环境相调适过程的结果与表征。由于面临着多样化的外部环境和主体属性特征，政府公共服务能力构成一个具有高度复杂性的功能系统，不同地方政府公共服务能力呈现出差异性的结构特征，也有着其不同的能力结构类型生成路径。本书在对中国式现代化、地方政府公共服务能力及其体系等相关概念及其理论源流进行系统梳理的基础上，尝试建构起有关地方政府公共服务能力差异性的模块化的结构比较分析理论架构，包括地方政府公共服务能力差异性的聚类分析—不同政府公共服务能力类型的结构特征识别与分析—不同结构类型差异性生成的内生结构机理分析—不同结构类型生成的外生条件组态分析等四个基本分析模块。这是一种综合运用量化分析与质性研究方法，将比较分析法与综合研究方法、主观研判与统计分析相统一的新研究路径，有助于推进有关政府公共服务能力差异性及其生成机制研究的本土化话语体系建构。

四是提炼出有关地方政府公共服务能力差异性的结构特征、类型种类及其生成的内生结构机理和外生条件组态等复杂因果逻辑的研究发现。经运用所建构的评估指标体系和差异性结构比较分析理论架构，基于对湖北省16个省直管地方政府在"十三五"时期公共服务能力水平之间差异性结构特征的测度与差异性生成机制的结构比较分析，本书对不同地方政府公共服务能力的差异性结构类型进行聚类、识别与阐述，并对其差异性结构类型的生成机制进行实证分析与理论探索，形成有关地方政府公共服务能力差异性生成的实践机制与诠释理论，拓展与丰富了有关政府公共服务能力差异性比较分析领域的知识体系。其中，尤其是开创性地综合运用能力差异性的内生结构性生成机制分析与外生条件组态分析架构，较为系统地阐述了不同地方政府公共服务能力差异性的结构特征得以生成的因果机制，并且从结构生成视角提出了有关政府组织环境与组织能动性之间调适互动导致组织能力差异性结构特征的理论发现。这是对有关制度变迁的制度环境与主体能动性互动机制这一制度衍化理论在制度功能生成领域的拓展性运用，将进一步推进组织制度主义理论在制度功能生成领域的研究发展及其在中国公共管理研究实践的本土化运用。

本书是长期研究积淀的阶段性成果，拓展了政府公共服务能力相关领域的研究空间和知识积累，也有助于推动政府公共服务能力研究的理论发展和本土化话语体系的建构进程。然而，中国国家治理体系和治理能力现代化的实现是一个长期过程，服务型政府建设仍在路上，地方政府公共服务能力的功能结构及其生成机制正经历着现代化转型时期内能动性与外在环境调适性互动的复杂性动态进程，其相关理论研究和本土化话语体系建构也将经历一个不断检验与完善的过程。同时，本书相关研究作为以湖北16个省直管地方政府为研究对象，以中国国民经济和社会发展"十三五"规划收官的2020年作为节点的多案例比较分析，其研究架构与研究发现是否具有普遍适用性，有待更多的相关研究予以检验。在此，寄望陈世香教授团队以及学界的同行们再接再厉，在既有研究基础上，在理论研究与实践运用过程中推进相关研究架构与理论发现的不断创新发展，立足中国实践，讲好中国故事，建构起具有中国特色与中国气派的本土化的公共服务话语体系，为中国式现代化尤其是公共服务现代化做出更大的贡献。

2023年6月15日

# 目　录

**第一章　导论　/ 1**
　　第一节　研究背景　/ 1
　　第二节　研究意义　/ 13
　　第三节　文献综述　/ 16
　　第四节　研究对象、目标与主要内容　/ 38
　　第五节　研究思路与基本方法　/ 43
　　第六节　研究重难点、创新点　/ 45

**第二章　地方政府公共服务能力评估的概念基础与**
　　　　　**评估指标体系构建逻辑　/ 49**
　　第一节　核心概念　/ 50
　　第二节　地方政府公共服务能力评估指标体系的
　　　　　　构建过程　/ 62
　　第三节　地方政府公共服务能力评估的操作化过程　/ 77

**第三章　地方政府公共服务需求管理能力评估指标**
　　　　　**体系构建与差异性分析　/ 84**
　　第一节　引言　/ 84
　　第二节　公共服务需求管理能力指标体系构建　/ 87
　　第三节　地方政府公共服务需求管理能力评估数据
　　　　　　来源与处理　/ 102

第四节 地方政府公共服务需求管理能力评估结果的
　　　 聚类与差异性分析 / 108
第五节 小结 / 137

第四章 地方政府公共服务资源保障能力评估指标
　　　 体系构建与差异性分析 / 139
第一节 引言 / 139
第二节 公共服务资源保障能力指标体系构建 / 142
第三节 地方政府公共服务资源保障能力评估的
　　　 数据来源与处理 / 160
第四节 地方政府公共服务资源保障能力的
　　　 聚类与差异性分析 / 175
第五节 小结 / 205

第五章 地方政府公共服务资源整合能力评估
　　　 指标体系构建与差异性分析 / 207
第一节 引言 / 207
第二节 政府公共服务资源整合能力指标体系
　　　 构建 / 213
第三节 地方政府公共服务资源整合能力评估数据
　　　 来源与处理 / 230
第四节 地方政府公共服务资源整合能力评估结果的
　　　 聚类与差异性分析 / 241
第五节 小结 / 271

第六章 地方政府公共服务供给能力评估指标体系
　　　 构建与差异性分析 / 273
第一节 引言 / 273

第二节 公共服务供给能力指标体系构建 /278

第三节 地方政府公共服务供给能力评估数据来源
　　　 与处理 /298

第四节 地方政府公共服务供给能力评估结果的聚类与
　　　 差异性分析 /309

第五节 小结 /336

## 第七章　地方政府公共服务能力差异性的生成机制与优化思路 /338

第一节 地方政府公共服务能力及其评估指标
　　　 体系构成 /338

第二节 地方政府公共服务能力差异性的结构
　　　 类别及其比较分析 /353

第三节 湖北省地方政府公共服务能力差异性的
　　　 生成路径分析 /369

第四节 湖北省地方政府公共服务能力优化
　　　 思路分析 /389

**附　录** /403

**参考文献** /405

**后　记** /443

# 第 一 章

## 导　论

### 第一节　研究背景

**一　政策背景**

当前中国社会主要矛盾已经转化为人民日益增长的美好生活需要和不平衡不充分的发展之间的矛盾。从本质上看，人民对美好生活需要的增长即是对公共服务类别、数量、质量要求的提升[①]。"如何满足人民日益增长的美好生活需要"一直以来也受到党中央、国务院及各级地方政府的高度重视，从国家"十一五"到"十三五"，以及《"十三五"推进基本公共服务均等化规划》等系列发展规划，均阐明了国家战略意图与政府工作重点，突出"创新""协调""绿色""开放""共享"的发展理念，遵循了"坚持人民主体地位""坚持科学发展""坚持深化改革""坚持党的领导""抓住人民最关心最直接最现实的利益问题""把提高供给体系质量作为主攻方向""深化供给侧结构性改革"等发展原则。地方政府作为国家重要组成机构，承载着提供公共服务的重要职能，是全面建设社会主义现代化国家的积极支撑力量。在此背景

---

[①] 江国华、卢宇博：《中国乡镇政府治理体系转型的立法回应》，《中南民族大学学报》（人文社会科学版）2021 年第 6 期；徐增阳、张磊：《公共服务精准化：城市社区治理机制创新》，《华中师范大学学报》（人文社会科学版）2019 年第 4 期。

下，中国各级政府以提高发展质量和效益为中心，以供给侧结构性改革为主线，扩大有效供给，满足有效需求，逐渐从追求以经济增长为主导的晋升锦标赛转移到关注社会公平和经济发展，特别是转移到关注民生福祉的基本公共服务供给上来[1]。

"十三五"时期是中国社会主义现代化建设"两个一百年"宏伟目标承前启后的关键节点，同时也是政府公共服务能力优化的重要阶段。自2014年开始，湖北省各省直管地方政府以标准赋能化作为提高公共服务供给有效性的重要抓手，运用标准化的原理和方法，促进公共管理科学化、规范化、现代化，提升了地方政府公共服务能力。与此同时，作为中国中部地区省份，湖北省内各个省直管地方政府辖区在资源禀赋及经济发展水平等方面存在差距，而且省内各地的经济社会发展情况与公共服务供给状况都呈现出典型的中间层次特征，对其公共服务能力的结构特征及其差异性进行测算与比较分析具有一定的代表性和现实意义。2020年是中国国民经济和社会发展进入"十三五"规划收官、"十四五"规划即将开启之年，本书以此为节点，以湖北省为例，对该省各个省直管地方政府公共服务能力差异进行结构比较分析，具有阶段性经验总结的现实意义，有助于更好地把控后续阶段的经济社会发展方向。而且，在此基础上，进行关于不同地方政府公共服务能力之间差异性的结构特征及其生成机制的探寻，对于政府服务能力理论研究和相关知识体系的发展也具有理论意义。

## 二 实践背景

### （一）西方政府公共服务能力发展探索

20世纪七八十年代以来，西方国家以"政府职能转变"为抓手，立足于"公共服务能力建设"，推动了公共管理变革运动，重塑了公共服务供给模式。其实，西方国家现代公共服务体系建设已有数百年历

---

[1] 周绍杰、王洪川、苏杨：《中国人如何能有更高水平的幸福感——基于中国民生指数调查》，《管理世界》2015年第6期。

史，其间经历了两次世界大战、20世纪30年代经济大萧条和70年代的经济"滞胀"危机。每一次重大危机都构成公共服务改革的重要契机，政府公共服务体系得到不断的完善①。其中，自由放任时期是现代国家公共服务体系创建初期。在这一时期，市场经济受"看不见的手"自发支配，政府则充当"守夜人"角色，主要发挥社会秩序维系功能。被视为"自由放任"学说的旗手和创始人的亚当·斯密，在其著作中对政府职能进行了阐释与界定。具体来说，在政府宏观调控方面，亚当·斯密反对国家对一切经济活动，特别是对微观经济活动进行干预，但特别强调政府必须承担提供必要公共物品的义务，以发展市场经济，促进经济社会繁荣，提高国民生活环境②。1929—1933年资本主义世界经济大危机爆发，斯密的政府学说受到挑战。然而，到了20世纪70年代，由于政府失灵、腐败、机构冗杂等问题的出现，新自由主义学派又将目光投向斯密的政府职能理论。总体上，自斯密的自由放任型政府服务体系以来，西方国家公共服务体系改革大致经历了三个阶段：国有化阶段——政府主导型公共服务模式；市场化阶段——竞争机制为核心的市场主导型公共服务模式；多元治理阶段——整合了政府、私人部门、社会组织等多种力量合作的治理型公共服务模式。其中，英国与美国的政府公共服务能力改革实践比较具有代表性。

1. 英国政府公共服务能力改革

英国在20世纪40—70年代形成了"从摇篮到坟墓"的政府主导型公共服务体系。第二次世界大战使英国蒙受了巨大的经济损失，工人失业、贫困人口激增等系列问题的爆发使社会极不稳定。第二次世界大战后期，经由大选获胜而上台的艾德礼领导的工党政府把工作重心放在公共事业国有化、维持充分就业、执行国民卫生保险和社会保险、解决教育问题和政府提供住房等方面。英国也因这些改革走向福利国家，建

---

① 李军鹏：《国外公共服务改革的做法与启示》，《行政管理改革》2010年第10期。
② [英]亚当·斯密：《国民财富的性质和原因研究（下卷）》，郭大力、王亚南译，商务印书馆1974年版，第229页。

立起由政府统一提供各种公共服务的政府主导型公共服务体系。但在实践中,这种"从摇篮到坟墓"的形式逐渐显现出弊端:社会福利支出高涨,政府财政压力过大;国有企业效率低下,经济增长缓慢;官僚主义严重,政府失灵凸显①。

面对当时国内出现的"经济衰退""失业率剧增"等典型"滞胀危机",撒切尔夫人执政时期大力推动公共服务市场化改革。一方面,1979年上台执政伊始,撒切尔政府逐步将公共服务市场化引入社会福利制度改革,通过"雷纳评审"和"下一步行动计划",减少福利项目、降低补助标准;另一方面,通过合同出租、公私合作、用者付费制等改革措施,在政府服务供给与管理中引入市场竞争机制②。政府通过与私企合作、公共服务社区化,把城市基础设施、邮电通信、自来水供应、交通、医院、治安等公共事务转交给市场,并取得了重大成效。撒切尔夫人的改革侧重于经济和效率,但在一定程度上也导致政府公共服务提供减少,公共服务质量降低。继任的梅杰政府一方面在企业改制和社会福利方面继承撒切尔政府的政策,另一方面开展"公民宪章"和"竞争求质量"运动。以"顾客至上"为核心价值观的公民宪章运动,以及将"竞争求质量"引入市场竞争机制的措施成了提高公共服务的水平和质量的重要着力点。自此之后,公共服务质量提升成为英国政府公共服务改革的工作重点。

1997年上台的布莱尔"新工党"政府,在很大程度上承袭了撒切尔夫人执政时期的政策,如私有化政策等,并在这一基础上进行矫正和发展③。布莱尔政府以"第三条道路"政治理论为改革指导思想,以建设"第二代福利"为改革目标,提出了"更好地制定政策、更好地回应公民的需求、更好地提供公共服务"的承诺,强调政府调控和市场机制的平衡、经济发展与社会公正的平衡。具体来说,布莱尔政府主张

---

① 周学荣:《英国公共服务改革及其启示》,《国家行政学院学报》2010年第6期。
② 周学荣:《英国公共服务改革及其启示》,《国家行政学院学报》2010年第6期。
③ 李军鹏:《国外公共服务改革的做法与启示》,《行政管理改革》2010年第10期。

进一步调整政府在社会公共服务中的角色，倡导政府、私营企业和社会组织等多元力量参与①，在突出政府作用的同时，推进多元治理、合作供给的公共服务模式。自2010年起，卡梅伦领导的保守政府在"大社会"理念的指引下，推出了《开放公共服务改革》白皮书，其中，"开放"、"放权"和"公平"成为其公共服务改革的基本理念和原则。

2. 美国政府公共服务能力改革

自独立以来，美国公共服务领域经历了若干次改革。其中，从罗斯福新政推行的"国有化供给"，到里根总统推行的"市场化改革"，再到小布什政府强调"多元参与、公私合作的公共服务体系改革"，不同阶段的公共服务体系呈现出较为明显的差异性。

亚当·斯密曾指出，"一个最有效的政府，应该是管得最少的政府"。② 在1933年以前，美国各级政府坚持以"守夜人"的角色提供公共服务，且规模有限。政府在公共服务领域的职能主要是提供私人不能有效供给的某些公共设施和公益事业。换言之，美国政府公共服务的作用边界在于维护国家安全与公共秩序、发展公用事业和提供基础设施。

20世纪30年代，为摆脱经济大萧条导致的经济社会发展困境，罗斯福推行新政，提倡政府干预。他认为"提供社会救助、基础教育、医疗卫生等是政府义不容辞的责任"③。由此，美国设立了许多赋有特许权的公共部门或公共企业，直接生产公共服务，着重于提高社会福利。罗斯福新政起到了扭转市场缺陷、完善公共服务、帮助公众度过大萧条等重要作用④。并且，此后的几届政府，如杜鲁门的"公平施政"、约翰·肯尼迪的"新边疆计划"、林登·约翰逊的"伟大社会"等均不

---

① 王楠、杨银付：《英国"开放公共服务"改革框架及启示——以卡梅伦政府〈开放公共服务白皮书〉为主要分析对象》，《中国行政管理》2016年第3期。
② [英]亚当·斯密：《国民财富的性质和原因的研究（下卷）》，郭大力、王亚南译，商务印书馆2004年版，第253页。
③ [美]富兰克林·罗斯福：《罗斯福选集》，关在汉译，商务印书馆1982年版，第126—127页。
④ 张菊梅：《美国公共服务改革及其对中国的启示》，《电子科技大学学报》（社会科学版）2014年第2期。

断完善了公共服务机制、加大投入，发展美国的社会福利。政府在实行国有化供给的同时，将公共服务职能扩展到经济社会生活的各方面，包括社会保障、基础建设、公共事业、环境保护、医疗、教育等，扩大了政府的服务数量及规模。同时，美国政府也出台了一系列全国性公共服务制度，用于监管公共服务的准入、融资、施工、定价、分配等过程和规范政府的审批、许可、收费、处罚等行为①，以此进一步保证公共服务的供给效果。

20世纪80年代以来，因来自财政和社会的压力，美国政府实施再造运动，又称新公共管理运动。该运动提倡引入市场竞争、放松政府管制、缩小政府规模等改革措施。其中，1981年里根当选总统后，推动公共服务的市场化改革。里根政府采取的措施包括：在供水、供电、电信、航空等领域，推行民营化改革；对政府提供的医疗补助、医疗照顾、住房补助等项目规模设置限度；酌情减少联邦政府提供的公共服务项目，如取消铁路补助等；出售政府部分多余资产，鼓励市场私营部门投资基础设施建设、交通运输建设等公共领域；等等。随后，布什政府与克林顿政府进一步推行市场化的"企业家政府"改革，试图通过学习市场企业的经营管理理念与方法，促使政府合理利用资源，提高服务效率。政府通过民营化、特许经营、合同承包、用者付费等方式，将公共服务供给任务转交给市场企业，实现市场化供给；强调绩效目标，通过开放市场、引入竞争、放松管制等措施，把具体的服务性工作转交给私营部门或非营利性组织；将公民当作顾客，强调顾客导向性，以满足顾客需求为宗旨。

21世纪以来，全球化、信息化来袭，人们对政府公共服务的期望不断提高。因公共服务市场化供给的弊端不断显露，人们开始追求公益性政府。2001年小布什政府上台后，在教育、社会保障、医疗等领域推行各级政府与企事业单位、非营利性组织、公民个人等多元主体参与

---

① 张菊梅：《美国公共服务改革及其对中国的启示》，《电子科技大学学报》（社会科学版）2014年第2期。

供给模式，突破了政府与市场二者选其一的困境，强调政府、市场、社会各尽所能，共同参与的服务供给模式，并且主张各主体通过民主对话的方式参与公共服务供给。

（二）中国政府公共服务能力发展探索

行政体制是国家治理体系的重要组成部分，是满足社会公共需求的重要支撑①。自中华人民共和国成立以来，根据不同时期的政治、经济和社会发展要求，以体制推进和机构改革为主导，中国进行了多次行政体制改革，政府职能和治理模式发生了很大变化②。政府公共服务能力建设随着政府职能和治理模式转变而不断推进。总体上，中华人民共和国成立以来，中国政府治理模式可以划分为三个阶段：全能型政府阶段、管制型政府阶段、服务型政府阶段。相应的，在不同历史发展阶段，政府公共服务能力建设的内容和侧重点也有所不同。在中国全面建设社会主义现代化国家新征程中，行之有效、符合实际的行政改革成为提高公共服务能力、优化公共服务供给的重要渠道。

1. 全能型政府阶段——"大包大揽型"公共服务模式（1949—1977年）

中华人民共和国成立后不久，中国共产党领导的对农业、手工业和资本主义工商业的社会主义改造在短期内得以完成，开始全面实行社会主义公有制基础之上的计划经济体制。政府作为社会治理的"唯一主体"，承担起全面统筹国家政治、经济、文化等各方面的直接管理。为适应当时的国际国内环境，采取高度集中统一和带有非经济强制手段的计划经济管理模式，具有一定的历史必然性③。在这一时期，政府大包大揽，是一个"全能型政府"④。相应的，公共服务供给为计划经济时代的"政府包揽、分级承担"，即对于跨地区的公共服务项目，一般由

---

① 魏礼群：《中国行政体制改革的历程和经验》，《全球化》2017年第5期。
② 宋世明：《中国行政体制改革70年回顾与反思》，《行政管理改革》2019年第9期。
③ 金太军：《政府职能梳理与重构》，广东人民出版社2002年版，第77页。
④ 燕继荣：《中国治理：东方大国的复兴之道》，中国人民大学出版社2017年版，第147页。

中央各部委立项、出资建设并以中央计划单列的形式统一管理和运营；对于地区内或者省内项目，一般由地方立项、报批后，由地方财政出资建立和管理及运营①。在公共服务供给和分配方面，这一时期追求公共服务供给和分配结果上的完全"平等与平均"，即"在人人都必须劳动的条件下，人人也都将同等地、愈益丰富地得到生活资料、享受资料、发展和表现一切体力和智力所需的资料"②。总的来说，公共服务供给完全依靠政府，公共服务筹融资渠道单一，基本都来源于国家财政拨付，政府通过计划统筹，定量分配公共服务供给；公共服务供给内容单一，各区域间、各群体间社会公共服务实现了低水平上的相对均衡。与此同时，中华人民共和国成立初期由国家包办的公共服务体系能够在失业高峰和粮食紧张问题相继出现的形势下，通过统一调度、统一安排，实现社会稳定，加深人民群众对新生政权的拥护③。

2. 管制型政府阶段——"效率优先型"公共服务模式（1978—2001年）

1978年，党的十一届三中全会实现了以经济建设为中心的政府工作重心转移。在逐步实现向社会主义市场经济转型过程中，"管制型政府"作为一种适应社会主义市场经济发展需要的政府模式得以确立④。政府长期充当经济建设主体和投资主体，经济职能成为政府的主要职能，并围绕经济建设进行了一系列的政府机构改革。例如，1988年的行政体制改革，精简经济管理部门，转变经济管理部门的管理方式，实现政企分开，弱化政府的微观管理职能，强化综合管理职能。1993年的行政体制改革注重加强宏观调控和监督部门，强化社会管理部门，做到宏观管好、微观放开。该阶段中，经济管理能力提升成为政府建设重

---

① 何水：《中国公共服务改革：实践透视与路径探寻》，《郑州大学学报》（哲学社会科学版）2013年第6期。
② 《马克思恩格斯选集》（第1卷），人民出版社1995年版，第326页。
③ 王洛忠、李建呈：《中国共产党建立健全公共服务体系的百年实践与经验》，《中国高校社会科学》2021年第5期。
④ 姜晓萍：《地方政府流程再造》，中国人民大学出版社2012年版，第253页。

点，经济增长业绩在干部考核中的重要性日益突出。各地大力招商引资，提升经济发展速度，各级政府积极加强经济环境建设，地方公共基础设施建设得到明显提升。

　　这一时期，政府的公共服务能力与经济管理能力的交集部分得到明显提升。随着经济体制改革特别是国企改革的深入推进，中国开始探索建立新型的公共服务体系①。这一阶段公共服务改革的重点主要表现为以下三点。一是下放权力，中央政府推动公共服务责任下移，逐步将公共服务供给决策权、融资权等分解到各级地方政府，探索实行地方负责、分级管理。② 以基础教育为例，中共中央于1985年5月颁布的《关于教育体制改革的决定》与1987年国家教育委员会和财政部共同制定的《关于农村基础教育管理体制改革若干问题的意见》都确定了把发展义务教育的责任交给地方，实行地方负责、分级管理的基础教育管理体制。二是政府与市场、社会分离，同时尝试打破公共服务供给的政府包揽，允许多种所有制并存，支持社会资金参与公共物品的生产和供给。③ 以前由政府及其附属组织单位垄断供给的公共服务开始部分向市场和社会领域开放，尤其是市场机制在公共服务供给中的地位日益凸显。除义务教育、基础科研、社会保障、公共安全等基础性公共服务必须由政府提供外，在教育、卫生、体育等公共服务领域引入市场力量，营造竞争环境，利用市场竞争机制产生的压力促使服务提供主体不断改进服务质量，以求更好地适应社会多层次公共服务需求④。三是放松对事业单位的管制，扩大经营自主权，激活内部运行机制。推进事业单位承包制、责任制，按照市场需求有控制地扩大公共服务种类，并允许事业单位采取灵活多样的方式开展与

---

　　① 郁建兴：《中国的公共服务体系：发展历程、社会政策与体制机制》，《学术月刊》2011年第3期。
　　② 李春：《新中国成立以来公共服务模式转型分析》，《中共天津市委党校学报》2010年第2期。
　　③ 姜晓萍：《中国公共服务体制改革30年》，《中国行政管理》2008年第12期。
　　④ 沈荣华：《提高政府公共服务能力的思路选择》，《中国行政管理》2004年第1期。

公共事业相关的多种经营。①

3. 服务型政府阶段——"多元共享型"公共服务模式（2002年至今）

以 2002 年召开的党的十六大为标志，中国进入全面建设小康社会新的发展阶段，政府职能也从"管制型政府"向"服务型政府"转变②。党的十六大首次以中央重要决策文件形式，把政府职能归结为经济调节、市场监管、社会管理和公共服务四项内容，并突出强调要强化社会管理和公共服务职能。随后，党的十六届六中全会通过的《中共中央关于构建社会主义和谐社会若干重大问题的决定》中，系统阐述了服务型政府建设的内涵、重点和基本内容。党的十七大报告进一步强调建设服务型政府和完善公共服务体系的核心目标，加快行政管理体制改革，"健全政府职责体系，完善公共服务体系"，"建设服务型政府已经成为政府管理体制改革创新的重要目标"。党的十八大报告更为清晰地指出要"构建起职能科学、结构优化、廉洁高效、人民满意的服务型政府"。党的十九大报告继续强调，"转变政府职能，深化简政放权、创新监管方式，增强政府公信力和执行力，建设人民满意的服务型政府"。党的二十大报告指出，扎实推进依法行政，转变政府职能，优化政府职责体系和组织机构，提高行政效率和公信力。从提出建设服务型政府的目标，到强调建立健全基本公共服务体系，再到通过行政体制改革建设令人民满意的服务型政府，加强政府公共服务能力建设成为这一时期政府能力建设的核心价值取向。2021 年 4 月 20 日，国家发展和改革委员会等 21 个部门发布《国家基本公共服务标准（2021 年版）》，文件从幼有所育、学有所教、劳有所得、病有所医、老有所养、住有所居、弱有所扶以及优军服务保障、文体服务保障九个方面明确了国家基本公共服务具体保障范围和质量要求，为政府公共服务能力建设提供了

---

① 何水：《中国公共服务改革：实践透视与路径探寻》，《郑州大学学报》（哲学社会科学版）2013 年第 6 期。

② 石亚军：《破题政府职能转变：内涵式政府改革新路径实证研究》，中国政法大学出版社 2016 年版，第 296 页。

框架和目标。总体上,在此阶段,中国公共服务覆盖面不断扩大,公共服务水平显著提高,公共服务体系建设取得了显著成效。

这一时期强调培育多元化公共服务供给主体,形成政府、市场和社会相互配合、协同发力的公共服务供给网络体系。这要求各级政府不断创新体制机制,提升服务能力,创建共建共治共享的公共服务机制。首先,强化法治保障与规划引领,出台公共服务供给相关系列法律法规与政策规划。党的十八届三中全会通过的《中共中央关于全面深化改革若干重大问题的决定》指出要加快转变政府职能,允许社会资本参与基础设施投资运营和公共服务提供。此后,财政部等部门先后发布《关于印发政府和社会资本合作模式操作指南(试行)的通知》(财金〔2014〕113号)、《关于在公共服务领域推广政府和社会资本合作模式指导意见的通知》(国办发〔2015〕42号)及《基础设施和公共服务领域政府和社会资本合作条例(征求意见稿)》等文件,声明国家保障各种社会资本方依法平等参与政府和社会资本合作项目,为多元主体参与公共服务供给提供了政策保障和操作指导。2021年12月28日,国家发改委等部门联合印发《"十四五"公共服务规划》(发改社会〔2021〕1946号),明确要从深化事业单位改革、鼓励社会力量参与、支持社会组织发展、发挥国有经济作用四方面入手,构建公共服务多元供给格局。其次,深化事业单位体制改革,优化公共服务供给机制。以党的十六大为标志,中国事业单位改革进入深化推进时期,以实行分类改革重塑事业单位体系和转换用人机制实现管理体制创新为核心课题,以对不同社会事业单位依据职能和特点差异实施分类组织和管理为基本方向。[①] 具体来说,将现有事业单位分为三类来推进改革,承担行政职能事业单位转为政府部门机构或部门代理机构,从事生产经营活动事业单位转为私营企业或公共企业,从事公益服务事业单位保留在事业单位序列并根据其职责任

---

① 事业单位体制改革研究课题组:《事业单位体制改革中需研究解决的几个原则性问题》,《管理世界》2003年第1期。

务、服务对象和资源配置方式等情况进一步细化分类管理。① 积极推进政事分开、事企分开、管办分离，使政府得以依法购买服务，优化供给方式，与多元主体建立起公共服务供给伙伴关系，使自身能够超脱直接供给者身份，逐渐承担起公共服务多元供给模式的建设、引导、组织和间接管理责任。再次，拓宽多元主体参与渠道，创新公共服务供给方式。公共服务社会化多元化供给是建设服务型政府的必然选择，在这种制度选择下，政府致力于为多方主体参与公共服务供给创设有利环境。② 健全公共服务需求表达和反馈评价机制，加强社会公众对公共服务供给过程的知情权、参与权、建议权和监督权。放宽准入限制，优化审批流程，鼓励事业单位、社会组织、国有经济等多元主体参与公共服务供给。大力培育社会力量，推广政府购买、服务外包等方式，结合社会组织的专业特点和技能特长，充分发挥其在公共服务需求表达、技术指导、有效承接和监督评价等方面的重要作用。③ 逐步形成由政府、企业、事业单位、社区、社会组织、社会企业、慈善组织、社会工作者、志愿者及家庭等主体组成的"一主多元"公共服务供给体系，协同推进基本公共服务均等化、非基本公共服务普惠化及生活服务多层次多样化。④ 最后，加强调控管理和评估考核，完善公共服务供给监督问责体系。政府加强自身职能转变，致力于完善政策法规和行业标准，规范公共服务供给流程，加强市场监管和宏观调控，落实考核评估和责任追究。⑤ 建立健全公共服务供给绩效评估考核机制，拓宽政府、社会组织、专家、服务受益者等相关主体的评估考核参与渠道，强化公众意向在评估体系中的权重，引入第三方评估考核机制，建立有效的外部评估机制，以绩效评估促进公

---

① 孙晓冬：《中国事业单位的改革历程及其逻辑》，《中国行政管理》2022 年第 4 期。
② 向波：《"新公共服务"浪潮与我国政府职能的新定位》，《探索》2006 年第 6 期。
③ 汪锦军：《公共服务中的政府与非营利组织合作：三种模式分析》，《中国行政管理》2009 年第 10 期。
④ 尹华、朱明仕：《论我国公共服务供给主体多元化协调机制的构建》，《经济问题探索》2011 年第 7 期。
⑤ 姜晓萍：《中国公共服务体制改革 30 年》，《中国行政管理》2008 年第 12 期。

共服务供给质量提升。① 健全多元主体参与监督相关法律法规，完善多元主体参与监督相关制度保障，畅通政府、人大、监察审计部门、潜在服务供应方、第三方机构及行业协会、媒体、公众等各方主体的监督参与渠道，明确监督事项和范围，规范问责流程和力度，形成主体多元化的公共服务供给监督问责体系，倒逼供应主体提升自身能力，实现供给质量的整体提升与持续改善。②

经上述关于国内外政府公共服务能力发展实践的回顾分析可以发现，国家之间的发展差异除了地理、气候、自然资源等客观因素之外，关键在于政府在增进民生福祉过程中的作用，即政府公共服务供给能力及其有效性。任何处于现代化进程中的国家和地区，均存在与社会转型相应的政府职能转变与能力限制的问题。③ 虽然当今世界主要国家政府进行改革的内容与举措存在种种差异，但大多数将提高政府公共服务能力设置为改革的主要目标。

## 第二节　研究意义

2015—2020年，即"十三五"时期，是实现中国共产党确定的"第一个百年奋斗目标"的决胜阶段，同时也是为实现"第二个百年奋斗目标"奠定坚实基础的重要阶段。这一阶段中国政府积极应对国内外错综复杂的发展形势，在优化结构、增强动力、化解矛盾等方面取得突破性进展，促成了第一个百年奋斗目标的顺利实现。这些任务的完成就在于各级政府能够从解决人民最关心、最直接、最现实的利益问题入手，坚持普惠性、保基本、均等化、可持续方向，以供给侧结构性改革

---

① 翁列恩、胡税根：《公共服务质量：分析框架与路径优化》，《中国社会科学》2021年第11期。
② 汪佳丽、徐焕东、常青青：《构建全过程、多主体、动态循环的政府购买公共服务监督机制》，《中国行政管理》2021年第1期。
③ 施雪华、孙发锋：《政府"大部制"面面观》，《中国行政管理》2008年第3期。

为主线，扩大有效供给，满足有效需求，不断提高公共服务共建能力和共享水平，保持战略定力，坚持稳中求进。《中国共产党第十八届中央委员会第五次全体会议公报》指出，"十三五"时期要按照人人参与、人人尽力、人人享有的要求，坚守底线、突出重点、完善制度、引导预期，注重机会公平，保障基本民生，实现全体人民共同迈入全面小康社会。这既是对中国改革开放30多年历史经验教训的总结，更是对中国发展所面临的环境的科学判断。尤其是，报告中关于增加政府履行职责的约束性指标，确保"十三五"规划建议的目标任务落到实处等要求的提出，更表明适时开展科学有效的地方政府公共服务能力建设与评估工作，对下一阶段中国式现代化建设战略的组织实施，推进经济社会全面持续发展具有理论意义与实践意义。

### 一　实践意义

首先，实现对于地方政府公共服务能力差异性结构特征的科学测评。为了实现对于地方政府公共服务能力差异性的结构特征及其结构类型生成机制的有效研究，一个基本前提就是要求实现对于地方政府公共服务能力的有效测度。为此，本书将在既有研究文献基础上，尤其是基于有关政府服务能力或政府能力测评的相关研究成果，结合中国地方政府公共服务能力建设实践的最新进展，建构更具有针对性的政府公共服务能力测度指标体系。这一指标体系建构将有助于对地方政府公共服务能力差异性的结构特征进行更为系统的测度与评估，同时也将是对于相关主题既有研究成果的一个系统研究和检验。

其次，助力地方政府公共服务体系建设的创新发展。"十三五"时期是中国现代化公共服务体系得以基本建立的重要阶段。本书尝试建构并运用科学系统的指标体系对"十三五"时期典型地区不同地方政府公共服务能力建设成效，及其差异性结构特征进行测算与比较分析，有利于揭示地方政府公共服务能力的成效与不足，促成政府间的能力学习与借鉴，也将为推动改革创新，提升今后一个时期地方政府公共服务体系的科学性与规范性提供参考。

再次,实现公共服务供需平衡,提升地方政府公共服务供给效率。为了坚持共享发展,着力增进人民福祉,需要进一步深化行政管理体制改革,转变政府职能,持续推进简政放权、放管结合、优化服务,提高政府效能。因此,以"供给端改革发力向需求端传导"为导向,对典型地区不同地方政府公共服务能力差异性的结构类型生成机制进行探索,将有助于探析当前政府公共服务能力实现供需平衡的影响因素和制约机制,进而有助于优化公共服务供给机制,促成公共服务供需平衡,不断提升地方政府公共服务供给效率。

最后,助推提升政府公共服务能力,建设社会主义现代化国家。国家治理的"善治"演进方向规定了治理现代化的衍化进路。[①] 而"善治"的关键构成要素是政府治理能力。中国国家战略在理念认知层面正从"经济中心观"逐渐转到"民生中心观",而地方政府公共服务供给能力的高低是中国能否有效解决民生问题的关键节点。[②] 通过对政府公共服务能力的评估,有利于对地方政府"善治"成果进行验收,精准定位当前政府公共服务能力水平的优劣势。

**二 理论意义**

首先,基于系统论一般架构,融合新公共管理、新公共服务、资源基础与整合、公共管理价值演变与公共产品供给等相关理论研究的基础上,将理论建构与地方政府公共服务能力建设实践相结合,从公共服务供需均衡视角,建构更具针对性与系统性的地方政府公共服务能力评估指标体系,将有助于推动政府公共服务能力体系的理论创新。

其次,将中国式现代化、地方政府公共服务能力及其体系等相关概念源流进行系统梳理的前提下,对"十三五"时期不同地方政府公共

---

[①] 项久雨:《美好社会:现代中国社会的历史展开与演化图景》,《中国社会科学》2020年第6期。

[②] 张开云、张兴杰、李倩:《地方政府公共服务供给能力:影响因素与实现路径》,《中国行政管理》2010年第1期。

服务能力构成要素进行聚类，并且对其差异性的结构特征进行描述与比较分析，有可能推进有关中国地方政府公共服务能力构成及其差异性结构类型的本土化话语体系建构。

最后，经对各个地方政府在"十三五"时期公共服务能力水平之间的差异性结构特征的测度与深度比较分析，对不同地方政府公共服务能力的差异性结构类型的识别、聚类与阐述，以及对其差异性结构类型生成机制的提炼和探索，有助于形成有关地方政府公共服务能力差异性生成的逻辑机制与诠释理论，拓展与丰富有关政府公共服务能力的知识体系。

## 第三节　文献综述

为了尽可能扩展研究广度，保证研究精确度，本书基于 CNKI 学术期刊数据库，运用科学计量方法，凭借关键词共现、关键词聚类、突发性等指标，深入挖掘，呈现 2000—2021 年"地方政府公共服务能力"研究领域的主题演进及前沿热点。

文献的可视化图谱分析仅能提供把握知识关联的演进脉络，脉络背后的规律性信息解读才是关键。一般而言，研究领域的阶段发展由研究主题演变推进，而研究主题的演变则是通过知识基础和研究前沿勾勒出来。基于 CiteSpace 分析，一个领域的科学知识图谱可以经各种不同类型的网络得以体现。对于关键词共现网络而言，聚类代表同类节点的汇总，节点类型包括被引关键词，节点的大小代表关键词出现的频次，连线的颜色代表首次关键词共现的时间[1]。根据聚类大小和平均发表时间可以判断一个领域的热点主题及其时间演进情况。

---

[1] 李杰：《CiteSpace 中文指南》，2015 年 5 月 3 日，http://blog.sciencenet.cn/blog-496649-886962.html。

## 一 研究文献发表趋势分析

本书借助 CiteSpace（版本 5.8.R3），根据政府公共服务能力研究文献进行计量建模，绘制聚类图谱、时间线图谱、时区图谱等来呈现研究领域的关键衍化路径，有助于探测研究前沿，实现文献研读方式从主观化、碎片化向客观化、全景化的转变。考虑到文献的集中度与覆盖面，检索策略设定主题为："公共服务能力"或"地方政府公共服务能力"或"政府能力"或"公共服务供给能力"，来源类别为"全部期刊"，数据检索日期为 2021 年 12 月 18 日，检索时间跨度为"2000—2021 年"。该策略基本涵盖政府公共服务能力专用术语。为避免跨学科文献的丢失，未对文献来源进行精简，共获得 6134 篇文献（见图 1-1）。

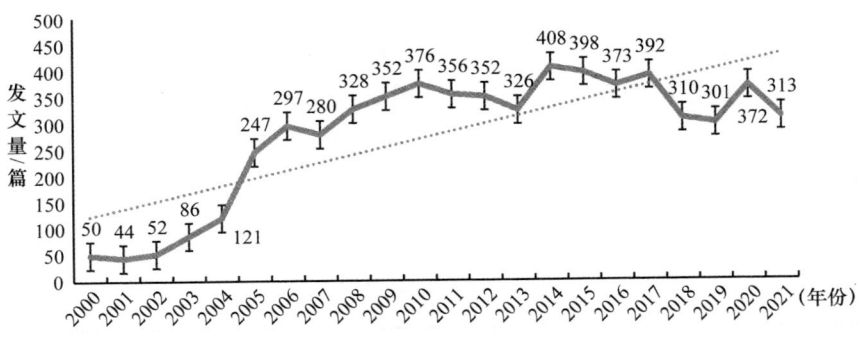

图 1-1 政府公共服务能力研究文献记录（2000—2021 年）

由图 1-1 可知，从发文规模上看，政府公共服务能力研究大概经历了三个发展阶段：2000—2003 年属于起步阶段。相关理论基础缺乏，学术根基不牢，年文献量低于 100 篇；2004—2007 年属于成长阶段。随着越来越多的学者、机构的加入，发文量快速增长，年文献量均超过 100 篇，文献数量逐年增长；2008 年是转折点，年文献数量突破 300 篇，研究进入炽热状态，2014 年度突破 400 篇。从整体可见，文献数量呈指数增长。这说明经过一段时期的发展后"政府公共服务能力"逐步成为一个相对成熟的研究领域，将不断涌现新理论、新方法和新技术。由此推测，在中国，政府公共服务能力的研究前景依然很好。

## 二 政府公共服务能力研究主题演变

关键词是描述文献核心内容的代表性词语。通过关键词共现的分析可以更为直观地定位政府公共服务能力研究主题之间的关系。本节利用 CiteSpace 获得关键词共现聚类图谱与时区图谱，获悉该研究领域的主题演变脉络。

分析过程中，设置 Node Type 为关键词，时间范围为 2000—2021 年，时间切片为一年，网络剪裁方法为 Pathfinder、Pruning sliced networks、Pruning the merged networks。该领域研究的关键词共现图谱共 856 个节点，1098 条连线，网络密度为 0.003，Q 值为 0.9081（>0.3），Mean Silhouette 值为 0.9645（>0.4），这表明该共现图谱聚类结构合理，各聚类同质性较好，结果生成关键词聚类图谱（图 1-2）、关键词共现时间线图谱（Timeline）（图 1-3）与关键词共现时区图谱（Timezone）（图 1-4）。其中，关键词聚类图谱以关键词共现图谱为基础，其聚类名称通过 LLR 算法，以关键词相似度为依据，将关键词节点之间的网络可视化，使同质性关键词集聚，并以名词性术语命名，由此得到政府公共服务能力研究主题聚类[①]，如图 1-3、图 1-4 所示，共包括 26 个主要聚类（聚类排序越靠前，聚类规模越大）。关键词共现时区图谱（Timezone）显示了过去 22 年中出现 4 次以上的关键词，所处的时间段代表该关键词首次出现的时间，并按照关键词该时间段出现的总频次进行排序，排名越靠前，该关键词出现频率越高。

由图 1-2、图 1-3、图 1-4 可以发现，2000—2021 年，该研究领域的研究主题较为丰富，主要分布于 25 个聚类。其中，较为长久的时间跨度聚类如下：聚类#0 地方政府（17 年）；聚类#1 政府能力与聚类#6 治理能力（15 年）；聚类#2 数字政府、聚类#7 国务院与聚类#11 创新

---

① 李杰：《CiteSpace 中文指南》，2015 年 5 月 3 日，http://blog.sciencenet.cn/blog-496649-886962.html。

能力（14年）、聚类#4电子政务、聚类#5能力建设、聚类#10公共服务与聚类#17政府职能（13年）。在不同时间阶段，各个聚类内的研究主题和分析视角也不尽相同。但总体来说，结合该研究领域聚类的时间跨度及其高频关键词，可以将主题演变脉络分为四个阶段。

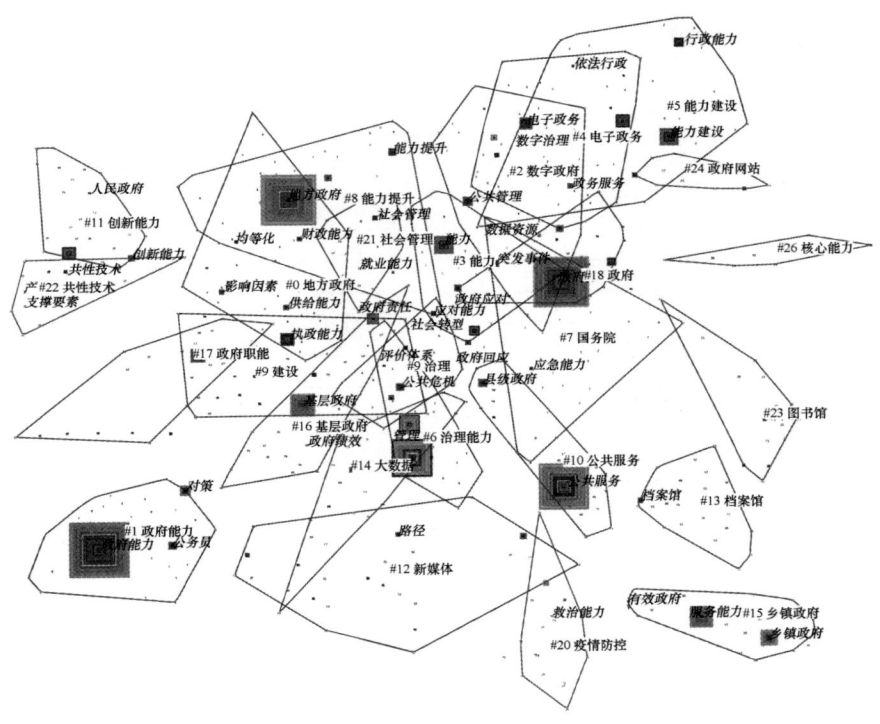

图1-2 2000—2021年政府公共服务能力研究关键词聚类图谱

其一，2000—2004年聚焦政府内部组织体系优化阶段。党的十六大和党的十六届四中全会对加强党的执政能力建设作了全面部署，并且随着中国进入治理转型期，对各级政府机构及其行政人员的能力提升提出了更高要求[①]。陈振明认为，政府能力构成当代国家或地区竞争力的核心

---

① 肖文涛：《能力建设：现代地方政府面临的时代课题》，《理论探讨》2005年第3期；靳永翥：《治理转型中我国地方政府社会治理能力的培育》，《贵州社会科学》2004年第6期。

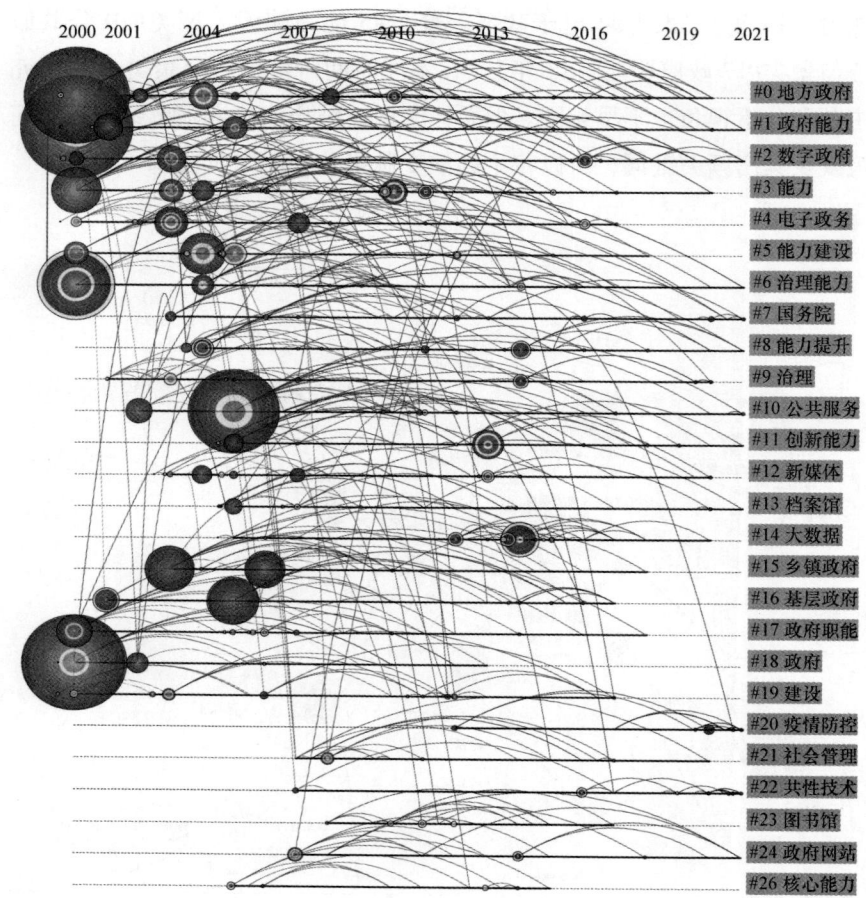

图 1-3 2000—2021 年政府公共服务能力研究关键词共现时间线图谱（Timeline）

或主导部分。一个民主、灵活、回应、高效和廉洁的政府（好政府）应是各国政府改革的基本内容和目标[1]。但政府能力过剩或短缺[2]、腐败[3]、

---

[1] 陈振明：《政府能力建设与"好政府"的达成——评梅利里·S.格林德尔主编的〈获得好政府〉一书》，《管理世界》2003年第8期。

[2] 臧乃康：《论政府能力》，《甘肃社会科学》2001年第3期。

[3] 张康之：《机构改革后阻碍政府能力提升的因素》，《南京社会科学》2001年第5期。

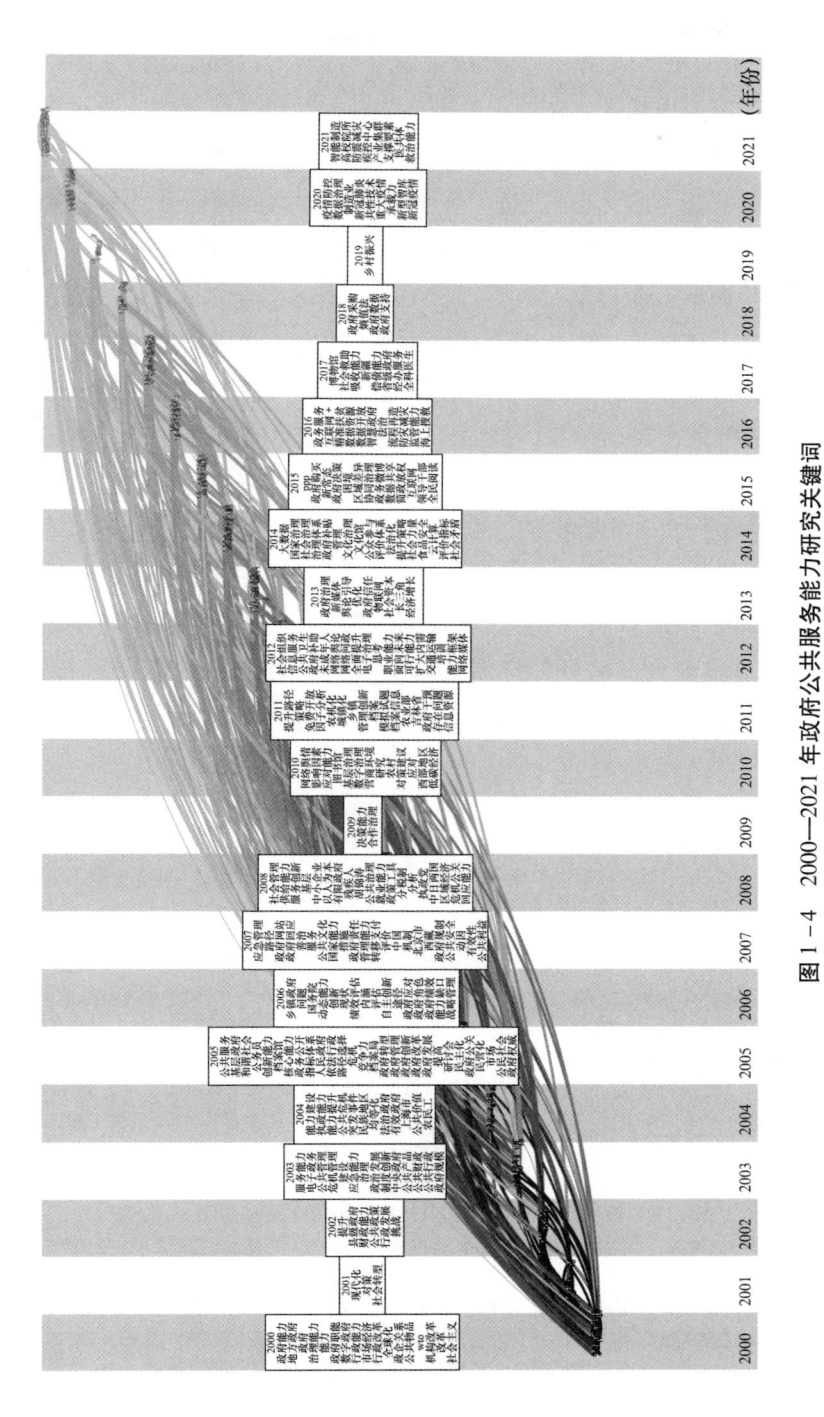

图 1-4　2000—2021 年政府公共服务能力研究关键词共现时区图谱（Timezone）及年度高频关键词

过于集权①、财政资源限制②、行政决策偏差③等政府内部组织体系问题限制着地方政府能力建设。在这一阶段，学者们针对政府现状，通过界定中国政府行政改革的基本价值选择④与政府再造⑤的重要地位，探索政府职能与政府能力的关系⑥，进一步明确政府能力的提高是政府职能转变的关键⑦。还有学者特别强调，行政改革不仅是机构精简、职能转变和权力结构调整，而且是对各类行政关系的道德整合与行政诚信的高度重视与提升，使政府运作达到最佳状态⑧。与这一阶段研究主题相一致，中国学者聚焦于政府部门特征与公共管理者的知识与技能，尝试建立政府公共服务能力评估体系，例如，任建明等以心理测量学的基本原理和方法为指导，形成了开拓创新、操作执行、观察分析、言语表达、组织协调、决策分析、宏观把握、领导才能等八项公共管理职业的基本能力⑨。

其二，2005—2011年关注公众需求阶段。这一阶段，学界将研究视角从政府组织内部向外部环境转移，聚焦于政府信用⑩、政府形象⑪、维护社会公正秩序⑫等方面，对有效政府建设进行本土化探索。

---

① 陈周旺：《从放权到分权：国家与社会关系的转型》，《求索》2000年第5期。
② 李文星、蒋瑛：《地方政府财政能力的理论建构》，《南开经济研究》2002年第2期；陈康团：《政府行政能力与政府财力资源》，《开放时代》2000年第6期。
③ 周梅芳：《论新时期政府的行政决策能力》，《贵州社会科学》2000年第3期；孔祥利：《论我国地方政府政策创新能力的提升》，《行政论坛》2004年第3期。
④ 王洛忠：《论中国政府行政改革的基本价值选择——以1998年中央政府机构改革为例》，《中国行政管理》2000年第10期。
⑤ 党秀云：《政府再造与政府能力之提升》，《行政论坛》2004年第1期。
⑥ 秦国民：《我国行政体制改革的主要途径和目标选择》，《郑州大学学报》（哲学社会科学版）2004年第4期；汪永成：《政府能力的结构分析》，《政治学研究》2004年第2期。
⑦ 江秀平：《提高政府能力与治理有效性》，《中国行政管理》2001年第2期。
⑧ 张康之：《行政改革提升政府能力的道德分析》，《中共中央党校学报》2001年第2期；卢汉桥：《地方政府行政诚信建设研究论纲》，《求索》2003年第6期。
⑨ 任建明、刘理晖：《公共管理职业技能的探索性研究》，《公共管理学报》2004年第2期。
⑩ 肖陆军：《论政府信用建设》，《云南社会科学》2006年第4期。
⑪ 李小园：《媒体运作能力的提升与政府形象的塑造》，《治理研究》2011年第4期。
⑫ 何建华：《论提高政府维护社会公正秩序的能力》，《治理研究》2011年第6期。

学者们认为有效政府应具备高素质、高效运转、公平施政、注重合作的特征[1],并且强调能力建设应符合中国现阶段急剧变化的社会环境及其对政府的内在规定[2]。一方面,从外部压力来看,全球化趋势推动各级地方政府从强力型向能力型转变[3]。为了增强政府执政能力,提升政府公共服务质量与公共责任,将创新视为政府体制改革的重要内容[4]。另一方面,从国内发展规划来看,这一时期的学者们将和谐社会的背景、内涵与特征贯穿于政府能力研究中。例如,基于和谐社会的理念视角,金太军等将政府能力概括为政府要求能力与政府支持能力两类[5]。熊水龙分析了政府核心能力的内涵特征[6]。肖文涛认为政府行政能力在构建和谐社会中起主导作用[7]。周艳玲等更是强调了政府规制能力对保住和谐底线的重要性[8]。值得注意的是,这一时期"全球化""和谐社会构建"的延伸发展体现在实现公共服务均等化与善治上。学者们认为要兼顾"公平与效率"以及"结果平等与程序平等",并将关注焦点集中于对能力建设有至关重要影响的公共服务领域[9]。洪荣塔[10]与麻宝斌等[11]进一步提出在公共服务领域内要充分发挥政府、企业和公众的积极性,建立分级管理机制,规范各级政府间的权责关系,改变传统管理模式,逐渐转向新型合作治理模式,形成多中心秩序格局,实现善治、达成"共赢"。需要注意的是,这一时期的政府能力评估也体现

---

[1] 楚德江:《关于有效政府的特征分析》,《理论探索》2010年第1期。
[2] 王臻荣、邹祥波:《试论我国现阶段有效政府的构建及路径选择》,《政治学研究》2005年第2期。
[3] 杜创国:《全球化进程中政府能力的提升》,《行政论坛》2007年第1期。
[4] 俞可平:《全球化与中国政府能力》,《公共管理学报》2005年第1期。
[5] 金太军、袁建军:《和谐社会视角下的政府能力考量》,《社会科学战线》2006年第4期。
[6] 熊水龙:《构建和谐社会目标下的政府核心能力》,《行政论坛》2006年第6期。
[7] 肖文涛:《公共管理视野中的社会主义和谐社会建设》,《甘肃行政学院学报》2005年第4期;肖文涛:《论构建和谐社会的政府行政能力建设》,《中国行政管理》2005年第5期。
[8] 周艳玲、姜继为:《构建和谐社会与政府规制能力》,《江汉论坛》2007年第8期。
[9] 张东豫、莫光财:《基本公共服务均等化:基于地区差异及分析》,《甘肃行政学院学报》2007年第4期;刘德吉:《阿玛蒂亚·森的能力平等观与公共服务均等化》,《上海经济研究》2009年第11期。
[10] 洪荣塔:《关于地方政府提升公共物品供给能力的思考》,《行政论坛》2005年第6期。
[11] 麻宝斌、郭蕊:《全球化时代的地方政府治理模式》,《学海》2008年第4期。

了对外部环境的关注。例如，张钢等从政府战略管理的视角，考量了政府面临的三重压力，即在稀缺资源、地方公众、上级政府的基础上，建立了评价地方政府能力的指标体系①，对政府公务员的选拔、任用均会有一定的参考价值。

其三，2012—2018年大数据嵌入政府治理阶段。随着大数据时代的到来，已然成为基础性战略资源的大数据技术将一种新的治理理念、组织结构和治理能力嵌入政府治理范畴，改变了政府回应的理念向度、工作方式和决策思路，影响了政府治理能力现代化建设的内涵②。有学者指出，大数据对政府治理能力的影响是双向的。一方面，大数据嵌入为政府社会沟通能力、科学决策能力、公共服务能力、危机预防能力、组织协调能力以及社会动员能力的提升带来了巨大的机遇，促进公共决策科学化民主化、公共服务精细化人性化、公共管理透明化高效化、社会治理精准化法治化③。另一方面，大数据技术在对政府履行经济调节、市场监管、社会管理和公共服务四项基本职能产生积极影响的同时，也存在诸多问题和挑战④。政府应直面大数据技术的挑战，从意识、管理、技术、法律和伦理层面，科学合理地运用大数据技术，实现政府信息、资源的有效流动，提升政府服务水平和工作效率，推动政府从"权威型治理"向"大数据治理"的转变⑤。同时，在这一阶段，

---

① 张钢、徐贤春：《地方政府能力的评价与规划——以浙江省11个城市为例》，《政治学研究》2005年第2期。

② 邵娜、张宇：《政府治理中的"大数据"嵌入：理念、结构与能力》，《电子政务》2018年第11期；林贤：《大数据推进政府治理能力提升论析——以福州市政府的大数据实践为例》，《福建论坛》（人文社会科学版）2018年第7期；李文彬、陈晓运：《政府治理能力现代化的评估框架》，《中国行政管理》2015年第5期；杨戴萍、古小华、欧阳彬：《大数据时代的政府回应——变革、挑战与应对》，《南京邮电大学学报》（社会科学版）2015年第4期。

③ 唐晓阳、代凯：《大数据时代提升政府治理能力研究》，《中共天津市委党校学报》2017年第6期；许阳、王程程：《大数据推进政府治理能力现代化：研究热点与发展趋势》，《电子政务》2018年第11期。

④ 江小涓：《大数据时代的政府管理与服务：提升能力及应对挑战》，《中国行政管理》2018年第9期；朱艳菊：《政府大数据能力建设研究》，《电子政务》2016年第7期。

⑤ 王山：《大数据时代中国政府治理能力建设与公共治理创新》，《求实》2017年第1期；谢雨宸：《云模式助推政府服务能力提升》，《人民论坛》2016年第32期。

一些学者们将研究主题进一步聚焦到"大数据技术"[①]与"智库服务"[②]对"政府决策能力的建设与优化"的支持上来,特别强调了"政务热线""网络问政""电子政务""电视问政""政府网站"等载体在畅通民意诉求、提升政府治理能力的积极作用[③]。

其四,2019—2021年优化政府应急管理水平阶段。2019年新冠疫情的暴发让学界的关注焦点转移到公共危机、公共信任等研究主题上来。为了有效应对公共危机,提高政府公信力,学者们强调了大数据与共性技术的重要性。孙峰等基于吹哨制度,发现"互联网+"撬动了应急管理吹哨预警机制嬗变之窗[④]。王法硕等也以健康码省际扩散事件史为例,进一步解释并论证了大数据技术对政策扩散的影响[⑤]。学者们呼吁多方协同研发共性技术,强调其在提升创新资源配置效率,预防或降低重大事件不良影响等方面具有重要影响[⑥]。同时,在

---

[①] 黄璜、黄竹修:《大数据与公共政策研究:概念、关系与视角》,《中国行政管理》2015年第10期;许晔:《以大数据创新提升政府管理决策能力》,《科学管理研究》2017年第3期。

[②] 文少保:《高校智库服务政府决策的逻辑起点、难点与策略——国家治理能力现代化的视角》,《中国高教研究》2015年第1期;刘海峰、刘畅、曹如中:《智库治理能力的内涵与机理研究:基于智库服务政府决策视角》,《情报杂志》2018年第3期;郭华、宓一鸣、袁正光、黄英实:《新型智库服务政府决策能力的创新思考》,《图书馆理论与实践》2018年第6期。

[③] 吴国玖、金世斌、甘继勇:《政务热线:提升城市政府治理能力的有力杠杆——以南京市"12345"政府公共服务平台为例》,《现代城市研究》2014年第7期;魏登才:《论网络问政背景下的政府执政能力建设》,《江汉论坛》2012年第7期;刘焕成、杨彩云:《政府网站化解网络舆情事件的能力研究》,《图书情报知识》2012年第1期;张勤、窦高涵:《论电子政务发展与促进政府能力提升》,《电子政务》2012年第11期;陈光、伍红建、杨一帆:《电子政务:政府治理能力现代化的新途径》,《电子政务》2014年第8期;张玲、李颖:《利用新兴信息技术助力政府治理能力现代化》,《电子政务》2015年第1期;陈涛、董艳哲、马亮、梅冬芳、张锐昕、王少辉、杨道玲、于跃、张毅、郑磊、郑跃平:《推进"互联网+政务服务"提升政府服务与社会治理能力》,《电子政务》2016年第8期。

[④] 孙峰、郑雨涵、邓炜、纪道涓:《"互联网+"时代我国应急管理吹哨预警机制优化研究》,《电子政务》2021年第9期。

[⑤] 王法硕、张桓朋:《重大公共危机事件背景下爆发式政策扩散研究——基于健康码省际扩散的事件史分析》,《电子政务》2021年第1期。

[⑥] 郑月龙、周立新、王琳:《政府补贴下复杂产品共性技术协同研发的信号博弈》,《系统管理学报》2020年第1期;周国华、胡慧中、李施瑶:《公平偏好视角下复杂产品共性技术供给模式研究》,《科技管理研究》2019年第21期;陈朝月、许治:《政府R&D资助政策对企业共性技术项目决策的影响探究》,《管理评论》2019年第9期。

信息技术支撑下协同治理更是在公共危机事件中发挥关键作用。孙彩红构建了在重大危机事件中实现协同治理的分析框架，即主体与组织要素—价值目标—舆论权威与引导—法律制度与技术[1]。徐顽强等将当前公共危机管理模式界定为"国家—社会—市场"同时在场的公共危机协同治理模式[2]。而陈鹏则指出需要通过构建由政府主导的国家大数据系统和由政府掌握核心算法的智能政务平台，有效提升智能时代的政府治理能力[3]。

### 三　政府公共服务能力研究热点分析

本章节继续使用 CiteSpace 软件进行文献计量，设置 Node Type 为 Keyword，时间范围为 2000—2021 年，时间切片设置为一年，网络剪裁方法为 pathfinder、pruning sliced networks、pruning the merged networks，获取关键词 856 个，出现总频次为 6742 次，生成前 40 位的高频关键词列表（见表 1-1），并且通过节点突发性探测，获得 2000—2021 年影响程度最高的前 25 位关键词（见表 1-2）与体现突发性结果的关键词共现图谱（见图 1-5）。突发性关键词代表某些年份文献中共现频次骤增的专业术语，在年代分布与聚类关系上表现出一定的连贯性、关联性，表征了某一时段的热点。关键词的累进被引频次与突发性探测能够表明一个话题已经或正在引起研究人员在特定时期的关注程度[4]。本书综合对比了 2000—2021 年该领域研究文献的高频词与突发性关键词，提取出 14 个关键词用以描述不同阶段下政府公共服务能力的研究热点（见表 1-3）。

---

① 孙彩红：《协同治理视域下政府资源整合与组织能力分析——以新冠肺炎疫情防控为例》，《四川大学学报》（哲学社会科学版）2020 年第 4 期。
② 徐顽强、张婷：《公共危机治理中社会组织的角色审视与嵌入路径》，《郑州大学学报》（哲学社会科学版）2021 年第 6 期。
③ 陈鹏：《智能治理时代的政府：风险防范和能力提升》，《宁夏社会科学》2019 年第 1 期。
④ 李杰：《CiteSpace 中文指南》，http://blog.sciencenet.cn/blog-496649-886962.html，2015 年 5 月 3 日。

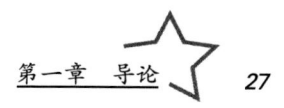

表1-1　政府公共服务能力研究领域出现频次最高的前40个关键词（2000—2021年）

| 序号 | 关键词 | 词频 | 序号 | 关键词 | 词频 | 序号 | 关键词 | 词频 | 序号 | 关键词 | 词频 |
|---|---|---|---|---|---|---|---|---|---|---|---|
| 1 | 政府能力 | 354 | 11 | 乡镇政府 | 85 | 21 | 行政能力 | 54 | 31 | 档案馆 | 41 |
| 2 | 地方政府 | 344 | 12 | 政府职能 | 83 | 22 | 公共危机 | 54 | 32 | 应急管理 | 41 |
| 3 | 公共服务 | 336 | 13 | 和谐社会 | 80 | 23 | 公共管理 | 51 | 33 | 突发事件 | 41 |
| 4 | 政府 | 291 | 14 | 政府治理 | 78 | 24 | 网络舆情 | 49 | 34 | 民族地区 | 38 |
| 5 | 治理能力 | 262 | 15 | 执政能力 | 76 | 25 | 提升 | 49 | 35 | 社会组织 | 37 |
| 6 | 服务能力 | 124 | 16 | 电子政务 | 73 | 26 | 县级政府 | 48 | 36 | 国家治理 | 37 |
| 7 | 大数据 | 106 | 17 | 现代化 | 67 | 27 | 公务员 | 48 | 37 | 社会管理 | 33 |
| 8 | 能力建设 | 106 | 18 | 对策 | 67 | 28 | 危机管理 | 44 | 38 | 财政能力 | 33 |
| 9 | 基层政府 | 106 | 19 | 数字政府 | 56 | 29 | 创新能力 | 43 | 39 | 供给能力 | 33 |
| 10 | 能力 | 101 | 20 | 能力提升 | 55 | 30 | 建设 | 42 | 40 | 路径 | 33 |

表1-2　政府公共服务能力研究领域前25位突发性关键词（2000—2021年）

| 关键词 | 出现年份 | 突发强度 | 突发起止时间（年） |
|---|---|---|---|
| 政府能力 | 2000 | 60.59 | 2000—2007 |
| 和谐社会 | 2000 | 34 | 2005—2008 |
| 大数据 | 2000 | 27.24 | 2015—2021 |
| 治理能力 | 2000 | 23.12 | 2015—2021 |
| 执政能力 | 2000 | 22.89 | 2004—2007 |
| 政府治理 | 2000 | 16.91 | 2015—2019 |
| 行政能力 | 2000 | 13.81 | 2004—2008 |
| 现代化 | 2000 | 11.65 | 2014—2021 |
| 政府职能 | 2000 | 11.24 | 2000—2007 |
| 市场经济 | 2000 | 10.44 | 2000—2005 |
| 政府 | 2000 | 10.4 | 2000—2006 |
| 政务服务 | 2000 | 9.05 | 2016—2021 |
| 公共服务 | 2000 | 8.7 | 2011—2012 |
| 社会管理 | 2000 | 8.21 | 2011—2013 |
| 行政改革 | 2000 | 7.35 | 2000—2007 |
| 全球化 | 2000 | 7.35 | 2000—2008 |
| 国家治理 | 2000 | 7.28 | 2014—2021 |

续表

| 关键词 | 出现年份 | 突发强度 | 突发起止时间（年） |
|---|---|---|---|
| 互联网+ | 2000 | 6.92 | 2016—2019 |
| 精准扶贫 | 2000 | 6.46 | 2016—2019 |
| 社会组织 | 2000 | 6.32 | 2014—2019 |
| 危机管理 | 2000 | 6.11 | 2003—2009 |
| WIO | 2000 | 6.01 | 2000—2002 |
| 社会治理 | 2000 | 5.81 | 2014—2021 |
| 乡村振兴 | 2000 | 5.75 | 2019—2021 |
| 新媒体 | 2000 | 5.7 | 2017—2019 |

注：突发强度代表该关键词在特定时间段内突然增长的强度。该数值越大，表明其在此阶段内出现的频次越高，越活跃，能够代表该研究领域在某一时间段内的发展前沿和研究热点。

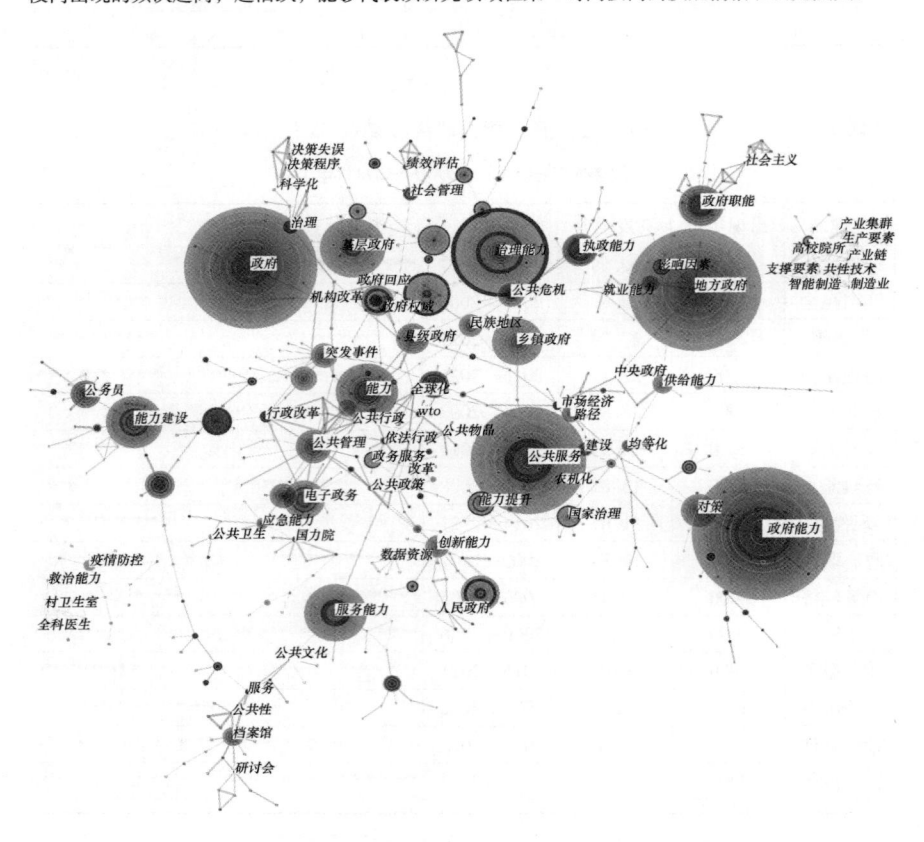

图1-5 政府公共服务能力研究关键词共现图谱（突发性检测）

表1-3　　　　　2000—2021年该领域的热点与前沿

| 关键词 | 突发强度 | 被引频次 | 所属聚类 | 突发起止时间 |
|---|---|---|---|---|
| 政府能力 | 60.59 | 354 | #1 政府能力 | |
| 政府职能 | 11.24 | 83 | #17 政府职能 | |
| 危机管理 | 6.11 | 44 | #3 能力 | |
| 执政能力 | 22.89 | 76 | #0 地方政府 | |
| 行政能力 | 13.81 | 54 | #5 能力建设 | |
| 和谐社会 | 34 | 80 | #5 能力建设 | |
| 公共服务 | 8.7 | 336 | #10 公共服务 | |
| 社会管理 | 8.21 | 33 | #21 社会管理 | |
| 社会组织 | 6.32 | 37 | #14 大数据 | |
| 现代化 | 11.65 | 67 | #16 基层政府 | |
| 国家治理 | 7.28 | 37 | #8 能力提升 | |
| 政府治理 | 16.91 | 78 | #11 创新能力 | |
| 大数据 | 27.24 | 106 | #14 大数据 | |
| 治理能力 | 23.12 | 262 | #6 治理能力 | |

（1）"政府能力"与"政府职能"于2000—2007年突发，其中"政府能力"突发强度最高，达到60.59，被引频次高达354。1996年，世界银行发布的《变革世界中的政府》激起各国实务部门与学界对变迁社会中政府能力建设的高度关注①。特别是随着中国加入世界贸易组织，跻身全球化进程，中国经济社会发展也随即进入新的转型期。但在这一背景下，各种政府能力弱化的现象日显突出，诸如政策执行能力弱化、汲取社会资源能力较低、社会管理服务能力不足、社会利益平衡能力低下、社会控制能力弱化等，影响了社会主义现代化建设的进程②。相应的，加强中国政府能力建设的现实需求日益迫切。尽管学界相关定

---

① 世界银行《1997年世界发展报告》编写组：《1997年世界发展报告：变革世界中的政府》，蔡秋生等译，中国财政经济出版社1997年版，第3—15页。
② 任维德：《中国社会转型时期的政府能力开发与建设》，《中国行政管理》2001年第11期；臧乃康：《论政府能力》，《江苏行政学院学报》2001年第1期；臧乃康：《论政府能力》，《甘肃社会科学》2001年第3期。

义并未统一,尤其是处于转型时期的当下,政府能力的内涵特征更为丰富。其中,汪永成认为从本质上,政府能力是政府与环境互动关系中政府活动的可能性与限度①。臧乃康认为政府能力具有公共性、汲取性、权威性、自主性、综合性的特征,并且可以从政府有效程度、政府权威程度、政府法治程度三个方面来衡量其能力强弱②。有学者从公共政策的角度对政府能力进行界定,如谢庆奎认为政府能力是政府制定与执行政策的势能与效力③。王骚等则将政府能力细分为政策问题认定能力、政策方案规划与选择能力、政策执行能力、政策评估能力以及适时的政策调整能力④。值得注意的是,较为经典的分析视角是从政府职能的角度思考政府能力这一抽象而复杂的客观存在⑤。其中,林尚立提出政府职能形态是职能结构关系、运行逻辑与实现方式的有机统一,在一定程度上决定政府的能力范围与内容⑥。而侯保疆也认为政府能力的转换与提高是在政府职能转变过程中发生的,但他强调政府能力变化并非政府职能转变的本身内容,二者存在一定差异性⑦。

(2)"危机管理"从2003年开始突发,到2009年结束,突发强度为6.11。2003年"非典"危机之后,危机管理研究在国内随之兴起。并且,伴随着社会、经济与政治体制转型而出现的种种利益矛盾、社会不和谐、秩序紊乱、危机涌现等现象迫切要求政府实施变革,主动进行危机管理能力建设⑧。薛澜等将危机界定为对一个社会系统的基本价值

---

① 汪永成:《经济全球化进程中政府能力的供求变化及平衡战略》,《武汉大学学报》(哲学社会科学版)2002年第2期;汪永成:《新时期我国政府能力建设的意义与任务》,《深圳大学学报》(人文社会科学版)2004年第6期。
② 臧乃康:《论政府能力》,《江苏行政学院学报》2001年第1期;臧乃康:《论政府能力》,《甘肃社会科学》2001年第3期。
③ 谢庆奎:《论政府发展的涵义》,《北京大学学报》(哲学社会科学版)2003年第1期。
④ 王骚、王达梅:《公共政策视角下的政府能力建设》,《政治学研究》2006年第4期。
⑤ 吴家庆、徐容雅:《地方政府能力刍议》,《湖南师范大学社会科学学报》2004年第2期。
⑥ 林尚立:《政府改革:责任、能力与绩效》,《上海大学学报》(社会科学版)2007年第3期。
⑦ 侯保疆:《从概念的理论内涵看政府职能转变的内容》,《太平洋学报》2007年第7期。
⑧ 陈淑伟:《制约政府应急管理能力提升的障碍因素分析》,《东岳论丛》2009年第12期;赵志立:《加强危机管理与提高党和政府执政能力》,《社会科学研究》2005年第5期。

与行为准则架构产生严重威胁且在时间压力与不确定性极高的情况下必须作出关键决策的事件①。政府危机管理能力是指政府组织利用相关力量对可能发生或已经发生的危机事件进行预测、监督、控制与协调处理，以期有效地预防、处理与消除危机、减少损失的能力②。特别是，当前危机的突发性、危害性、非常规性、高度不确定性等特征对政府危机管理能力提出更高要求③。有研究发现，政府一元化治理、被动回应、技术导向及偏好经验决策是制约中国政府应急管理能力提升的主要障碍④。中国共产党十九届四中全会要求国家行政管理必须创新行政方式，提高行政效能。作为一种新兴的治理资源，大数据可以提升国家的智慧决策水平、公共服务能力与风险治理能力⑤。因此，应着眼体制建设与数字建设，重塑中国的政府危机管理系统。

（3）"执政能力"与"行政能力"均于2004年开始突发，前者突发强度为22.89，表明该主题在2004—2007年内出现频率最高，成为该时段最新兴的研究热点。伴随着全球化进程的加快以及中国政府行政体制改革的深入，中国行政环境发生了全面而深刻的变化，政府执政能力与行政能力成为社会各界日益关注的主要话题之一。党的执政能力建设是在新历史条件下保持党的先进性与维护党的领导合法性的基础。其中，张康之等认为执政能力建设最基本的要素在于制度设计、执政主体与执政方式⑥。田广清等更是明确指出，执政能力的高低在很大程度上

---

① 薛澜、张强、钟开斌：《危机管理：转型期中国面临的挑战》，《中国软科学》2003年第4期。
② 张皓玮：《和谐社会视野下的政府危机应对能力建设浅谈》，《东南大学学报》（哲学社会科学版）2007年第S2期。
③ 张力、李梅：《构建体制性的政府危机管理系统——恐怖活动猖獗对我国政府危机管理能力的预警》，《理论与改革》2003年第2期。
④ 陈淑伟：《制约政府应急管理能力提升的障碍因素分析》，《东岳论丛》2009年第12期。
⑤ 北京大学课题组、黄璜：《平台驱动的数字政府：能力、转型与现代化》，《电子政务》2020年第7期；郭建锦、郭建平：《大数据背景下的国家治理能力建设研究》，《中国行政管理》2015年第6期。
⑥ 张康之、程倩：《在服务型政府建构中提高党的执政能力》，《理论学刊》2005年第7期。

取决于是否有一个好的制度设计①。叶富春则是将关注点进一步聚焦，认为执政能力建设的核心是政府行政能力，它是为贯彻政府执政理念而存在的，能够体现政府对公共事务管理的本领与水平，具体包含了动员发展、学习创新、驾驭应变、吸纳整合、引导平衡、贯彻统领、廉洁服务与决策纠错等能力②。而陈康团认为政府行政能力包括合法性能力、合理性能力、政策执行能力与资源动用能力，而且影响行政能力的因素在于组织机构的严密性、制度规范的有效性、人员素质的优良性与财力资源的基础性四个方面③。另外，还有学者从公共行政价值的角度对行政能力进行理解，认为追求公正是政府行政能力建设的重要内容④。

（4）"和谐社会"从2005年开始突发，短短四年间突发强度高达34。党的十六届四中全会明确指出："要适应我国社会的深刻变化，把和谐社会建设摆在重要位置。"⑤ 构建和谐社会是新时期政府的重要任务，它对政府职能转变与能力提升都提出了新要求，即从传统的行使权力向服务社会、管理社会、协调社会转换⑥。围绕着中国构建社会主义和谐社会的目标与具体要求，熊水龙认为政府在行政发展的诉求中，应着力加强以下核心能力建设：推进经济社会全面发展、行政生态平衡、行政整合、制度及手段创新、基本社会公正实现与维护、公共危机管理、公共服务、公共信用、自洁自律自责⑦。金太军等则基于社会主义和谐社会的理念特征，将政府能力划分为政府要求能力与政府支持能力两类，前者是后者的基础，后者是前者的保障与实现路径。强调这两类能力在同一国家不同时期或同一时期不同国家中表现出不同程度的差异性⑧。周

---

① 田广清、李倩、刘建伟：《制度建设和创新：党和政府最基本的执政能力——兼论和谐社会构建的制度保障》，《理论与改革》2007年第2期。
② 叶富春：《试论新民本政治视野下的政府行政能力》，《中国行政管理》2006年第1期。
③ 陈康团：《政府行政能力与政府财力资源问题研究》，《中国行政管理》2000年第8期。
④ 罗建文：《增强政府行政能力必须奉行公正理念》，《求索》2005年第12期。
⑤ 《中共中央关于加强党的执政能力建设的决定》，人民出版社2004年版，第24页。
⑥ 任维德：《中国社会转型时期的政府能力开发与建设》，《中国行政管理》2001年第11期；徐国亮：《和谐社会架构下的有效公共管理体系研究》，《理论视野》2006年第4期。
⑦ 熊水龙：《构建和谐社会目标下的政府核心能力》，《行政论坛》2006年第6期。
⑧ 金太军、袁建军：《和谐社会视角下的政府能力考量》，《社会科学战线》2006年第4期。

艳玲等[①]与张皓玮[②]持相同观点，认为和谐社会建设是一个过程，并且不同阶段所需的政府能力不同。这一时期学者俨然达成共识，即在当下构建中国特色社会主义和谐社会的要求下，承担主要责任的政府应更倾向于支持能力建设，以服务型政府建设为目标。

（5）自 2011 年起，"公共服务"与"社会管理"研究主题的突发时段与突发强度相似，尤其是"公共服务"截至 2021 年 12 月，被引次数达到 336 次。政府公共服务能力与社会管理能力是服务型政府建设中的重要环节，二者密切相关。当前快速增长的社会公共需求与有限的政府公共服务能力之间的矛盾必然需要优化政府社会管理能力，有序促进公共服务领域的社会化改革[③]。这就不难解释公共服务能力与社会管理能力突发时段较为同步。一方面，作为行政体制改革的重要战略部署，政府公共服务能力体系建设是一个系统、复杂的过程[④]。政府组织的基本属性、性质与效率取决于组织的构成要素与结构方式。公共服务能力的提升需要政府不断创新其组织结构，以满足公众对服务的需求[⑤]。另一方面，地方政府在公共服务供给的能力、动力与压力方面存在多重困境，制约了公共服务的供给数量、质量与绩效水平[⑥]。作为特殊的公共产品，公共服务的公共性决定了在供给上主要由政府来负责，但不等于由政府全部包揽或直接提供[⑦]。随着公共服务领域的社会化改革进程加快，非政府组织参与服务型政府建设具有必要性与现实可能性。在此背景下，学者们进一步将关注焦点放到如何增强政府社会管理能力与水平上来[⑧]。为了更好实现社会管理，学者们认为政府应实现权

---

[①] 周艳玲、姜继为：《构建和谐社会与政府规制能力》，《江汉论坛》2007 年第 8 期。

[②] 张皓玮：《和谐社会视野下的政府危机应对能力建设浅谈》，《东南大学学报》（哲学社会科学版）2007 年第 S2 期。

[③] 高海虹：《发展社会企业：改善公共服务能力的有效途径》，《理论探讨》2011 年第 6 期。

[④] 容志：《基层政府公共服务供给的问题与对策：基于上海的研究》，《上海行政学院学报》2011 年第 6 期。

[⑤] 梁芷铭：《论公共服务效能提升与政府组织结构创新》，《管理学刊》2011 年第 2 期。

[⑥] 丁辉侠：《我国地方政府提供公共服务的困境与对策分析》，《吉首大学学报》（社会科学版）2012 年第 4 期。

[⑦] 高海虹：《发展社会企业：改善公共服务能力的有效途径》，《理论探讨》2011 年第 6 期。

[⑧] 徐铜柱：《试析社会管理中政府权力与责任的统一》，《社会主义研究》2013 年第 2 期；孙柏瑛：《社会管理与政府能力建构》，《南京社会科学》2012 年第 8 期。

力与责任的"五个统一",即把权力来源与人民的主体性相统一、把权力行使与政府能力建设相统一、把权力运用与塑造政府形象相统一、把权力运行与激发公众参与相统一、把权力分配与政府责任重心相统一①,同时发挥社会组织的主力作用,吸纳更广泛的群众参与,积极推进社会管理创新②。

(6)"现代化"、"国家治理"与"社会组织"于2014年突发,其中,"现代化"尤为显著,突发强度最高。关于"国家治理""现代化"研究主题,党的十九大报告指出:"全面深化改革的总目标是完善和发展中国特色社会主义制度、推进国家治理体系和治理能力现代化。"③ 如何增强国家治理能力,实现国家治理体系的现代化构成此阶段迫切需要面对的问题。在此背景下,褚松燕认为应从凝聚国家认同、维护国家安全、优化治理效率与提高治理效益四个方面入手采取措施,提升国家治理有效性④。而吴益兵等认为实现国家治理体系以及能力现代化的重要抓手是政府内部控制的健全,并以福山的国家建构理论与王绍光国家能力理论为基础,提出应建立基于国家能力视角的政府内部控制框架⑤。党的十九大报告指出打造共治共建共享的社会治理格局。这在赋予社会组织在国家治理中主体地位的同时,也对其职能与作用提出了更高要求⑥。随着国家逐渐向社会放权与公众需求日趋多元化发展,社会组织数量与规模快速增长⑦。因此,"现代化"、"国家治理"与"社会组织"突发时段相当贴近。在"社会组织"研究主题中政府购买

---

① 徐铜柱:《试析社会管理中政府权力与责任的统一》,《社会主义研究》2013年第2期。

② 郭亚丽:《论推进社会管理创新》,《山西财经大学学报》2011年第S1期。

③ 习近平:《决胜全面建成小康社会 夺取新时代中国特色社会主义伟大胜利——在中国共产党第十九次全国代表大会上的报告》,人民出版社2017年版,第19页。

④ 褚松燕:《提升国家有效治理:核心关切与基本框架》,《当代世界》2018年第6期。

⑤ 吴益兵、廖义刚:《国家能力视角下的政府内部控制体系构建》,《厦门大学学报》(哲学社会科学版)2021年第1期。

⑥ 陈亮、王彩波:《国家治理现代化:理论诠释与实践路径》,《重庆社会科学》2014年第9期。

⑦ 叶托:《资源依赖、关系合同与组织能力——政府购买公共服务中的社会组织发展研究》,《行政论坛》2019年第6期。

服务构成学界的又一关注焦点。政府购买服务是政府将原来直接提供的一部分公共服务，按照一定的方式与程序，交给具备资质的社会力量承担，并根据服务数量与质量支付费用的公共服务供给方式。这一措施有效地提高公共服务供给水平与效率[1]。但是，社会组织承接政府购买服务的成效很大程度取决于它们承接服务的能力强弱[2]。由于受传统文化观念的束缚、原有体制的影响、新运行机制的缺失等因素的制约，中国社会组织陷入体制性困境，对政府的资源依赖程度日渐加深[3]。

（7）"政府治理"、"治理能力"与"大数据"于 2015 年开始突发，其中"大数据"与"治理能力"截止到 2021 年仍处于突发状态，被引频次冲破 100，突发强度分别达到 27.24、23.12。关于"治理能力""政府治理"研究主题，政府治理现代化是国家治理现代化的重要内容与关键环节，提升政府治理能力是实现政府治理现代化的重要手段。但处于急剧转型、改革深水区与攻坚期的中国，地方政府在治理能力提升过程中存在多元主体协同难、治理资源整合难、工作观念转变难、公开机制建设难等问题[4]。孙杰指出提升政府治理能力需要以战略布局为指导，创新政府治理理念，合理定位政府职能，转变政府治理方式，健全政府治理机制[5]。刘雪华等认为各级政府、社会、公民、市场等治理主体应构建框架化的治理格局，同时应稳步提升政府组织自身的治理开发能力、治理分工能力、治理学习能力与治理监测能力[6]。近年来，政府数据治理成为各界关注的重要议题。数字技术的发展为政府能力建设带来了双重影响[7]。一方面，政府数据治理是政府创新治理体系的重

---

[1] 勾学玲：《推广政府购买服务探析》，《理论探讨》2015 年第 4 期。
[2] 曾维和、陈岩：《我国社会组织承接政府购买服务能力体系构建》，《社会主义研究》2014 年第 3 期。
[3] 崔月琴：《转型期中国社会组织发展的契机及其限制》，《吉林大学社会科学学报》2009 年第 3 期。
[4] 高建、张洪峰：《如何提升地方政府的治理能力》，《人民论坛》2017 年第 29 期。
[5] 孙杰：《"四个全面"战略布局下政府治理能力提升的困境与路径》，《科学社会主义》2017 年第 4 期。
[6] 刘雪华、马威力：《地方政府治理能力提升的理论逻辑与实践路径——基于当前我国社会主要矛盾变化的研究》，《社会科学战线》2018 年第 9 期。
[7] 江小涓：《大数据时代的政府管理与服务：提升能力及应对挑战》，《中国行政管理》2018 年第 9 期。

要组成部分，推动政府从权威型治理向大数据治理转变[1]。另一方面，大数据本身存在诸多缺陷，如偏重相关关系、数据独裁、结果预判、对基本伦理的冲击、信息网络安全等[2]。同时，政府组织本身缺乏大数据治理思维理念、大数据整体性管理机制、专业技术人才与信息开放共享制度保障等[3]。为了有效提高大数据技术对社会治理与政府治理的实际优化效果，许阳等认为需要立足于政府治理视角，厘清大数据的概念与核心价值，并侧重于特定治理领域的大数据应用研究[4]。熊光清[5]、吴旅燕[6]、陈之常[7]、杨元元[8]指出在大数据技术的支撑下，政府应建立起"用数据说话、用数据决策、用数据管理、用数据创新"的治理机制，实现基于大数据分析的科学治理，推动政府治理理念与方式的进步；实现信息监控，平稳快速处理危机事件；加强信息共享，构建分工有序的处理机制；运用大数据促进信息公开，保障相关信息数据安全。

### 四 小结

本书运用科学计量方法，运用施引文献分析的关键词共现、关键词聚类、突发性等指标，深入挖掘和呈现了2000—2021年"地方政府公共服务能力"研究领域的主题演进及前沿热点。从整体上看，"政府公共服务能力"逐步成为一个相对成熟的研究领域，但仍然存在以下不足之处。

首先，研究对象的局限。相对于宏观层面的国家治理体系及其治理

---

[1] 刘银喜、赵淼、赵子昕：《政府数据治理能力影响因素分析》，《电子政务》2019年第10期。

[2] 郭建锦、郭建平：《大数据背景下的国家治理能力建设研究》，《中国行政管理》2015年第6期。

[3] 王山：《大数据时代中国政府治理能力建设与公共治理创新》，《求实》2017年第1期。

[4] 许阳、王程程：《大数据推进政府治理能力现代化：研究热点与发展趋势》，《电子政务》2018年第11期。

[5] 熊光清：《大数据技术的运用与政府治理能力的提升》，《当代世界与社会主义》2019年第2期。

[6] 吴旅燕：《以大数据提升政府治理能力》，《人民论坛》2017年第35期。

[7] 陈之常：《应用大数据推进政府治理能力现代化——以北京市东城区为例》，《中国行政管理》2015年第2期。

[8] 杨元元：《以大数据提升政府公共危机管理能力》，《人民论坛》2018年第5期。

能力现代化研究以及普遍意义上的省际、城乡与基层的公共服务能力研究，综合运用实证研究方法针对某一时期内某一区域范围的地方政府之间相对的公共服务能力差异进行结构比较分析，尤其是有关不同地方政府间公共服务能力差异形成的生成机制的实证研究较为少见。

其次，理论建构的限制。当前有关政府公共服务能力的内涵及其构成成分的理论分析尚缺乏有说服力的理论建构，导致不同政府公共服务能力的衡量标准选择以及评价指标体系的建构逻辑等也缺乏较为系统的理论探讨。然而自从党的十六大以来，服务型政府建设、政府公共服务能力建设已经成为国家治理体系和治理能力现代化建设的基本内容，而建构科学有效的政府公共服务能力评估指标体系，进而建构其系统的地方政府公共服务能力建设成效，尤其是不同地方政府公共服务能力差异性的结构特征及其生成机制的系统理论分析架构，就成为促成地方政府公共服务能力体系和公共服务能力现代化的理论前提和现实需求。

（3）研究方法的偏向。现有关于政府公共服务能力相关主题的研究文献大多偏重于哲学思辨和传统的比较分析，缺乏实证分析的科学支撑[1]。少数有关地方政府公共服务能力的实证研究又往往是偏重于政府公共服务能力的建设成效[2]，缺乏有关不同地方政府公共服务能力差异性结构特征（尤其是其生成机制）的系统分析，相关研究成果的理论深度和有效性都有待深化。

为了弥补既有研究的不足，本书以"十三五"规划贯彻落实效果为政策实践背景，基于"增加公共服务供给，坚持普惠性、保基本、

---

[1] 汪永成：《政府能力的结构分析》，《政治学研究》2004 年第 2 期；黄滢、王刚：《网络社会治理中的政府能力重塑》，《人民论坛》2018 年第 16 期；党秀云：《论合作治理中的政府能力要求及提升路径》，《中国行政管理》2017 年第 4 期；孙柏瑛：《社会管理与政府能力建构》，《南京社会科学》2012 年第 8 期。

[2] 汤志伟、张龙鹏、李梅、张会平：《地方政府互联网服务能力及其影响因素研究——基于全国 334 个地级行政区的调查分析》，《电子政务》2019 年第 7 期；李华、王银、孙秋柏：《地方政府经济治理能力评价：基于辽宁省的实证》，《统计与决策》2019 年第 10 期；雷玉琼、李岚：《乡镇政府公共服务供给能力评估指标体系建构——兼论政府公共服务能力的研究现状》，《中国行政管理》2015 年第 11 期；张钢、徐贤春、刘蕾：《长江三角洲 16 个城市政府能力的比较研究》，《管理世界》2004 年第 8 期。

均等化、可持续的方向，提高公共服务共建能力和共建水平"的发展要求，立足于系统论、新公共管理理论、公共服务理论、资源基础理论、政府竞争理论、公共服务提供与生产分离以及行政价值变迁等相关理论，尝试以湖北省16个省直管地方政府为研究对象，基于理论分析框架、结合既有研究成果和政府实践，建构具有针对性的系统化政府公共服务能力评估指标体系和有关不同政府公共服务能力差异性的结构比较分析框架，综合运用量化与质性分析等研究方法，经对各个地方政府在"十三五"时期政府公共服务能力水平的测度，深度描述和比较分析不同地方政府公共服务能力的差异性特征及其结构类型，探讨能力差异性结构类型生成的内在结构机制和因果机理，进而掌握地方政府公共服务能力差异性的结构性生成机制。换言之，就是要运用所建构的地方政府公共服务能力差异性的结构比较分析路径，对不同地方政府公共服务能力水平之间的差异性结构特征进行测度与深度比较分析，形成不同地方政府公共服务能力水平的结构类型，进而经对其差异性结构类型得以生成的内在结构性影响机制和综合因果机制进行探析的基础上，掌握地方政府公共服务能力差异性形成的实践运行逻辑，以便为进一步重塑和优化地方政府公共服务能力结构体系提供针对性的对策建议。

## 第四节 研究对象、目标与主要内容

### 一 研究对象

本书的直接研究对象为湖北省16个省直管地方政府[①]。之所以选

---

[①] 需要说明的是，这里所指的省直管地方政府，是指在湖北省地方政府体系中，直接受湖北省人民政府管辖的各级地方政府，包括各个地级市、省直管县级市，但不包括各种省人民政府直管的功能性政府单位。就湖北省而言，共有13个地级市（州）、3个省直管县级市。神农架林区人民政府是中国唯一一个省直管的林区政府，其经济与人口规模都较小，政府公共服务能力结构和规模都较为特殊，与湖北省其他16个省直管地方政府的可比性不强，因而不在本书研究对象范围之内。

择湖北省作为研究对象，主要基于以下三个方面的考虑。

其一，湖北省省直管地方政府具有很强的代表性。湖北省属于中国中部省份。2023年1月，湖北省统计局公布2022年湖北经济运行情况。根据地区生产总值统一核算结果，全年全省生产总值53734.92亿元，位于全国第七。湖北省在人口分布与流动性、性别、年龄、教育、民族、城乡发展水平等社会人口统计学变量上的分布都具有一定的代表性（见表1-4）。而且，与中国整体国情相似，由于省内各个地区在资源禀赋及经济发展水平等方面存在差距，各个省直管地方政府在公共服务能力水平上差异性较为突出，导致基本公共服务供需失衡矛盾突出[①]。因此，选择湖北省16个省直管地方政府作为中国地方政府公共服务能力差异结构比较分析的研究对象，具有较好的代表性。

其二，湖北省各级政府具有政府公共服务能力建设的实践经验。根据国务院《关于加快推进政务服务标准化规范化便利化的指导意见》可知，标准赋能化成为当前中国提升地方政府公共服务能力，特别是提高公共服务供给有效性的重要抓手。湖北省属于第一批社会管理和公共服务综合标准化试点。自2014年开始，湖北省各级地方政府在公共管理服务比较规范、有一定标准化工作基础的领域，开始强调推行和运用标准化的原理和方法，促进公共管理科学化、规范化、现代化，持续推进地方政府公共服务能力的提升。经过多年的试点和推广，省域内存在大量典型的对关于地方政府公共服务能力提升有价值的数据与素材，值得进行深入的实证分析和理论提炼。

其三，数据可及性和项目研究成果。有关不同地方政府公共服务能力之间差异性及其生成机制的结构分析涉及大量数据的搜集与处理，研究的数据可及性、时效性和成本都是必须考虑的因素。事实上，本书是湖北省软科学研究专项计划项目"中国地方基本公共服务体制创新研究：以湖北省为例"（2011DHA012）、湖北省市场监督管理局标准化处

---

[①] 王雪晴、田家华：《湖北省基本公共服务均等化水平测度》，《统计与决策》2021年第37期。

委托项目"湖北省政府管理标准化体系优化研究"和武汉大学"双一流"建设引导专项"湖北省地级市公共服务能力指数研究"等相关课题的研究成果。为此，本书以湖北省直管地方政府为直接研究对象，经构建地方政府公共服务能力指标体系，对不同政府公共服务能力的差异性结构类型进行识别、聚类与阐述，并探究造成区域间能力差异性结构类型的生成机制。

表 1-4　　　　　　　　　湖北省基本情况

| 城市特征 | 类别 | 概述 |
| --- | --- | --- |
| 人口特征 | 分布 | 常住人口超过 1000 万人的有 1 个城市，500 万人至 1000 万人之间的有 3 个城市，100 万人至 500 万人之间的有 11 个城市，少于 100 万人的有 2 个城市（以此作为超大城市、特大城市、大城市、中等城市、小城市的划分依据） |
| | 性别 | 男性人口为 2969.47 万人，占 51.42%；女性人口为 2805.78 万人，占 48.58% |
| | 年龄 | 0—14 岁人口为 942.05 万人，占 16.31%；15—59 岁人口为 3653.71 万人，占 63.26%；60 岁及以上人口为 1179.50 万人，占 20.42%（其中 65 岁及以上人口为 842.43 万人，占 14.59%） |
| | 受教育程度 | 全省大学文化程度的人口为 895.25 万人，占比 15.50%，比 2010 年提高 5.97 个百分点。每 10 万人中具有大学文化程度的人口为 15502 人，比 2010 年增加 5968 人 |
| | 城乡 | 全省居住在城镇的人口为 3632.04 万人，占 62.89%；居住在乡村的人口为 2143.22 万人，占 37.11% |
| | 流动人口 | 全省人户分离人口为 1847.66 万人，市辖区内人户分离人口为 571.24 万人，流动人口为 1276.42 万人。流动人口中，省外流入人口为 224.96 万人，省内流动人口为 1051.46 万人 |
| | 民族 | 汉族人口为 5498.15 万人，占 95.20%，各少数民族人口为 277.11 万人，占 4.80% |
| 区域特征 | 区划 | 全省有 13 个地级行政区，即武汉市、黄石市、襄阳市、荆州市、宜昌市、十堰市、孝感市、荆门市、鄂州市、黄冈市、咸宁市、随州市和恩施土家族苗族自治州；103 个县级行政区，涉及 39 个市辖区、26 个县级市、35 个县、2 个自治县、1 个林区，其中，仙桃市、潜江市、天门市和神农架林区由省直管 |

注：数据来源于湖北省统计局、湖北省民政厅。

## 二 研究目标与主要内容

本书的研究目标为，经构建地方政府公共服务能力评估指标体系，对 16 个省直管地方政府公共服务能力及其次级亚次级能力差异进行结构比较分析，并探索造成各个政府间公共服务能力差异性的内在结构性影响机制和综合因果机制。为此，将较为系统地探索"地方政府公共服务能力的概念特征是什么""地方政府公共服务能力体系由哪些维度构成""地方政府公共服务能力水平如何进行测算与比较""地方政府公共服务能力差异性的结构特征如何及其结构类型有哪些""地方政府公共服务能力差异性形成的内在结构性影响机制如何""地方政府公共服务能力不同差异性结构类型生成的综合因果机制是什么"等相关子课题。

具体来说，本书主要包括以下主要研究内容。

（1）地方政府公共服务能力概念内涵及其构成成分分析。地方政府公共服务能力研究目标定位直接影响研究逻辑建构与研究内容的确定。在中国式现代化建设背景下，遵循"兼顾社会公正（公平）与系统整体性功能优化（效率）"的价值逻辑，以合法、透明、责任、法治、回应与有效的多元价值理念为评估取向，综合运用系统论、资源基础理论、政府竞争理论与公共服务提供与生产分离理论，对研究中用到的核心概念，诸如"中国式现代化""公共服务""政府能力""政府公共服务能力"等进行界定，厘清地方政府公共服务能力概念内涵及其构成成分，为后续研究奠定话语基础。

（2）地方政府公共服务能力评估指标体系与测算方法建构。在对"政府公共服务能力"基本属性内涵、构成成分与运行逻辑进行梳理的基础上，认定政府公共服务能力体现在政府与社会互动过程中"输入—转化—输出"等若干运行环节，进而构建包括公共服务需求管理能力、公共服务资源保障能力、公共服务资源整合能力与公共服务供给能力的四维地方政府公共服务能力评估指标体系。在收集主客观调查数据，搭建湖北省直管地方政府公共服务能力建设数据库的前提下，遵循逐级等权重的原则，经综合使用数据无量纲化处理、聚类分析法等分析技术，建构地方政府公共服务能力测算方法。

（3）地方政府公共服务需求管理能力差异的测度与比较分析。基于企业管理理论、新公共管理论与公共服务理论，明晰公共服务需求管理能力的概念内涵和本质属性，运用所建构的指标体系设计原则构建公共服务需求管理能力的系统性评估框架，选取主观数据对湖北省直管地方政府公共服务需求管理能力得分进行测度，并根据得分情况，对各个地方政府公共服务需求管理能力差异性的结构特征进行描述与聚类分析，探析其内在生成原因。

（4）地方政府公共服务资源保障能力差异的测度与比较分析。基于资源基础理论，结合政府竞争理论，厘清政府公共服务资源保障能力的内涵，构建地方政府公共服务资源保障能力评价的指标体系。使用问卷调研的主观数据和部分客观数据，对湖北省直管各地方政府公共服务资源保障能力的差异性结构进行描述与聚类分析，结合各地方政府的发展状况，探析其隶属某一公共服务能力差异性结构类型的内在原因。

（5）地方政府公共服务资源整合能力差异的测度与比较分析。基于资源整合理论和系统理论，将资源整合过程和政府公共服务过程有机结合，明晰政府公共服务资源整合能力的内涵，构建公共服务资源整合能力评价的指标体系。使用问卷调研的主观数据和部分客观数据，对湖北省直管各地方政府公共服务资源整合能力的差异性结构进行描述与聚类分析，结合基本发展状况，探析其隶属某一公共服务能力差异性结构类型的内在原因。

（6）地方政府公共服务供给能力差异的测度与比较分析。基于公共服务提供与生产分离理论，结合既有研究界定公共服务供给能力的概念内涵，梳理公共服务供给能力构成要素并构建公共服务供给能力指标体系。在此基础上，选取"十三五"时期以来地方政府官网统计客观数据和问卷收集的主观数据进行测算。通过测算结果，对湖北省直管地方政府公共服务供给能力的差异性结构特征进行描述与聚类分析,对其隶属某一结构类型的成因进行分析。

(7) 地方政府公共服务能力差异的整体性测度及其生成机制分析。在建构起与中国式现代化的重要特征相适应的地方政府公共服务能力相关概念及其评估指标体系的前提下,对地方政府公共服务能力差异性的整体性结构特征进行描述与聚类分析。在综合考虑公共价值管理理论和战略三角模型的核心要点的基础上,构建出"价值目标—组织支持—社会环境"的三维分析框架,用以分析湖北省直管地方政府公共服务能力差异性结构类型的生成机制。最后,基于标准化、数字化、制度化、差异化原则,提出相应的地方政府公共服务能力优化措施。

## 第五节 研究思路与基本方法

### 一 研究思路

本书的研究思路主要分为5个阶段:研究对象的确定、理论分析工具界定及评估指标体系的构建、数据收集与处理、数据统计与分析及优化建议提出(见图1-6)。

### 二 研究方法

(1) 文本分析法。通过搜集"十三五"时期公共服务能力建设的历史制度文献、政策文本、统计数据、时评报道与理论研究成果等相关文献资料,了解国家、湖北省及其16个省直管地方政府公共服务能力建设的基本情况和研究现状,综合运用语义分析、关键词分析等技术和方法,研究中国地方政府公共服务能力建设的发展衍化、构成内容及其运行逻辑,并将文本分析结果作为评估指标体系构建和后续实证研究的基础性支撑材料。

(2) 实证调查与数据分析法。基于调研方案,综合运用问卷调查

## 地方政府公共服务能力差异性的结构比较分析

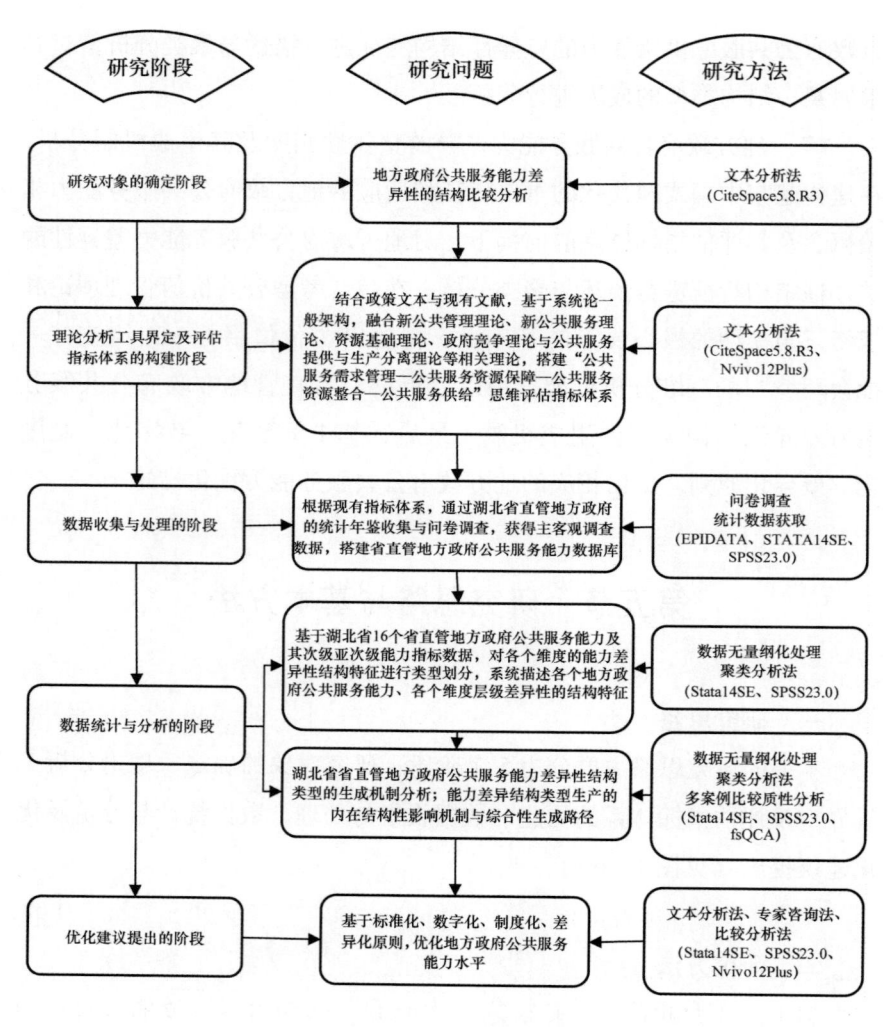

```
研究阶段                    研究问题                      研究方法

研究对象的确定阶段    →    地方政府公共服务能力差      ←   文本分析法
                          异性的结构比较分析              (CiteSpace5.8.R3)
     ↓
                          结合政策文本与现有文献，基于系统论一
                          般架构，融合新公共管理理论、新公共服务理
理论分析工具界定及评估     论、资源基础理论、政府竞争理论与公共服务   ←   文本分析法
指标体系的构建阶段    →    提供与生产分离理论等相关理论，搭建"公共        (CiteSpace5.8.R3、
                          服务需求管理—公共服务资源保障—公共服务         Nvivo12Plus)
                          资源整合—公共服务供给"思维评估指标体系
     ↓
                                                              问卷调查
数据收集与处理的阶段  →    根据现有指标体系，通过湖北省直管地方政府   ←   统计数据获取
                          的统计年鉴收集与问卷调查，获得主客观调查        (EPIDATA、STATA14SE、
                          数据，搭建省直管地方政府公共服务能力数据库      SPSS23.0)
     ↓
                          基于湖北省16个省直管地方政府公共服务能力及
                          其次级亚次级能力指标数据，对各个维度的能力差   数据无量纲化处理
                          异性结构特征进行类型划分，系统描述各个地方政   聚类分析法
数据统计与分析的阶段  →    府公共服务能力、各个维度层级差异性的结构特征 ←   (Stata14SE、SPSS23.0)

                          湖北省省直管地方政府公共服务能力差异性结构   数据无量纲化处理
                          类型的生成机制分析；能力差异结构类型生产的   聚类分析法
                          内在结构性影响机制与综合性生成路径         ←   多案例比较质性分析
                                                                    (Stata14SE、SPSS23.0、
                                                                    fsQCA)
     ↓
                          基于标准化、数字化、制度化、差              文本分析法、专家咨询法、
优化建议提出的阶段    →    异化原则，优化地方政府公共服务        ←     比较分析法
                          能力水平                                  (Stata14SE、SPSS23.0、
                                                                    Nvivo12Plus)
```

图 1-6 研究思路

和二手文献搜集等方法，系统搜集和整理与湖北省 16 个省直管地方政府公共服务能力相关的数据资料。在此基础上，综合运用无量纲化处理、聚类分析和比较分析等多种方法，对 16 个省直管地方政府公共服务能力及其次级亚次级能力差异进行结构比较分析。

（3）多案例比较质性分析（QCA）方法。以湖北省 16 个省直管地方政府为个案，以公共价值管理理论为切入点，从价值目标、组织支持和社会环境三个维度，构建地方政府公共服务能力差异性结构类型生成机制分析的理论模型，掌握地方政府公共服务能力差异性形成的实践运行逻辑，以便为进一步重塑和优化地方政府公共服务能力结构体系提供针对性的对策建议。

## 第六节　研究重难点、创新点

### 一　研究重难点

（1）地方政府公共服务能力相关概念的理论内涵及其构成成分分析。在对相关文献进行系统梳理与分析的基础上，立足中国实践，对地方政府公共服务能力等相关概念进行较为系统的阐释与界定。进而基于"输入—转化—输出"的一般系统运行机制分析架构和"总—分—总"的理论分析逻辑，综合运用一般系统论和相关组织管理理论，借鉴既有研究成果和中国实践，进一步厘清和阐明在中国式现代化制度背景下，"政府公共服务能力""公共服务需求管理能力""公共服务资源保障能力""公共服务资源整合能力""公共服务供给能力"等基本概念的基本内涵、表现形式、构成成分及其内在理论逻辑。

（2）地方政府公共服务能力评估指标体系构建。基于地方政府公共服务能力概念内涵及其构成成分的理论研究成果，参考既有相关研究成果和中国地方政府公共服务实践，建构起科学可操作的具有针对性的三级地方政府公共服务能力评估体系。

（3）湖北省省直管地方政府公共服务能力数据库建设。所建构的地方政府公共服务能力综合评估指标体系，既包括主观性指标，也包括客观性指标。本书需要运用调查问卷获取一手数据，同时通过搜寻地方统计年鉴、政府公报等相关数据库获得二手数据，并基于数据的科学有效性原则和运用无量纲化处理等技术，建立用于数据分析的有关湖北省16个省直管地方政府公共服务能力及其次级亚次级指标的综合数据库。

（4）地方政府公共服务能力及其次级亚次级能力指标得分分值的测算及其差异性结构类型的比较分析。基于所建构的数据库，运用所建构的评估指标体系，对湖北省各个省直管地方政府的公共服务能力及其次级亚次级指标能力水平进行测算，并运用横向比较和纵向比较分析方法，探析湖北省16个省直管地方政府的公共服务能力及其次级亚次级能力之间的差异性的结构特征。在此基础上，进一步运用聚类分析，探析16个省直管地方政府在公共服务能力及其次级亚次级能力等各个能力层级的差异性结构类型。

（5）地方政府公共服务能力差异性结构类型的生成机制分析。这涉及两个层面的生成机制，具体如下。其一是16个省直管地方政府公共服务能力及其次级亚次级能力差异性结构类型生成的内部结构性影响机制分析。即从结构主义的视角，从各个地方政府下级能力指标表现的差异性结构类型及其结构特征解释上一级能力指标表现的结构类型及其结构特征的生成机理。其二是基于构建地方政府公共服务能力差异性结构类型生成机制的理论模型，运用多案例比较质性分析（QCA）方法，探析16个省直管地方政府公共服务能力差异性结构类型得以生成的不同生成条件及其作用机制。

## 二 研究创新点

第一，研究架构的创新。本书结合所建构的能力差异性结构类型概念体系，以及聚类分析、多案例质性比较分析、量化与质性研究方法的运行原理，建构起用以对不同地方政府公共服务能力及其次级亚次级能力指标的差异性结构特征进行比较分析的研究路径，即所谓政府公共服务能力差异性的结构比较分析研究架构。这一研究思路的基本运行逻辑是要基于所建构的操作性地方政府公共服务能力评估指标体系和由一手资料和二手资料所建构的政府公共服务能力数据库，尝试运用实证研究方法来解决三个问题：一是对不同政府公共服务能力的差异性结构类型进行识别、聚类与阐述；二是基于结构主义的视角，运用各个政府下级能力指标表现的差异性结构类型及其结构特征解释上一层级能力指标表现的结构性特征的生成机理；三是运用多案例比较质性分析（QCA）方法，探析所研究的政府公共服务能力差异性结构类型得以生成的不同条件组合及其作用机制。这无疑是一种不同于传统政府能力研究建构的研究思路。

第二，地方政府公共服务能力评估指标体系建构的创新。当前有关中国政府公共服务能力评估指标体系的理论成果并不多，既有的研究成果主要是基于有关企业管理绩效评估指标体系设计方法建构而成[①]。而实操性强且理论性夯实的政府公共服务能力评估指标体系不仅要基于较为系统的理论基础，需要对政府公共服务能力理论内涵及其构成成分进行翔实剖析分析，而且要结合中国公共服务制度实践发展路径与特点。而这仍有待理论与实践界的不懈努力。本书基于"总—分—总"的理论建构逻辑，首先，梳理中国式现代化的公共服务体系建设实践和中国公共服务体系建设历史进程的同时，系统整理和分析地方公共服务能力相关概念理论，进而运用"输入—转化—输出"的一般系统运行机制作为分析架构，建构起基于地方政府公共服务能力主要构成成分的基本能力结构体系；其次，按照"公共服务需求管理能力—公共服务资源保障能力—公共服务资源整合能力—公共服务供给能力"这四种基本地方政府公共服务能力主要构成成分，逐一经理论分析，并梳理与整合相关领域研究成果，结合中国政府公共服务实践，分功能建构起较为系统的三级评估指标体系；最后，在经专家讨论、预调研、信效度检验等环节的基础上，形成地方政府公共服务能力综合性评估指标体系。因此，最终建构起来的地方政府公共服务能力评估指标体系是探索本土化政府公共服务能力评估指标体系的较为系统的尝试。

第三，相关理论的创新。一是基于系统论、新公共管理理论、公共服务理论、资源基础理论、政府竞争理论、公共服务提供与生产分离理

---

[①] 江易华：《当代中国县级政府基本公共服务绩效评估指标体系的理论构建与实证研究》，中国社会科学出版社2010年版。

论以及行政价值理论等相关理论，对地方政府公共服务能力相关概念进行了较为系统的梳理与阐释；二是运用所建构的评估指标体系和数据库，基于统计分析和聚类分析，提出了有关地方政府公共服务能力及其次级亚次级能力差异性结构类型，即领先创新型、积极追赶型、稳步推进型和初始发展型的研究结论；三是运用各种比较分析方法，提出了有关湖北省16个省直管地方政府公共服务能力及其次级亚次级能力差异性结构类型生成机制的系列研究结论，能够用于解释不同地方政府公共服务能力发展不均衡不充分的现状得以发生的内在结构性影响机制与不同的综合性生成路径。

# 第二章

# 地方政府公共服务能力评估的概念基础与评估指标体系构建逻辑

通过对政府公共服务能力研究领域进行文献计量分析后发现，每一个研究热点的形成与新阶段的演进都离不开外部环境的推动。例如，处于当下中国发展的重要政策事件——新的五年国民经济与社会发展规划的制定与展开起点，或某一突发事件的暴发——2003年的非典型肺炎、2020年的新冠疫情，抑或是大数据与网络技术等重要新技术的运用。这也验证了政府公共服务能力主要体现在政府组织与外部环境互动过程中政府公共服务供给活动的可能性与限度。新时期的政府公共服务能力建设与优化理应适应政府管理与运行环境的新特点、新变化和新要求[1]。相应地，为了实现对地方政府公共服务能力的有效测度，就有必要结合新时代发展特征，立足中国实践，对研究所涉及核心概念进行辨析，进而建构起较为科学的地方政府公共服务能力评估指标体系。

---

[1] 汪永成：《经济全球化进程中政府能力的供求变化及平衡战略》，《武汉大学学报》（哲学社会科学版）2002年第2期；汪永成：《新时期我国政府能力建设的意义与任务》，《深圳大学学报》（人文社会科学版）2004年第6期。

## 第一节 核心概念

### 一 中国式现代化

国家治理体系与治理能力现代化是党和国家在新形势下深化改革的总目标，是完善和发展中国特色社会主义制度的根本方向。治理现代化的基础是治理体系的完善，关键是治理能力的提升。在此背景下提升地方政府公共服务能力既是治理能力现代化的内在需求，又是推动国家治理现代化的重要基础。[①] 因此，应在把握中国特色社会主义现代化——中国式现代化概念内涵的基础上，系统理解中国地方政府公共服务能力的概念内涵及其外延构成。

#### （一）中国式现代化与价值体系

现代化这一概念从19世纪发展而来，于20世纪初开始被普遍使用，并一直延续至今。现代化是一个多层面的进程，它涉及人类思想和行为所有领域里的变革[②]。学者们强调，现代化是人类历史上最剧烈、最深远并且无可避免的一场社会变革，[③] 其结果是西方社会从传统到现代的转型[④]。在现代社会发展进程中现代化的内涵逐步被赋予、被丰富充实。卡林内斯库指出，现代化就是跟上时代，给予某物一种新的或现代的外表，或是采纳一种更现代的观点。而"新"就是"求新意志"——基于对传统的彻底批判来进行革新和提高的计划，以及以一

---

[①] 王丽萍：《治理现代化背景下公务员能力评价体系的优化路径》，《东岳论丛》2022年第5期。

[②] ［美］塞缪尔·P.亨廷顿：《变化社会中的政治秩序》，王冠华、刘为等译，上海人民出版社2008年版，第25页。

[③] ［美］吉尔伯特·罗兹曼：《中国的现代化》，国家社会科学基金"比较现代化"课题组译，江苏人民出版社2010年版，第3页。

[④] 蒋承勇：《现代现实主义及其"现代性"内涵考论》，《文艺研究》2022年第1期。

种较过去更严格更有效的方式来满足审美需要的雄心①。布莱克则认为，现代化是由于知识的爆炸性增长导致源远流长的改革过程所呈现的动态形式。② 斯图亚特·霍尔关于现代性的论述中更是体现了其内涵的复杂性。他认为可以从政治、经济、社会与文化四个层面对现代性进行阐述：第一，从政治层面看，是世俗政体与现代民族国家的确立；第二，从经济层面看，是私有制基础上的资本积累和市场经济的形成；第三，从社会层面看，是劳动和性别分工体系的形成；第四，从文化层面看，是宗教的衰落与世俗物质文化的兴起③。

为了更好地理解"现代化"的内涵，特别是其对中国政府公共服务能力建设的要求与影响，就应将其与中国实践背景结合起来，探讨中国式现代化的含义与特征。党的十九届四中全会审议通过的《中共中央关于坚持和完善中国特色社会主义制度　推进国家治理体系和治理能力现代化若干重大问题的决定》明确指出，"坚持和完善中国特色社会主义制度、推进国家治理体系和治理能力现代化，是全党的一项重大战略任务"。④党的十九届六中全会通过的《中共中央关于党的百年奋斗重大成就和历史经验的决议》（简称《决议》）强调，"党领导人民成功走出中国式现代化道路，创造了人类文明新形态，拓展了发展中国家走向现代化的途径"。⑤ 关于中国式现代化的内涵特征，习近平总书记指出，"我们建设的现代化必须是具有中国特色、符合中国实际的"，"我国现代化是人口规模巨大的现代化，是全体人民共同富裕的现代化，是物质文明和精神文明相协调的现代化，是人与自然和谐共生的现

---

① ［美］马泰·卡林内斯库：《现代性的五副面孔：现代主义、先锋派、颓废、媚俗艺术、后现代主义》，顾爱彬、李瑞华译，商务印书馆2002年版，第351页。

② ［美］C. E. 布莱克：《现代化的动力》，段小光译，四川人民出版社1988年版，第11、25页。

③ Hall, Stuart, "Introduction to the Formations of Modernity", Stuart Hall and Bram Gieben (eds.), *Formations of Modernity*, Cambridge: Popity, 1992, p. 6.

④ 《中共中央关于坚持和完善中国特色社会主义制度　推进国家治理体系和治理能力现代化若干重大问题的决定》，《人民日报》2019年11月6日。

⑤ 《中共中央关于党的百年奋斗重大成就和历史经验的决议》，人民出版社2021年版，第64页。

代化,是走和平发展道路的现代化"。① 不仅如此,习近平总书记特别强调,"大力培育和弘扬社会主义核心价值体系和核心价值观,加快构建充分反映中国特色、民族特性、时代特征的价值体系"②。基于此,学者们一般从公共价值体系视角探讨中国式现代化③。例如,有学者指出,公共行政价值为国家治理现代化提供价值导向和理想依托,而国家治理现代化的推进又进一步强化了公共行政价值理念,促进公共行政价值的实现④。魏淑艳等认为国家治理现代化旨在达成一种善治的状态,其深层逻辑包含民主、法治、公正等现代性价值理念。⑤ 俞可平更是在综合各家善治观点的基础上,提出了合法、透明、责任、法治、回应与有效等多元价值理念。⑥ 由此可见,国家治理现代化内含的价值理念与公共行政价值选择具有较强的契合性,指导着政府公共服务能力建设实践。换言之,基于价值视角是理解中国式现代化,优化政府公共服务能力的应有之义。

(二) 中国式现代化进程中的行政价值

依据基于互动论的行政价值论,行政价值是由主体需要、客体属性与行政实践活动三个相互依赖的基本要件共同构成的一个有机整体。而行政价值体系的结构性调整将改变政府职能体系,制约政府公共管理功能发挥,进而影响经济、社会与政治形态的发展进程。为了厘清行政价

---

① 习近平:《把握新发展阶段,贯彻新发展理念,构建新发展格局》,《求是》2021年第9期。

② 中共中央文献研究室编:《习近平关于全面深化改革论述摘编》,中央文献出版社2014年版,第88页。

③ 薛澜:《顶层设计与泥泞前行:中国国家治理现代化之路》,《公共管理学报》2014年第4期;蓝志勇、魏明:《现代国家治理体系:顶层设计、实践经验与复杂性》,《公共管理学报》2014年第1期;何增科:《国家治理及其现代化探微》,《国家行政学院学报》2014年第4期;范逢春:《国家治理现代化:逻辑意蕴、价值维度与实践向度》,《四川大学学报》(哲学社会科学版)2014年第4期;许耀桐:《当代中国国家治理问题论析》,《理论探讨》2018年第2期。

④ 刘开君:《国家治理现代化进程中的价值指向与实践路径》,《求索》2016年第4期。

⑤ 魏淑艳、郑美玲:《国家治理现代化进程中公共行政价值的多维选择》,《理论探讨》2020年第3期。

⑥ 俞可平:《治理与善治引论》,《马克思主义与现实》1999年第5期。

值、政府职能与中国发展进程的关系，可以从成分性构成角度阐述行政价值的具体内涵。研究发现，可以将行政价值区分为四种基本类型①。

（1）国家安全与政治秩序价值。秩序的本质在于实现一种稳定的、可预期的关系结构。涵盖国家主权安全和政治关系结构形式的国家安全与政治秩序是行政系统需要加以维持和实现的最基本价值类型。该类价值主要是衡量行政组织确保特定社会系统所提出的涉及生命与人身安全、政局稳定、主权维护和国家安全等各方面基本价值要求得以实现的可能性及其程度的一种价值关系。

（2）经济文化秩序维持与发展价值。这类价值主要体现了价值客体对相对稳定的、可预期的社会经济文化生活秩序的维持要求和对于有效的经济文化资源的有效配置，进而促成行政系统采取各种经济社会文化政策措施加以实现的行政价值类型。具体而言，该类价值可以进一步细分为经济社会文化秩序和经济社会文化发展两种价值类型。前者偏向于一种相对稳定的、可预期的经济社会文化生活关系形态的维系，后者则强调对于有限经济社会文化资源的有效配置与不断开发拓展。

需要说明的是，单就价值类型而言，与国家安全与政治秩序相类似，经济社会文化秩序也是现代社会系统发展过程中不同社会主体之间的关系结构，即广义的社会秩序的一个基本维度。形成基于法治基础之上的经济社会文化秩序是现代国家最基本的价值追求之一。相对于经济社会文化资源有效配置与发展价值而言，这类价值更为基本，而其生成机制与国家安全和政治秩序价值也更为相似，主要是依靠国家强制力得以保障。而经济社会文化资源的有效配置与发展价值则是涉及各种经济社会文化资源配置与合理使用的价值类型，主要依靠各种更为积极的政策手段，而且通常是要借助市场的资源配置机制来加以实现。因此，通常是将经济社会文化秩序视为广义社会秩序的基本构成部分，而与国家安全和政治秩序合并到一起进行研究。但是，在尝试对行政价值实践进

---

① 陈世香：《建国以来中国行政价值体系结构的历史演化研究》，《上海行政学院学报》2009年第6期。

行实证研究时，这一看似理所当然的尝试会面临很大的操作性困难。现实中各国政府部门设置、立法和预算管理体制中，基本遵循的是部门专业化原则。经济社会文化秩序价值得以实施的政府职能部门同时也是经济社会文化发展价值的核心主体。具体而言，在组织设置上，经济产业规划与经济市场执法职能往往都归属经济职能部门。经济社会文化秩序立法和发展立法，以及公共财政资源配置的预算分配体制也是如此。因此，为了实现对于各种行政价值构成及其发展的有效测度与经验研究，有必要立足公共行政价值得以发生与实现的各国政府职能部门主体实践现实，将经济社会文化秩序与经济社会文化发展这两种不同类型价值合并到一起进行研究。

（3）社会公正（公平）价值。从狭义来看，社会公正与公平指为确保每一个公民都能享有最低水平的文化社会生活，并促成这一"最低水平"不断得以提高或改善，促使行政价值客体生产与提供各种公共产品和服务的一种价值类型。为了对特定行政价值体系进行可操作性的具体结构分析，这里所谓的社会公正（公平）价值是指与各种所谓基本公共服务的维持与优化有关的价值类型。

（4）行政系统整体性功能优化（效率）价值。政府作为一个组织系统，关键在于具有所谓整体性功能。尤其是对于各种社会主体而言，以较小的成本提供尽可能好的公共产品与服务，以最为经济有效地满足相应的公共价值要求，这是行政系统应该加以实现的一种工具性价值要求。

需要注意的是，不同行政价值体系之间的结构差异体现在其成分性结构上，即特定环境下行政价值体系所包含的不同行政价值种类构成及其分布特征。并且，各种行政价值都在与其他种类行政价值的相互竞争与相互作用过程中不断生成与演变。自中华人民共和国成立以来，中国正在继续经历着不同性质的阶段性社会转型。与此同时，中国行政价值体系也经历了并在继续经历着连续性结构演化进程。在不同历史发展阶段的中国行政价值体系总是以特定结构特征的具体价值体系形态生成与运行①，并引领着该时期经济和社会发展的方向，呈现出对社会主义建设规律执着探索的动态过程②。党的十九大报告指出，中国特色社会主义进入新时代，中国社会主要矛盾已经转化为人民日益增长的美好生活需要和不平衡不充分的发展之间的矛盾。③ 社会主要矛盾转化预示着中国行政价值体系结构也要适时作出相应调整。而人民日益增长的美好生活需要和不平衡不充分的发展之间的矛盾，强调的是如何解决因供需失衡导致的发展不平衡不充分问题以及如何以较小的成本提供尽可能好的公共产品。与此对应，在推动中国式现代化进程中的行政价值体系与政府工作侧重点理应顺势调整，特别是重新审视社会公正（公平）价值与行政系统整体性功能优化（效率）价值之间的逻辑关系，前者直接与行政价值主体的实质性需求满足相关，表现形式是公共服务和公共产品的生产与供给能力水平；后者主要与行政组织自身功能优化有关，是行政价值客体自身功能改善状况尺度。而这一结构特征也应体现在政府公共服务能力评估体系构建中。

## 二 地方政府公共服务能力相关概念界定

现有关于"政府能力""政府公共服务能力"的研究成果较为丰富，这些概念之间的关系有待梳理与澄清。同时，作为本书研究的核心研究主题和对象内容，也有必要对"公共服务"这一核心概念的内涵和外延进行系统厘清。

### （一）关于公共服务的概念内涵

尽管"公共服务"已经成为相关理论与实践界的常用术语，但关于其特质内涵、形式属性、外延范围等基本理论认知并未达成广泛共

---

① 陈世香：《建国以来中国行政价值体系结构的历史演化研究》，《上海行政学院学报》2009年第6期。

② 杨振华、李凯林：《新时代中国公共行政价值的回溯与重构》，《人民论坛·学术前沿》2019年第12期。

③ 习近平：《决胜全面建成小康社会 夺取新时代中国特色社会主义伟大胜利——在中国共产党第十九次全国代表大会上的报告》，《人民日报》2017年10月28日。

识。总体上，对"公共服务"这一核心概念可以从"内核要义""形式属性""外延范围"几个方面进行阐释。

（1）从内核要义上看，公共服务是公共价值的体现[①]。经济全球化、信息化以及突发危机事件等让政府在治理过程中遇到诸多问题。公共价值途径强调从公共价值视角去阐释公共服务，以及对公共利益与公共服务精神的理解，不仅为妥善处理上述问题提供新思路[②]，而且更能体现当前公共服务内涵特征。例如，穆尔（Moore）认为公民对政府和公共服务的集体期望就是公共价值。[③] Klievink 等更是进一步提出应从高效且有效的服务对公民的满足上理解公共价值。[④] Stoker 等关于公共价值的观点中蕴含着公共服务的应有之义，强调公共干预的定义是对公共价值的追求；承认广泛的利益相关者的合法性；建议一种开放的、关系密切的服务采购方式；强调需要一种适应能力强、以学习为基础的方法来应对来自提供公共服务方面的挑战。[⑤] 作为当代中国公共管理主体——广义的政府，其属性在于强调公共利益、实现公共目标、提供公共服务以及创造公共价值。而且不同时代、不同背景和不同国家对政府公共性有共同要求——为公众提供公共物品、改善社会福利[⑥]。基于上述研究可以发现，治理的本质在于不断满足人民对公共服务的价值诉求[⑦]。而且在实现公共价值最大化的过程中，行政人员要兼顾效率、绩

---

[①] 姜晓萍、陈朝兵：《公共服务的理论认知与中国语境》，《政治学研究》2018 年第 6 期。

[②] Bozeman, Barry, and Japera Johnson, "The Political Economy of Public Values: A Case for the Public Sphere and Progressive Opportunity", *The American Review of Public Administration*, Vol. 45, No. 1, 2015, pp. 61 – 85.

[③] [美] 马克·穆尔：《创造公共价值：政府战略管理》，伍满桂译，商务印书馆 2016 年版，第 57 页。

[④] Panagiotopoulos, Panos, Bram Klievink, and Antonio Cordella, "Public Value Creation in Digital Government", *Government Information Quarterly*, Vol. 36, No. 4, 2019, pp. 1 – 8.

[⑤] Stoker, Gerry, "Public Value Management: A New Narrative for Networked Governance?" *The American Review of Public Administration*, Vol. 36, No. 1, 2006, pp. 41 – 57.

[⑥] 陈国权、卢志朋：《广义政府：当代中国公共管理主体及其双重性》，《公共管理学报》2023 年第 1 期。

[⑦] 陈振明、黄子玉：《数字治理的公共价值及其实现路径》，《郑州大学学报》（哲学社会科学版）2022 年第 6 期。

效与平等、程序,提高管理的合法性①。基于此,学者提出,地方政府应运用其权威资源,根据特定的公共价值,以满足公民需求为行为目标,改善公共服务、提高行政效率、开放政府能力、改善道德行为和专业精神、提高对政府的信任和信心、改善社会价值和福祉,使最大多数人得到最大的福利②。

(2) 关于公共服务的形式属性的研究。公共服务的形式属性是产品还是服务,学界一直存在争论。持产品论者,多数源自西方经济学中公共产品理论。学者主张从产品角度表达公共服务的形式属性,如"公共服务属于公共物品,具有消费的非竞争性和非排他性。政府提供的公共物品主要有纯公共物品和准公共物品"③。持服务论者或持责任、行为、活动论者,更多源自政治学相关理论。他们或主张从服务的角度表达公共服务的形式属性,如"公共服务是指政府为了满足特定时期特定区域不特定多数民众的普遍需求而动用公共资源来提供的服务"④。或认为公共服务的形式属性体现为"活动"或"行为",如"公共服务通常是指为了满足公共需要,由公共部门或私营部门组织提供劳动产品的活动",或者"公共服务是指公共部门以及部分私营组织为满足社会公共需求、维护公共利益,依法进行公共物品的生产与供给的行为"⑤。持产品与服务同体论者,更多受新公共管理理论的影响。新公共管理理论大师萨瓦斯提出将公共物品和公共服务"用作同义词"。这类学者主张从产品与服

---

① [美]马克·穆尔:《创造公共价值:政府战略管理》,伍满桂译,商务印书馆2016年版,第57页。

② Twizeyimana, Jean Damascene, and Annika Andersson, "The Public Value of E-Government-A literature Review", *Government Information Quarterly*, Vol. 36, No. 2, 2019, pp. 167 – 178;容志:《基于区块链技术的公共服务供给侧改革:运用与前瞻》,《上海对外经贸大学学报》2021年第1期;陈振明:《公共服务导论》,北京大学出版社2011年版,第13页。

③ 王锋、陶学荣:《政府公共服务职能的界定、问题分析及对策》,《甘肃社会科学》2005年第4期。

④ 王锋、陶学荣:《政府公共服务职能的界定、问题分析及对策》,《甘肃社会科学》2005年第4期。

⑤ 邵亚萍:《公共服务市场化中的利益冲突及其协调——以有线电视模转数的公共服务为例》,《浙江社会科学》2011年第11期。

务的双视角表达公共服务的形式属性,认为"公共服务是指一定的社会为满足公民生活、生存与发展的某种直接需求而提供的产品和服务的总称"。[1]在国内,自时任国务院总理温家宝在 2004 年讲话中指出"公共服务就是提供公共产品和服务"[2]后,大多数学者支持这种同体化的概念表述。

(3) 关于公共服务的外延范围的研究。学界主要是从广义与狭义的相对视角对公共服务概念的外延作辨析。有学者指出狭义的公共服务概念是指除经济调节、市场监管和社会管理之外的,与"民生"直接相关的政府职能,而广义的公共服务概念则是指除了狭义范畴,包括政府进行宏观调控、维护市场秩序和社会秩序的监管行为[3]。也有学者认为广义的公共服务概念意指政府的所有行政行为,而狭义的公共服务仅指政府的重要职能之一,即政府提供满足社会成员普遍需求的服务行为。[4] 通常说来,将狭义公共服务概念外延界定为提供民生服务的政府行为,将广义公共服务外延界定为政府行政行为的思路,更有利于区分不同范畴内公共服务概念外延的差异[5]。

本书的目的是要对地方政府公共服务能力差异进行结构比较分析。为此,有必要将公共服务的形式属性定位为"行为",并从狭义层面对公共服务进行界定。换言之,所谓公共服务,是指政府在公共服务职能范围内实现权责目标、供给公共服务产品与服务的行为。

(二) 关于政府能力与政府公共服务能力的概念分析

(1) 关于"政府能力"的概念界定。结构功能学派强调从政治体系与外部环境的互动关系上界定政府能力,认为政府能力是指建立政治行政领导部门和政府行政机构,并使它们具有制定政策和在社会中执行

---

[1] 邵亚萍:《公共服务市场化中的利益冲突及其协调——以有线电视模转数的公共服务为例》,《浙江社会科学》2011 年第 11 期。
[2] 《十六大以来重要文献选编》(上),中央文献出版社 2005 年版,第 773 页。
[3] 薛澜、李宇环:《走向国家治理现代化的政府职能转变:系统思维与改革取向》,《政治学研究》2014 年第 5 期。
[4] 杨宏山:《公共服务供给与政府责任定位》,《中州学刊》2009 年第 4 期。
[5] 姜晓萍、陈朝兵:《公共服务的理论认知与中国语境》,《政治学研究》2018 年第 6 期。

政策，特别是维持公共秩序和维护合法性的能力。[1] Baskoy、Evans 和 Shields 认为政府能力的服务性最终要落实到为公民服务，应基于公民本位，政府组织向全社会提供公共服务和公共产品。[2] 国内学者较早关于"政府能力"的研究是王绍光、胡鞍钢在国家层面上，将政府能力界定为"中央政府将自己的意志、目标转化为现实的能力，包括汲取能力、宏观调控能力、合法化能力以及强制能力"[3]。随后，许多学者从政治学和行政学角度对政府能力概念进行了界定。其中，汪永成把政府能力的内部构成要素概括为决定政府能力的 7 种资源：权力资源（权力）、财力资源（财力）、人力资源（人力）、文化资源（文化力）、权威资源（公信力）、信息资源（信息力）和制度资源（结构力），为后期的实证研究铺平道路。[4] 施雪华归纳出关于政府能力的十几种不同定义和政府能力的 6 大基本特性，[5] 并且从政府权能角度出发，认为政府能力是为完成政府职能规范的目标和任务，拥有一定公共权力的政府组织所具有的维持本组织稳定和发展，有效地治理社会能量和力量的总和。[6] 谢庆奎在把政府能力界定为政府制定和执行政策的势能和效力的基础上，提出衡量政府能力的三个标准，即政府的权威性、政府的有效性和政府的适应性，并概括出了政府能力的 10 个要素。[7] 赵晖则认为政府能力是政府汲取公共资源和为社会公众提供公共产品的能力，并给出了包括三个维度的政府能力分析框架，即汲取社会资源的能力、公共

---

[1] [美] 加布里埃尔·A. 阿尔蒙德、小 G. 宾厄姆·鲍威尔：《比较政治学——体系、过程和政策》，曹沛霖、郑世平、公婷、陈峰译，东方出版社 2007 年版，第 5—7 页。
[2] Baskoy, Tuna, Bryan Evans, and John Shields, "Assessing Policy Capacity in Canada's Public Services: Perspectives of Deputy and Assistant Deputy Ministers", *Canadian Public Administration*, Vol. 54, No. 2, 2011, pp. 217–234.
[3] 王绍光、胡鞍钢：《中国国家能力报告》，辽宁人民出版社 1993 年版，第 6 页。
[4] 汪永成：《经济全球化进程中政府能力的供求变化及平衡战略》，《武汉大学学报》（哲学社会科学版）2002 年第 2 期。
[5] 施雪华：《论政府能力及其特性》，《政治学研究》1996 年第 1 期。
[6] 施雪华：《政府权能理论》，浙江人民出版社 1998 年版，第 304—312 页。
[7] 谢庆奎：《论政府发展的涵义》，《北京大学学报》（哲学社会科学版）2003 年第 1 期。

产品供给能力和文化秩序供给能力。① 综上分析可以发现，即便分析视角具有多样性，但有关政府能力概念内涵的界定逐渐指向"履行职责"、"汲取资源"和"公共服务或公共产品的供给"等相关维度。

（2）关于"政府公共服务能力"的概念界定。首先，多数学者从政府履职的视角对政府公共服务能力概念进行界定，谭兴中把政府公共服务能力定义为政府提供公共产品和服务的功能及其有效性。② 王琳、漆国生将政府公共服务能力界定为政府实现其职能的条件和途径。③ 而刘恒则强调了政府应从管理者的角色转变为服务者的角色，公正执法，以"为人民服务"为宗旨，承担相应责任的能力。④ 同时，一些学者将"公共服务能力"与"公共服务供给能力"概念相等同，如刘波等认为公共服务供给能力与公共服务能力在本质上是一致的，并将其定义为"政府在有限资源的条件下，为满足社会成员的需求而提供公共物品的能力的总称"⑤。有的学者则强调从资源汲取与整合的角度分析进行界定，如蒋云根将公共服务供给能力界定为政府在特定的地区环境和制度条件下，通过获取、配置和整合各种有形资源和无形资源，以一定的渠道与方式，为社会成员提供各种他们所需要的公共产品与服务的能力。⑥ 由此可见，有关政府公共服务能力与公共服务供给能力的概念界定偏向于"履行政府职能""获取、配置和整合各种资源""提供公共服务，满足公民需求"等基本维度。

（三）中国式现代化背景下地方政府公共服务能力的概念界定

在上述有关公共服务与政府能力、政府公共服务能力和政府公共服

---

① 赵晖：《从抗击"非典"审视我国政府能力》，《青海社会科学》2003年第5期。
② 谭兴中：《论提高西部地方政府公共服务能力》，《西南民族大学学报》（人文社会科学版）2004年第11期。
③ 王琳、漆国生：《提升地方政府公共服务能力思考》，《理论探索》2008年第4期。
④ 刘恒：《提高政府基层组织服务能力之我见》，《改革与发展》2006年第1期。
⑤ 刘波、崔鹏鹏：《省级政府公共服务供给能力评价》，《西安交通大学学报》（社会科学版）2010年第4期。
⑥ 蒋云根：《提升基层政府公共服务供给能力的路径思考》，《甘肃行政学院学报》2008年第3期。

务供给能力相关概念界定进行梳理的基础上，结合中国式现代化的实践背景，从狭义层面上，地方政府公共服务能力可以界定如下：各级地方政府在兼顾社会公正（公平）价值与行政系统整体性功能优化（效率）的价值逻辑下，在其公共服务职责范围内，识别公众需求，获取、整合公共服务资源，对内维持自身正常运作，对外有效满足公众需求并不断实现自我优化的能力、本领和能量的统称。

（1）地方政府公共服务能力以"为人民服务"为中心，以满足公众需求为导向。尤其是，随着公众需求的发展和变化，地方政府作为公共服务的主要提供者，其公共服务供给能力面临着巨大挑战。为此，建立一套科学的地方政府公共服务能力指标体系，既要考虑地方政府公共服务供给情况（即产出类指标），包括卫生医疗、教育文化、环境保护等公共服务供给能力，同时更应考量公众的需求表达与满足程度（即衡量目标实现程度的结果类指标），包括有关地方政府公共服务需求调查、分析、传递与转化等方面的能力。

（2）社会公正（公平）价值与行政系统整体性功能优化（效率）价值兼顾是地方政府公共服务能力建设的基本价值定位。社会主要矛盾转化预示着中国公共行政价值也要适时作出相应调整。人民日益增长的美好生活需要和不平衡不充分的发展之间的矛盾，强调的是因公平失衡导致的发展不平衡不充分问题。因此，在全面建设社会主义现代化国家进程中，公共行政价值与政府的工作侧重点理应顺势调整，将"善治"作为追求目标，提倡国家权力向社会的回归，兼顾社会公正（公平）与行政系统整体性功能优化（效率）的价值逻辑，以社会公正（公平）为价值目标，以行政系统整体性功能优化（效率）为价值手段[1]，突出合法、透明、责任、法治、回应与有效的多元价值理念[2]。

---

[1] ［美］德怀特·沃尔多:《行政国家：美国公共行政的政治理论研究》，颜昌武译，中央编译出版社 2017 年版，第 249 页；俞可平:《治理与善治引论》,《马克思主义与现实》1999 年第 5 期；杨振华、李凯林:《新时代中国公共行政价值的回溯与重构》,《人民论坛·学术前沿》2019 年第 12 期。

[2] 俞可平:《治理与善治引论》,《马克思主义与现实》1999 年第 5 期。

（3）政府公共服务能力是由若干因素结合而成的有机整体。在这个有机体内，政府内的各个行政主体与资源要素之间发生各类互动行为。政府公共服务供给活动的可能性与限度即政府公共服务能力体现在政府与外部环境互动过程中"输入—转化—输出"等各个运行环节。相应的，可以进一步细分为公共服务需求管理能力、公共服务资源保障能力、公共服务资源整合能力与公共服务供给能力。

## 第二节 地方政府公共服务能力评估指标体系的构建过程

### 一 地方政府公共服务能力体系的构建逻辑

（一）政府系统及其影响要素

1. 政府系统

政府发展是社会发展的产物，是政治发展的主体，是政府（行政）系统变迁的过程[1]。政府系统源于政治系统，是政治学研究中含义最广泛、适应性最强的概念[2]。事实上，任何组织都可以被视为社会大系统中的小系统，需要适应环境并作出反应，还需实现组织内部的协调一致，这是组织系统理论的基本内涵。美国学者戴维·伊斯顿受自然科学系统论的影响，将系统论引入政治生活，将社会政治生活视为一个系统。在系统内，参与政治生活的个人的、集团的或政府的政治行为互相依存、互相影响，构成一个整体，而特定角色的组合被称为系统的结构。而且，这个结构与周围环境形成一定的关系[3]。阿尔蒙德等承袭了伊斯顿有关"政治系统"的定义，将社会政治生活视为一个行为系统，

---

[1] 谢庆奎：《论政府发展的涵义》，《北京大学学报》（哲学社会科学版）2003年第1期。

[2] ［英］戴维·米勒、韦农·波格丹诺：《布莱克维尔政治学百科全书》，邓正来译，中国政法大学出版社1992年版，第575—577页。

[3] ［美］戴维·伊斯顿：《政治生活的系统分析》，王浦劬译，华夏出版社1989年版，第33、519页。

包括了一国政府和政治过程中的各种关系,或认为是影响整个社会制定并实施权威决定的全部社会关系,具有开放性与适应性。[①] 而行政生态学派进一步将研究视角聚焦在行政系统上。约翰·高斯认为,行政组织建构以及行政行为必须要考虑其所处的生态环境。[②] 而弗雷德·里格斯更是在其以《行政生态学》(1961)为代表的系列论著中,系统运用生态学理论和方法来分析不同国家各自社会环境因素与公共行政之间的相互影响关系,建构起了较为系统的行政生态学理论体系。[③] 简言之,从系统论的角度出发,政府系统是一个开放复杂的巨系统[④],是整个社会大系统中的一个子系统。在政府系统内,行政人员与行政环境形成互动,存在类似于物质循环和能量变换的"输入—转化—输出"机制。具体来说,行政环境提出或说输入各种需求,对政府系统提出行政任务,政府系统则通过履行行政职能,利用与整合各类公共资源,将这些行政任务予以完成,最终产生的行政结果(公共产品与服务)由社会整体来进行分解,并且产生的新需求再次反馈给政府系统,实现政府系统与行政环境整体的动态平衡[⑤]。

2. 政府系统与公众需求

公共服务需求是公众经各种渠道对政府系统提出的各种服务需求的集合,是政府部门进行合理公共服务决策和供给的前提和动力基础,最终也构成优化政府与社会关系、提升公众满意度和政府形象必须加以考虑的基本内容。20 世纪八九十年代,受企业管理相关理论启示,以"顾客导向"与"需求导向"为核心的新公共管理理论与公共服务理论相继诞生,推动了公共管理变革运动,并要求以公民的公共服务需求、满意

---

① [美]加布里埃尔·A. 阿尔蒙德、小 G. 宾厄姆·鲍威尔:《比较政治学——体系、过程和政策》,曹沛霖、郑世平、公婷、陈峰译,上海译文出版社 1987 年版,第 62 页。
② [美]R. J. 斯蒂尔曼:《公共行政学》,李方等译,中国社会科学出版社 1988 年版,第 177 页。
③ 陈世香:《行政价值研究:以美国中央政府行政价值体系为例》,人民出版社 2006 年版,第 438 页。
④ 钱学森:《论系统工程(新世纪版)》,上海交通大学出版社 2007 年版,第 28—144 页。
⑤ 王沪宁:《行政生态分析》,复旦大学出版社 1989 年版,第 34 页。

度及反馈作为公共服务质量改良的依据，重塑了公共服务供给模式。结合系统论一般原理，公共服务需求如何识别及满足是政府部门在进行公共服务需求管理时亟待解决的问题。具体来说，在行政人员与行政环境互动的第一环节——输入过程中，行政环境对政府系统提出要求。相应地，从理论上，政府系统遵循着从需求调查、需求分析、需求传递最后到需求转化等一系列的内部运行环节，对各种要求进行有效识别、整合，最终转化为系统的公共服务输出，进而优化公共服务需求能力。

3. 政府系统与资源配置

资源基础理论表明，组织的核心竞争力来源于组织所拥有资源的多寡和质量，以及组织对于所汲取资源的整合与利用能力。美国学者查理士·蒂伯特提出了"用脚投票"理论，即居民可以在不同地区之间自由流动并且具有偏好差异，会依据自身偏好选择居住地点。[1] 这意味着地方政府需要不断提高公共服务水平并辅以减税降费等政策，以避免劳动力等生产要素的流失。结合资源基础理论和政府竞争理论可知，地方政府若要长期保持自身竞争优势，就需要不断汲取和整合、利用各种必要的资源，并将获取产生持续性竞争优势的资源作为政府决策的核心内容。资源基础理论强调资源对组织生存与发展的重要性，但各种资源最终源自政府系统所在的社会大环境。政府系统不能离开社会大系统而存在，其资源汲取与整合能力必然会受到行政环境的制约。具体来说，在行政人员与行政环境互动第二环节，即转换过程中，面对不同来源、属性、层次、内容的资源，地方政府会对来自内外环境的各类资源进行选择、汲取、配置和融合，通过特定的方式使其彼此渗透、交互、耦合，最后形成一套新的核心资源体系，才能有效生成各种价值[2]。

---

[1] Charles M. Tiebout, "A Pure Theory of Local Expenditures", *Journal of Political Economy*, Vol. 64, No. 5, 1956, pp. 416–424.

[2] Wu LeiYu, "Applicability of the Resource-based and Dynamic-capability Views under Environmental Volatility", *Journal of Business Research*, Vol. 63, No. 1, 2010, pp. 27–31；董保宝、葛宝山、王侃：《资源整合过程、动态能力与竞争优势：机理与路径》，《管理世界》2011年第3期。

### 4. 政府系统与公共服务供给

作为互动过程的第三环节的输出是指公共服务的供给。这是政府的一项基本职能，其关键环节是要正确区分公共服务的供给职能和生产职能①。其中，公共服务供给主要是指政府有关征税和支出的决策，即根据公共服务类型、数量、质量、优先次序等作出判断，决定公共服务供给的类型和水平，并对服务的生产进行安排和监督；公共服务生产则是将资源投入转化成产出的过程，其核心是投入产出的效率，包含了设计、建设、制造、维护和经营等内容②。换言之，公共服务的供给与生产是可以分离的两个环节，公共服务的提供者并不一定就是该公共服务的生产者。

公共服务供给与生产分离理论不仅表明公共服务供给的内在实质，而且对扩大政府公共服务供给的选择范围，明确"谁来供给"具有重要意义。由于服务或产品的公共性属性，政府会提供那些因市场失灵而无法有效提供，但对社会有益的、必需的产品和服务，对初次分配形成的不平等进行了一定程度的修正和补偿③，对提高市场效率、稳定经济与实现社会公平等具有重要意义④。

### （二）政府公共服务能力体系的实践背景与构成内容

#### 1. 政府公共服务能力体系的实践背景

作为一个"有机体"，政府系统包含各类行动角色。它们相互依存、相互影响，并与周围环境形成互动⑤。而行政环境对政府系统所提出的任务和要求，在政府系统内部往往以政府职能的形式，明确到各部门、岗位与人员。因此，许多学者会结合政府职能，理解政府公共服务

---

① 何精华：《区分供给与生产：基于政府公共服务职能实现方式的分析框架》，《中国行政管理》2007 年第 2 期。
② [美] 迈克尔·麦金尼斯：《多中心体制与地方公共经济》，毛寿龙译，上海三联书店 2000 年版，第 423 页。
③ DiNitto, Diana M. & David W. Johnson, *Social Welfare: Politics and Public Policy* (8edition), Austin: Pearson, 2015, pp. 1 - 2.
④ 吕炜、王伟同：《发展失衡、公共服务与政府责任——基于政府偏好和政府效率视角的分析》，《中国社会科学》2008 年第 4 期；[美] 萨缪尔森、诺德豪斯：《经济学（上）》，萧琛主译，中国发展出版社 1992 年版，第 79 页。
⑤ 娄成武、杜宝贵：《行政管理学》，高等教育出版社 2010 年版，第 4 页。

能力，认为政府公共服务能力就是为了完成政府职能规范的目标和任务，是政府职能履行的重要保障。换句话说，政府职能是制度化与结构化的政府能力形态，框定了政府能力的基本内容和发展方向，而政府能力的大小、强弱则决定了政府职能的实现程度①。党的十八届三中全会提出，"全面深化改革的总目标是完善和发展中国特色社会主义制度，推进国家治理体系和治理能力现代化"。以党的十八大为标志，中国的改革开放进入全面深化阶段，围绕提升国家治理体系和治理能力现代化这一目标，党和国家已在诸多领域开展和推进了一系列改革，"现代化"贯穿在政府公共服务能力建设进程中。党的十九大报告明确指出，"中国特色社会主义进入新时代，我国社会主要矛盾已经转化为人民日益增长的美好生活需要和不平衡不充分的发展之间的矛盾"。② 这意味着，政府系统正在面临一个新的矛盾：一方面，由于政府职能的新扩展而对政府公共服务能力产生了一系列新的"需求"；另一方面，随着政府将权力还于社会与市场，政府公共服务能力的"供给"有可能不断调整，乃至于减少。正如前文所述，政府公共服务能力是政府与环境互动中政府供给公共服务活动的可能性与限度。因此，新时期的中国各级政府公共服务能力建设应适应行政环境的新特点、新变化和新要求，为实现"现代化"而适应"社会主要矛盾转化"③。具体来说，综合既有实践与研究成果相关结论，在当前和今后相当长一段时间内，中国政府公共服务能力建设将主要面临以下几个方面的发展实践要求。

（1）建设尊重规则与以人民为中心的责任行政。一是强化行政人员的法治观念，尊重程序与规则，牢固树立维护公民权利的意识；二是

---

① 金太军：《政府能力引论》，《宁夏社会科学》1998年第6期；陈水生：《政府职能现代化的整体性建构：一个三维分析框架》，《探索》2021年第2期；施雪华：《政府权能理论》，浙江人民出版社1998年版，第267—270页；汪永成：《政府能力的结构分析》，《政治学研究》2004年第2期。
② 习近平：《决胜全面建成小康社会 夺取新时代中国特色社会主义伟大胜利——在中国共产党第十九次全国代表大会上的报告》，人民出版社2017年版，第11页。
③ 汪永成：《新时期我国政府能力建设的意义与任务》，《深圳大学学报》（人文社会科学版）2004年第6期。

从权力本位转向责任本位，推动政府职责体系优化，规范行政权力运行，保障行政机关的合法、公正、高效；三是规则设计应以人为本，以服务公众需求，维护民众利益，提升民众服务满意度和体验度为最终目的，保障民众的合法权益，将人民群众的根本利益放在首位①。

（2）创新地方政府绩效管理体系，提高政府绩效管理水平。一是从治理范畴的角度看，要不断增强评估体系的综合性、全面性、前瞻性和科学性，建立涵盖基本公共服务体系的科学绩效评估体系；二是完善政府绩效管理主体结构，建立公众参与政府绩效管理的长效机制，以确保管理结果的真实性和有效性；三是从加强政府绩效管理立法、重视完善政府绩效评估机制、加强地方政府绩效管理监督和反馈机制三个方面入手，建立健全政府绩效管理的制度体系，促进绩效管理规范化，发挥绩效管理的"管理"功能，促进政府部门切实提高绩效水平②。

（3）突出地域特色，提升地方治理能力。一是为了满足当前中国式现代化建设的需要，地方政府应根据自身条件，推进自身职能转变，引入数字化和信息化技术，创新管理方式，建立分权、扁平化的管理模式，优化行政效率。二是提高自身协同治理能力与跨域协同治理能力，探索协商、共享的治理机制。应正确处理好市场、政府与社会的关系，搭建以政府为主导，多元主体参与的共同治理平台，增强政府社会良性互动，提高社会共治水平，促进地方社会善治。三是地方政府在强调区域间经济协同的同时，应结合自身竞争优势和资源禀赋，打造地域特色③。

（4）建立适合地方发展的标准化公共服务体系。地方政府应逐步建立适合本地实际情况的标准化公共服务体系，具体来说，应坚持有限政府原则，避免因脱离实际，盲目扩大公共服务标准化的范围和水平，造成政府权力盲目扩张；区分基本与非基本公共服务的界限，并根据经

---

① 陈水生：《政府职能现代化的整体性建构：一个三维分析框架》，《探索》2021年第2期。

② 林阿妙：《政府绩效管理创新与治理能力提升的契合性——基于地方政府的视角》，《经济问题》2015年第11期。

③ 王志锋、张维凡、朱中华：《中国城镇化70年：基于地方政府治理视角的回顾和展望》，《经济问题》2019年第7期。

济社会发展,动态调整政府基本公共服务的范围,切实满足公众需求;坚持稳步推进重点实施的原则,合理配置公共资源;加大公共财政保障,改革中央与地方财政分配体系,提高政府转移支付的层级,确保公民能够享有平等的基本公共服务[1]。

2. 政府公共服务能力体系的基本构成内容

学者们在对政府公共服务能力进行研究时,通常将其视为一个系统性概念。例如,彭向刚等[2]、吴家庆等[3]等将政府公共服务能力视为由诸多功能、性质以及形式不同的子系统构成的有机整体,不同系统的政府能力共同构成一个体系。它们之间相互联系、相互制约,在履行政府职能、达成管理目标过程中共同发挥作用。但值得注意的是,学者们对政府公共服务能力体系的结构划分因认知视角而不同。其中,何艳玲将政府公共服务能力细化为服务的需求识别能力、服务供给能力和政府学习成长能力三个方面。[4] 而王峰虎、方丽娟将政府公共服务能力分解为决策能力、筹资能力、生产能力、监管能力、评估能力五个部分[5]。张正岩根据一般组织能力结构,通过对地方政府所处的经济社会发展环境的研究,将地方政府公共服务能力分为静态和动态两类,并且认为前者是地方政府的政策执行能力,后者是经济发展能力、制度创新能力、社会管理能力。静态能力是动态能力的外在表现,动态能力则为静态能力的现实可能性和未来发展提供了基础。[6] 由此可见,尽管学界对政府公共服务能力体

---

[1] 金文哲、王谦:《新时期中国地方政府公共服务能力建设思路探析》,《理论月刊》2011年第2期;杨梅:《中国地方政府公共服务标准化探索与思考》,《北京行政学院学报》2012年第3期。

[2] 彭向刚、张世杰:《论构建和谐社会中的政府能力建设》,《吉林大学社会科学学报》2005年第3期。

[3] 吴家庆、徐容雅:《地方政府能力刍议》,《湖南师范大学社会科学学报》2004年第3期。

[4] 何艳玲:《城市政府能力蓝皮书:中国城市政府公共服务能力评估报告(2013)》,社会科学文献出版社2013年版,第55—60页。

[5] 王峰虎、方丽娟:《基层政府公共服务能力分析及提升策略》,《西安交通大学学报》(社会科学版)2008年第6期。

[6] 张正岩:《关于地方政府公共服务能力的内涵与改进的探讨》,《长春师范学院学报》(人文社会科学版)2011年第4期。

## 第二章 地方政府公共服务能力评估的概念基础与评估指标体系构建逻辑

系构成的界定差异较大，但大多体现了政府系统与外部环境的互动过程。

正如前文所述，政府系统一般包含信息、能量等资源的输送、存储、应用和反馈过程①。行政环境的变化会导致政府系统及其公共服务能力体系的变化。但与此同时，政府系统在不断调适的过程中通过或强或弱的公共服务能力运用，也将影响着行政环境发展衍化的方向和速度。一般来说，促使政府能力演进的动力源自政府两个内在属性，即回应性和自主性。回应性要求政府作为开放的系统适应行政环境的变迁及挑战，反映社会的需求并解决公共问题。正是基于回应性要求，面对加剧的不确定性、风险性和日益多元的公共利益，政府需要持续进行制度、机构、资源管理能力诸方面的创新。与此同时，政府具有自主性，即政府具有动员、使用各种资源实现目标的主观能动性能力②。需要注意的是，传统政府能力体系构建往往侧重于政府与社会、政府与市场的外在关系，例如，阿尔蒙德等③、米格德尔等④和吴国光⑤，忽视了政府系统自身运作能力问题，没有深入发掘政府系统内部机制的发生、发展和演变⑥。

基于以上研究成果，这里可以尝试提出有关政府公共服务能力体系构建的逻辑思路，即在综合考量政府组织内部运行体系及其与行政环境互动等因素的基础上，基于"输入—转化—输出"的一般系统运行机制分析架构，将政府公共服务能力体系界定为由若干子系统结合而成的有机整体。再结合前文关于政府公共服务能力概念的界定，可以从纵向和横向的角度明确政府公共服务能力体系的基本构成（见图2-1）。从横向

---

① Deutsch K. W., *The Nerves of Government: Models of Political Communication and Control*, London: Free Press of Glencoe, 1963, pp. 73 – 76.
② 孙柏瑛：《社会管理与政府能力建构》，《南京社会科学》2012年第8期。
③ [美]加布里埃尔·A. 阿尔蒙德、小G. 宾厄姆·鲍威尔：《比较政治学——体系、过程和政策》，曹沛霖、郑世平、公婷、陈峰译，上海译文出版社1987年版，第433页。
④ Migdal, Joel S., *Strong Societies and Weak States: State-society Relations and State Capabilities in the Third World*, Princeton University Press, 1988, pp. 669 – 672.
⑤ 吴国光：《国家、市场与社会》，牛津大学出版社1994年版，第95—97页。
⑥ 黄仁宗：《政府能力研究的新趋势：从发展行政到行政发展》，《宁夏社会科学》2010年第1期。

视角看，政府公共服务能力体现在政府行为运行的全过程中，是政府在识别公众需求的前提下，获取、整合资源，对内维持自身正常运作，对外有效满足公众需求并不断实现自我优化的能力、本领和能量，表现为政府与行政环境互动过程中的输入、转化、输出等若干运行环节，具体包括公共服务需求管理能力、公共服务资源保障能力、公共服务资源整合能力及公共服务供给能力。从纵向视角看，政府能力涉及政府履行职责，发挥功能，在上述运行环节内处理公共事务中体现出来的各项细分能力，具体包括了公共服务需求管理环节的需求调查、需求分析、需求传递与需求转化能力；公共服务资源保障环节的人力资源保障、财政保障、制度保障与技术保障能力；公共服务资源整合环节的资源吸纳、资源配置、绩效评估与执法监督能力；公共服务供给环节的生存服务、发展服务、环境服务与公共服务获得感能力。

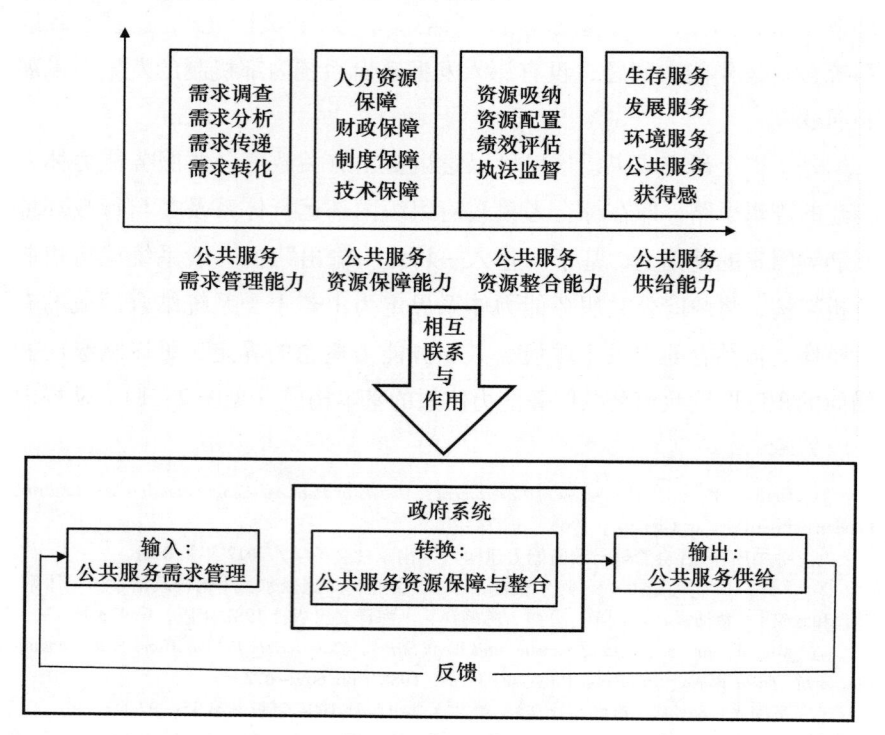

图 2-1 政府公共服务能力体系

第二章　地方政府公共服务能力评估的概念基础与评估指标体系构建逻辑

而且输入—转换—输出三个阶段的四种能力是环环相扣、渐次递进的关系，前一阶段的能力有赖于后一阶段的能力发挥，后一阶段的能力提高又反过来强化了前一阶段的能力实现。换言之，政府公共服务能力体系是一个有机整体，任何一环的缺失都会使政府治理效果受到影响。因此，综合性是政府公共服务能力总体水平的衡量尺度。政府能力综合性实现程度越高，政府系统能力状态越是优化；反之亦然①。为缓解当前地方政府面对的压力与挑战，其公共服务能力的发展战略必须着眼于能力体系的整体性开发②。

## 二　地方政府公共服务能力评估指标体系构成与说明

### （一）地方政府公共服务能力评估指标体系的设计思路

为了对地方政府公共服务能力的建设成效及其差异性的结构特征进行测算与比较分析，有必要将抽象或不易量化的研究对象按照其本质属性和特点拆解为可测量的指标结构。基于此，本书按照如下思路来设计地方政府公共服务能力评估指标体系（见图2-2）。

### （二）地方政府公共服务能力评估指标体系的价值取向

地方政府公共服务能力评估价值取向即目标定位，试图解决"以什么样的价值观进行公共服务能力评估"的问题，进而直接影响评估指标设计原则、类型划分与具体内容的确定。在中国式现代化建设背景下，遵循"兼顾社会公正（公平）与行政系统整体性功能优化（效率）"的价值逻辑，坚持合法、透明、责任、法治、回应与有效的多元价值理念③，指导评估体系的构建。具体来说有以下几点。

（1）合法性是社会秩序和权威被自觉认可与服从的性质和状态。在政治学领域，合法性意味着某种政治秩序被认可的价值④，是社会主

---

① 臧乃康：《论政府能力》，《江苏行政学院学报》2001年第1期。
② 汪永成：《论新世纪中国政府能力建设的战略方向》，《马克思主义与现实》2005年第6期。
③ 俞可平：《治理和善治引论》，《马克思主义与现实》1999年第5期。
④ ［德］尤尔根·哈贝马斯：《交往与社会进化》，张博树译，重庆出版社1989年版，第184页。

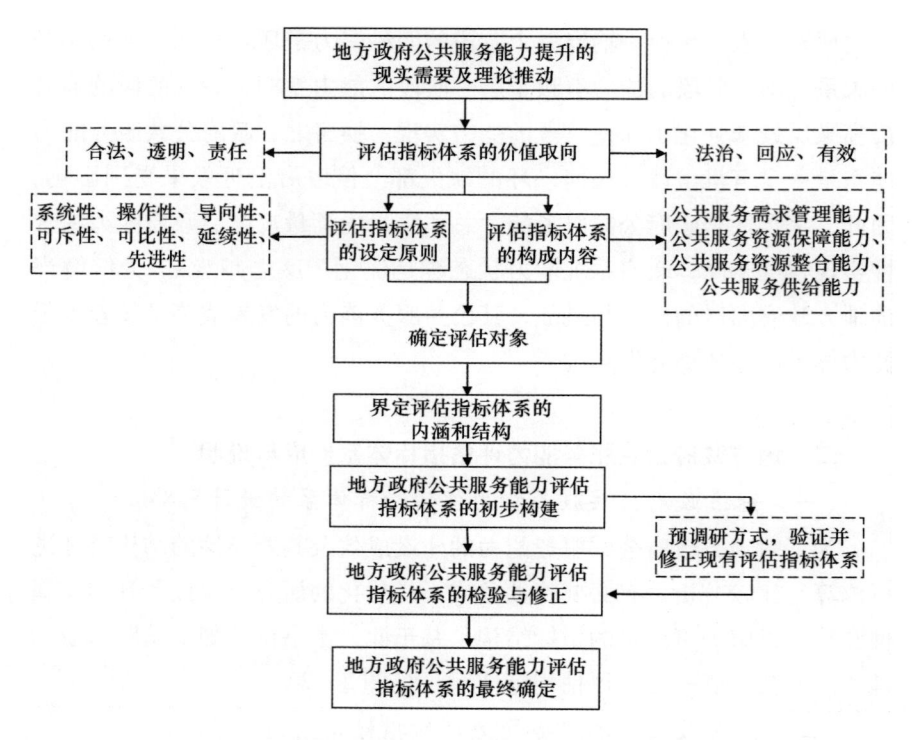

图 2-2 地方政府公共服务能力指标体系设计流程

体对于政权的服从和认同。现在意义的合法性认同不是依靠强权威慑且并非单向运作就能达成,它离不开社会主体的自觉和双向协调互动。而取得和增强合法性的主要途径是尽可能增加公民的共识和政治认同感。因此,在合法性价值取向下,地方政府应最大限度地协调各种公民之间以及公民与政府之间的利益矛盾,以便使公共管理活动取得公民最大限度的同意和认可。

(2) 透明性是运行规则、行为过程及其结果向公众公开的程度[①]。透明性价值对于政治文明建设具有不可替代的重要意义。首先,可以增进公众对自由民主法治的认识和理解,推动社会公众更加积极地参与社

---

① 何增科:《腐败与治理状况的测量、评估、诊断和预警初探》,《毛泽东邓小平理论研究》2008 年第 11 期。

会政治活动；其次，可以将政府领导人的行为和政治运行过程置于公众更直接的监督下，防止其滥用职权，有利于更好地保障人民的自由民主权利；再次，通过大众传媒的贬恶扬善，创造一个更加良好的政治文化氛围，促进政治制度更加完善和政治行为更加文明①。因此，在透明性价值取向下，每一位公民都有权获得与自身利益相关的政府政策的信息。在透明性价值取向下，就公共服务能力建设而言，地方政府应将公共服务职能行为相关信息及时通过各种媒介为民众所知晓，以便公民能够有效地参与决策过程，并对公共服务过程实施有效的监督。

（3）责任性是人们应当对自身行为负责。责任政府是民主政治和法治国家的必然要求，也是政府实现高效廉洁的必要基础②。作为一种理想的政府模式，其本质是政府从"权力本位"转向"责任本位"，强调政府与公民的关系从以政府为中心转向以公民为中心，政府从制度导向走向结果导向③。在责任性价值取向下，地方政府及行政人员应承担起道德的、政治的、行政的、法律上的责任，对公民与社会的需求能迅速且有效地回应，呈现出良好的公共需求导向的公共服务能力④。

（4）法治是"法律的统治"，也可称为法律至上、法权至上，即政治权利的获取和运行必须严格遵循宪法与法律。任何人与组织都必须遵守法律，而不能凌驾于法律之上，必须在宪法与法律范围内活动，它是相对于"人治"而言的。具体来说，法治是现代公共管理的基本准则，其最终目标在于保护公民的自由、平等及其他基本政治权利，包含两层含义：一是指已制定的法律得到广泛的遵守；二是被广泛遵守的法律必须是本身制定的良好法律，即"良法"。在法治价值取向下，司法权应独立于行政权和立法权，不受行政权力的干预，以保证司法机构独立、

---

① 黄金辉：《社会主义政治文明特征探微》，《社会科学研究》2003年第3期。
② 陈国权：《论责任政府及其实现过程中的监督作用》，《浙江大学学报》（人文社会科学版）2001年第2期。
③ 陈国权、陈杰：《论责任政府的回应性》，《浙江社会科学》2008年第11期。
④ 张成福：《责任政府论》，《中国人民大学学报》2000年第2期。

公正执法和防止其滥用权力①。

（5）回应，即回答、答应或响应，是政府管理公共事务、解决公共问题、谋求政府与社会间稳定、和谐关系的基本方式，也是政府责任的传导机制。回应性政府通过有效的回应，履行责任，实现公共服务的终极目标。如果缺乏有效的回应性与敏捷的回应机制，政府职责无法真正转化为有效的公共服务，也就无法真正实现责任政府的服务性②。而以民为本、服务导向、合作共治、及时反应、依法治理，既是回应型政府的内在属性和基本特征，又是形成和保证政府回应的体制与制度、目标与速度、数量与质量等方面不可缺少的因素③。因此，在回应性价值取向下公共管理人员和管理机构必须对公民的要求作出及时和负责的反应，在必要时还应当定期、主动地向公民征询意见、解释政策和回答问题。

（6）有效性是指作为公共权力代表者的政府能否有效地履行基本职能，确切来说，是能否有效地对社会公共事务进行管理以及提供公共物品，提高社会公众的整体福利水平④。政府有效性的高低并不完全取决于政府的职能选择以及效率的高低，更取决于政府职能及行为模式与社会发展需求的一致性程度。当代中国社会变革所引发的风险和复杂性也对政府有效性提出了全新的挑战。在有效性价值取向下，就公共服务能力建设而言，地方政府应合理确定自身职能和角色，将权力约束和激励有机地结合起来，既建立对政府权力的监督和控制机制，又保障其拥有充分的权力和权威，使其在促进社会公平与发展方面发挥积极的功能；牢固树立廉洁、公正、以人为本的行政理念，努力建设公平和富有凝聚力的政府，规范均衡性公共物品与服务的供给运作程序，加强民主监督，保障均衡性公共物品与服务的分配；提高政府的适应能力和运转效能，对社会服务需求的变化作出准确迅速的反应，提出合适的应对策

---

① 黄金辉：《社会主义政治文明特征探微》，《社会科学研究》2003年第3期。
② 陈国权、陈杰：《论责任政府的回应性》，《浙江社会科学》2008年第11期。
③ 卢坤建：《回应型政府：理论基础、内涵与特征》，《学术研究》2009年第7期。
④ 黎炳盛：《有限政府的有效性与合法性》，《云南行政学院学报》2000年第5期。

略和解决方案，有效应对社会环境的急剧变化和公共管理的复杂性①。

（三）地方政府公共服务能力评估指标体系的设定原则

基于现有关于政府能力评估相关研究成果②，遵循上述有关地方政府公共服务能力评估指标体系的价值取向，地方政府公共服务能力评估指标体系的建构将遵循以下设定原则。

（1）系统性。系统论是本书研究的基本架构，系统性自然构成地方政府公共服务能力评估指标构建的首要原则。为此，需要基于政府系统内外运作全过程相关能力进行动态测度，较为全面、准确地反映各地政府公共服务的能力水平。

（2）操作性。评估指标的建构应从实际情况出发，在保证科学、客观、合理的基础上，兼顾指标的实用性与可操作性，考虑数据收集与计算的难度和评价成本，进行指标选择。

（3）导向性。评估体系的设计要有前瞻性，不仅要兼顾在研究过程中如何评价地方政府公共服务能力，同时还要着眼于有效引导地方政府关注提高公共服务能力的关键要素，发挥评价指标的实践引导功能。

（4）互斥性。各指标间没有概念上的模糊和交叉，在分析性质上保持独立，能够用以有效评估地方政府公共服务能力的不同维度，确保评价结果的可信度。

（5）可比性。评估指标体系应能保证两个方面的可比性。横向上，不同地区的政府公共服务能力之间可比；纵向上，某一地区不同的时间段上政府公共服务能力水平之间可比。

（6）可持续性。虽然政府公共服务能力的发展要求是动态变化的，但是指标的选取要有相对稳定性，以保证指标体系在时间上有一定的可

---

① 楚德江：《中国社会变革进程中的政府有效性论纲》，《社会科学》2010年第1期。
② 安淑新：《"十三五"规划指标体系设置研究》，《宏观经济管理》2014年第11期；郁俊莉、姚清晨：《内容指向与结果导向：县域治理评估框架构建研究》，《北京工业大学学报》（社会科学版）2020年第1期；王琛伟：《我国"放管服"改革成效评估体系的构建》，《改革》2019年第4期；刘志平：《"多规合一"第三方评估及"十三五"展望》，《探索与争鸣》2015年第6期。

持续性。

（7）时代性。指标体系应该能够符合当前社会政治、经济、文化的新时代特征，充分体现在新时代社会主要矛盾的转变以及中国式现代化发展的背景和要求。

（四）地方政府公共服务能力评估指标体系的构成内容

政府公共服务能力体系构建的逻辑思路，即在综合考量政府组织内部运行体系及其与行政环境互动等因素的基础上，基于"输入—转化—输出"的一般系统运行机制分析架构，结合前文有关政府公共服务能力概念的界定，将地方政府公共服务能力评估指标体系划分为公共服务需求管理能力、公共服务资源保障能力、公共服务资源整合能力、公共服务供给能力4个一级指标。具体来说有以下几点。

（1）公共服务需求管理能力。以公民本位为指导理念，按照公民意志组建起来的以公民服务为宗旨并承担服务责任的服务型政府建设凸显了对公众公共服务需求管理的重要性[1]。公共服务需求管理是一个动态过程，是在以人民为中心的理念指导下，基于理性认知的一般机制，对公众的公共服务需求和偏好进行调查、分析、传递和转化等各个环节构成的一个管理过程，也是为满足公众的公共服务质量诉求、实现公共质量不断改进与提升目标而采取的组织运行方式以及相关管理技术、方法和措施的集合。提高公共服务需求管理能力的关键在于精准有效地对公众公共服务需求进行调查、分析、传递及转化。

（2）公共服务资源保障能力。为实现向社会有效供给公共服务的目标，地方政府需要持续地获得各种资源保障和支持。政府履行公共服务职能，首要的是打好资源基础，确保资源供应的充分性。尤其是公共服务跨层级、跨部门协作的质量优化与公共服务多元供给格局的建立皆与地方政府资源保障能力密切相关，既要有制度资源的支持，也要有各种人财物力资源的取得。其本质是公共服务保障资源的汲取能力。

---

[1] 刘熙瑞：《服务型政府——经济全球化背景下中国政府改革的目标选择》，《中国行政管理》2002年第7期。

(3) 公共服务资源整合能力。以系统的整体性观点出发，公共服务资源整合可以看作公共服务各环节与资源整合各环节的联结，也可以看作公共服务各环节的行为主体和资源整合各环节的联结。同时，当前中国公共服务的整体格局依旧是政府为主导，市场和社会为重要参与者。因此，应坚持优化与协同原则，处理好政府部门内部、政府部门之间以及政府外部三个方面的各种互动关系，实现对有限公共服务资源的有效整合。

(4) 公共服务供给能力。从本质上看，公共服务供给就是政府将掌握的资源转化成具有普惠性的公共产品和公共服务向广大社会公众提供并力图得到公众积极反馈的过程。而公共服务供给能力就是政府为保障社会公众的基本生存、发展与享有整洁安全环境的权利，满足社会公众的相关服务需求，提升社会公众获得感，通过整合资源直接或间接生产、提供优质公共产品或服务的能力。具体来说，满足人民基本需求是公共服务供给的出发点；公众获得感是检验政府公共服务供给工作的标准，是公共服务供给能力最后的试金石；以"普惠性、保基本、均等化、可持续"为基本履责原则，为公众提供生存发展的环境是政府的基本职责。需要指出的是，各一级指标维度下次级指标的具体构成及其权重将是后续章节的进一步研究内容。

## 第三节　地方政府公共服务能力评估的操作化过程

### 一　数据来源

为了构建地方政府公共服务能力指标体系，测算、比较"十三五"规划时期湖北省省直管地方政府公共服务能力的差异，本书将综合使用各种资料搜集方法，既涉及主观数据也包含客观数据。

（一）客观数据

考虑到公共服务或产品供给具有长期性、复杂性与地理空间性特点，评估、判断各地方政府能否长期、稳定、持续地进行公共服务的有效供给，需要充分考虑不同时期不同地域公共服务的客观供给水平及其衍化情况。本书所涉及客观类指标所采用数据主要来自"十三五"规划时期（2016—2020年）湖北省各相关统计部门公布的"地方统计年鉴"、"国民经济与社会发展统计公报"与政府官方网页等。

（二）量表设计与主观数据采集

1. 量表设计

本书使用的量表设计过程科学、合理，包括了三个阶段，具体如下。（a）参考相关公共服务能力评估量表与文献，构建初始量表。通过整理、回顾公共服务能力相关量表与文献，以及结合政策文本，建立初始量表。由于在公共服务能力体系方面的研究未达成共识，国内外学者们基于具体情景探索并开发了各类量表与测算工具，这就造成目前对于地方政府公共服务能力的测量量表并未统一，对于实证分析研究造成阻碍。例如，随着"结果导向"与"顾客导向"为基本特征的新公共管理运动兴起，顾客满意度指数模型被引入欧美发达国家的政府公共服务绩效考核中。其中，瑞典顾客满意度晴雨表（SCSB）[1]、美国顾客满意度指数（ACSI）[2] 与欧洲顾客满意度指数（ECSI）[3] 比较具有代表性。国内较为成熟的量表来源于何艳玲[4]、汤志伟等[5]和李晓园[6]。需要

---

[1] Fornell, Claes, "A National Customer Satisfaction Barometer: The Swedish Experience", *Journal of Marketing*, Vol. 56, No. 1, 1992, pp. 6 – 21.

[2] Fornell, Claes, et al., "The American Customer Satisfaction Index: Nature, Purpose, and Findings", *Journal of Marketing*, Vol. 60, No. 4, 1996, pp. 7 – 18.

[3] Johnson, Michael D., et al., "The Evolution and Future of National Customer Satisfaction Index Models", *Journal of Economic Psychology*, Vol. 22, No. 2, 2001, pp. 217 – 245; José Vilares, Manuel, and Pedro Simões Coelho, "The Employee-customer Satisfaction Chain in the ECSI Model", *European Journal of Marketing*, Vol. 37, No. 11/12, 2003, pp. 1703 – 1722.

[4] 何艳玲：《城市政府能力蓝皮书：中国城市政府公共服务能力评估报告（2016）》，社会科学文献出版社2016年版，第3—6页。

[5] 汤志伟等：《政府互联网服务能力蓝皮书：中国地方政府互联网服务能力发展报告（2019）》，社会科学文献出版社2019年版，第4—5页。

[6] 李晓园：《包容性增长视角下的县级公共服务能力研究》，中国社会科学出版社2016年版，第92—93页。

注意的是,上述量表并未得到整个学术界与实践领域的全面认可。尤其是在分析地方政府公共服务能力差异性的结构比较上不具备针对性,且不聚焦于"十三五"规划这一情景。因此,本书基于上述量表与相关文献,构建测算"十三五"时期地方政府公共服务能力差异的本土初始量表。(b)在质性研究的基础上,课题组组织相关专家对上述初始量表进行评议,特别是对关键变量的量表进行调整。(c)由第三方调查公司在武汉市实施预调查,根据预调查结果的信效度评价,对各因素量表进行修改与完善,最终得到正式的量表,以备后续进行全省性大样本调查。

2. 主观数据采集过程

本次的数据采集工作遵循分层、分类的抽样方法,采取委托第三方调查的方式进行。具体来说,主观数据的调研流程包括了调研准备—调研实施—调研完成三个阶段(见图2-3)。

调研对象包括了如下六类群体:(a)政府部门及行政类事业单位工作人员(特殊调查人群);(b)非行政类事业单位工作人员;(c)国有企业员工;(d)私营企业员工;(e)民办非营利组织工作人员;(f)其他。

关于调研形式,本书主要采用问卷调查的形式进行。具体来说,根据辖区人口规模对各个省直管地方政府进行分档,并确定不同档次地方政府调查量表的规模:(a)一档——武汉,发放问卷400份;(b)二档——襄阳和宜昌,各300份;(c)三档——黄石、十堰、荆门、孝感、荆州、黄冈、咸宁、随州和恩施,各200份;(d)四档——鄂州、天门、仙桃和潜江,各150份。其中,一档城市调查行政人员数为80人;二档城市调查行政人员数为60人;三档城市调查行政人员数为40人;四档城市调查行政人员数为30人。

需要注意的是,为了确保调研对象的年龄结构与性别等特征分布相对均匀,样本的选取采用分层抽样的方式,具体到社区一级,访谈偶遇调研对象。

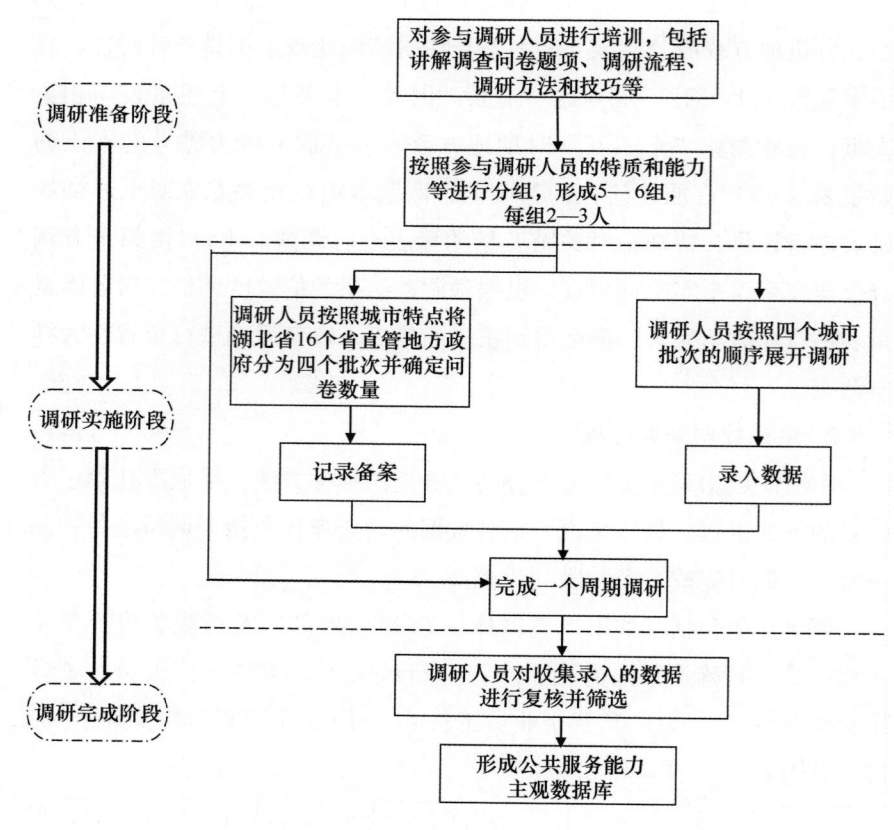

图 2-3  主观数据调研流程

## 二  指标权重设置与数据处理方法

### （一）指标权重的设置

为了对地方政府公共服务能力进行测度，基于各个指标对于地方政府总体公共服务能力的同等重要性认知，本书采用国际上广泛采纳的逐级等权重的方法来计算各级评价指标的权重①。具体而言，一级指标权重为 1/a（a 为一级指标的个数）；在某一级指标下，二级指标的权重

---

①  申静、刘莹、赵域航：《国际大都市创新评价指标体系构建及应用》，《技术经济》2018 年第 2 期。

为 1/b（b 为该一级指标下二级指标的个数）；在某二级指标下，三级指标权重为 1/c（c 为该二级指标下三级指标的个数）；在某三级指标下，四级指标权重为 1/d（d 为该三级指标下四级指标的个数）。由此，相对应的某个二级指标的权重可以表示为 1/a×b，三级指标的权重可以表示为 1/a×b×c，四级指标的权重可以表示为 1/a×b×c×d。

（二）能力得分的处理

由于各个主客观数据的量纲和单位存在不同程度的差异，为了能够进行各个指标的得分计算，就需要对原始数据进行无量纲化处理。本书将统一采取线性归一法对所取得的各种数据进行处理，将原始数据映射到 0—1 的数值区间，以便计算得分和比较分析。其计算公式为：

$$X^* = \frac{x - x_{\min}}{x_{\max} - x_{\min}} \tag{2.1}$$

其中，$x$ 为原始数据，$x_{\max}$ 和 $x_{\min}$ 分别为原始数据中的最大值和最小值[1]。

（三）指标分值百分制转换

取得每个二级指标的无量纲化处理数值后，经对各级指标进行汇总求和，就可以获得各个地方政府公共服务能力水平的测度数值。具体而言，由于本书所涉及的公共服务能力指标体系共由三级指标构成，就需要经以下各个步骤实现对各个地方政府公共服务能力水平的计算取值。

首先，是对经过无量纲化处理后的各个三级指标数据进行加总并乘以对应权重系数，得到二级指标分值。即公式（2.2）：

$$二级指标得分 = \sum_{i=1}^{n} 三级指标 \times 三级指标权重 \tag{2.2}$$

（$n$ 为该二级指标下三级指标的个数）

其次，是经由对各个二级指标数据进行加总并乘以对应权重系数，得到一级指标分值。即公式（2.3）：

---

[1] 李大海、朱文东、于会娟：《沿海城市海洋科学研究支撑能力评估——基于综合性国家科学中心建设视角》，《中国软科学》2021 年第 12 期。

$$一级指标得分 = \sum_{i=1}^{m} 二级指标 \times 二级指标权重 \quad (2.3)$$

（$m$ 为该一级指标下二级指标的个数）

最后，再经由对各个一级指标数据进行加总并乘以对应权重系数，得到政府公共服务能力总分值。即公式（2.4）：

$$政府公共服务能力总得分 = \sum_{i=1}^{m} 一级指标 \times 一级指标权重 \quad (2.4)$$

（$m$ 为一级指标的总个数）

为了便于进一步比较和分析，参照既有研究的处理方式①，有必要经公式（2.5）将各级指标分值转化成百分制得分。

$$\frac{各级指标原始得分}{该指标满分} = \frac{x}{100} \quad (2.5)$$

其中，$x$ 为该地方政府公共服务能力在该指标上的百分制得分。

（四）能力等级标准的划分

聚类分析（Cluster Analysis）是一种通过迭代计算求解的算法，也叫作群分析、点群分析或簇分析，是秉承着"类内差异小，类间差异大"的原则，根据数据特征，将数据对象分为若干组——将性质相近的归为一类（这些对象在某种意义上倾向于彼此相似），性质差异较大的归入不同类（不同类里的对象倾向于不相似），具体包括层次聚类、系统聚类、模糊聚类和 K-means 聚类等不同类型②。其中，K-means 是 MacQueen 提出的一种聚类方法，其原理是在给定的数据集中随机选择 K 个数据对象作为 K 个分类的初始中心点，以群聚中心来划分样本，具有原理简单、收敛高效、运算速度快、操作简洁等优点③。因而，本书采用 K-means 聚类分析方法对湖北省 16 个省直管地方政府的公共服

---

① 张成伟：《国家科技奖励工作后评估指标体系的理论构建与实证检验》，《科技管理研究》2020 年第 19 期。

② 仝德、孙裔煜、谢苗苗：《基于改进高斯两步移动搜索法的深圳市公园绿地可达性评价》，《地理科学进展》2021 年第 7 期。

③ MacQueen, J., "Some Methods for ClassifiCation and Analysis of Multivariate Observations", 1965, p.281.

务能力及其不同次级能力进行类型划分。具体操作流程为：

（1）对选取的指标数据进行无量纲化处理，以消除不同量纲带来的影响；

（2）随机选取 K 个样本中心；

（3）以此计算各个样本点与 K 个聚类中心的距离，并按照最近原则将样本点归为 K 个类别；

（4）根据聚类分析结果重新计算各个类别的样本中心，随即进行下一次聚类；

（5）重复上述步骤直到样本中心不再变化为止，最终形成聚类分析结果。

# 第三章

# 地方政府公共服务需求管理能力评估指标体系构建与差异性分析

## 第一节　引言

党的二十大报告明确指出，中国社会主要矛盾是人民日益增长的美好生活需要和不平衡不充分的发展之间的矛盾。在公共治理领域表现为公众对多元化、个性化、复杂化以及灵活性公共产品和服务的要求显著提高，而完善公共服务体系并提供优质化、精细化、多样化的公共服务也相应成为各级政府部门关注的重点内容[①]。由此进一步提出了根据社会主要矛盾的变化，识别公众的公共产品和服务需求，以提供满足其公共服务质量诉求的公共服务能力提升命题。与此同时，《"十三五"推进基本公共服务均等化规划》中提出要应用大数据理念、技术和资源及时了解公众的服务需求和感受，以此作为政府决策和监管的支持，这就要求政府部门转变公共服务体系建设理念并转换公共服务供给角色。事实上，席卷全球的新公共管理运动将企业战略思维应用在政府部门后，随之而来的公共价值框架也出现在研究视野中。该框架重构了政府

---

①　崔运武等：《区块链嵌入公共服务的技术禀赋与应用路径》，《行政管理改革》2022年第1期。

部门提供公共服务的角色，认为政府部门管理者是回应者、组织者以及信息提供者，需与公众进行持续有效的互动，进而确保在政治伦理和公共价值层面感知、测量并反馈公众的服务需求①。公共服务能力提升的核心在于如何精准识别并有效管理公众的公共服务诉求，保证与公众的良性互动反馈是提升公共服务能力过程中需重点解决的问题，进而促成公共部门的公共价值实现并最大限度保障公众权益。

公共服务需求是公众基础性、普遍性公共服务需求的集合，是政府部门进行合理公共服务决策和供给的前提和基础，进而也是提升政府形象和公众满意度必须加以考虑的重要内容。因此，公共服务需求如何识别及满足是政府部门在进行公共服务需求管理时亟待解决的问题。这也引起学界广泛关注并形成了较为丰富的研究成果。目前已经形成了以"为何进行公共服务需求管理"、"何为公共服务需求管理"及"如何进行公共服务需求管理"相关主题为聚焦的研究图谱。其中，"为何进行公共服务需求管理"聚焦公共服务需求管理的现实情境和价值导向等主题，在企业管理领域相关研究成果的影响下，在公共服务质量亟须提升的背景下，立足于以公众需求为价值导向的公共服务供给方式变革实践，开展了对公共服务需求管理的系统研究②；"何为公共服务需求管理"聚焦于公共服务需求管理的内涵、外延及构成要素等相关主题，部分学者将其解构为公共服务需求信息处理过程，包括对公众信息的采集、整合等在内的全过程③。亦有研究指出，公共服务需求管理作为一个复杂的系统性管理活动，是一种以对全体公众的公共服务需求进行全方位管理为目的的行为活动④，因而需要运用合理的方式和手段对公众公共服务需求进行更为高效的管理。"如何进行公共服务需求管理"主

---

① 翁列恩等：《公共服务质量：分析框架与路径优化》，《中国社会科学》2021 年第 11 期。
② 容志：《大数据背景下公共服务需求精准识别机制创新》，《上海行政学院学报》2019 年第 4 期；胡税根等：《大数据驱动的公共服务需求精准管理：内涵特征、分析框架与实现路径》，《理论探讨》2022 年第 1 期。
③ 杨柳：《公共服务供给中的需求管理》，《中国党政干部论坛》2017 年第 1 期。
④ 盛明科等：《公共服务需求管理的历史脉络与现实逻辑——社会主要矛盾的视角》，《北京大学学报》（哲学社会科学版）2018 年第 4 期。

要从实现机制、保障体系及建设路径等角度切入，建议通过加速数据开放共享、优化需求数据采集等手段精准识别公众需求[①]，并从需求反馈机制、大数据基础设施建设、人才培养与智力支持等角度构建提升公共服务需求精准管理的保障体系和实现路径[②]。既有理论成果总体上仍欠缺对于公共服务需求管理能力及水平的综合评估和深入分析，难以在公共服务供给和政策制定过程中提供基础数据和分析结论。因此，聚焦公共服务需求管理能力的指标体系构建和应用分析具有重要的理论意义和现实意义。

纵观公共服务需求管理领域的发展实践可知，在依然存在有限公共资源与不断增长的公共需求之间矛盾的同时，还普遍存在公共服务供给决策、供给模式与公众真实需求相脱节，造成了公共资源的浪费和公共服务供需失衡问题[③]。其根源在于政府部门未能建立系统的公共服务需求管理体系，政府公共服务管理从需求收集、需求识别、服务决策到服务供给和评估反馈等各个环节都存在问题，公众的公共服务需求不能通过有效渠道传递给政府部门，而政府部门只能凭借自己掌握的有限信息和偏好提供公共服务，导致公共服务供给偏离公众的真实诉求。公众的公共服务需求收集和需求识别是提升公共服务供给质量和能力的前提和基础，提升公共服务需求管理能力有助于促使公共服务供给更具锚向性[④]。公共服务需求管理能力建设既涉及需求者主动表达需求的过程，也是管理者对整个需求进行科学规划、系统梳理和全程调控的过程，构成管理者和需求者双向互动的过程。通过需求管理将公共服务的需求主体与供给主体、公共服务的决策中心与参与者勾连起来，将不同阶段的需求信息整合起来，确保公共服务资源精准投入所需项目，提高公共服

---

[①] 王玉龙等：《需求识别、数据治理与精准供给——基本公共服务供给侧改革之道》，《学术论坛》2018 年第 2 期。

[②] 宁靓等：《大数据驱动下的公共服务供需匹配研究——基于精准管理视角》，《上海行政学院学报》2019 年第 5 期。

[③] 党秀云等：《公共服务多元合作供给机制有效运行中的政府行为选择》，《教学与研究》2020 年第 11 期。

[④] 杨柳：《公共服务供给中的需求管理》，《中国党政干部论坛》2017 年第 1 期。

第三章　地方政府公共服务需求管理能力评估指标体系构建与差异性分析

务的针对性、有效性、适配性和满意度，才能为公共服务决策、供给、评估、反馈以及服务型政府建设提供有益指引。

因而，本章以"如何构建公共服务需求管理能力评估指标体系及评估指标体系如何应用"为研究起点，经由梳理整合既有研究及理论成果，系统阐述公共服务需求管理能力的内涵和外延，厘清公共服务需求管理能力构成要素及其内在逻辑关系。在此基础上，按照目标性、科学性、系统性及可操作性原则设计评估指标体系，并采用逐级等权重方法对各级指标进行赋权，以此形成一个系统全面的评估指标体系。然后，运用所构建指标体系对湖北省 16 个省直管地方政府的公共服务需求管理能力进行测度和分析，探析其能力建设成效及异质性成因，为地方政府提升公共服务需求管理能力提供实证依据，以此提高公共服务质量，不断满足人民日益增长的美好生活需要，更好地保障公众的物质利益与社会福利，从而提升人民群众的获得感、幸福感、安全感和认同感[①]。

## 第二节　公共服务需求管理能力指标体系构建

### 一　公共服务需求管理能力概念阐释

对于需求的关注最初源于企业管理领域。企业经营者将经营策略由"以企业为中心"向"以顾客为中心"转变，开启了对需求管理的探索。通常而言，企业对于顾客需求的管理首先始于售前阶段的顾客需求获取与聚类，包括对顾客"质的需求""量的需求""现实需求""潜在需求""同质需求""异质需求"的了解[②]，在此基础上形成顾客的需求清单汇总[③]；其次是在销售环节注重满足顾客的需求；最后是在售

---

[①] 项久雨：《美好社会：现代中国社会的历史展开与演化图景》，《中国社会科学》2020 年第 6 期。

[②] 胡正明：《"顾客中心"的再认识——兼评"顾客中心过时论"》，《南开管理评论》2001 年第 4 期。

[③] 龚益鸣等：《顾客需求识别及其模型》，《复旦学报》（自然科学版）2003 年第 5 期。

后环节针对顾客需求满足程度进行系统性评估①。为此，企业通常需要根据评估结果制定满足顾客多样化需求的销售方案，以此提高顾客的满意度和忠诚度。20世纪80年代，受企业管理相关理论启示，以"顾客导向"与"需求导向"为核心的新公共管理理论与新公共服务理论相继诞生，倡导并推动以公民为中心的公共服务体系改革，并要求以公民的公共服务需求、满意度及反馈作为公共服务质量改良的依据。近年来，以公民本位为指导理念，按照公民意志组建起来的以公民服务为宗旨并承担服务责任的服务型政府建设也凸显了对公众公共服务需求管理的重要性②。

公共服务需求管理是一个动态过程，是在以人民为中心的理念指导下，涉及对公众的公共服务需求和偏好进行调查、分析、传递和转化等各个环节的管理过程，也是为满足公众的公共服务质量诉求、实现公共质量不断改进与提升目标而采取的组织运行方式以及相关管理技术、方法和措施的集合。将公共服务有效需求信息传递到政府部门，这一管理过程会随着社会主要矛盾的变化而变化，但总体变迁机制和行动逻辑始终要在社会主要矛盾的总体框架下进行③。由此可以发现，要全面了解在经济社会不断发展背景下公众的现实公共服务需求，关键在于精准调查、分析、传递及转化公众的公共服务需求，提高公共服务的需求管理能力，在此基础上方可实现按需供给公共服务，提升公众的公共服务满意度和政府部门的公信力。

综上所述，公共服务的有效供给既要重视供给侧的改进，更要重视并加强服务需求管理。公共服务需求管理是政府部门进行公共产品和服务生产的开端，也为其提供决策与管理的前提基础和依据，是一种包含众多内容的系统性管理活动，构成一个逻辑严密、层层递进的系统。因

---

① 孔栋等：《O2O模式分类体系构建的多案例研究》，《管理学报》2015年第11期。
② 刘熙瑞：《服务型政府——经济全球化背景下中国政府改革的目标选择》，《中国行政管理》2002年第7期。
③ 盛明科：《公共服务需求管理的历史脉络与现实逻辑——社会主要矛盾的视角》，《北京大学学报》（哲学社会科学版）2018年第4期。

而，参照既有研究成果和需求管理的一般逻辑，本书将公共服务需求管理能力分为需求调查能力、需求分析能力、需求传递能力以及需求转化能力四个维度，并认为公共服务需求管理活动遵循着从需求调查到需求分析，再到需求传递，最后到需求转化的发展逻辑。

### 二 公共服务需求管理能力指标体系构建

基于上述分析，本书将公共服务需求调查能力、公共服务需求分析能力、公共服务需求传递能力以及公共服务需求转化能力作为湖北省地方政府公共服务需求管理能力评估的二级指标，并依据既有研究和田野调查情况设定三级指标，从而系统全面地衡量公共服务需求管理能力。

首先，政府部门通过现代信息通信技术等手段收集公共服务需求信息，将其作为公共服务决策和供给的重要依据，这一过程展现出来的政府服务能力即公共服务需求调查能力；其次，公众可以通过特定渠道和多种参与方式向政府部门表达实际公共服务需求，需求偏好信息汇集到需求信息中心，信息中心对此进行筛选、汇总、归类、评估等详细分析，这一过程展现出来的政府服务能力即公共服务需求分析能力；再次，经过分析整理后的公共服务需求信息图谱通过特定渠道和程序传递到公共服务决策部门和供给部门，这一过程展现出来的能力即所谓公共服务需求传递能力；最后，公共服务决策部门和供给部门将分析和传递后的公共服务需求信息转化为基于多元主体参与的公共服务政策和项目，本书将这一过程展现出来的政府服务能力命名为公共服务需求转化能力。除此之外，公共服务需求管理还要对这四个环节进行系统性规划和精细化管理，将公众、公共服务需求信息中心、政府部门（服务决策部门/服务供给部门）有机连接，实现需求信息和服务供给的无缝对接，全面提升公共服务需求管理能力。

在此基础上，政府部门需要构建一个权威的管理机构更好地对上述过程进行有效管理，对分散在基础教育、卫生医疗、社会治安、社会保障、环境保护等领域的碎片化的需求信息进行调查收集和整理分析，并将处理好的公共服务需求信息传递到公共服务决策与供给部门,从而转化为精准有效的公共服务项目,以此回应信息社会情境下公众的公共服务需求,实现公共服务的供需匹配,从而提升公众的满意度。

### (一) 公共服务需求调查能力

公共服务的需求调查能力是公共服务需求管理能力的首要能力,是指能利用各种方式尽可能全面地收集公众真实可靠的需求偏好信息的能力。在实践中,仍存在很多根据政府意愿和官员偏好的公共服务项目,而非基于公众的真实需求,最终形成公众需求无法满足及其满意度降低等问题,还会造成巨大的资源浪费。各地数不胜数的政绩工程、面子工程和华而不实的公共服务设施就是很好的例子。尽管也有一些公共服务政策在出台前会采取基层调研、专题研究、咨询会、听证会、协商民主等方式收集公众的需求信息。但这种被动、单向的需求信息调查模式并非基于需求管理的理念,而仅仅是为其既定的服务决策提供形式化的论证程序,政府部门收集的需求信息既难以全面反映公众的真实需求,其需求调查的方式也跟不上时代要求和实践发展,存在片面化、滞后性和虚幻性。由此可以发现,要使政府的公共服务能力有效发挥作用,首先要提升的就是公共服务需求调查能力。因而,本章对公共服务需求调查能力的评估主要包括公众需求了解情况、公众意见征集情况、公共服务技术创新程度以及公共服务清单建设情况的综合研判,后文将对衡量公共服务需求调查能力的具体指标进行详细阐述。

首先,采用"公众需求了解情况"及"公众意见征集情况"衡量公共服务需求调查过程中的公众需求信息表达及其意见征集情况。公共服务需求调查能力的核心是了解公众的真实需求,要充分注意公共服务需求变化对政府提出了哪些现实需求,并由此作为公共服务供给决策与生产的基础。提高了解需求能力的关键是要有科学丰富的了解需求的方式。所谓了解需求的方式是指政府对公民需求信息采集的方式,既包括政府建立健全公民信息的反馈渠道,使公民可以通过有效的信息传输渠道"自下而上"地向有关部门表达自身诉求,也包括公共部门"自上而下"地走访调查等方式。这涉及两个问题：一个是公共服务需求信息如何表达；另一个是公共服务需求信息如何采集。公共服务需求信息表达就是社会中各个不同社会群体提出公共服务要求的过程；公共服务需求信息采集则是政府部门向社会群体征集公共服务需求和意见的过程。目前，中国的公共服务供给决策总体上是一种自上而下的机制[①]。在信息表达方面存在基层公众缺乏公共服务需求的有效表达机制和渠道，以及由于公民参与意愿与素质等方面的原因致使需求表达主体缺乏精准表达的能力这两个方面的难题[②]。所以，公共服务调查能力得以发挥和提高的前提，一是政府部门是否具备调查公民需求的意识和正规程序；二是政府部门是否主动征集公众的意见和建议，以期实现公共服务供需的高度匹配。

其次，采用"公共服务技术创新程度"衡量在公共服务需求调查过程中政府部门对现代信息技术的应用情况。在了解需求的精准度方面，顾客需求感知理论认为，客户的许多需求是隐藏式的，大数据技术在感知人民群众复杂多样的需求方面具有传统需求感知方式所无法比拟的天然优势[③]。因此，可以经由技术创新丰富需求调查渠道，提高调查精准度。随着大数据技术的发展，使其在感知公众复杂多样的公共服务需求方面具有传统需求感知方式所无法具备的天然优势。同时，大数据技术能够解决由于技术储备不足和业务敏感度等原因导致的公共服务数据价值使用率低的问题，通过使用传感器、射频识别、坐标定位等物联网技术，对公共服务需求信息全域数据进行感知捕获，并进行数据化和结构化处理。在如今公众需求复杂化的时代，科学技术的应用是提高需求调查精准感的重要手段，更进一步地，政府部门在公共服务技术创新等方面的不断尝试也能够在一定程度上不断提升公共服务需求调查能力，从而有效接收和甄别公众真实的需求信息。

---

① 鄞爱红：《公共需求管理与公共服务标准化》，《北京行政学院学报》2012年第2期。
② 杨柳：《公共服务供给中的需求管理》，《中国党政干部论坛》2017年第1期。
③ 胡税根等：《大数据驱动的公共服务需求精准管理：内涵特征、分析框架与实现路径》，《理论探讨》2022年第1期。

最后，采用"公共服务清单建设情况"衡量政府部门在公共服务需求调查过程中的公共服务清单与公众真实需求之间的对应情况。公共服务需求调查能力是充分、精准、及时分析和传递公共服务需求信息的基石，也是实现公共服务需求信息有效转化并保证公共服务决策准确的基础。公共服务调查能力的直观效果体现在公共服务项目是否以及在多大程度上与公众的实际需求相吻合上。为考察政府部门是否按照公众实际需求提供公共服务和项目，可根据公共服务清单制定及其实现情况进行对比。如果政府部门较大范围地涵盖了公众需求，说明公众需求信息能够比较顺利地进入政府部门，进而意味着政府部门拥有良好的公共服务需求调查能力。

### （二）公共服务需求分析能力

公共服务需求分析能力侧重对公众行为及特性的深入剖析，从而形成对目标群体及其公共服务需求、偏好和期望等的整体认知，是一个复杂的、整体的决策过程[1]。在生活水平不断提高、信息技术迅猛发展的背景下，公共服务需求呈现个性化、多样化等特点，目标群体对公共服务数量、品质及环境等方面均提出了更高的要求。政府部门作为公共利益的维护者和公共服务的直接供给者，既要侧重提升公共服务的数量和质量，同时也要兼顾不同群体的差异化需求。然而，政府部门无法做到无条件回应所有需求，需要在明确自身能力的基础上，对目标群体的公共服务需求进行收集、筛选、归类、汇总和分析等操作，运用科学的方式将收集到的需求信息去伪存真、去粗取精[2]，防止无效需求信息进入需求传递和转化环节，并根据特殊的经济社会环境找到目标群体公共服务需求的最大公约数。在明确了公众公共服务需求内容的基础上，政府部门还需确定以何种方式回应需求以及如何回应等问题，从而提高公共服务供需匹配的科学性和准确性。因而，本章对公共服务需求分析能力

---

[1] 容志：《大数据背景下公共服务需求精准识别机制创新》，《上海行政学院学报》2019年第4期。

[2] 宁靓等：《大数据驱动下的公共服务供需匹配研究——基于精准管理视角》，《上海行政学院学报》2019年第5期。

第三章　地方政府公共服务需求管理能力评估指标体系构建与差异性分析

的评估主要包括公共服务过程中政民互动情况、公共服务需求处理方式、公共服务需求处理水平以及公共服务需求处理效果的综合研判，后文将对衡量公共服务需求分析能力的具体指标进行详细阐述。

首先，采用"政民互动情况"衡量公共服务需求分析过程中政府部门与公众之间的真实互动情况。公众对公共服务的需求覆盖其全生命周期和生活的方方面面。信息社会的到来改变了政府部门的管理方式，同时也为公众与政府部门就公共服务内容的互动提供了平台和桥梁。与传统的线下政民互动模式相比，依托于信息技术的线上互动模式可以及时准确地收集和记录公众的公共服务需求和偏好信息等[①]。这些海量的信息数据经过政府部门的筛选、聚类、汇总等操作，能够成为政府部门更加科学、更加合理以及更加全面地分析公众公共服务需求的重要依据，也是政府部门了解民意、接受公众监督的重要平台。事实上，在此基础上形成以公众需求为导向的公共服务供给模式是政府部门近些年的工作重点。在这一过程中，政府部门中的需求信息中心可以按照特定的标准和流程，准确把握公众的公共服务需求种类和数量，结合政府部门的资源禀赋、财政状况以及社会经济发展现状等，在政府部门承受能力范围内明晰公共服务供给侧重点和供给方式，争取做到公共服务供给与需求的一一对应。

其次，采用"公共服务需求处理方式"衡量在公共服务需求分析过程中，政府部门工作人员处理公共服务需求的方式方法。近年来，随着政府职能改革的持续深入，公共服务职能得以强化，在教育、医疗、社会保障等方面的供给条件和方式得到极大改善，但仍然难以满足公众日益精细化的公共服务需求。美国心理学家马斯洛曾指出，人类的需求可以分为生理需求、安全需求、社交需求、尊重需求以及自我实现的需求，可以进一步将其归纳为生存需求与发展需求。随着经济社会的不断发展，目前中国正处在从生存型社会向初始发展型社会转变的过渡时

---

① 马得勇等：《新媒体时代政府公信力的决定因素——透明性、回应性抑或公关技巧?》，《公共管理学报》2014年第1期。

期，公众的低层次需求得以满足后，就必然会产生更高层次的需求，在公共服务领域的表现也正是如此，是一个由量到质、由低到高、由粗到精的过程①。在信息革命背景下，人工智能技术处于快速发展阶段，为公共服务需求的分析带来了一定的技术红利，但短期内无法完全取代人类②。在公共服务需求分析过程中仍然需要行政人员优化工作方式，合理应用人工智能等现代信息技术，共同搭建起新型的公共服务需求处理渠道和途径，从而不断提升公众的满意度和获得感。

再次，采用"公共服务需求处理水平"衡量政府部门工作人员在处理公共服务需求过程中的工作水平。在中国各级政府都在持续推进服务型政府建设的背景下，政府工作人员逐渐从单一管理的思维定式中走出来，其角色变革也是服务型政府建设的应有之义③。政府工作人员既是公共政策的主要实施者，也是政府与公众之间沟通的桥梁和纽带。在推进国家治理体系和治理能力现代化的进程中，政府工作人员在其中发挥了中流砥柱的作用，其业务水平具有公共权力和个人能力的双重属性④，迫切需要提升政府工作人员的业务水平和能力，以适应经济社会转型的现实要求。在数字治理建设如火如荼进行的背景下，现代信息技术的应用固然重要，但如若由于政府工作人员的业务水平低下而无法最大化地发挥现代信息技术的实际应用价值，那么公共服务需求分析将会事倍功半。由此可知，对于公共服务需求的处理需要政府工作人员不断提升自身业务水平，从而提升政府部门公共服务精准分析和精准供给的能力。因此，对于公共服务需求的处理不但需要行政人员优化工作方式，对其公共服务需求处理的业务水平也同样提出了更高的要求。

最后，采用"公共服务需求处理效果"衡量在公共服务需求分析过程

---

① 鄢爱红：《公共需求管理与公共服务标准化》，《北京行政学院学报》2012年第2期。
② 邓理等：《行政能力复合化：基层行政人员如何影响"互联网＋政务服务"治理绩效——基于S市社区事务受理服务中心的案例研究》，《甘肃行政学院学报》2020年第3期。
③ 丁永玲：《构建服务型政府应提高公务员公共服务能力》，《中国党政干部论坛》2014年第8期。
④ 郝雅立等：《能力堕距：治理现代化背景下公务员队伍建设与发展问题研究》，《中国人力资源开发》2017年第4期。

中政府部门工作人员处理公众需求的最终结果。随着新公共管理理论的兴起和发展，以大数据、区块链、云计算等现代信息技术为支撑的智慧时代逐渐到来，带动了公共管理内在逻辑的变化。在公共服务领域表现为政府对公共服务的供给由均值逻辑向结果逻辑转变，一定程度上驱使政府部门不断提升公共服务的供给质量和供给效果。这样做是为了向公众提供符合现实需要和期望标准的公共服务政策和项目，在此基础上持续推进公共服务质量和效果的提升以及公众的公共服务满意度，以此实现公共服务供给质量和效果方面的机制构建和体系优化。在对公共服务需求信息分析的过程中，也同样需要对需求处理效果给予足够的关注。公共服务需求信息的分析包含着有效、全面、民主、公平等价值准则，需求分析效果勾连了政府部门与公众之间的互动关系，需求处理效果能否真正体现公众的现实需要和期望标准是能否提升公共服务质量的关键所在。

（三）公共服务需求传递能力

公共服务需求传递能力强调需求信息中心将经过调查和分析的需求信息传递到政府部门（决策部门/供给部门），以此作为政府部门作出需求导向的公共服务供给决策和供给项目，切实满足公众的公共服务需求。传统的公共服务需求信息处理过程存在低效性，导致这种粗放式的公共服务决策和供给无法及时响应持续变化的公共服务需求，使公共服务供给存在滞后性，衍生了供需脱节、供需错位、供不应求等诸多问题[1]，降低了政府部门的公信力。在新的历史条件下实现公共服务需求的有效管理是应对新矛盾和新问题的重要举措。而公共服务需求传递环节有效解决了公众、决策部门以及供给部门之间的信息连接问题，在公共服务需求管理过程中起到至关重要的连接作用。为了保证公共服务需求信息能够顺利传递，畅通的传递渠道必不可少，而在信息技术迅猛发展的背景下，需求信息传递渠道众多，但这其中也有可能造成需求信息的失真和遗漏，因而也就需要政府部门依据严密有序的制度规则予以保

---

[1] 胡税根等：《大数据驱动的公共服务需求精准管理：内涵特征、分析框架与实现路径》，《理论探讨》2022 年第 1 期。

障,不断提升公共服务需求信息传递的有效性和准确性。因而,本章对公共服务需求分析能力的评估主要包括公共服务诉求回应情况、公共服务事项完成情况、公共服务事项办理跑动情况以及公共服务事项办理受阻反馈情况的综合研判,后文将对衡量公共服务需求传递能力的具体指标进行详细阐述。

首先,采用"公共服务诉求回应情况"衡量政府部门在公共服务需求传递过程中回应公众服务需求的实际情况。依托于现代网络信息技术实施的"互联网+政务服务"和"互联网+公共服务"给政府部门(决策部门/供给部门)的工作以及公众的生活带来了极大的便利[1]。一方面,政府部门(决策部门/供给部门)可以借助技术手段及时回应公众的公共服务需求,解决更加复杂的社会问题,促进政府公共服务管理模式的变革和优化[2];另一方面,公众可以借助信息技术和平台向政府部门提出真实的公共服务需求,从而实现政府部门(决策部门/供给部门)与公众之间的良性互动,为需求信息的传递提供了科学可靠的渠道,这在一定程度上有助于需求信息快速传递至政府部门(决策部门/供给部门),有利于改变公共服务决策和供给议程并最终优化公共服务决策和供给的结果。然而,目前在公共服务需求精准传递方面仍然面临一些难题和掣肘,精准向政府部门(决策部门/供给部门)传递经过调查和分析的公众需求信息,政府主管部门对于公共服务需求信息传递的时效性亟须引起重视。具体而言,如果经过调查和分析的数据不能及时有效传递到政府部门(决策部门/供给部门)主管领导者手中,由于公众的公共服务需求是在不断变化的,滞后的公共服务供给未必会满足公众当下的实际需求。因此,公共服务诉求需要及时回应和传递,不断提升公共服务需求传递的效率。

其次,采用"公共服务事项完成情况"衡量公共服务需求传递过

---

[1] 王丛虎:《政府有效提供公共服务的路径探析》,《人民论坛》2019 年第 34 期。
[2] 马志敏:《大数据驱动下政府公共服务:创新机制及发展路径》,《经济问题》2020 年第 12 期。

程中公共服务事项办理的时效性。为了满足公众的公共服务需求,提供高效、多样化、差异化、广覆盖的公共服务,各级政府部门开始加强通信基础设施的建设并完善相关法律法规,是为了能够将不同级别、不同职能和部门之间的服务信息和服务项目集中整合到统一的公共服务或政务服务平台上[1],并通过优化工作流程、明确权责任务等方式避免公共服务供给的缺陷和不足,从而不断提升办理公共服务事项的有效性。以信息共享平台为抓手,一方面,能够使不同级别、不同职能和部门之间在推进公共服务需求信息传递的过程中,各司其职、各尽其责,不断解决公共服务供给碎片化的问题[2];另一方面,可以在一定程度上提升政府部门(决策部门/供给部门)在公共服务需求信息传递过程中的时效性,真正做到在规定时间内完成公众的公共服务事项办理需求。

再次,采用"公共服务事项办理跑动情况"衡量公众在办理公共服务事项过程中到事项办理现场的跑动次数。目前中国社会的主要矛盾已经转向人民日益增长的美好生活需要和不平衡不充分的发展之间的矛盾,各级政府的注意力逐渐转向公共服务质量的提升和社会平衡稳定的发展,带动了各级政府围绕公共服务供给展开创新和竞争,以期获得考核成绩的提高,从而获得更多的政治绩效[3]。公共服务供给创新体现在政务服务中心建设、最多跑一次改革、网格化管理等,这些创新举措均依赖于现代数字技术的发展。公共服务事项办理跑动情况就是公共服务供给方式创新的具体表现,也正是基于现代数字技术的发展,才能够逐渐减少公众的跑动次数,节省其公共服务成本,减轻行政负担。由此可见,现代数字技术重塑了公共服务需求信息传递结构,使公共服务需求信息在网络空间内就可以实现有效传递,实际上改变了公共服务需求信

---

[1] 李重照等:《中国省级移动政务平台建设现状研究:从 WAP 到 APP》,《电子政务》2014 年第 11 期。

[2] 丁琼:《优化地方政府公共服务供给面临的困境及其破解》,《中州学刊》2019 年第 12 期。

[3] 李利文等:《公共服务下沉创新:理论框架、实践样态与支撑逻辑》,《新视野》2021 年第 6 期。

息传递的科层结构依赖，使需求信息传递结构更具有弹性。

最后，采用"公共服务事项办理受阻反馈情况"衡量公众在办理公共服务事项过程中受阻后的反馈途径。源于新公共管理运动的政府再造，虽然在一定程度上能够提升政府的运作效率，但同时也加剧了政府部门之间的割裂。在公共服务需求管理过程中会存在政府纵向或横向部门之间的沟通不畅问题，从而引起跨部门协调工作困难甚至多主体之间的利益冲突问题[①]。这直接导致公共服务需求精准管理过程中出现部门关系进展碎片化、办事流程衔接碎片化、资源浪费严重等问题，从而导致公众在公共服务事项办理过程中受阻。在这样的情况发生后，合理有效的反馈途径至关重要，也是实现公共服务需求信息精准反馈和精准传递的前提条件。传统的公共服务需求反馈途径主要集中在官方网站、热线电话和信访信箱等，但这对于公共服务需求信息的传递存在一定的数据壁垒和滞后性，因而依托现代信息技术的需求反馈和传递渠道逐渐成为各级政府部门普遍采用的方式。从而建立科学、民主、高效、动态的公共服务需求信息反馈机制，推动公共服务需求管理能力的精准提升。

### （四）公共服务需求转化能力

公共服务需求转化是公共服务需求管理的最终环节，是公共服务决策方和供给方根据公共服务决策中心分析和整合后的需求信息，进行公共服务决策，将需求信息转化为公共服务政策和项目，并通过政策执行落实上述政策与项目，以满足目标群体实际需要的过程。从既有研究来看，公共服务需求转化包括决策方根据需求信息作出公共服务决策，将公共服务提供给目标群体并满足其需求两阶段[②]。在公共服务需求转化过程中，政府承担着避免公共服务决策和政策执行偏离公众需求的责任，这是确保公共服务需求转化及时和有效的关键点。公共服务是关系公众切身利益的重要领域，理想情况下，公众的需求信息会进入决策体

---

[①] 何继新等：《基层公共服务精细化治理的逻辑关联、社会行动与路径创新》，《北京行政学院学报》2018年第1期。

[②] 陈水生：《公共服务需求管理：服务型政府建设的新议程》，《江苏行政学院学报》2017年第1期。

系中，并以政策或项目的形式将公共服务和产品提供给公众，最终实现需求的有效转化。因而，本章对公共服务需求转化能力的评估主要包括特殊群体的公共服务覆盖情况、公共服务信息获取便捷程度、公共服务设施需求满足情况以及工作人员提供公共服务的态度的综合研判，后文将对衡量公共服务需求转化能力的具体指标进行详细阐述。

首先，采用"特殊群体的公共服务覆盖情况"、"公共服务信息获取便捷程度"以及"公共服务设施需求满足情况"衡量政府部门对公共服务需求转化的结果和水平，判定政府公共服务需求转化能力承载的公众需求的公共服务政策执行的结果如何，也就是公共服务的最终产出。政府落实的公共服务政策或项目最终能否契合公众的需求、满足公众的需要，也是衡量公共服务需求转化能力的重要标准。因此，公众对于政府提供的公共服务是否满意可用于对政府需求转化能力的评价，这一内容反映着公共服务精准供给、精细管理的现状。其一，中国公众对公共服务的需求既有共性，也存在差异。公共服务的供给既要关注大众的基本需求，也要照顾到特殊人群的特殊需要，避免公共服务供给与公众需求之间脱节，特殊群体的公共服务覆盖情况体现着政府全面实现公共服务需求转化的能力。其二，政府信息是服务于社会大众、被公众获取并运用的重要公共信息资源，公众只有掌握政府信息，才可能行使参与权和监督权[1]。在中国社会信息化、民主化进程中，公众对于政府信息公开的需求在不断增强[2]。信息获取越便捷，公众对公共服务供给结果的满意度越高，公共服务需求转化就越成功。其三，公共服务政策会调动资源推动公共服务的供给，但有的资源无法直接到达公众手中，需要公共服务设施发挥中介作用，公共服务设施是蕴含公共服务功能的物质载体[3]，公

---

[1] 徐光等：《基于公众需求的政府信息公开程度 ANP 评价研究》，《情报科学》2016 年第 8 期。

[2] 刘磊等：《基于公众需求的政府信息公开调查分析——以宁京两地为例》，《图书馆》2013 年第 2 期。

[3] 张贤明等：《设施布局均等化：基本公共服务体系建设的空间路径》，《行政论坛》2016 年第 6 期。

服务设施的需求满足情况也可以作为衡量公共服务需求转化能力的一部分。

其次,采用"工作人员提供公共服务的态度"衡量公共服务需求转化过程中政府工作人员的态度和能力。在决策方面,公共服务供给决策者在决策时可能热衷于投资见效快、易出政绩的短期公共项目而忽视和背离公众的需求①,导致需求转化的失败。但由于根据需求信息作出公共服务决策的过程即公共服务需求信息进入决策议程的过程难以通过大批量问卷调查获得,而更适用于专门针对政府部门所做的调研和访谈,这将作为我们研究的后续内容进一步深挖。对于需求转化过程中决策方决策中纳入公众公共服务需求这一能力的评价,也只能通过测量政府工作人员工作态度的方式间接进行。根据公众需求信息制定的公共服务政策蕴含着公众需求的信息图谱,政策出台到服务供给之间起中介作用的是政策执行的"译码"环节。政府的人力资源质量影响着公共服务政策的制定和执行,贯穿于公共服务需求转化的整个过程。在政府工作人员中,公共服务政策的制定者和执行者的素质和工作能力都会作用于公共服务政策的决策与执行②。工作态度是工作人员素质的一种体现,政府工作人员良好的工作态度可以促进公共服务政策的科学制定和公共政策目标的落实③,进而影响到公共服务的最终供给。政策执行者可能因社会关系网络而陷于"人情困境",无法坚持依法履职④,使公共服务政策的执行出现扭曲。消极的工作态度(比如责任意识、执行理念的缺乏)将导致基层政府执行力下降⑤,设计良好、体现公众需求的公共服务政策将无法有效执行,公共服务需求也无法顺利转化成可获

---

① 何菊芳等:《构建农村公共产品供给的新体制》,《浙江学刊》2004 年第 3 期。
② 李晓园:《县级政府公共服务能力与其影响因素关系研究——基于江西、湖北两省的调查分析》,《公共管理学报》2010 年第 4 期。
③ 李素利等:《政府农村养老保障服务能力对服务质量的影响研究——基于不确定政策下的调查证据》,《公共管理学报》2016 年第 4 期。
④ 左宏愿等:《基层公务员的政策执行:结构脉络中的策略性选择》,《党政研究》2019 年第 1 期。
⑤ 徐元善等:《我国乡镇政府政策执行力提升研究》,《政治学研究》2013 年第 2 期。

第三章　地方政府公共服务需求管理能力评估指标体系构建与差异性分析

得的公共服务。政府工作人员良好的工作态度是吸纳公众需求进入公共服务决策、有效执行和实现公共服务政策和项目，使公众享受到自己所需的、高质量的公共产品与服务的重要保障。

综上所述，本章基于对既有文献的梳理，构建了公共服务管理能力的评估指标体系（见图3-1）。

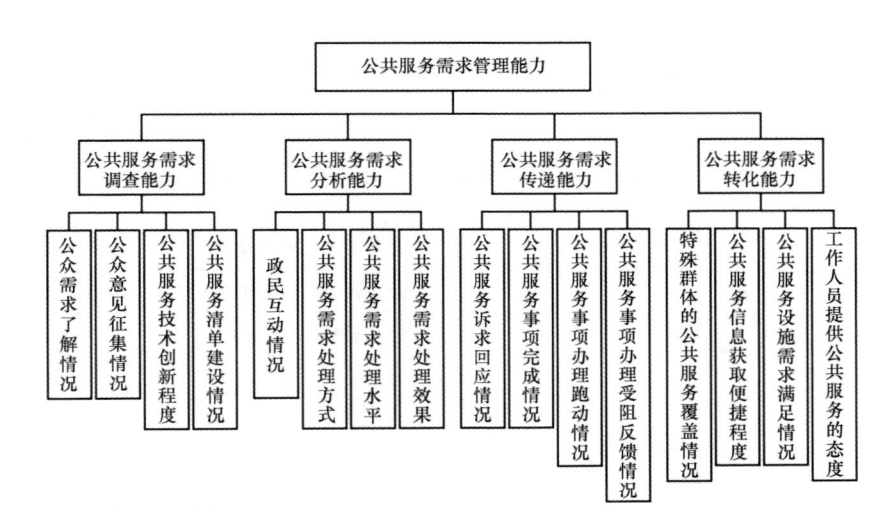

图3-1　公共服务需求管理能力的评估指标体系

### 三　指标权重的确定

依照本书的研究逻辑和前文相关研究设计，本章按照较为通用的"逐级等权重"的方式确定各级评估指标的权重[①]。具体而言，对公共服务能力的评估共分为4个一级指标，公共服务需求管理能力作为其中的一个，权重为1/4；在一级指标下，共有4个二级指标，这4个二级指标的权重分别为1/4×4；在每个二级指标下，分别设计了4个三级指标，三级指标的权重为1/4×4×4。经过计算，公共服务需求管理能力这一指标权重为0.25，公共服务需求调查能力、分析能力、传递能

---

① 申静等：《国际大都市创新评价指标体系构建及应用》，《技术经济》2018年第2期。

力以及转化能力4个二级指标权重分别为0.0625。与此对应，每个三级指标权重分别为0.015625。

表3-1　　公共服务需求管理能力评估指标体系及权重

| 一级指标 | 权重 | 二级指标 | 权重 | 三级指标 | 权重 |
| --- | --- | --- | --- | --- | --- |
| 需求管理能力 | 0.25 | 需求调查能力 | 0.0625 | 公众需求了解情况 | 0.015625 |
| | | | | 公众意见征集情况 | 0.015625 |
| | | | | 公共服务技术创新程度 | 0.015625 |
| | | | | 公共服务清单建设情况 | 0.015625 |
| | | 需求分析能力 | 0.0625 | 政民互动情况 | 0.015625 |
| | | | | 公共服务需求处理方式 | 0.015625 |
| | | | | 公共服务需求处理水平 | 0.015625 |
| | | | | 公共服务需求处理效果 | 0.015625 |
| | | 需求传递能力 | 0.0625 | 公共服务诉求回应情况 | 0.015625 |
| | | | | 公共服务事项完成情况 | 0.015625 |
| | | | | 公共服务事项办理跑动情况 | 0.015625 |
| | | | | 公共服务事项办理受阻反馈情况 | 0.015625 |
| | | 需求转化能力 | 0.0625 | 特殊群体的公共服务覆盖情况 | 0.015625 |
| | | | | 公共服务信息获取便捷程度 | 0.015625 |
| | | | | 公共服务设施需求满足情况 | 0.015625 |
| | | | | 工作人员提供公共服务的态度 | 0.015625 |

## 第三节　地方政府公共服务需求管理能力评估数据来源与处理

**一　数据来源和赋值方法**

本章采用主观调查问卷数据对公共服务需求管理能力进行评估和测算。如前文所述，问卷设计和发放时间为2019年12月至2020年12

月，覆盖湖北省 16 个省直管地方政府，运用分层抽样和随机抽样相结合的方式收集问卷数据，最终形成湖北省公共服务能力主观数据库。本章将根据以上所构建的公共服务需求管理能力评估指标体系选取所需数据计算各个指标的具体得分。

第一，公共服务需求调查能力维度包括公众需求了解情况、公众意见征集情况、公共服务技术创新程度以及公共服务清单建设情况，数据来源于公众问卷。其中，公众需求了解情况这一指标采用公众问卷中的 B1—3 题项，体现在行政人员是否能够主动了解公众需求并提供相应的公共服务，受访公众在"是"和"否"中进行选择，"是"赋值为 1 分，"否"赋值为 0 分；公众意见征集情况侧重政府在制定相关政策或提供公共服务过程中，是否通过公告、网站或者口头告知等方式征集公众意见，这一指标采用公众问卷中的 D1 题项，受访公众在"是"和"否"中进行选择，"是"赋值为 1，"否"赋值为 0；公共服务技术创新程度这一指标采用公众问卷中的 B16 题项，选择公众对政府提供行政审批事务全程通办、异地办理等类似措施的满意度，受访公众在 0—10 分中进行选择，0 分表示非常不满意，10 分表示非常满意；公共服务清单建设情况从事项清单、流程清单、责任清单、负面清单、服务指南以及基本公共服务目录的清晰性、完整性和准确性程度的满意度进行打分，这一指标采用公众问卷中的 C1 题项，受访公众在 1—5 分中进行选择，1 分表示非常清晰，5 分表示非常不清晰。

第二，公共服务需求分析能力维度包括政民互动情况、公共服务需求处理方式、公共服务需求处理水平以及公共服务需求处理效果，数据来源于公众问卷。其中，政民互动情况从政府履职过程中通过政府网站、政务微博等平台与公众互动的情况进行打分，这一指标采用公众问卷中的 D9 题项，受访公众在 1—5 分中进行选择，1 分表示没有互动，5 分表示频繁互动；公共服务需求处理方式从公众对政府回应其意见和需求的处理方式满意度方面进行打分，这一指标采用公众问卷中的 E5—1 题项，受访公众在 0—10 分中进行选择，0 分表示非常不满意，

10分表示非常满意；公共服务需求处理水平从公众对政府处理公众意见和需求的业务水平的满意度方面进行打分，这一指标采用公众问卷中的E5—2题项，受访公众在0—10分中进行选择，0分表示非常不满意，10分表示非常满意；公共服务需求处理效果侧重从公众对政府处理其意见和需求的效果满意度方面进行打分，这一指标采用公众问卷中的E5—4题项，受访公众在0—10分中进行选择，0分表示非常不满意，10分表示非常满意。

第三，公共服务需求传递能力维度包括公共服务诉求回应情况、公共服务事项完成情况、公共服务事项办理跑动情况以及公共服务事项办理受阻反馈情况，数据来源于公众问卷。其中，公共服务诉求回应情况这一指标采用公众问卷中的D2题项，从政府部门是否能够针对公众提出的诉求或反映的问题进行回应，如通过政府网站、官方网络论坛或者热线电话等回应公众诉求等，受访公众在"是"和"否"中进行选择，"是"赋值为1，"否"赋值为0；公共服务事项完成情况这一指标采用公众问卷中的D6题项，侧重在政府部门在办理具体事务的过程中，能否在承诺时间完成，这一指标采用公众问卷中的E5—2题项，受访公众在"是"和"否"中进行选择，"是"赋值为1，"否"赋值为0；公共服务事项办理跑动情况这一指标采用公众问卷中的E5—5题项，从公众享受公共服务便捷办理过程中跑动情况的满意度方面进行打分，受访公众在0—10分中进行选择，0分表示非常不满意，10分表示非常满意；公共服务事项办理受阻反馈情况这一指标采用公众问卷中的D11题项，体现在公众在政府部门办理事务遇到问题之后，是否可以通过相关途径进行反馈，受访公众在"是"和"否"中进行选择，"是"赋值为1，"否"赋值为0。

第四，公共服务需求转化能力维度包括特殊群体的公共服务覆盖情况、公共服务信息获取便捷程度、公共服务设施需求满足情况以及工作人员提供公共服务的态度，数据来源于公众问卷。其中，特殊群体的公共服务覆盖情况这一指标采用公众问卷中的B15题项，体现在政府部门在提供公共服务时,是否针对老人、少年儿童、残障人士等特殊群体提供专门服务,"是"赋值为1,"否"赋值为0;公共服务信息获取便捷程度从公众获取政府提供的相关信息方便程度上进行打分,这一指标采用公众问卷中的D10题项,受访公众在0—10分中进行选择,0分表示十分不方便,10分表示十分方便;公共服务设施需求满足情况从公众对所在地方政府提供的公共问题服务设施建设上的满意度方面进行打分,这一指标采用公众问卷中的C5题项,受访公众在0—10分中进行选择,0分表示非常不满意,10分表示非常满意;工作人员提供公共服务的态度从公众感知到的政府工作人员对其意见及需求处理的服务态度的满意度方面进行打分,这一指标采用公众问卷中的E5—5题项,受访公众在0—10分中进行选择,0分表示非常不满意,10分表示非常满意。

## 二 数据处理

### (一) 数据无量纲化处理

本章按照前文构建的指标体系选取问卷题项并对数据进行清洗和整理,再将整理好的数据进行汇总,以此作为公共服务需求管理能力的主观数据库。由于三级指标所选题项及数据的量纲和单位存在差异,为了消除量纲和单位的影响,使原始数据能够参与指标得分计算,需要通过公式(3.1)对原始数据进行归一化处理。其中,$X^*$为最终得分,$x$为三级指标的原始数据,$x_{\max}$和$x_{\min}$分别为三级指标原始数据中的最大值和最小值。

$$X^* = \frac{x - x_{\min}}{x_{\max} - x_{\min}} \tag{3.1}$$

最终使原始数据按比例缩小,将原始数据映射到0—1的数值区间,并求得各个地方政府每个三级指标的均值,以便进行得分计算和比较分析[①]。

---

① 李大海等:《沿海城市海洋科学研究支撑能力评估——基于综合性国家科学中心建设视角》,《中国软科学》2021年第12期。

## （二）各级指标分值计算

经过对原始数据的无量纲化处理，可以按照自下而上的方式计算公共服务需求管理能力各级指标的具体分值，具体步骤如下。

步骤一：三级指标得分计算

经过无量纲化处理的均值得分可以反映出各地方政府公共服务需求管理能力的三级指标的具体情况，因此可以直接作为三级指标的最终分值。

步骤二：二级指标得分计算

根据前文确定的各级指标权重，对经过归一化处理的三级指标数据进行加总并乘以对应权重系数，通过公式（3.2）计算得到二级指标分值。其中，$n$ 为该二级指标下三级指标的数量（本章中的 $n=4m=4$）。

$$二级指标得分 = \sum_{i=1}^{n} 三级指标 \times 三级指标权重 \quad (3.2)$$

基于上述公式依次得到公共服务需求调查能力、分析能力、传递能力以及转化能力的具体分值。

步骤三：一级指标得分计算

一级指标的得分计算思路与二级指标得分计算思路相近。经对二级指标数据进行加总，并乘以对应权重系数，通过公式（3.3）计算得到一级指标分值。

$$一级指标得分 = \sum_{i=1}^{m} 二级指标 \times 二级指标权重 \quad (3.3)$$

其中，$m$ 为该一级指标下二级指标的数量（本章中的 $m=4$），最终计算得到湖北省16个省直管地方政府公共服务需求管理能力的具体分值。

## （三）百分制分值转换

为了便于进一步比较和分析，参照既有研究的处理方式，通过公式（3.4）将各级指标分值转化成百分制得分。其中，$x$ 为该地方政府在该指标上的百分制得分。

$$\frac{各级指标原始得分}{该指标满分} = \frac{x}{100} \quad (3.4)$$

具体而言，地方政府三级指标的百分制得分基于公式（3.5）计算所得。其中，三级指标的原始数据经过数据无量纲化处理，使数值落在 0—1 之间，因而三级指标满分为 1。

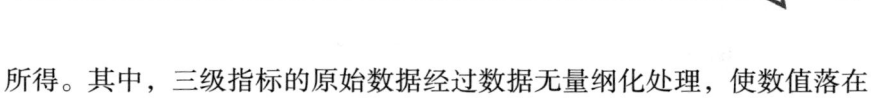

$$\frac{三级指标原始得分}{1} = \frac{三级指标百分制得分}{100} \quad (3.5)$$

二级指标的百分制得分通过公式（3.6）计算所得。其中，二级指标的满分是其下各三级指标得分乘以权重后汇总所得，三级指标满分为 1。每个二级指标下共 4 个三级指标，权重为 0.015625，最终计算得出二级指标初始得分的满分均为 0.0625。基于上述公式可以求得各个地方政府在二级指标上的百分制分值。

$$\frac{二级指标原始得分}{0.0625} = \frac{二级指标百分制得分}{100} \quad (3.6)$$

一级指标的百分制得分通过公式（3.7）计算所得。其中，一级指标的满分是其下各二级指标得分乘以权重后汇总所得，二级指标满分为 0.0625；每个一级指标下共 4 个二级指标，权重为 0.0625，最终计算得出二级指标初始得分的满分均为 0.015625，基于上述公式可以求得各个地方政府在一级指标上的百分制分值。

$$\frac{一级指标原始得分}{0.015625} = \frac{一级指标百分制得分}{100} \quad (3.7)$$

经过上述操作，可以得到各个地方政府在各级指标的最终得分。其中，各个地方政府公共服务需求管理能力及其二级指标得分情况如表 3-2 所示。

表 3-2　湖北省地方政府公共服务需求管理能力及其二级指标得分

| 地方政府 | 一级指标 需求管理能力 原始得分 | 一级指标 需求管理能力 百分制得分 | 二级指标 需求调查能力 原始得分 | 二级指标 需求调查能力 百分制得分 | 二级指标 需求分析能力 原始得分 | 二级指标 需求分析能力 百分制得分 | 二级指标 需求传递能力 原始得分 | 二级指标 需求传递能力 百分制得分 | 二级指标 需求转化能力 原始得分 | 二级指标 需求转化能力 百分制得分 |
|---|---|---|---|---|---|---|---|---|---|---|
| 天门 | 0.0134 | 86.01 | 0.0537 | 85.97 | 0.0519 | 83.05 | 0.0556 | 88.96 | 0.0538 | 86.12 |
| 随州 | 0.0123 | 78.56 | 0.0509 | 81.49 | 0.0444 | 71.08 | 0.0524 | 83.77 | 0.0487 | 77.98 |
| 咸宁 | 0.0119 | 76.34 | 0.0500 | 80.00 | 0.0435 | 69.58 | 0.0457 | 73.07 | 0.0517 | 82.76 |

续表

| 地方政府 | 一级指标 需求管理能力 ||二级指标 ||||||||
|---|---|---|---|---|---|---|---|---|---|---|
| | 原始得分 | 百分制得分 | 需求调查能力 || 需求分析能力 || 需求传递能力 || 需求转化能力 ||
| | | | 原始得分 | 百分制得分 | 原始得分 | 百分制得分 | 原始得分 | 百分制得分 | 原始得分 | 百分制得分 |
| 十堰 | 0.0119 | 76.22 | 0.0486 | 77.71 | 0.0434 | 69.48 | 0.0496 | 79.31 | 0.0490 | 78.47 |
| 黄石 | 0.0116 | 74.33 | 0.0485 | 77.56 | 0.0380 | 60.80 | 0.0500 | 80.07 | 0.0493 | 78.92 |
| 仙桃 | 0.0115 | 73.41 | 0.0480 | 76.79 | 0.0414 | 66.27 | 0.0464 | 74.27 | 0.0477 | 76.26 |
| 武汉 | 0.0115 | 73.31 | 0.0463 | 74.10 | 0.0410 | 65.57 | 0.0468 | 74.84 | 0.0492 | 78.74 |
| 潜江 | 0.0111 | 71.14 | 0.0442 | 70.77 | 0.0421 | 67.29 | 0.0493 | 78.82 | 0.0423 | 67.67 |
| 恩施 | 0.0111 | 71.01 | 0.0465 | 74.37 | 0.0397 | 63.56 | 0.0484 | 77.48 | 0.0429 | 68.71 |
| 襄阳 | 0.0105 | 67.00 | 0.0434 | 69.44 | 0.0377 | 60.25 | 0.0415 | 66.46 | 0.0449 | 71.91 |
| 孝感 | 0.0104 | 66.80 | 0.0439 | 70.23 | 0.0389 | 62.17 | 0.0408 | 65.34 | 0.0434 | 69.40 |
| 黄冈 | 0.0102 | 65.35 | 0.0407 | 65.09 | 0.0344 | 55.00 | 0.0433 | 69.29 | 0.0450 | 71.94 |
| 宜昌 | 0.0101 | 64.47 | 0.0380 | 60.85 | 0.0369 | 59.10 | 0.0394 | 63.04 | 0.0468 | 74.85 |
| 荆门 | 0.0097 | 62.26 | 0.0462 | 74.00 | 0.0389 | 62.22 | 0.0456 | 72.98 | 0.0249 | 39.79 |
| 鄂州 | 0.0092 | 58.56 | 0.0409 | 65.52 | 0.0333 | 53.33 | 0.0372 | 59.56 | 0.0349 | 55.88 |
| 荆州 | 0.0078 | 49.95 | 0.0293 | 46.81 | 0.0294 | 47.05 | 0.0272 | 43.52 | 0.0390 | 62.40 |

# 第四节 地方政府公共服务需求管理能力评估结果的聚类与差异性分析

## 一 地方政府公共服务需求管理能力评估结果的聚类分析

湖北省16个省直管地方政府在空间上相邻，且在社会经济文化等诸多方面具有一定的相似性。在这样的背景下，将特征相似的地方政府纳入同一框架体系下进行考察更为科学合理。鉴于此，本章尝试运用聚类分析方法，将在公共服务需求管理能力及其各次级能力上得分较为接近的地方政府进行归类，并根据不同的聚类结果对不同地方政府相应需求管理能力结构现状、差异性及其内在生成机制进行深入剖析。聚类分

## 第三章 地方政府公共服务需求管理能力评估指标体系构建与差异性分析

析方法包括层次聚类、系统聚类、模糊聚类和 K-means 聚类等不同类型。其中 K-means 聚类方法是一种通过迭代计算求解的聚类分析算法，具有运算速度快、操作简洁等优点，被广泛应用于分类问题中[①]。因而，本章采用 K-means 聚类分析方法对湖北省 16 个省直管地方政府的公共服务需求管理能力及其不同次级能力的得分进行分类。为更好地认识和分析各地方政府公共服务需求管理能力的水平及其原因，探索其中的共性与差异，本节借助 SPSS 软件，使用 K-means 聚类方法将各个地方政府公共服务需求管理能力分为四类，聚类中心点分别为 49.95、64.07、73.68 和 82.29。根据其得分特征，将四类地方政府分别命名为创新领先型、积极追赶型、稳步推进型以及初始发展型。其中，创新领先型包括天门、随州 2 个地方政府；积极追赶型包括咸宁、十堰、黄石、仙桃、武汉、潜江和恩施 7 个地方政府；稳步推进型包括襄阳、孝感、黄冈、宜昌、荆门和鄂州 6 个地方政府；荆州为初始发展型。

图 3-2 较为直观地反映了湖北省 16 个省直管地方政府公共服务需求管理能力的总体得分情况，经过计算，各地方政府公共服务需求管理能力平均得分为 69.67，百分制得分极差为 36.07，标准差为 8.35，由此发现，不同地方政府的需求管理能力水平差异明显。具体而言，天门和随州作为创新领先型地方政府，其公共服务需求管理能力得分明显高于其他地方政府。作为积极追赶型的咸宁、十堰、黄石、仙桃、武汉、潜江和恩施 7 个地方政府，虽然其公共服务需求管理能力总体得分与天门和随州有一定差距，但均高于湖北省 16 个省直管地方政府的平均得分，且上述 7 个地方政府之间的得分差异较小。襄阳、孝感、黄冈、宜昌、荆门和鄂州 6 个地方政府属于稳步推进型地方政府，其公共服务需求管理能力得分均低于湖北省 16 个省直管地方政府的平均得分，与全省平均水平的差值在 2.67 至 11.11 之间。荆州作为初始发展型地方政府，其公共服务需求管理能力得分远低于全省平均得分，二者之间的差值为 19.72。

---

① 汪欢欢：《基于 K-均值聚类与贝叶斯判别的区域创新极培育能力评价——以我国 30 个省市自治区为例》，《工业技术经济》2019 年第 5 期。

110 地方政府公共服务能力差异性的结构比较分析

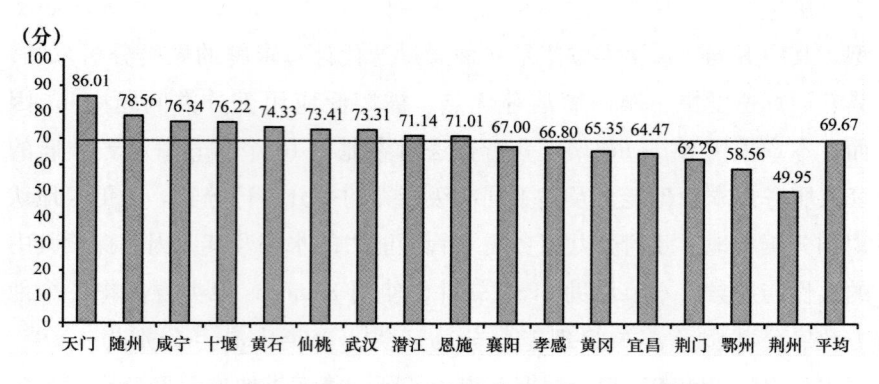

(分)
100
90　86.01
80　　　78.56 76.34 76.22
70　　　　　　　　　74.33 73.41 73.31 71.14 71.01
60　　　　　　　　　　　　　　　　　　　　　67.00 66.80 65.35 64.47　　　　　　　69.67
50　　　　　　　　　　　　　　　　　　　　　　　　　　　　　　　62.26 58.56
40　　　　　　　　　　　　　　　　　　　　　　　　　　　　　　　　　　49.95
30
20
10
0
　　天门 随州 咸宁 十堰 黄石 仙桃 武汉 潜江 恩施 襄阳 孝感 黄冈 宜昌 荆门 鄂州 荆州 平均

图3-2　湖北省16个省直管地方政府公共服务需求管理能力表现

　　图3-3可以反映湖北省各地方政府在公共服务需求管理能力及各次级能力得分差异性的结构特征。具体而言，在同一条能力水平折线上，某个城市距离雷达图原点越近，则其能力水平相对更为薄弱；反之则更强。① 首先，居于创新领先型的天门和随州两个地方政府在"需求调查能力"、"需求分析能力"、"需求传递能力"以及"需求转化能力"四个二级指标上的得分均明显高于其他地方政府。其次，作为积极追赶型的咸宁、十堰、黄石、仙桃、武汉、潜江和恩施7个地方政府虽然普遍在"需求分析能力"这项二级指标上的得分较低，但其在"需求调查能力"、"需求传递能力"以及"需求转化能力"三个二级指标上的得分均具有较好表现。再次，作为稳步推进型的襄阳、孝感、黄冈、宜昌、荆门和鄂州6个地方政府在四个二级指标上的得分表现各异，其中襄阳、孝感、黄冈、宜昌和鄂州5个地方政府在四个指标上的得分差异较小，而荆门的"需求转化能力"得分远低于其他5个城市，

---

① 雷达图是对需要评价的各项指标进行汇总后，在坐标轴上用折线连接起来所形成的多边形，它便于把不同类别的指标在同一平面中进行横向直观比较及评价，是一种多变量的可视化方法。具体而言，在同一条能力水平折线上，某个城市距离雷达图原点越近，则其能力水平相对更为薄弱；反之则更强（文智强：《雷达图法在教师课堂教学质量评价中的应用》，《中国职业技术教育》2010年第29期）。需要说明的是，为了更清晰地呈现每个类别中各个地方政府的能力结构，所建构的雷达图并未添加数据标签。

第三章 地方政府公共服务需求管理能力评估指标体系构建与差异性分析　111

但由于其在另外三个二级指标上的得分较高，有效弥补了其在"需求转化能力"得分上的不足，提升了当地的公共服务需求管理能力。最后，荆州作为初始发展型地方政府，其在"需求转化能力"这项二级指标上表现较好，但其在"需求调查能力"、"需求分析能力"及"需求传递能力"三项二级指标上的得分过低，使当地公共服务需求管理能力得分总体偏低。

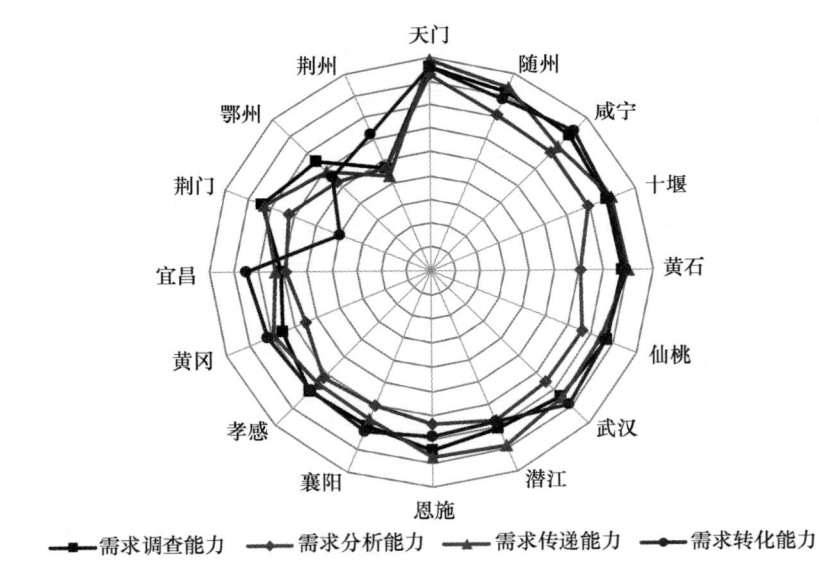

图3-3　湖北省16个省直管地方政府公共服务需求管理能力二级指标得分雷达图

## 二　地方政府公共服务需求管理能力类别差异性的结构分析

前文整体分析了公共服务需求管理能力评估结果的总体得分情况，并通过聚类分析方法对湖北省16个省直管地方政府划分了四个类别。这一划分建立在各地方政府公共服务需求管理能力总体得分的基础上，为具体了解湖北省16个省直管地方政府在公共服务需求管理能力总体得分结果上的结构性差异及其优势与不足，后文将就每一个类别中地方政府公共服务需求管理能力的得分情况作出进一步说明与分析，并探析造成这种结构性差异的内在原因。

(一)领先创新型地方政府公共服务需求管理能力差异性的结构分析

从表3-3和图3-4可以看出,处于创新领先水平上的地方政府在四项二级指标上或大部分二级指标上具有相当不错的表现,而仅在个别指标上有所欠缺。这一特征综合表现在公共服务需求管理能力的总体指标得分情况上,可以认为在这些地方人民群众的需求得到了相当程度上的回应与满足。第一类别地方政府在公共服务需求管理能力得分上的标准差为3.73,地方政府之间在需求调查和需求传递上的得分咬合较紧,差距不大,但是在需求分析和需求转化上,天门市的领先地位明显。后文将对代表性地方政府进行具体的描述及分析。

表3-3 创新领先型地方政府公共服务需求管理能力及其二级指标得分

| 地方政府 | 一级指标 |  | 二级指标 |  |  |  |  |  |  |  |
|---|---|---|---|---|---|---|---|---|---|---|
|  | 需求管理能力 |  | 需求调查能力 |  | 需求分析能力 |  | 需求传递能力 |  | 需求转化能力 |  |
|  | 原始得分 | 百分制得分 | 原始得分 | 百分制得分 | 原始得分 | 百分制得分 | 原始得分 | 百分制得分 | 原始得分 | 百分制得分 |
| 天门 | 0.0134 | 86.01 | 0.0537 | 85.97 | 0.0519 | 83.05 | 0.0556 | 88.96 | 0.0538 | 86.12 |
| 随州 | 0.0123 | 78.56 | 0.0509 | 81.49 | 0.0444 | 71.08 | 0.0524 | 83.77 | 0.0487 | 77.98 |

首先,天门市的公共服务需求管理能力发展最为全面,在四项二级指标上均表现优异,需求调查能力、需求分析能力、需求传递能力和需求转化能力分别得分85.97、83.05、88.96、86.12,且在需求分析能力上与其他地方政府拉开了较大差距,因此在公共服务需求管理能力这一指标的得分上表现较好。这种表现源于天门市政府对公众需求的充分重视,并且能够以实际行动分析和在决策中纳入公众需求,以此获得公众的积极评价。从天门市政府网站也可以看出,天门市政府不仅能够做到及时通过网络等渠道就出台的政策向社会公众征求意见,还采用了问卷调查的形式为公众提供公共服务评价的途径,设置了网上调查栏目,询问公众关于政府环境保护工作、征信服务、政务服务等公共服务供给

第三章 地方政府公共服务需求管理能力评估指标体系构建与差异性分析 113

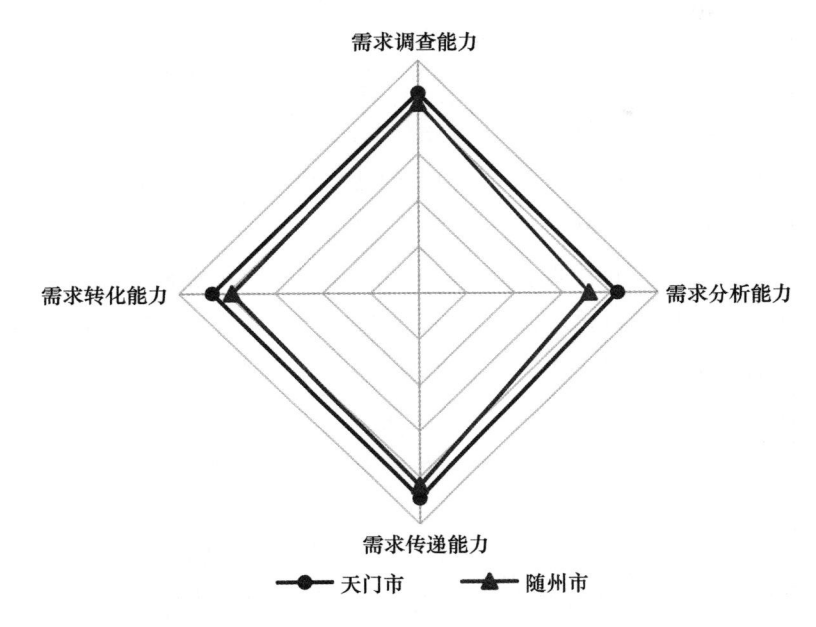

图 3-4 创新领先型地方政府二级指标得分雷达图

情况的满意度，通过类似的渠道，公众的需求信息才有可能被收集、分析和用于决策中。此外，天门市属于省直辖县级行政单位，在上述政府理念和能力手段的作用下，其较小的地理面积和人口规模将更容易取得优异的治理效能和更高的公众满意度，这也会对其公共服务需求管理能力的评价产生影响。

随州市的需求管理能力发展虽然在全面性上与天门市还有差距，在需求分析能力表现一般的情况下，其需求调查和需求传递能力的表现较为抢眼。这两项的得分分别为 81.49 和 83.77，对随州市的需求管理能力评价结果产生了重要影响。虽然可能在经济水平、技术水平和资源禀赋上有所欠缺，导致需求分析所需要的技术资源与人力资源存在不足，但是从随州市关于政民互动的政策安排与政府网站功能设置上可以看出其对于公众需求的重视，例如从 2014 年开始，随州市政府每年都会出台政策并实施政府网站"在线访谈"计划，该政策不仅强调要征集公众问题、做好政策宣传，而且要求访谈单位对公众高度负责，提高回应和解决公众问题的质量。在政府网站的功能设置及使用上，随州市政府网站对于公众需求也给予了充分重视，如设置了民意征集和网上调查栏目。其中民意征集自2011年便开始就政府政策征集公众意见，且对于部分公众未提出意见的政策，政府部门还会通过召开座谈会、实地走访调查等方式收集相关利益群体的意见及建议。网上调查栏目也于2016年开始正式运行，问卷调查的形式可以帮助政府对民意有更为具体的了解。可见，政府的行政理念及其在公众需求调查和传递工作上的作为可以一定程度上抵消弱经济技术条件对于需求分析能力的消极影响，并对其需求管理能力评价结果产生正向作用。

（二）积极追赶型地方政府公共服务需求管理能力差异性的结构分析

从表3-4和图3-5可以看出，公共服务需求管理能力处于积极追赶水平上的7个地方政府在四项二级指标上均存在某方面或几方面表现较为突出的情况，从而在政府公共服务需求管理能力的最终评估结果中处在第二类别中。其中，综合得分最高的咸宁需求管理能力得分为76.34，中间的仙桃为73.41，末位的恩施为71.01，这一类别的公共服务需求管理能力得分的标准差为1.99，政府间的差距相较于上一类别更小。具体到二级指标，在需求转化上，差距较为明显，其中潜江和恩施被其他政府拉开的差距比较大，得分分别为67.67和68.71。

综合来看，咸宁市在第二类别中位列第一，其各分项指标的水平相对较高，公共服务需求管理能力总体上表现良好，且在需求转化上表现较为突出。类似于第一类别中的随州市，咸宁市的经济发展在湖北省内水平一般，这可能对其需求调查与分析能力的提升有所限制。同时，咸宁市政府具备主动、积极收集民意的信念，从其政府网站民意调查等形式可以得到验证，且咸宁市对于政策的意见征集也较为频繁。这可以在一定程度上解释咸宁市需求管理能力的表现。处于第二类别中间位置的仙桃市的表现也值得关注，仙桃市需求分析指标的得分在本类别中表现一般，但其需求调查、传递和转化能力较强，得分分别为76.79、

74.27 和 76.26。究其原因，其需求分析能力可能同样受到了经济、技术有所欠缺的影响，同时，仙桃市在行政理念上较为重视公众需求，会通过一定方式获取、传递和回应需求，但是也有不足的地方，如在政府网站上对有关各类政策的民意征求较少且该功能开通时间较晚。此外，因为仙桃市区域较小，人口相对较少，公众的需求信息的处理与分析的难度低于人口数量较大的地方政府，所以对公众需求的有效管理和公众满意的目标也更为容易实现，因而其在第二个类别能够占据中间位置。对于第二类别的恩施而言，其在需求分析、转化能力上的表现比较一般，而在需求调查和传递上表现较为优异。这和恩施市的经济、科技实力一般，难以为公共服务需求分析及转化提供足够支持有一定关系。在公众需求能够传递到政府部门手中的情况下，需求分析和转化上存在的不足会导致其公共服务需求管理的运行效果大打折扣。

表 3-4 积极追赶型地方政府公共服务需求管理能力及其二级指标得分

| 地方政府 | 一级指标 需求管理能力 ||  二级指标 ||||||||
|---|---|---|---|---|---|---|---|---|---|---|
| | 原始得分 | 百分制得分 | 需求调查能力 原始得分 | 百分制得分 | 需求分析能力 原始得分 | 百分制得分 | 需求传递能力 原始得分 | 百分制得分 | 需求转化能力 原始得分 | 百分制得分 |
| 咸宁 | 0.0119 | 76.34 | 0.0500 | 80.00 | 0.0435 | 69.58 | 0.0457 | 73.07 | 0.0517 | 82.76 |
| 十堰 | 0.0119 | 76.22 | 0.0486 | 77.71 | 0.0434 | 69.48 | 0.0496 | 79.31 | 0.0490 | 78.47 |
| 黄石 | 0.0116 | 74.33 | 0.0485 | 77.56 | 0.0380 | 60.80 | 0.0500 | 80.07 | 0.0493 | 78.92 |
| 仙桃 | 0.0115 | 73.41 | 0.0480 | 76.79 | 0.0414 | 66.27 | 0.0464 | 74.27 | 0.0477 | 76.26 |
| 武汉 | 0.0115 | 73.31 | 0.0463 | 74.10 | 0.0410 | 65.57 | 0.0468 | 74.84 | 0.0492 | 78.74 |
| 潜江 | 0.0111 | 71.14 | 0.0442 | 70.77 | 0.0421 | 67.29 | 0.0493 | 78.82 | 0.0423 | 67.67 |
| 恩施 | 0.0111 | 71.01 | 0.0465 | 74.37 | 0.0397 | 63.56 | 0.0484 | 77.48 | 0.0429 | 68.71 |

此外，作为省会城市，武汉市处在第二类别这一情况耐人寻味。相对来说，武汉市的需求转化能力较强，需求调查和传递能力一般，需求分析能力相对较差。可以认为武汉市需求管理能力总体尚可，这与其雄

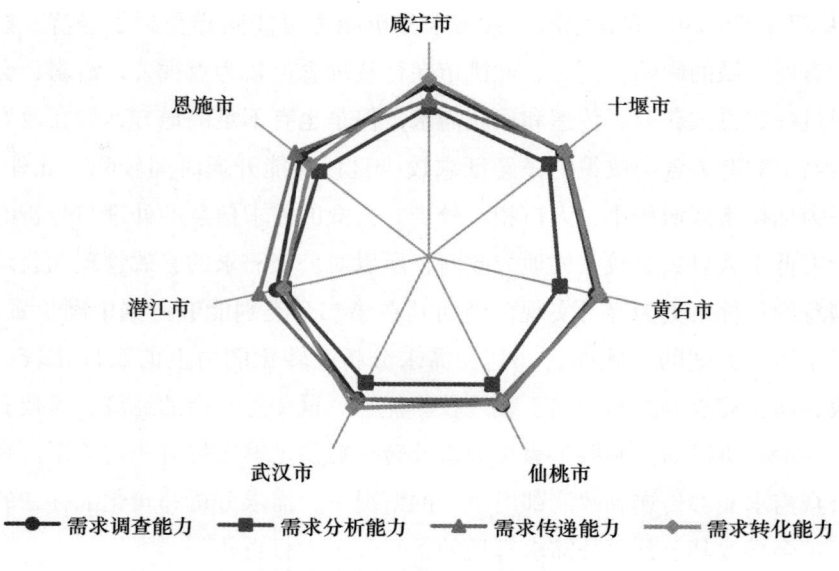

图 3-5 积极追赶型地方政府二级指标得分雷达图

厚的经济和科技实力带来的资金、技术和人力资源保障有关。同时，从往年数据也可以看出武汉市政府在社会服务领域对公众需求的良好管理经验，如 2018 年发布的《中国经济生活大调查（2017—2018）》关于"中国最具幸福感的省会城市和直辖市"的调查数据中武汉荣登榜首[①]，一定程度上说明了武汉市的公共服务建设是契合公众需求的。但其在需求管理各维度的欠缺需要引起重视，武汉市现有的需求分析的手段是否科学、如何进一步提高需求调查和传递的水平都是武汉市政府应当思考和解决的问题。

（三）稳步推进型地方政府公共服务需求管理能力差异性的结构分析

从表 3-5 和图 3-6 可以看出，公共服务需求管理能力处于稳步推进水平上的 6 个地方政府在四项二级指标上均存在某方面或几方面的较

---

① 《最新！中国 10 大幸福城市出炉了！你的家乡上榜了吗？》，央视财经，2018 年 2 月，https://baijiahao.baidu.com/s？id=15916563580299191569&wfr=spider&for=pc，2022 年 6 月 7 日。

明显欠缺，导致了这些政府公共服务需求管理能力的最终结果未能进入第一和第二类别。其中，综合得分最高的襄阳为67，末位的鄂州为58.56，这一类别中公共服务需求管理能力得分的标准差为2.93。具体到二级指标，在需求转化能力上，政府间的差距较为明显，而荆门和鄂州的表现明显差于其他几个地方政府，其需求转化能力得分分别为39.79和55.88。

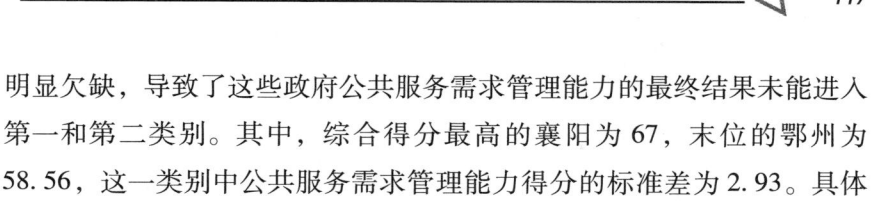

表3-5　稳步推进型地方政府公共服务需求管理能力及其二级指标得分

| 地方政府 | 一级指标 需求管理能力 原始得分 | 一级指标 需求管理能力 百分制得分 | 二级指标 需求调查能力 原始得分 | 二级指标 需求调查能力 百分制得分 | 二级指标 需求分析能力 原始得分 | 二级指标 需求分析能力 百分制得分 | 二级指标 需求传递能力 原始得分 | 二级指标 需求传递能力 百分制得分 | 二级指标 需求转化能力 原始得分 | 二级指标 需求转化能力 百分制得分 |
|---|---|---|---|---|---|---|---|---|---|---|
| 襄阳 | 0.0105 | 67.00 | 0.0434 | 69.44 | 0.0377 | 60.25 | 0.0415 | 66.46 | 0.0449 | 71.91 |
| 孝感 | 0.0104 | 66.80 | 0.0439 | 70.23 | 0.0389 | 62.17 | 0.0408 | 65.34 | 0.0434 | 69.40 |
| 黄冈 | 0.0102 | 65.35 | 0.0407 | 65.09 | 0.0344 | 55.00 | 0.0433 | 69.29 | 0.0450 | 71.94 |
| 宜昌 | 0.0101 | 64.47 | 0.0380 | 60.85 | 0.0369 | 59.10 | 0.0394 | 63.04 | 0.0468 | 74.85 |
| 荆门 | 0.0097 | 62.26 | 0.0462 | 74.00 | 0.0389 | 62.22 | 0.0456 | 72.98 | 0.0249 | 39.79 |
| 鄂州 | 0.0092 | 58.56 | 0.0409 | 65.52 | 0.0333 | 53.33 | 0.0372 | 59.56 | 0.0349 | 55.88 |

其中，襄阳市在第三类别中位列第一，其需求调查和转化指标在本类别中表现较为优秀，分别为69.44和71.91，但是需求分析和传递能力表现一般。襄阳市经济水平在湖北省内处于较为发达的位置，上述表现与该市的经济、技术发展水平不相匹配，可能是由于政府更为关注经济发展，对于财政投入的配置或在公众公共服务需求管理方面存在不足。从其政府网站可以看出，在本书所做的问卷调查的前几年，网站上各类民意调查和民意征集的频率都比较低，说明政府并未投入足够的资源和注意力在公众公共服务需求的调查上。同时，尽管其需求调查和转化能力在本类别内表现尚可，但是和第一、第二类别的地方政府相比又

## 地方政府公共服务能力差异性的结构比较分析

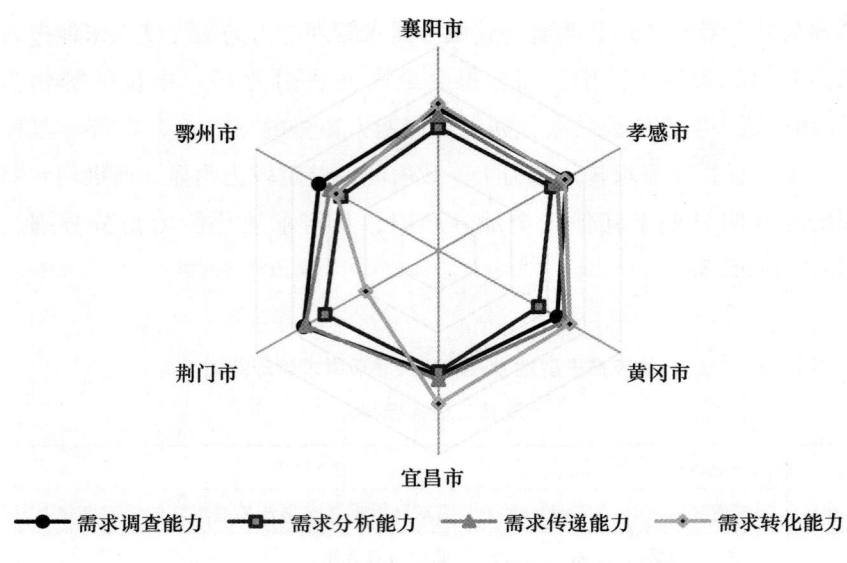

图3-6 稳步推进型地方政府二级指标得分雷达图

存在明显差距，说明该市在公共服务需求管理上有着较大的提升空间。同为经济较发达的本类别中的宜昌市可能也面临着类似的问题。

处于第三类别中间位置的黄冈市的需求管理表现也值得探究。黄冈市在四项指标上的得分存在较大差异，在本类别的所有地方政府中，黄冈市的需求分析能力表现最差，而其需求调查、传递和转化能力却又达到尚可甚至较好的水平，一定程度上弥补了需求分析对需求管理能力总体评价的影响。黄冈市政府网站早在2013年便开始了针对各类政策和公共服务的民意征集及调查，可以一定程度上看出政府对公众需求的重视，这可能对其需求管理能力有所影响。

鄂州市在各个二级指标上的表现都较为一般，表明该市政府在需求调查、分析、传递和转化各个环节都存在较明显的不足，且在需求分析上的欠缺尤为明显，其公共服务需求管理能力建设仍任重道远。这可能是由于鄂州市本身经济实力上难以为政府公共服务需求管理提供充分的财力支持、技术支撑和人才基础，后文有关资源保障部分的评估也证实了鄂州市在技术、人力与制度能力上存在短板，使其无法高效、高质量

第三章 地方政府公共服务需求管理能力评估指标体系构建与差异性分析

地完成公共服务需求管理各环节的任务。

（四）初始发展型地方政府公共服务需求管理能力差异性的结构分析

湖北省地方政府公共服务需求管理能力的最后一个类别仅包含荆州市，该市的公共服务需求管理能力总体较差，整体有待发展。从表3-6和图3-7可以看出，荆州市公共服务需求管理能力的最终得分为49.95。具体到分项维度，荆州市在需求调查、分析和传递三方面的不足明显，分别为46.81、47.05和43.52，而需求转化能力的表现相对突出，达到62.40。但是，缺乏了充分的公共服务需求信息，公共服务需求转化能力无异于"无源之水、无本之木"，只有建立在公众需求的充分收集、科学分析和有效传递基础上的公共服务需求转化才有利于实现公共服务供需平衡和公共资源有效利用的目标。究其原因，荆州市的经济发展情况良好，在湖北省2019年的GDP中位居第四，因此其在公共服务需求管理上的表现可能与资源、技术等条件的关系不大，而有可能与政府的行政理念有关，未对公众需求给予足够的关注，而把主要精力放在了经济发展上。其政府网站上对公众开展的需求调查内容比较少也可以在一定程度上证明这一点。

表3-6　　　初始发展型地方政府公共服务需求管理能力及其二级指标得分

| 地方政府 | 一级指标 需求管理能力 | | 二级指标 | | | | | | | |
|---|---|---|---|---|---|---|---|---|---|---|
| | | | 需求调查能力 | | 需求分析能力 | | 需求传递能力 | | 需求转化能力 | |
| | 原始得分 | 百分制得分 | 原始得分 | 百分制得分 | 原始得分 | 百分制得分 | 原始得分 | 百分制得分 | 原始得分 | 百分制得分 |
| 荆州 | 0.0078 | 49.95 | 0.0293 | 46.81 | 0.0294 | 47.05 | 0.0272 | 43.52 | 0.0390 | 62.40 |

此外，本章最终的评估结果中所展现的一些地方政府的得分情况与其经济发展水平相差较大的事实也令人疑惑，通过实践与理论的结合，我们猜想这可能与本章对政府公共服务需求管理能力的衡量均来

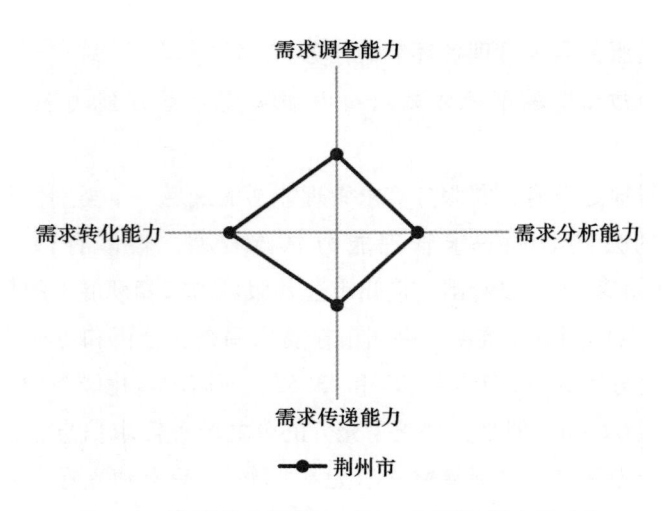

图 3-7　初始发展型地方政府二级指标得分雷达图

自主观指标的特殊性有一定联系。借鉴美国顾客满意度指数模型（ASCI）等理论模型，公众对政府公共服务的主观评价受到被调查者心理因素的影响，已有研究也证明了公众对公共服务的心理预期越高，其对公共服务的满意程度越低，就更倾向于负面的评价，并以此解释经济发达地区公共服务满意度未必高于经济欠发达地区的现象[1]。这一因果关系对解释上述问题也具有启发意义，公众对政府需求管理能力的评价实际上可以视为是对政府公共服务需求管理行为的期望与现实中获得的实际感知所做比较的结果。随着经济社会发展，个人生活水平不断提高，公众对于"生存"的关注逐渐转移到"发展"上来，对于政府提供的公共服务的水平、质量和结构都会有更高的要求。同时，公民意识也逐渐增强，公众表达意见、参与公共服务决策热情的提高也是其必然结果[2]，因此公众自然会期望政府具备强大的公共服务需求调查、分析、传递和转化能力，而经济越是发达的地

---

[1] 冯菲等：《中国城市公共服务公众满意度的影响因素探析——基于 10 个城市公众满意度的调查》，《上海行政学院学报》2016 年第 2 期。

[2] 骆梅英等：《公众参与在行政决策生成中的角色重考》，《行政法学研究》2016 年第 1 期。

区，公众的生活水平越高，能力素质也更强，对于这种能力会有更高的期望。因此，本章所探讨的由主观指标加以评估的地方政府公共服务需求管理能力也可能会受到公众的心理预期与实际感受之间差距的影响。结合湖北省2019年统计年鉴公开的经济发展数据，对于武汉、襄阳、宜昌等经济较为发达的地方政府来说，公民对于政府公共服务需求管理能力的心理预期会更高，而政府实际供给上的不足可能被放大，从而带来更低的评价，导致对这些地方政府的政府公共服务需求管理能力的评估结果与其在经济发展上的出色表现相偏离。而天门、随州、十堰这些在经济发展上表现相对一般的地方政府也可能是受到了上述因素影响而获得了较为客观甚至更为积极的评价。

通过上述描述与分析，可以发现湖北省大部分地方政府的公共服务需求管理能力各维度发展不够均衡，各地方政府的薄弱环节是改进政府对公众需求信息的收集与运用，进一步提升公共服务需求管理能力的关键方向。如图3-8所示，总体上看，大多数地方政府的公共服务需求分析能力存在不足，提高行政工作人员的素质和能力，加大对现代信息技术、人工智能技术的应用，是提高政府需求分析水平的有效途径。此

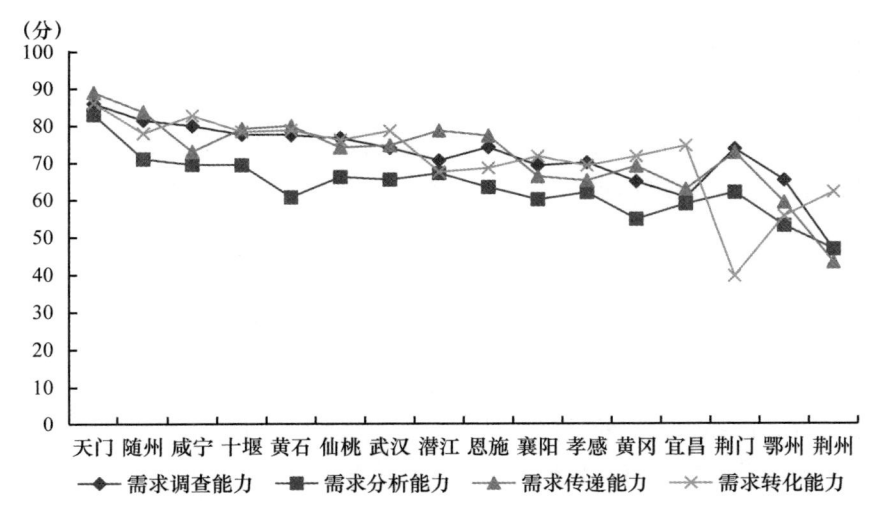

图3-8 湖北省16个省直管地方政府公共服务需求
管理能力二级指标表现

外，湖北省人民政府也应当在政策上对公共服务需求管理给予充分的重视，通过加大强调力度，提供实际指导，将需求管理纳入政府公共服务绩效评估等手段，对各地方政府提升需求管理能力提供激励引导，实现湖北省整体需求管理水平的提高。需求在公共服务供给中起着导向作用，加强需求管理是经济基础薄弱的地方政府在既有资源、能力水平下提高公共服务供给效率、效能和提升公众满意度、获得感的有力途径，而拥有更强资源基础的发达地区政府更应不断优化对公共服务的需求管理，以不负人民群众的期望与希冀。

### 三 地方政府公共服务需求管理能力分项指标差异性的结构分析

（一）公共服务需求调查能力差异性的结构分析

公共服务需求调查能力是指公共部门利用各种方式尽可能全面地收集公众真实可靠的需求偏好信息的能力。表3-7呈现了湖北省16个省直管地方政府公共服务需求调查能力及其三级指标得分情况。为了更好地认识和分析各地方政府公共服务需求调查能力的真实水平，探索其中的共性与差异，我们依然选择使用K-means聚类方法对各地方政府的公共服务需求调查能力进行聚类分析。根据聚类分析结果，以82.49、73.89、63.82和46.81为聚类中心点，将湖北省16个省直管地方政府的公共服务需求调查能力划分为四个类别，并分别命名为创新领先型、积极追赶型、稳步推进型以及初始发展型。其中，创新领先型包括天门、随州及咸宁3个地方政府；积极追赶型涵盖十堰、黄石、仙桃、恩施、武汉、荆门、潜江、孝感及襄阳9个地方政府；稳步推进型涵盖鄂州、黄冈和宜昌3个地方政府；荆州则为初始发展型地方政府。

图3-9是湖北省16个省直管地方政府公共服务需求调查能力的表现情况，能够较为清晰直观地呈现各地方政府公共服务需求调查能力的得分情况。经过计算，各地方政府公共服务需求调查能力的平均得分为71.92，极差为39.16，标准差为9.34，由此可以发现，不同政府的需求调查能力水平差异较大。首先，天门、随州及咸宁作为创新领先型地

### 表 3-7　湖北省 16 个省直管地方政府公共服务需求调查能力及其三级指标得分

| 地方政府 | 二级指标 需求调查能力 原始得分 | 二级指标 需求调查能力 百分制得分 | 三级指标 公众需求了解情况 原始得分 | 三级指标 公众需求了解情况 百分制得分 | 三级指标 公共服务技术创新程度 原始得分 | 三级指标 公共服务技术创新程度 百分制得分 | 三级指标 公共服务清单建设情况 原始得分 | 三级指标 公共服务清单建设情况 百分制得分 | 三级指标 公众意见征集情况 原始得分 | 三级指标 公众意见征集情况 百分制得分 |
|---|---|---|---|---|---|---|---|---|---|---|
| 天门 | 0.0537 | 85.97 | 0.8067 | 80.67 | 0.8490 | 84.90 | 0.8425 | 84.25 | 0.9407 | 94.07 |
| 随州 | 0.0509 | 81.49 | 0.9125 | 91.25 | 0.7579 | 75.79 | 0.8338 | 83.38 | 0.7554 | 75.54 |
| 咸宁 | 0.0500 | 80.00 | 0.8713 | 87.13 | 0.8054 | 80.54 | 0.7389 | 73.89 | 0.7843 | 78.43 |
| 十堰 | 0.0486 | 77.71 | 0.8451 | 84.51 | 0.7585 | 75.85 | 0.7394 | 73.94 | 0.7656 | 76.56 |
| 黄石 | 0.0485 | 77.56 | 0.8278 | 82.78 | 0.7386 | 73.86 | 0.7537 | 75.37 | 0.7823 | 78.23 |
| 仙桃 | 0.0480 | 76.79 | 0.8587 | 85.87 | 0.7607 | 76.07 | 0.7629 | 76.29 | 0.6893 | 68.93 |
| 恩施 | 0.0465 | 74.37 | 0.8462 | 84.62 | 0.6880 | 68.80 | 0.7593 | 75.93 | 0.6812 | 68.12 |
| 武汉 | 0.0463 | 74.10 | 0.7695 | 76.95 | 0.7668 | 76.68 | 0.6314 | 63.14 | 0.7964 | 79.64 |
| 荆门 | 0.0462 | 74.00 | 0.7500 | 75.00 | 0.7057 | 70.57 | 0.7019 | 70.19 | 0.8023 | 80.23 |
| 潜江 | 0.0442 | 70.77 | 0.8783 | 87.83 | 0.6675 | 66.75 | 0.7069 | 70.69 | 0.5781 | 57.81 |
| 孝感 | 0.0439 | 70.23 | 0.6597 | 65.97 | 0.7095 | 70.95 | 0.7734 | 77.34 | 0.6667 | 66.67 |
| 襄阳 | 0.0434 | 69.44 | 0.7111 | 71.11 | 0.7030 | 70.30 | 0.6933 | 69.33 | 0.6704 | 67.04 |
| 鄂州 | 0.0409 | 65.52 | 0.6847 | 68.47 | 0.4950 | 49.50 | 0.6847 | 68.47 | 0.7563 | 75.63 |
| 黄冈 | 0.0407 | 65.09 | 0.8953 | 89.53 | 0.5100 | 51.00 | 0.5155 | 51.55 | 0.6829 | 68.29 |
| 宜昌 | 0.0380 | 60.85 | 0.7903 | 79.03 | 0.7200 | 72.00 | 0.5222 | 52.22 | 0.4015 | 40.15 |
| 荆州 | 0.0293 | 46.81 | 0.7838 | 78.38 | 0.7663 | 76.63 | 0.2770 | 27.70 | 0.0455 | 4.55 |

方政府，其公共服务需求调查能力得分明显高于其他地方政府且远高于全省平均水平。其次，作为积极追赶型的十堰、黄石、仙桃、恩施、武汉、荆门、潜江、孝感及襄阳 9 个地方政府，其中十堰、黄石、仙桃、恩施、武汉及荆门得分均高于全省平均水平，虽然潜江、孝感和襄阳得分低于全省平均水平，但与平均水平的差异并不大，故而隶属于积极追赶型地方政府范畴。再次，鄂州、黄冈和宜昌属于稳步推进型地方政府，

其公共服务需求调查能力得分均低于湖北省16个地方政府的平均得分，与全省平均水平的差值在6.4—11.07。最后，荆州作为初始发展型地方政府，其公共服务需求调查能力得分远低于全省平均得分，二者之间的差值为25.11，需进一步加大当地的公共服务需求调查能力建设力度。

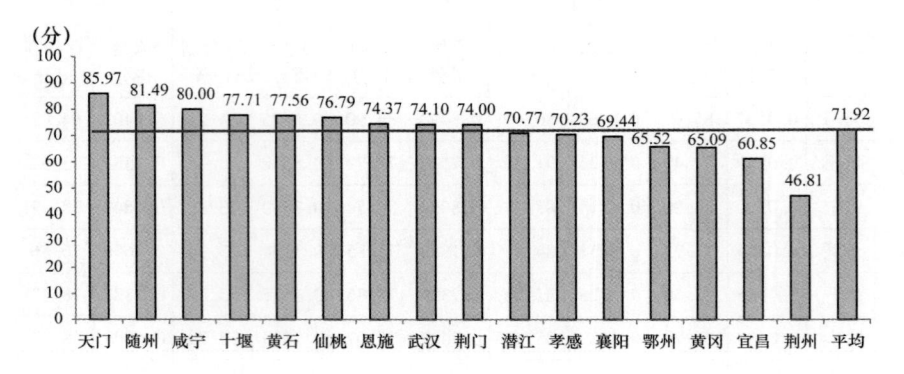

图3-9 湖北省16个省直管地方政府公共服务需求调查能力表现

图3-10能够更加直观地反映湖北省16个省直管地方政府在公共服务需求调查能力三级指标得分的差异性及其结构特征。首先，居于创新领先型的天门、随州及咸宁3个地方政府在"需求了解情况"、"清单建设情况"、"技术创新程度"以及"意见征集情况"四个三级指标上的得分均明显高于其他地方政府，其中天门的"意见征集情况"得分最高，随州和咸宁的"需求了解情况"得分较高。其次，十堰、黄石、仙桃、恩施、武汉、荆门、潜江、孝感及襄阳属于积极追赶型地方政府，其中十堰、黄石、仙桃、恩施和潜江在"需求了解情况"这项三级指标上的得分高于其他三级指标，武汉和荆门在"意见征集情况"上的得分高于其他三级指标，同时武汉在"清单建设情况"这项三级指标上的得分相对较低，但由于其在"需求了解情况"、"技术创新程度"以及"意见征集情况"三项三级指标上表现较好，故而隶属于积极追赶型地方政府。再次，作为稳步推进型的鄂州、黄冈和宜昌3个地方政府在四个三级指标上的得分差异较大，其中，鄂州在"需求了解情况"、"清单建设情况"和"意见征集情况"三项三级指标上的得分

第三章 地方政府公共服务需求管理能力评估指标体系构建与差异性分析 125

较高,而在"技术创新程度"上的得分则最低,故而降低了其在公共服务需求调查能力的总体得分,使其处在稳步推进型地方政府中;黄冈在"需求了解情况"和"意见征集情况"两项三级指标上的得分相对较高,但由于其在"清单建设情况"和"技术创新程度"上的得分相对较低,拉低了其需求调查能力总体得分;宜昌在"需求了解情况"和"技术创新程度"上的得分较高,但由于其在"清单建设情况"和"意见征集情况"两项三级指标上得分过低,导致其需求调查能力得分总体偏低。最后,荆州作为初始发展型地方政府,其在"需求了解情况"和"技术创新程度"这两项三级指标上表现较好,但其在"清单建设情况"和"意见征集情况"两项三级指标上的得分远低于所有地方政府得分,使得当地公共服务需求调查能力得分不尽如人意。

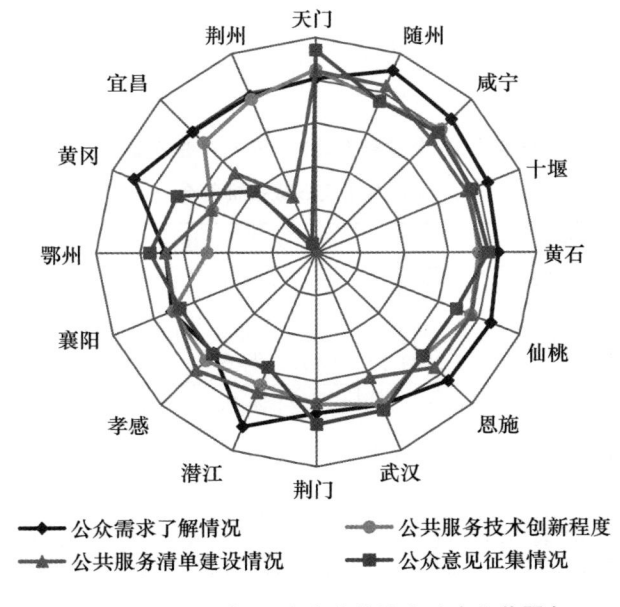

图 3-10 湖北省 16 个省直管地方政府公共服务需求调查能力三级指标得分雷达图

(二) 公共服务需求分析能力差异性的结构分析

公共服务中的需求分析能力主要是对公众的一些行为和特性进行

剖析从而得出对公众的公共服务需求、偏好和期望等的整体认知，良好的需求分析能力是公共部门进行科学决策的重要前提。表3-8呈现了湖北省16个省直管地方政府公共服务需求分析能力及其三级指标得分情况。为了更好地认识和分析各地方政府公共服务需求分析能力的真实水平，探索其中的共性与差异，我们依然选择使用K-means聚类方法对各地方政府的公共服务需求分析能力进行聚类分析。根据聚类分析结果，以83.05、67.55、58.98和47.05为聚类中心点，将湖北省16个省直管地方政府的公共服务需求分析能力划分为四个类别，并分别命名为创新领先型、积极追赶型、稳步推进型以及初始发展型。其中，创新领先型包括天门1个地方政府；积极追赶型涵盖随州、咸宁、十堰、潜江、仙桃、武汉、恩施等7个地方政府；稳步推进型涵盖荆门、孝感、黄石、襄阳、宜昌、黄冈、鄂州7个地方政府；荆州则为初始发展型地方政府。

表3-8　　湖北省16个省直管地方政府公共服务需求分析能力及其三级指标得分

| 地方政府 | 二级指标 需求分析能力 || 三级指标 ||||||||
|---|---|---|---|---|---|---|---|---|---|---|
| | | | 政民互动情况 || 需求处理方式 || 需求处理水平 || 需求处理效果 ||
| | 原始得分 | 百分制得分 | 原始得分 | 百分制得分 | 原始得分 | 百分制得分 | 原始得分 | 百分制得分 | 原始得分 | 百分制得分 |
| 天门 | 0.0519 | 83.05 | 0.6740 | 67.40 | 0.8678 | 86.78 | 0.8853 | 88.53 | 0.8947 | 89.47 |
| 随州 | 0.0444 | 71.08 | 0.5190 | 51.90 | 0.7565 | 75.65 | 0.7670 | 76.70 | 0.8005 | 80.05 |
| 咸宁 | 0.0435 | 69.58 | 0.2924 | 29.24 | 0.8241 | 82.41 | 0.8427 | 84.27 | 0.8241 | 82.41 |
| 十堰 | 0.0434 | 69.48 | 0.4685 | 46.85 | 0.7547 | 75.47 | 0.7759 | 77.59 | 0.7799 | 77.99 |
| 潜江 | 0.0421 | 67.29 | 0.5654 | 56.54 | 0.7841 | 78.41 | 0.6862 | 68.62 | 0.6558 | 65.58 |
| 仙桃 | 0.0414 | 66.27 | 0.4587 | 45.87 | 0.7116 | 71.16 | 0.7341 | 73.41 | 0.7464 | 74.64 |
| 武汉 | 0.0410 | 65.57 | 0.4210 | 42.10 | 0.7221 | 72.21 | 0.7340 | 73.40 | 0.7458 | 74.58 |
| 恩施 | 0.0397 | 63.56 | 0.2201 | 22.01 | 0.7533 | 75.33 | 0.7801 | 78.01 | 0.7888 | 78.88 |
| 荆门 | 0.0389 | 62.22 | 0.2469 | 24.69 | 0.7245 | 72.45 | 0.7521 | 75.21 | 0.7654 | 76.54 |

第三章　地方政府公共服务需求管理能力评估指标体系构建与差异性分析

续表

| 地方政府 | 二级指标 需求分析能力 |  | 三级指标 |||||||
|---|---|---|---|---|---|---|---|---|---|
| | | | 政民互动情况 || 需求处理方式 || 需求处理水平 || 需求处理效果 ||
| | 原始得分 | 百分制得分 | 原始得分 | 百分制得分 | 原始得分 | 百分制得分 | 原始得分 | 百分制得分 | 原始得分 | 百分制得分 |
| 孝感 | 0.0389 | 62.17 | 0.3718 | 37.18 | 0.6813 | 68.13 | 0.7069 | 70.69 | 0.7270 | 72.70 |
| 黄石 | 0.0380 | 60.80 | 0.2299 | 22.99 | 0.7204 | 72.04 | 0.7408 | 74.08 | 0.7407 | 74.07 |
| 襄阳 | 0.0377 | 60.25 | 0.4615 | 46.15 | 0.6216 | 62.16 | 0.6404 | 64.04 | 0.6863 | 68.63 |
| 宜昌 | 0.0369 | 59.10 | 0.4060 | 40.60 | 0.6179 | 61.79 | 0.6351 | 63.51 | 0.7051 | 70.51 |
| 黄冈 | 0.0344 | 55.00 | 0.4226 | 42.26 | 0.5786 | 57.86 | 0.5702 | 57.02 | 0.6286 | 62.86 |
| 鄂州 | 0.0333 | 53.33 | 0.2853 | 28.53 | 0.5587 | 55.87 | 0.5980 | 59.80 | 0.6913 | 69.13 |
| 荆州 | 0.0294 | 47.05 | 0.2576 | 25.76 | 0.4875 | 48.75 | 0.4700 | 47.00 | 0.6669 | 66.69 |

图3-11是湖北省16个省直管地方政府公共服务需求分析能力的表现情况，能够较为清晰地呈现各地方政府公共服务需求分析能力的得分情况。经过计算，各地方政府公共服务需求分析能力的平均得分为63.49，极差为36，标准差为8.27。首先，天门作为创新领先型地方政府，其公共服务需求分析能力得分明显高于其他地方政府且远高于全省平均水平。其次，作为积极追赶型的随州、咸宁、十堰、潜江、仙桃、武汉和恩施7个地方政府，其公共服务需求分析能力得分均高于全省平均水平，且各地方政府之间的得分差异较小。再次，荆门、孝感、黄石、襄阳、宜昌、黄冈和鄂州属于稳步推进型地方政府，其公共服务需求分析能力得分均低于湖北省16个省直管地方政府的平均得分，与全省平均水平的差值在1.27—10.16之间。最后，荆州作为初始发展型地方政府，其公共服务需求分析能力得分远低于全省平均得分，二者之间的差值为16.44，由此可见，当地的公共服务需求分析能力有待进一步提升。

图3-12直观地反映了湖北省16个省直管地方政府在公共服务需求分析能力三级指标得分的差异性及其结构特征。首先，居于创新领先型的天门在"需求处理方式"、"需求处理水平"及"需求处理效果"

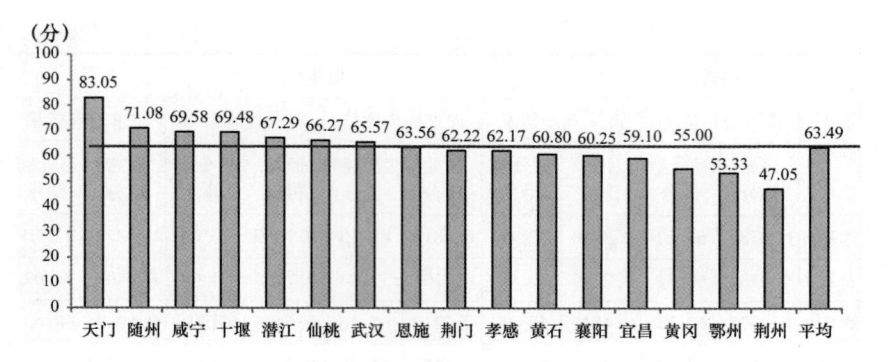

**地方政府公共服务能力差异性的结构比较分析**

图3-11 湖北省16个省直管地方政府公共服务需求分析能力表现

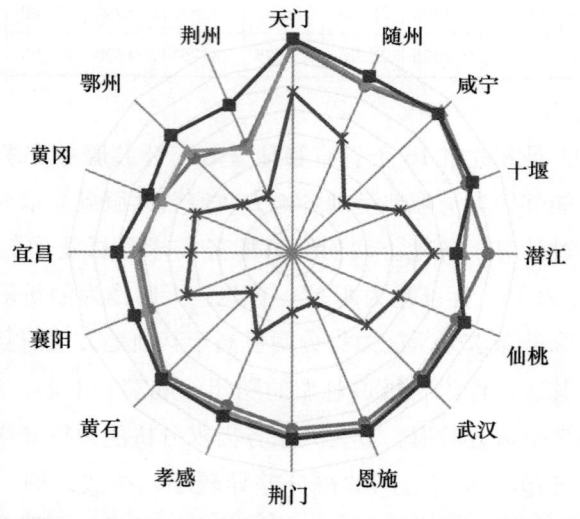

各地得分：天门 83.05、随州 71.08、咸宁 69.58、十堰 69.48、潜江 67.29、仙桃 66.27、武汉 65.57、恩施 63.56、荆门 62.22、孝感 62.17、黄石 60.80、襄阳 60.25、宜昌 59.10、黄冈 55.00、鄂州 53.33、荆州 47.05、平均 63.49

图3-12 湖北省16个省直管地方政府公共服务需求分析能力三级指标得分雷达图

（图例：政民互动情况　需求处理方式　需求处理水平　需求处理效果）

这三个三级指标上的得分均高于其他地方政府，虽然相较于其他三项指标而言，其在"政民互动情况"这项指标的得分较低，但也仍远高于其他地方政府，故而天门的公共服务需求分析能力得分遥遥领先于其他地方政府。其次，随州、咸宁、十堰、潜江、仙桃、武汉和恩施属于积极追赶型地方政府，虽然其在"政民互动情况"这项指标上的得分均低于其他三项指标,但在"需求处理方式"、"需求处理水平"及"需求处理效果"这三个三级指标上的表现较好,故而中和了这 7 个地方政府公共服务需求分析能力的总体得分,使其位于积极追赶型地方政府行列中。再次,作为稳步推进型的荆门、孝感、黄石、襄阳、宜昌、黄冈和鄂州 7 个地方政府同样在"政民互动情况"这项指标上的表现较差,在"需求处理方式"、"需求处理水平"及"需求处理效果"这三个三级指标上的得分虽不如积极追赶型地方政府,但三项指标的得分差异并不大,在一定程度上弥补了其在"政民互动情况"指标上的不足。最后,荆州作为初始发展型地方政府,其在"政民互动情况"、"需求处理方式"、"需求处理水平"及"需求处理效果"四项三级指标上的得分基本上均低于其他地方政府,且在部分指标上的得分差异较大,最终导致其在公共服务需求分析能力上表现平庸。

(三)公共服务需求传递能力差异性的结构分析

公共服务需求传递能力强调需求信息中心将经过调查和分析的需求信息传递到政府部门(决策部门/供给部门),以此作为政府部门作出需求导向的公共服务供给决策和供给项目,切实满足公众的公共服务需求,需求传递能力的强弱是后续需求处理和回应的前提。表 3-9 呈现了湖北省 16 个省直管地方政府公共服务需求传递能力及其三级指标得分情况。为了更好地认识和分析各地方政府公共服务需求传递能力的真实情况,探索其中的共性与差异,我们同样使用 K-means 聚类方法对各地方政府的公共服务需求传递能力进行聚类分析。根据聚类分析结果,以 86.36、76.36、64.74 和 43.52 为聚类中心点,将湖北省 16 个省直管地方政府的公共服务需求传递能力划分为四类,同样分别命名为创新领先型、积极追赶型、稳步推进型以及初始发展型。其中,创新领先型包括天门和随州 2 个地方政府;积极追赶型包括黄石、十堰、潜江、恩施、武汉、仙桃、咸宁和荆门 8 个地方政府;稳步推进型涵盖黄冈、襄阳、孝感、宜昌和鄂州 5 个地方政府;荆州单独属于初始发展型地方政府。

表3-9 湖北省16个省直管地方政府公共服务需求传递能力及其三级指标得分

| 地方政府 | 二级指标 需求传递能力 原始得分 | 百分制得分 | 三级指标 诉求回应情况 原始得分 | 百分制得分 | 事项完成情况 原始得分 | 百分制得分 | 事项办理跑动情况 原始得分 | 百分制得分 | 事项办理受阻反馈情况 原始得分 | 百分制得分 |
|---|---|---|---|---|---|---|---|---|---|---|
| 天门 | 0.0556 | 88.96 | 0.9741 | 97.41 | 0.9030 | 90.30 | 0.8620 | 86.20 | 0.8193 | 81.93 |
| 随州 | 0.0524 | 83.77 | 0.9068 | 90.68 | 0.9255 | 92.55 | 0.7493 | 74.93 | 0.7692 | 76.92 |
| 黄石 | 0.0500 | 80.07 | 0.8235 | 82.35 | 0.8421 | 84.21 | 0.7354 | 73.54 | 0.8017 | 80.17 |
| 十堰 | 0.0496 | 79.31 | 0.8333 | 83.33 | 0.8214 | 82.14 | 0.7357 | 73.57 | 0.7818 | 78.18 |
| 潜江 | 0.0493 | 78.82 | 0.6986 | 69.86 | 0.8235 | 82.35 | 0.6476 | 64.76 | 0.9831 | 98.31 |
| 恩施 | 0.0484 | 77.48 | 0.7059 | 70.59 | 0.8077 | 80.77 | 0.7275 | 72.75 | 0.8583 | 85.83 |
| 武汉 | 0.0468 | 74.84 | 0.7667 | 76.67 | 0.7864 | 78.64 | 0.7043 | 70.43 | 0.7362 | 73.62 |
| 仙桃 | 0.0464 | 74.27 | 0.7551 | 75.51 | 0.7290 | 72.90 | 0.7500 | 75.00 | 0.7369 | 73.69 |
| 咸宁 | 0.0457 | 73.07 | 0.6855 | 68.55 | 0.7500 | 75.00 | 0.6822 | 68.22 | 0.8051 | 80.51 |
| 荆门 | 0.0456 | 72.98 | 0.7778 | 77.78 | 0.7534 | 75.34 | 0.7661 | 76.61 | 0.6218 | 62.18 |
| 黄冈 | 0.0433 | 69.29 | 0.6667 | 66.67 | 0.6200 | 62.00 | 0.6088 | 60.88 | 0.8763 | 87.63 |
| 襄阳 | 0.0415 | 66.46 | 0.5749 | 57.49 | 0.7010 | 70.10 | 0.6906 | 69.06 | 0.6920 | 69.20 |
| 孝感 | 0.0408 | 65.34 | 0.6495 | 64.95 | 0.6838 | 68.38 | 0.5339 | 53.39 | 0.7462 | 74.62 |
| 宜昌 | 0.0394 | 63.04 | 0.4297 | 42.97 | 0.5747 | 57.47 | 0.8448 | 84.48 | 0.6725 | 67.25 |
| 鄂州 | 0.0372 | 59.56 | 0.5849 | 58.49 | 0.5875 | 58.75 | 0.6250 | 62.50 | 0.5849 | 58.49 |
| 荆州 | 0.0272 | 43.58 | 0.0345 | 3.45 | 0.0892 | 8.92 | 0.6400 | 64.00 | 0.9796 | 97.96 |

图3-13是湖北省16个省直管地方政府公共服务需求传递能力的表现情况，能够较为直观地呈现各地方政府公共服务需求传递能力的得分情况。经过计算，各地方政府公共服务需求传递能力的平均得分为71.92，极差为45.44，标准差为10.84，由此可以发现，不同地方政府的公共服务需求传递能力分值差异较大。首先，天门和随州作为创新领先型地方政府，其公共服务需求传递能力得分表现突出且远高于全省平

均水平。其次，作为积极追赶型的黄石、十堰、潜江、恩施、武汉、仙桃、咸宁和荆门8个地方政府，其公共服务需求传递能力分值均高于全省平均水平，且各个地方政府之间的得分差异较小。再次，黄冈、襄阳、孝感、宜昌和鄂州属于稳步推进型地方政府，其公共服务需求传递能力分值均低于湖北省16个地方政府的平均得分，与全省平均水平的差值在2.63—12.36这个区间。最后，荆州作为初始发展型地方政府，其公共服务需求传递能力得分与全省平均得分的差异较为明显，二者之间的差值为28.4，需进一步从各个维度加强当地公共服务需求传递能力的建设。

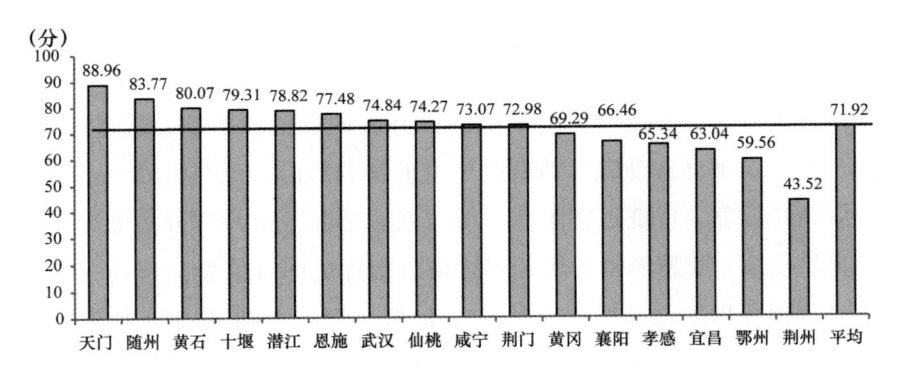

图3-13 湖北省16个省直管地方政府公共服务需求传递能力表现

图3-14直观地反映了湖北省16个省直管地方政府在公共服务需求传递能力三级指标得分的差异性及其结构特征。首先，创新领先型包括天门和随州2个地方政府，其中天门在"诉求回应情况"、"事项完成情况"、"事项办理跑动情况"以及"事项办理受阻反馈情况"四个三级指标上的得分差异较小，"诉求回应情况"得分均高于其他地方政府；随州在"诉求回应情况"和"事项完成情况"两个三级指标上的得分较高，而在"事项办理跑动情况"和"事项办理受阻反馈情况"上的得分较低，总体来说，其在四项三级指标上的得分表现较好。其次，黄石、十堰、潜江、恩施、武汉、仙桃、咸宁和荆门属于积极追赶型地方政府，其中黄石、十堰、恩施、武汉、仙桃

和咸宁在四项三级指标上的得分差异较小,总体上发展较为平稳;潜江和荆门在四项三级指标上的得分则差异较大,其中潜江在"事项办理受阻反馈情况"上的得分最高,在"事项办理跑动情况"上的得分最低,在其余两项三级指标上的表现中规中矩,总体上中和了潜江的公共服务需求传递能力得分;荆门在"事项办理受阻反馈情况"上的得分最低,而在另外三项三级指标上的得分表现较好,总体上使其公共服务需求传递能力得分位于积极追赶型范畴。再次,作为稳步推进型的黄冈、襄阳、孝感、宜昌和鄂州5个地方政府在四个三级指标上的得分各有千秋。其中,鄂州在"诉求回应情况"、"事项完成情况"、"事项办理跑动情况"以及"事项办理受阻反馈情况"四个三级指标上的得分差异较小,但仍有进一步提升的空间;作为同一层次的其他几个城市在四项三级指标的得分上均有极值出现,具体而言,黄冈在"事项办理受阻反馈情况"上的得分最高,而在另外三个三级指标上的得分均较低;襄阳在"诉求回应情况"上的得分最低,而另外其他三项三级指标得分则相对较高且指标之间分值差异较小;孝感在"事项办理跑动情况"上的得分最低,而在"事项办理受阻反馈情况"上表现突出,其余两项指标得分处于中间水平;宜昌在四项三级指标上的表现差异明显,其在"事项办理跑动情况"上的得分仅次于位于创新领先型地方政府的天门,而在"诉求回应情况"上则表现欠佳,综合来看,由于极端值的出现使宜昌的公共服务需求传递能力得分处在稳步推进型队伍中。最后,荆州作为初始发展型地方政府,其在"事项办理受阻反馈情况"上的表现尤为突出,得分远高于其他地方政府,而在"诉求回应情况"和"事项完成情况"上的得分则出现明显的得分洼地,远低于其他地方政府,故而使其在公共服务需求传递能力上表现平庸,需进一步加深对公众诉求回应的有效性和保证事项办理时效性等方面的重视程度。

(四)公共服务需求转化能力差异性的结构分析

公共服务需求的转化能力作为本书中需求管理的最后一个环节,主

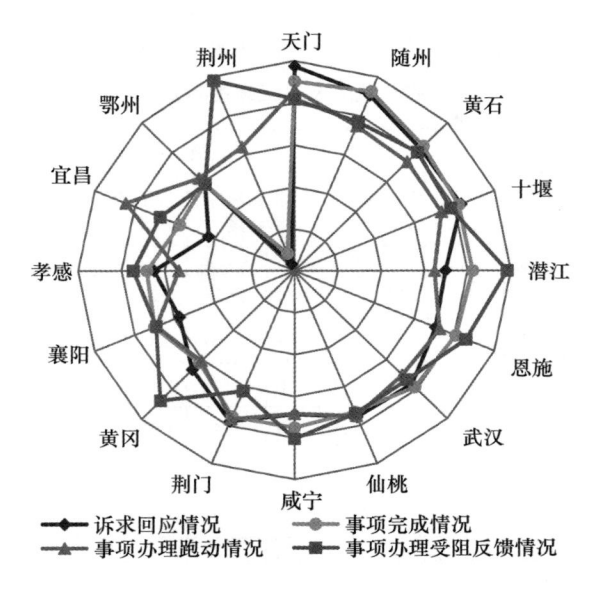

第三章 地方政府公共服务需求管理能力评估指标体系构建与差异性分析　　133

图 3-14　湖北省 16 个省直管地方政府公共服务
需求传递能力三级指标得分雷达图

要是想将前面通过需求调查得到需求信息再通过需求分析和需求传递进入相关部门的决策方和供给方，然后转化为公共服务项目并实施，以期满足公共需求。表 3-10 呈现了湖北省 16 个省直管地方政府公共服务需求转化能力及其三级指标的得分情况。为了更好地认识和分析各地方政府公共服务需求转化能力的实际发展情况，探索其中的共性与差异，我们同样选择 K-means 聚类方法对各政府的公共服务需求转化能力进行聚类分析。根据聚类分析结果，以 79.89、70.75、59.14 和 39.79 为聚类中心点，将湖北省 16 个省直管地方政府的公共服务需求转化能力划分为四个类别，依然分别命名为创新领先型、积极追赶型、稳步推进型以及初始发展型。其中，创新领先型包括天门、咸宁、黄石、武汉、十堰、随州、仙桃在内的 7 个地方政府；积极追赶型涵盖宜昌、黄冈、襄阳、孝感、恩施、潜江 6 个地方政府；稳步推进型涵盖荆州和鄂州 2 个地方政府；荆门则为初始发展型地方政府。

表 3-10　　湖北省 16 个省直管地方政府公共服务
需求转化能力及其三级指标得分

| 地方政府 | 二级指标 需求转化能力 || 三级指标 ||||||||
|---|---|---|---|---|---|---|---|---|---|---|
| | | | 特殊群体服务覆盖情况 || 信息获取便捷程度 || 设施需求满足情况 || 工作人员服务态度 ||
| | 原始得分 | 百分制得分 | 原始得分 | 百分制得分 | 原始得分 | 百分制得分 | 原始得分 | 百分制得分 | 原始得分 | 百分制得分 |
| 天门 | 0.0538 | 86.12 | 0.9552 | 95.52 | 0.7707 | 77.07 | 0.8497 | 84.97 | 0.8690 | 86.90 |
| 咸宁 | 0.0517 | 82.76 | 0.8276 | 82.76 | 0.8146 | 81.46 | 0.8383 | 83.83 | 0.8298 | 82.98 |
| 黄石 | 0.0493 | 78.92 | 0.8772 | 87.72 | 0.7349 | 73.49 | 0.7753 | 77.53 | 0.7694 | 76.94 |
| 武汉 | 0.0492 | 78.74 | 0.9184 | 91.84 | 0.7378 | 73.78 | 0.7595 | 75.95 | 0.7339 | 73.39 |
| 十堰 | 0.0490 | 78.47 | 0.9419 | 94.19 | 0.7262 | 72.62 | 0.7256 | 72.56 | 0.7451 | 74.51 |
| 随州 | 0.0487 | 77.98 | 0.9448 | 94.48 | 0.7429 | 74.29 | 0.7096 | 70.96 | 0.7221 | 72.21 |
| 仙桃 | 0.0477 | 76.26 | 0.9252 | 92.52 | 0.7127 | 71.27 | 0.7185 | 71.85 | 0.6940 | 69.40 |
| 宜昌 | 0.0468 | 74.85 | 0.8489 | 84.89 | 0.6592 | 65.92 | 0.7655 | 76.55 | 0.7204 | 72.04 |
| 黄冈 | 0.0450 | 71.94 | 0.9209 | 92.09 | 0.6491 | 64.91 | 0.6319 | 63.19 | 0.6757 | 67.57 |
| 襄阳 | 0.0449 | 71.91 | 0.7538 | 75.38 | 0.7143 | 71.43 | 0.7114 | 71.14 | 0.6967 | 69.67 |
| 孝感 | 0.0434 | 69.40 | 0.6766 | 67.66 | 0.7130 | 71.30 | 0.6995 | 69.95 | 0.6870 | 68.70 |
| 恩施 | 0.0429 | 68.71 | 0.7975 | 79.75 | 0.6560 | 65.60 | 0.6488 | 64.88 | 0.6459 | 64.59 |
| 潜江 | 0.0423 | 67.67 | 0.9449 | 94.49 | 0.5867 | 58.67 | 0.5833 | 58.33 | 0.5920 | 59.20 |
| 荆州 | 0.0390 | 62.40 | 0.9643 | 96.43 | 0.6288 | 62.88 | 0.4488 | 44.88 | 0.4543 | 45.43 |
| 鄂州 | 0.0349 | 55.88 | 0.4660 | 46.60 | 0.5464 | 54.64 | 0.6926 | 69.26 | 0.5303 | 53.03 |
| 荆门 | 0.0249 | 39.79 | 0.7250 | 72.50 | 0.0651 | 6.51 | 0.0982 | 9.82 | 0.7033 | 70.33 |

图 3-15 是湖北省 16 个省直管地方政府公共服务需求转化能力的表现情况，能够较为清晰直观地呈现各地方政府公共服务需求调查能力的得分情况。经过计算，各地方政府公共服务需求调查能力的平均得分为 71.36，极差为 46.33，标准差为 11.35，由此可知，不同地方政府的公共服务需求转化能力分值差异较大。首先，天门、咸宁、黄石、武汉、十堰、随州和仙桃作为创新领先型地方政府，其公共服务需求转化

第三章　地方政府公共服务需求管理能力评估指标体系构建与差异性分析

能力得分明显高于全省平均水平。其次，作为积极追赶型的宜昌、黄冈、襄阳、孝感、恩施和潜江 6 个地方政府，其中宜昌、黄冈和襄阳的公共服务需求转化能力得分均高于全省平均水平，而孝感、恩施和潜江的得分却低于全省平均水平，但与平均水平之间的分值差异并不大，因此同属于积极追赶型地方政府。再次，荆州和鄂州属于稳步推进型地方政府，其公共服务需求转化能力得分均低于湖北省 16 个省直管地方政府的平均得分，与全省平均水平的差值分别为 8.96 和 15.48。最后，荆门单独作为初始发展型地方政府，其公共服务需求转化能力得分远低于其他地方政府和全省平均得分，与全省平均水准之间具有较大距离，分值相差 31.57，由此可见，荆门的公共服务需求转化能力有待进一步建设和提升。

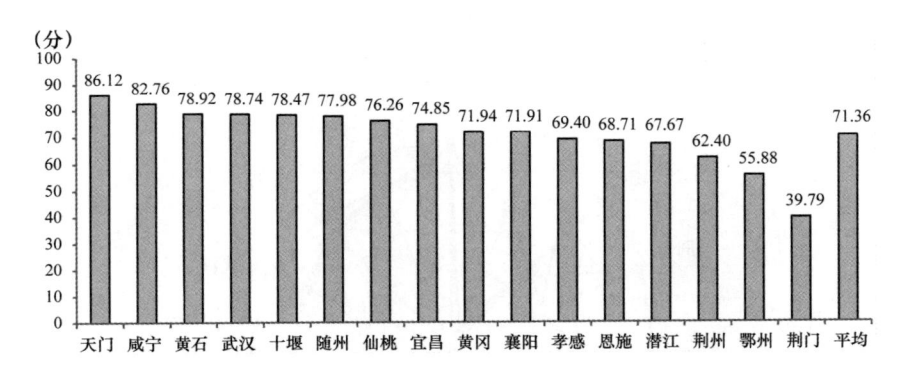

**图 3 - 15　湖北省 16 个省直管地方政府公共服务需求转化能力表现**

图 3 - 16 直观地反映了湖北省 16 个省直管地方政府在公共服务需求转化能力三级指标得分的差异性及其结构特征。首先，居于创新领先型的天门、咸宁、黄石、武汉、十堰、随州和仙桃 7 个地方政府在"特殊群体服务覆盖情况"、"信息获取便捷程度"、"设施需求满足情况"以及"工作人员服务态度"四个三级指标上的得分表现较为优异，整体上均明显高于其他地方政府，其中除咸宁外，其余 6 个地方政府在"特殊群体服务覆盖情况"上的表现较为突出，远高于另外三个三级指

标的分值，而咸宁在四项三级指标上的得分较高且分值十分接近。其次，宜昌、黄冈、襄阳、孝感、恩施和潜江属于积极追赶型地方政府，其中宜昌、黄冈、襄阳、恩施和潜江在"特殊群体服务覆盖情况"这项三级指标上的得分均高于其他三级指标，此外，另外三项指标的得分总体上表现较好；孝感在四项指标上的得分呈现较好水平且分值十分相近，使其与另外 5 个地方政府同属于积极追赶型范畴。再次，作为稳步推进型的荆州和鄂州 2 个地方政府在四个三级指标上表现各异，其中荆州在"特殊群体服务覆盖情况"这项三级指标上的得分最高，远高于其他三项指标的分值，而在"设施需求满足情况"和"工作人员服务态度"这两项三级指标上的得分相近且分值最低，故而降低了荆州在公共服务需求转化能力上的总体得分；鄂州在"设施需求满足情况"这项三级指标上的得分最高，而在其余三项指标上的得分相对较低，导致鄂州的公共服务需求转化能力得分总体偏低，最终隶属于稳步推进型

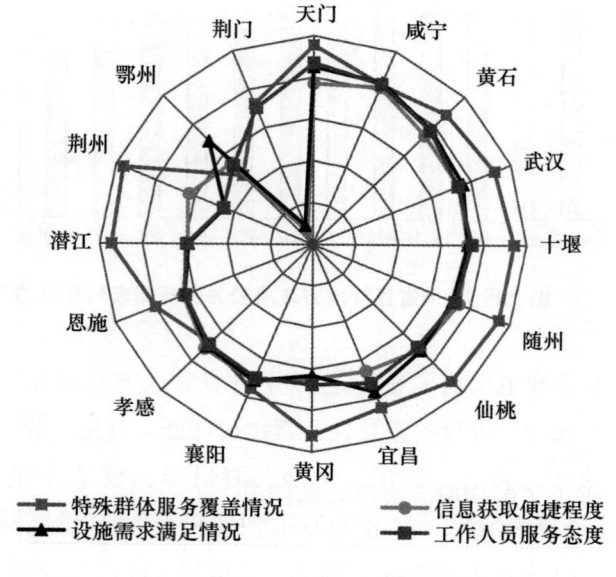

图 3-16　湖北省 16 个省直管地方政府公共服务
需求转化能力三级指标得分雷达图

地方政府范畴。最后，荆门作为初始发展型地方政府，其在"特殊群体服务覆盖情况"和"工作人员服务态度"这两项三级指标上的表现较好，但在"信息获取便捷程度"和"设施需求满足情况"这两项三级指标上的得分出现极端值，这两项三级指标得分与其他地方政府之间尚有较大差距，最终拉低了荆门在公共服务需求转化能力上的得分，由此可见，荆门在需求信息获取渠道和公共服务设施上亟待进一步建设和完善。

## 第五节　小结

首先，本章在系统梳理既有研究和理论基础上，借鉴企业管理相关理论，结合中国现实情境及既有相关研究积累，提出并对公共服务需求管理能力这一概念的内涵和外延进行了界定。在此基础上，厘清了公共服务需求管理能力构成要素及其相互之间的逻辑关系，将公共服务需求管理能力解构为公共服务需求调查能力、分析能力、传递能力及转化能力四个构成要素，并认为公共服务需求管理活动遵循着从需求调查到需求分析再到需求传递最后到需求转化的发展逻辑，以此回答了"公共服务需求管理能力是什么"的问题。

其次，本章基于文献分析法梳理了公共服务需求管理相关主题的理论与实践经验研究成果，在此基础上设计出公共服务需求管理能力的评估框架。其中，包括4个二级指标，分别为公共服务需求调查能力、公共服务需求分析能力、公共服务需求传递能力以及公共服务需求转化能力，还包括需求了解情况、政民互动情况、诉求回应情况以及特殊群体服务覆盖情况等在内的16个三级指标。然后，运用逐级等权重方法对各级指标进行赋权，最终形成了一个系统全面的评估指标体系，以此解决了"如何构建评估指标体系"的问题。

最后，基于所构建指标体系和经由实地调研收集到的湖北省16个省直管地方政府（其中天门、潜江和仙桃为省直管县）的一手数据。本章对湖北省各个地方政府公共服务需求管理能力进行评估和测算，并依据聚类分析结果将其分为四类，且分别命名为创新领先型、积极追赶型、稳步推进型以及初始发展型。在此基础上，深入分析造成湖北省地方政府公共服务需求管理能力、调查能力、分析能力、传递能力以及转化能力得分的异质性及其成因，以作为提升地方政府公共服务需求管理能力、优化公共服务供给方式和质量的理论依据，回应了"评估指标体系如何应用"的问题。

作为一项研究尝试，本章只是基于主观量表与截面数据所作出的一种诊断性分析，其研究结论及其对策建议是否科学有效，有待进一步的理论研究与实践检验。同时，所建构的指标体系构成乃至于逐级等权重赋值法是否适用于地方政府公共服务需求管理能力的建设价值定位和运行实践，也有待进一步的研究检验。

# 第四章

# 地方政府公共服务资源保障能力评估指标体系构建与差异性分析

## 第一节 引言

  公共服务体系的建立与完善，公共服务职能的发挥与优化，都需要丰富的资源支持。党的十九大明确提出中国特色社会主义进入了新时代，社会主要矛盾已转变为人民日益增长的美好生活需要和不平衡不充分的发展之间的矛盾，这一矛盾对公共服务的数量、效率、质量提出了更高要求。《"十三五"推进基本公共服务均等化规划》指出，中国基本公共服务存在规模不足、质量不高、发展不平衡等短板，并突出表现为"城乡区域间资源配置不均衡""基层设施不足和利用不够并存""人才短缺严重"等方面[1]。为解决上述问题，实现基本公共服务均等化的目标，《中华人民共和国国民经济和社会发展第十四个五年规划和2035年远景目标纲要》（简称《"十四五"规划》）提出要着力"补齐基本公共服务短板，提升公共服务质量和水平"，并强调"创新公共服务提供方式""完善公共服务政策保障体系"。[2] 由此可见，强化公共服务资源保障能

---

[1] 《国务院关于印发"十三五"推进基本公共服务均等化规划的通知》（国发〔2017〕9号），中华人民共和国中央人民政府，2017年3月1日，http://www.gov.cn/zhengce/content/2017-03/01/content_ 5172013.htm。

[2] 《中华人民共和国国民经济和社会发展第十四个五年规划和2035年远景目标纲要》，中华人民共和国中央人民政府，2021年3月13日，http://www.gov.cn/xinwen/2021-03/13/content_ 5592681.htm。

力和提升公共服务质量,已然成为政府履行公共服务职能的重要课题。

　　以现代经济学的视角而言,无论是土地还是自然界的各种原料,都可以被纳入资源的范畴。经济学研究的核心主题可以概括为:一个社会如何利用稀缺的资源生产有价值的产品和劳务,并将产品和劳务在不同人群间进行分配①。资源是生产实践的物质基础,《辞海》中对"资源"的解释是"生产资料或生活资料的天然来源"②。这一概念阐释主要停留在自然资源或经济资源层面。伴随着经济和社会的发展,资源的概念范畴亦不断扩展,从自然领域延伸到社会领域。恩格斯指出:"劳动和自然界在一起才是一切财富的源泉,自然界为劳动提供材料,劳动把材料转变为财富。"③ 在他看来,自然资源和劳动力二者皆为构成资源的基本要素。目前,广义的资源可以被定义为自然界及人类社会中一切对人类有用的资源,包括自然资源和社会资源④。其中,社会资源通常是指直接或间接作用于社会生产的社会经济因素。本章所研究的资源主要是社会资源。在公共服务领域,社会资源涵盖众多范围,包括政策、资金、技术、人员等有形资源和社会资本、公共精神等无形资源。尤其是有形资源,通常会对公共服务供给的数量和质量产生更为直接和显著的影响。从一定意义上来看,公共服务体系的建立其实是对各种资源进行汲取、整合与配置的过程⑤。

　　资源作为组织生存与发展的必要依托,其丰富和独特程度往往直接影响组织在竞争中的地位,同时还会影响到组织对外部环境的依赖程度。换言之,资源决定了组织的下限,即组织为维持自身的有效存在而必须履行的最基本职能,也影响到组织的上限,即在履行基本职能的基

---

　① [美]萨缪尔森、诺德豪斯:《经济学》,萧琛主译,人民邮电出版社2004年版,第2页。
　② 夏征农、陈至立等:《大辞海》,http://www.dacihai.com.cn/search_index.html?_st=1&keyWord=资源&itemId=83796。
　③ 《马克思恩格斯选集》(第4卷),人民出版社1995年版,第373页。
　④ 沈满洪:《资源与环境经济学》,中国环境科学出版社2007年版,第2页。
　⑤ 马雪松:《结构、资源、主体:基本公共服务协同治理》,《中国行政管理》2016年第7期。

础上所能够实现的质量提升。因此，对组织资源的研究一直是战略管理研究中的重要课题。学界对组织资源的研究由来已久，发展出多种理论流派，资源基础理论是其中较为显著的基础理论。该理论萌芽于20世纪60年代。1959年，Penrose在其所著的《企业成长理论》一书中提出了"组织不均衡成长理论"，基于经济学原理讨论了企业资源与企业发展之间的关系，根据资源差异分析企业的成长前景，提出企业成功取决于对关键资源的获取、整合以及管理能力[1]。Penrose的资源基础视角启发学者们开始重视资源与组织成长之间的密切联系，为此后资源基础理论的提出奠定基础。20世纪80年代，Wernerfelt将资源界定为"为组织成长带来优势或劣势的各种有形和无形资产"，并借鉴Penrose的观点，明确提出"资源基础观念"的概念，将企业视为有形资产和无形资产的有机组合，将组织战略思考角度由既往的"产品"转变为"资源"[2]。Barney进一步指出，企业可以凭借自身所具有的资源的积累与培养获得长期的竞争优势，而如果战略资源在企业间是均匀分布且高度流动的，那么企业就很难获得显著竞争优势。Barney将其称为"资源基础模式"[3]。1991年，Barney进一步提出能够为企业带来持续性竞争优势的资源应该具备四个基本特征：有价值的、稀缺的、难以替代的和不能完全模仿的，并探讨了这四种特征与企业持续性竞争优势的具体联系[4]。Barney有关资源特征的探讨有力地推动了资源基础理论的发展。此后，资源基础理论的相关研究迅速增多，步入了快速发展阶段。同时，资源的概念也不断进行拓展和延伸[5]。近年来，虽然资源基础理

---

[1] Penrose, E. T., *The Theory of the Growth of the Firm*, New York: Wiley, 1959.

[2] Wernerfelt, B., "A Resource-based View of the Firm", *Strategic Management Journal*, Vol. 5, No. 2, 1984, pp. 171–180.

[3] Barney, J. B., "Strategic Factor Markets: Expectations, Luck, and Business Strategy", *Management Science*, Vol. 32, No. 10, 1986, pp. 1231–1241.

[4] Barney, J. B., "Firm Resources and Sustained Competitive Advantage", *Journal of Management*, Vol. 17, No. 1, 1991, pp. 99–120.

[5] 张琳、席酉民、杨敏：《资源基础理论60年：国外研究脉络与热点演变》，《经济管理》2021年第9期。

论的研究增速放缓，但已经成为管理学领域的重要话语。

具体而言，资源基础理论是以资源作为组织战略决策的根本出发点，利用资源评估组织的竞争优势和发展前景。由于组织占有的资源具有"异质性"，且资源在组织之间处于一种不完全的流动状态，因而，组织所拥有的"独特"资源通常会为组织提供较为持久的竞争优势。资源基础理论将资源对于组织获取竞争优势的重要性提升到决定性的地位。资源成为分析组织的重要单位，其理论实质就是以组织的资源为研究基础，通过识别、区分、配置和扩展组织所拥有的各项资源，尤其是异质性资源，探讨组织对资源进行开发和利用的能力，进而提升组织竞争力。资源基础理论最重要的启发意义在于让寻求组织竞争优势的管理者将目光聚焦于组织自身所拥有的资源的"量"和"质"上，而非企业的外部环境条件。换言之，管理者在制定决策时，需要识别组织现有的、能够产生持续性竞争优势的资源，以此作为决策的依据。

由此，本章将基于资源基础理论，结合政府竞争理论，对政府的公共服务资源保障能力进行科学界定，论证资源保障能力作为政府公共服务能力组成部分的重要价值。为此，将通过文本分析方法，结合数据的可得性和有效性，构建地方政府公共服务资源保障能力评价的指标体系。在此基础上，使用问卷调研的主观数据和部分客观数据，对湖北省16个省直管地方政府的公共服务资源保障能力发展水平进行测度与分析，对各地方政府公共服务资源保障能力存在的差异进行结构分析，并结合各地方政府的基本发展状况，对差异性的成因进行阐释，为各地方政府公共服务能力评估与优化提供参考。

## 第二节 公共服务资源保障能力指标体系构建

### 一 公共服务资源保障能力概念阐释

（一）政府能力竞争的公共服务路径

资源基础理论认为，组织的核心竞争力来源于组织拥有资源的多寡

## 第四章 地方政府公共服务资源保障能力评估指标体系构建与差异性分析

和质量。基于资源基础理论视角，分析和研究作为一个组织的地方政府，理论上可以较为清晰地观察资源对地方政府保持竞争力的重要作用。在此引入"政府竞争"的概念。有关政府竞争的论述可以追溯到古典经济学家亚当·斯密在《国富论》中对制度竞争的描述，他分析了地方经济增长与政府竞争机制间的关联[1]，并在政府提供公共物品与政府竞争之间建立了有机联系。而首次对地方政府竞争进行系统、明确论述的是美国经济学家蒂伯特，其发表于1956年的《地方支出的纯粹理论》一文正式提出了地方政府的竞争分析模型，也被称作"用脚投票"理论。文章提出，假定居民具有偏好差异且可以在不同地区之间自由流动，他们会依据自身偏好选择居住地点，如何选择通常取决于地方政府的公共物品供给水平和课税水平是否相匹配[2]。"用脚投票"现象的存在会对地方政府治理造成外部压力，倒逼地方政府不断提高公共服务水平并辅以减税降费等政策，以避免劳动力等生产要素的流失。结合资源基础理论和政府竞争理论，我们可以得出一个基本结论，即地方政府若要长期保持自身竞争优势，需要充分利用自身所拥有的资源，并将如何获取产生持续性竞争优势的资源作为政府决策的核心内容。

在有关政府竞争的理论阐述中可以发现，公共物品供给水平是衡量政府竞争能力的核心要素。此外，在公共行政领域，20世纪80年代兴起的新公共管理理论在日益显现其在学科范式主导地位的同时，也不断遭受到来自多方持续不断的批评，其中最具有代表性也最具有范式替代价值的新理论模式是新公共服务理论[3]。新公共服务理论主要涵盖七项原则，其中的核心原则是有关政府作用的论述，即政府的首要作用是帮助人民明确表达并实现其共同利益，而非试图控制和驾驭社会[4]，政府

---

[1] [英] 亚当·斯密：《国富论》，郭大力、王亚南译，商务印书馆2019年版。
[2] Tiebout, C. M., "A Pure Theory of Local Expenditures", *Journal of Political Economy*, Vol. 64, No. 5, 1956, pp. 416-424.
[3] 丁煌：《当代西方公共行政理论的新发展——从新公共管理到新公共服务》，《广东行政学院学报》2005年第6期。
[4] 罗伯特·B.丹哈特、珍妮特·V.丹哈特、刘俊生：《新公共服务：服务而非掌舵》，《中国行政管理》2002年第10期。

的职能是服务而非"掌舵"。新公共服务理论明确指出"为社会提供公共服务,追求公共利益"是政府应当追求的根本目标和终极价值,亦是政府最核心的职能之一。因此,我们可以公共服务能力作为衡量政府能力的核心要素。

(二) 公共服务资源保障能力的重要价值

地方政府公共服务能力的保持和成长需要持续的资源获取。换言之,资源保障是政府公共服务顺利开展并取得成效的重要环节。资源保障是指为组织提供必要的资源以支持系统的正常运转和组织目标的达成。公共服务资源保障即是政府为实现向社会提供公共服务的目标,对此提供的资源支持。良好的公共服务资源保障机制是开展公共服务的必要条件,强化公共服务资源保障能力可以最大限度地发挥政府公共服务供给效能。公共服务资源保障能力对公共服务的价值主要体现在以下几个方面。

第一,强大的资源保障能力是政府履行公共服务职能的必要条件。公共服务的理念是由公共物品的概念演变而来。随着公共经济学的快速发展及西方福利国家的建设,政府多直接提供公共服务以促进经济增长,进行社会保障兜底。在此过程中,公共服务涵盖的领域也不断扩展,当前学界对公共服务的内涵解释也出现了多种维度,如"物品解释法""价值解释法""利益解释法"等。但无论何种阐释角度,都可将公共服务的范围涵盖在两个方面:一是物质层面为公民提供公共物品供给,如城乡基础设施建设,发展科技、教育、文化、卫生等公共事业;二是制度层面为公民参与社会公共事务的合法权利提供保障[1]。

公共服务以提供满足社会需要的公共产品为目的,以维护和实现公共利益为价值依归。在此过程中,政府首先要保证公共物品的供给能够满足供给目标群体的需求,必须要有充足的资源保障。这是开展任何公共服务的基础,否则只能落入"巧妇难为无米之炊"的尴尬境地。中

---

[1] 蒋牧宸:《地方政府公共服务供给机制改革研究》,博士学位论文,武汉大学,2014年。

国逐步向基本公共服务均等化的目标迈进，而当前之所以存在基本公共服务不均的问题，根本原因在于地区间、城乡间经济发展水平差距过大。经济落后地区财政收入低，在公共服务支出上捉襟见肘，难以在基本公共服务供给层面有所作为。而财政资源只是开展公共服务众多资源的一种，除了财政资源，在人力资源、政策资源、科技资源等方面也存在明显的地域差异。因此，政府履行公共服务职能，首先要做好资源的保障，打好资源基础，确保资源的充分供应。

第二，强大的资源保障能力是公共服务跨层级、跨部门协作的基础。在公共服务供给过程中，中央与地方权责关系的划分是保障机制运行的重要基础。公共服务在不同地区、不同层级间如何分配，不同层级的政府部门在公共服务供给中处于何种地位，取决于不同层级政府的权责划分。因此，实现公共服务供给机制的良性运行，就需要明确央地政府的公共服务权责配置，在集权与分权之间找到平衡点，建立良好的合作关系。此外，公共服务涉及社会生活的多个方面，既需要不同职能部门深耕各自领域，又需要部门之间的有效沟通与协作，形成公共服务供给合力，避免出现相互推诿、扯皮的情况。《国家基本公共服务体系"十二五"规划》明确了中国基本公共服务的供给范围，包括社会保障、就业服务、公共教育、医疗卫生、公共文化等领域，而环境保护、基础设施等领域的基本公共服务内容由各自相关的"十二五"专项规划进行规范。在明确基本公共服务供给范围的同时，该文件也规定地方政府的规划应与中央政府规划保持一致。①《"十三五"推进基本公共服务均等化规划》也指出，推进基本公共服务均等化，应统筹运用各层级公共资源，推进科学布局、均衡配置和优化整合。②

---

① 《国家基本公共服务体系"十二五"规划（全文）》，（国发〔2012〕29 号），中华人民共和国国务院新闻办公室，2012 年 7 月 20 日，http://www.scio.gov.cn/ztk/xwfb/83/8/Document/1190990/1190990_ 3. htm。

② 《国务院关于印发"十三五"推进基本公共服务均等化规划》，中华人民共和国中央人民政府，2017 年 3 月 1 日，http://www.gov.cn/zhengce/content/2017 - 03/01/content_ 5172013. htm。

由此可见，公共服务的供给需要不同职能、不同层级的政府进行密切而合理的协作。公共服务是一项跨部门、跨层级的需要多方协作与整体统筹的巨大工程，一是需要对不同层级政府之间的权责进行合理分配；二是需要建立良好的职能部门之间的沟通与协作机制。因此，使公共服务供给系统高效有序运转，需要充分运用政策资源发挥建立协作机制的重要作用。具体而言，在公共部门履行公共服务职能时，政策资源的主要作用体现在：其一，明确各层级政府政策制定的范畴及自由裁量权的行使范畴；其二，跨层级、跨部门协作有明确政策文件的支持，减少协作过程中的沟通成本以及不必要的推诿、扯皮或可能出现的摩擦等；其三，在协作出现问题时，有明确的责任划分及适当的调节手段。总之，公共服务资源保障能力直接影响公共服务跨层级、跨部门协作的质量，进而影响公共服务供给的整体水平。

第三，强大的资源保障能力是形成公共服务多元供给格局的关键支撑。《"十三五"推进基本公共服务均等化规划》提出，推进基本公共服务均等化，需要简政放权，对政府与市场的界限进行明确界定，充分发挥市场机制的作用，支持各类主体平等参与并提供服务，形成供给合力。[①] 除市场之外，社会力量也逐渐成为公共服务供给的重要来源，社会力量与政府部门、市场营利组织平等参与公共服务供给，是二者的重要补充与合作伙伴。事实上，随着公民对公共服务供给范围、效率与质量的要求不断提高，仅由公共部门已经难以满足公共服务供给的需求，需要市场与社会力量的补充，即构建公共服务的多元化供给格局。多元化供给即意味着供给主体的多元化，也需要供给方式的多元化，以市场供给为例，就存在合同外包、特许经营、公私合营等多种模式。这些模式以市场需求为基础，使公共服务供给更为灵活、高效。推动建立公共服务多元供给的格局，需要给予非公共部门的供给主体足够的权限和必

---

① 《国务院关于印发"十三五"推进基本公共服务均等化规划》，中华人民共和国中央人民政府，2017 年 3 月 1 日，http://www.gov.cn/zhengce/content/2017 - 03/01/content_5172013.htm。

要的资源补充,既需要制度资源的保障,也需要财政资源的合理配置。

其中,制度资源的保障体现在:其一,在坚持政府公共服务主导地位的基础上,明确市场在资源配置中的决定性作用,提升以社会非营利组织为代表的社会力量在公共服务中的地位,逐步形成多元供给格局;其二,地方政府应放松行政审批,降低市场准入门槛,建立多种形式的公私合作关系,进而扩大市场营利组织进入公共服务领域的途径。例如,对于一些公共项目,政府能够以先导性投资的方式代替传统的大包大揽方式,为市场营利组织的进入开辟道路,消除投资障碍。财政资源的保障则主要体现在:其一,地方政府需要充分运用财政补贴,鼓励市场投资公共服务事业,并分担其投资风险,以吸引更多投资的参与;其二,建立多层次筹资平台,鼓励社会力量、民营资本、海外资本等以直接投资、间接投资、租赁等形式参与公共服务。

## 二 公共服务资源保障能力评价指标构建

构建科学合理的指标体系是有效评价公共服务能力的前提,对促进公共服务标准化建设及可持续发展也起到重要作用。公共服务质量的测度通常是从"投入—产出"的角度进行分析。西奥多·H. 波伊斯特提出的"投入—过程—产出—效果"模型,将影响公共服务水平的因素归结为投入、服务保障、活动产出和公众参与四个方面,通过资源的投入量以及获得产品及服务的产出量衡量公共服务的供给效果[1]。其中,资源保障环节是公共服务顺利实施的必要条件。当前,国内对公共服务资源保障机制通常是从投入角度进行评价。如李娟、傅利平将公共文化服务投入定义为在一定社会经济条件下各行政区域提供公共文化服务活动所需资源的综合,并将其进一步划分为财政投入、基础设施投入和人力资源投入[2]。孙友然将公共文化服务保障体

---

[1] [美]西奥多·H. 波伊斯特:《公共与非营利组织绩效考评:方法与应用》,肖鸣政等译,中国人民大学出版社2005年版。

[2] 李娟、傅利平:《公共文化服务水平综合评价研究》,经济科学出版社2017年版,第66—67页。

系分为法律保障要素、公共文化服务标准体系、资金保障体系和人才保障体系[1]。整体而言，当前有关公共服务质量的评估正经历从碎片化到整体化的发展趋势，基本上依旧是沿袭"投入—产出"的分析框架。单就资源保障这一层面来看，基本上将评价内容聚焦于财政、人力资源、法律等方面。如果我们将研究视野由公共服务能力研究扩展到政府能力研究，也可以从一些研究成果中得到启发。比如，汪永成将政府能力概括为人力资源、财力资源、权力资源、权威资源、文化资源、信息资源、制度资源七种[2]；张钢等将地方政府能力划分为四个部分，其中在资源获取能力部分定义了人力资源、财力资源、物力资源和信息资源四种[3]。

综合以往研究成果，并充分考虑数据的可获得性，本章将公共服务资源保障能力划分为人力资源保障能力、财政保障能力、制度保障能力和技术保障能力四个维度。在各维度之下，再确定更为具体的三级指标，进而构建起公共服务资源保障能力评价体系（见图4-1）。

（一）人力资源保障能力

党的十九大报告指出，人才是实现民族振兴、赢得国际竞争主动的战略资源。因此，建设好覆盖公共服务各个层面的优质人才队伍对提升公共服务整体供给质量至关重要。《"十三五"推进基本公共服务均等化规划》提出，为确保国家基本公共服务制度高效运转，推动规划目标顺利实现，需要改善人财物等基础条件，其中"人"指的就是人才建设。该文件强调要建立健全人才建设机制，并要求采取一系列措施：一是要加强人才培养培训，扩大人才培养规模，健全从业人员继续教育制度；二是要促进人才合理流动，实施东部带西部、城市带农村的人口支持政策；三是要提升基层资源能力，完善基层人员工资待遇等激励政

---

[1] 孙友然：《中国新市民公共文化服务体系研究》，南京大学出版社2018年版，第231—233页。

[2] 汪永成：《政府能力的结构分析》，《政治学研究》2004年第2期。

[3] 张钢、徐贤春：《地方政府能力的评价与规划——以浙江省11个城市为例》，《政治学研究》2005年第2期。

# 第四章 地方政府公共服务资源保障能力评估指标体系构建与差异性分析

```
                     公共服务资源保障能力
        ┌──────────────┼──────────────┬──────────────┐
   人力资源保障能力    财政保障能力    制度保障能力    技术保障能力
```

- 人力资源保障能力：
  - 城市政府工作岗位的吸引力水平
  - 行政人员脱岗在职培训的天数
  - 业务培训项目与职业发展需要的匹配度
  - 工作内容与所在岗位职责的一致程度
  - 行政人员工作满足感

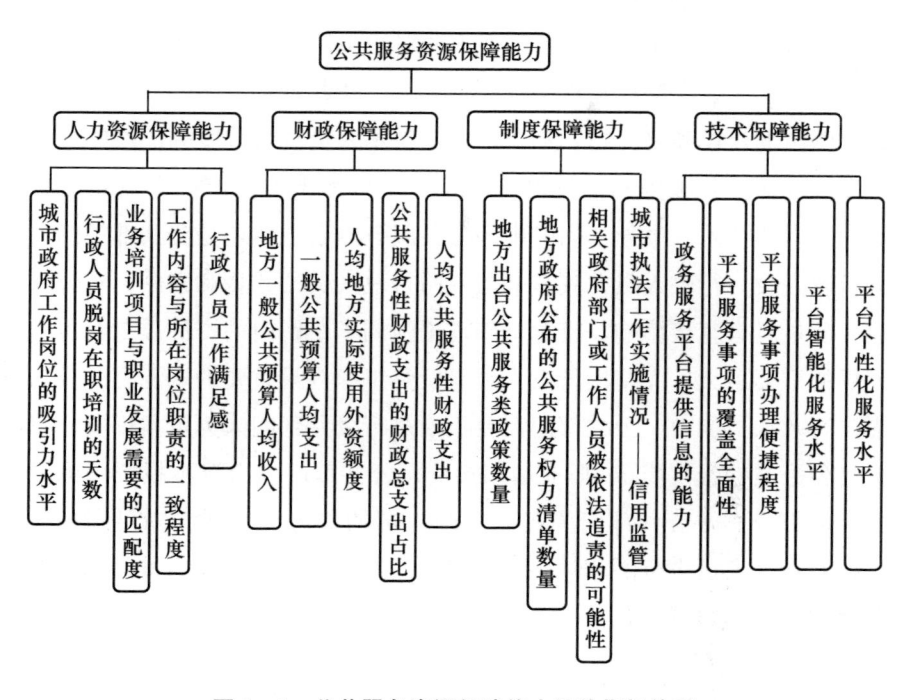

- 财政保障能力：
  - 地方一般公共预算人均收入
  - 一般地方实际使用外资额度
  - 人均地方实际使用外资额度
  - 公共服务性财政支出的财政总支出占比
  - 人均公共服务性财政支出

- 制度保障能力：
  - 地方出台公共服务类政策数量
  - 地方政府公布的公共服务权力清单数量
  - 相关政府部门或工作人员被依法追责的可能性
  - 城市执法工作实施情况——信用监管

- 技术保障能力：
  - 政务服务平台提供信息的能力
  - 平台服务事项办理便捷程度
  - 平台服务事项办理覆盖全面性
  - 平台智能化服务水平
  - 平台个性化服务水平

图 4-1 公共服务资源保障能力评价指标体系

策，优化编制资源配置，保障基层服务力量[①]。在《人力资源和社会保障事业发展"十三五"规划纲要》中，也明确提出"健全人才公共服务体系，加强高层次、高技能人才服务平台建设，构建全国一体化的人才公共服务网络"[②]，强调了人力资源对保障公共服务的重要作用。

人才是创新的重要驱动力，是推动区域经济社会发展、提升竞争力的重要力量。在公共服务资源保障中，专业技术人员是公共服务的智力支持和技术支撑，其数量和质量直接影响到公共服务的最终效果。基本公共服务均等化的目标要求公共服务供给能够惠及全体公民，保障人人

---

① 张钢、徐贤春：《地方政府能力的评价与规划——以浙江省 11 个城市为例》，《政治学研究》2005 年第 2 期。
② 《人力资源社会保障部关于印发人力资源和社会保障事业发展"十三五"规划纲要的通知》（人社部发〔2016〕63 号），中华人民共和国中央人民政府，2016 年 7 月 6 日，http://www.gov.cn/gongbao/content/2017/content_ 5181097. htm。

都能享有基本公共服务。而新时代人民对于美好生活的需要也对公共服务供给多元化、多层次化提出了更高要求。在此背景下，公共服务专业人才队伍的建设和培养越发重要。专业技术人员对公共服务供给的贡献更多体现在公共服务的框架设计、技术支持和统筹协调等专业技能方面。除专业技术人员外，当前中国公共服务供给主体还是公共部门的广大行政人员。行政人员尤其是基层部门行政人员的数量和素质，对公共服务质量具有直接影响。资源基础理论强调了组织内的资源质量对组织发展的重要意义，而基层行政人员无疑是组织内最重要的资源之一。为提高行政人员能力，公共部门需要不断进行公共部门人力资本投资，以提高公务员综合素质。[1] 职业培训投资是公共部门人力资本投资中的重要组成部分，即公共部门为提高行政人员的能力和素质，满足岗位要求，对行政人员进行的非学历特殊培训。在中国当前正大力推进基本公共服务均等化建设的背景下，公共服务供给既要保证覆盖面足够广阔，进一步下沉到广大基层，尤其是经济发展稍滞后的农村地区，又要在保证覆盖面的基础上，尽可能提高服务质量，满足公民对公共服务日益增长的需求。作为公共部门，有责任和义务为不同地区提供均等化的人才服务，并提高人才服务质量[2]。因而，除了高素质、高层次的专业技术人员的引进外，对广大行政人员进行整合和培训，提高其基本素质，强化在公共服务供给中的服务意识和服务能力，已经成为各级地方政府在人才队伍建设中的重要环节。

基于以上分析，按照研究设计和数据收集方案，本章在人力资源保障能力测度指标上选取 5 个三级指标，均为主观指标。首先，用"城市政府工作岗位的吸引力水平"衡量地方政府对公共服务人才的引进力度。一般而言，政府工作岗位的吸引力水平越高，表明在岗位设置和薪资待遇上对人才愈加重视，具有更高的人才引进力度。其次，用

---

[1] 张再生、李祥飞：《公共部门人力资源管理的理论与实践前沿问题探讨》，《中国行政管理》2012 年第 9 期。

[2] 叶晓倩：《人才公共服务：政府职能及其政策选择》，《管理世界》2012 年第 8 期。

"工作内容与所在岗位职责的一致程度"和"行政人员工作满足感"衡量人才的配置与使用能力。如果公共部门人员所从事的工作内容与岗位职责要求一致程度较高,现有工作能够带来更高的满足感,这些人员通常有更大的概率在岗位上坚持更长时间。最后,采用"行政人员脱岗在职培训的天数"和"业务培训项目与职业发展需要的匹配度"以衡量公共服务供给的人员的质量。培训天数越多,培训项目与职业发展的匹配度越高,培训的效果通常就越好,行政人员的素质也相对较高。

(二) 财政保障能力

当前中国公共服务的多元供给格局仍在建设中,由于公共服务的非竞争性和非排他性等特点,决定了政府在公共服务供给格局中依旧处于且需要继续发挥主导作用。《"十三五"推进基本公共服务均等化规划》提出要建立健全财力保障机制,"拓宽资金来源,增强县级政府财政保障能力,稳定基本公共服务投入",并提出要进一步"加大财政投入力度""优化转移支付""提高资金使用效率",明确了财政保障对于政府开展公共服务的重要性。[1]

现代财政的目标就是满足公共需要,提供公共产品[2]。财政政策工具,如财政收入、财政支出等是政府进行公共服务规划和实施最重要的政策工具之一。其中,财政支出是政府进行资源配置最主要的手段[3],既是公共部门提供公共服务的物质保障,又发挥了公共部门对供给模式的规范作用及对供给格局的宏观导向作用,而财政支出最终取决于财政收入。因此,政府公共服务财政保障能力可以从财政收入和财政支出两个方面进行衡量。

财政收入能力是政府从社会获取财政资源的能力,是国家汲取能力的具体体现[4]。公共财政的本质是公共性,其原因在于政府的财政收入

---

[1] 叶晓倩:《人才公共服务:政府职能及其政策选择》,《管理世界》2012 年第 8 期。
[2] 刘大卫:《社会保障财政资金分配效应研究》,博士学位论文,西南财经大学,2013 年。
[3] 安体富、任强:《公共服务均等化:理论、问题与对策》,《财贸经济》2007 年第 8 期。
[4] 王绍光:《国家汲取能力的建设——中华人民共和国成立初期的经验》,《中国社会科学》2002 年第 1 期。

来自其管辖范围内的全体社会成员①。福利经济学代表人物庇古曾提出为实现社会福利最大化的目标：一是要提高国民收入总量，总量越大，社会经济福利越大；二是要促进国民收入分配均等化，均等化程度越高，社会经济福利越大②。庇古的研究对公共服务均等化理念产生了基础性作用。实际上，庇古强调了均等化的两个基本条件，一是收入，二是分配。就公共财政的公共性而言，提高国民收入总量实质上就是增加政府财政收入。当前，中国不同地区以及不同群体之间所享受到的公共服务水平存在明显差异，而地区间和城乡间公共服务供给的差距往往与各自区域的经济发展水平和财政投入水平存在显著关联。经济发展水平较高的区域，其在公共服务供给层面的财政投入也相对较高，在公共服务规模和质量上相对于经济发展水平较低的区域有明显优势③。由此可见，财政收入能力对政府提供公共服务能力具有举足轻重的地位。

值得注意的是，地方政府虽然承担着公共服务的职责，但是公共服务并非地方政府追求的唯一目标。促进经济增长是与公共服务并重的重要目标，如何抉择取决于政府的行为偏好。具体而言，如果公共服务是其偏好，那么地方政府会优先选择增加公共服务的投入，促进社会福利最大化④；如果经济增长是其偏好，那么地方政府对于公共服务的投入会有所保留，在充分考虑自身实际财力的情况下提供公共服务⑤。长久以来，地方经济增长水平在地方政府绩效考核中占据核心位置，也理所当然的作为地方政府官员实现晋升的重要依凭，成为"晋升锦标赛"的主要衡量指标之一⑥。在此背景下，地方政府官员会优先考虑实现经

---

① 叶晓倩：《人才公共服务：政府职能及其政策选择》，《管理世界》2010 年第 8 期。

② ［英］A. C. 庇古：《福利经济学》，朱泱、张胜纪、吴良健译，商务印书馆 2011 年版，第 90—109 页。

③ 辛冲冲、陈志勇：《中国基本公共服务供给水平分布动态、地区差异及收敛性》，《数量经济技术经济研究》2019 年第 8 期。

④ Tiebout, C. M., "A Pure Theory of Local Expenditures", *Journal of Political Economy*, Vol. 64, No. 5, 1956, pp. 416 –424.

⑤ Oates, W. E., "Toward a Second-generation Theory of Fiscal Federalism", *International Tax and Public Finance*, Vol. 12, No. 4, 2005, pp. 349 –373.

⑥ 周黎安：《中国地方官员的晋升锦标赛模式研究》，《经济研究》2007 年第 7 期。

济增长的目标。此消彼长，对于公共服务，尤其是短期内对于促进经济增长、提高政府绩效并无明显效用的领域（如社会保障和救助等）缺乏足够的投入动机[1]，在财政资金分配上通常会让位于短期经济增长目标，客观上导致公共服务财政保障的不足。因此，地方政府公共服务财政保障能力不仅要考虑其财政收入能力，还要衡量其对于财政资金的分配能力，即在公共服务领域的财政投入力度。

相应地，本章在财政保障能力测度部分共选取5个三级指标，基于收入和支出两个层面进行选取，均为客观指标。在财政收入层面，选取两项指标。其中，"地方一般公共预算人均收入"用以衡量该地区的经济发展水平以及地方政府可支配财力水平，体现的是地方政府的财政汲取能力。公共预算收入越高，意味着汲取能力越强。"人均地方实际使用外资额度"反映的是地方财政利用外资提高地方财政收入的能力。实际使用外资额度指的是政府利用吸收外商投资或对外借款等方式筹措境外资源的过程中，根据投资协议实际执行的投资额。在中国经济发展历程中，外国投资是促进地方经济增长的重要动力[2]，也是贡献可观税收，提高地方收入的重要来源[3]，更高的利用外资投资额度通常意味着地方政府拥有更高的财政收入水平。在财政支出层面选取三项指标。其中，"一般公共预算人均支出"用以衡量地方政府对预算收入的分配和使用安排的支出，体现的是地方政府的整体财政支出水平。"人均公共服务性财政支出"和"公共服务性财政支出的财政总支出占比"两项指标则聚焦公共服务领域的财政投入水平，前者衡量的是政府对公共服务的整体投入，即投入的绝对值；后者反映的是对公共服务的投入在整体财政支出中的占比，是投入的相对值。公共服务性财政支出越多，说

---

[1] 朱旭峰、赵慧：《政府间关系视角下的社会政策扩散——以城市低保制度为例（1993—1999）》，《中国社会科学》2016年第8期。

[2] 刘建丽：《新中国利用外资70年：历程、效应与主要经验》，《管理世界》2019年第11期。

[3] 刘建丽：《大变局下中国工业利用外资的态势、风险与"十四五"政策着力点》，《改革》2020年第10期。

明地方政府在公共服务的投入量越多；占比越高，说明地方政府在公共服务的投入力度越大，重视程度越高。

（三）制度保障能力

政府在中国公共服务供给体系中占据主导地位，除了以财政工具制定供给规划、保障供给实施外，还体现在政府对公共服务制度的建设和完善，规范公共服务供给秩序。《"十三五"推进基本公共服务均等化规划》指出，到2020年，要实现基本公共服务体系更加完善、体制机制更加健全的目标，并使制度规范基本成型，各领域制度规范衔接配套、基本完备，服务提供和享有有规可循、有责可究，基本公共服务依法治理水平明显提升。足见公共服务制度建设对实现公共服务目标的重要性。[1]

制度包括为社会生活提供稳定性和意义的规制性、规范性和文化—认知性要素，以及相关的活动和资源[2]。在制度的三个组成要素中，规制性要素即所谓的正式制度，是制度概念最为基础性的层面。本书聚焦于制度的规制层面。所谓"不以规矩，不成方圆"，制度存在的价值在于对主体的行为进行规范和引导。完善制度是建设法治国家的现实要求，是贯彻依法治国的实践路径，是提高国家治理能力，实现国家治理现代化的必然要求[3]。公共服务是一项复杂的系统工程，涉及政府、市场等多个参与方，涵盖规划、供给等多个环节，若缺乏制度的引导与约束，就容易陷入各自为战、相互脱节的混乱局面，降低服务效率，损害服务效果。随着公共服务规模的不断扩大，可支配的资源也不断增加，完善的制度也是减少寻租等腐败现象的根本方法。因此，提高公共服务制度保障能力对提升政府公共服务效能具有重要作用。

当前中国公共服务已逐渐与社会主义市场经济体制相适应，逐渐形成政府、市场、社会多元并存的供给格局，尤其是市场在公共服务中的

---

[1] 刘建丽：《大变局下中国工业利用外资的态势、风险与"十四五"政策着力点》，《改革》2020年第10期。

[2] ［美］W. 理查德·斯科特：《制度与组织——思想观念与物质利益》，姚伟、王黎芳译，中国人民大学出版社2010年版，第56页。

[3] 张文显：《法治与国家治理现代化》，《中国法学》2014年第4期。

## 第四章 地方政府公共服务资源保障能力评估指标体系构建与差异性分析

主体地位越发显现。提高整体公共服务能力，一方面要确立政府在公共服务中占据主导地位，另一方面则要激发市场在公共服务供给中的活力。公共服务多元供给最显著的优势在于利用市场在资源配置中的决定性作用提高公共服务供给效能，提升了公共服务效率。同时，各供给主体为了能够得到"客户"——公民的青睐，需要充分考虑公民的需求，持续提供保质保量的供给，在提升效能的基础上，质量亦有所保证。因而，不仅是约束政府行为，约束市场和社会的行为同样是制度建设的重要内容。现代市场经济作为一种有效运作体制的前提条件是法治，法治对经济人行为的约束体现在产权界定和保护、合同和法律的执行、公平裁判、维护市场竞争等方面。只有当制度既实现了对政府权力的约束，使其无法随意干预市场，又实现了对经济人行为的约束，使其能够较好地履行职责，才能实现一种"好的市场经济"[①]。

综合以上分析，我们在制度保障能力测度部分共选取 4 个三级指标。一是"地方出台公共服务类政策数量"，涵盖公共服务基础设施建设、公共服务数字化建设、公共服务购买/采购等方面政策与制度规定。该指标衡量的是地方政府在制度建设与完善层面的整体能力。通常而言，公共服务类制度文件数量越多，该地区公共服务体系的完善程度越高，对提高公共服务能力有较明显的正向作用。二是"地方政府公布的公共服务权力清单数量"，涵盖公共服务标准化政策、（基本）公共服务实施标准、基本公共服务项目清单、公共服务清单、公共服务办事指南、公共服务市场准入与监管政策等。公共服务权力清单是规定政府合理、合规地实施公共服务活动，并使之公开化、透明化，接受社会监督的制度约束。该指标更为精确地反映了地方政府在公共服务中规范自身权力层面所进行的制度建设进展与成效。以上两项指标为客观指标。三是"当政府部门出现有违制度的行为时，相关部门或工作人员被依法追责的可能性"。这一指标侧重衡量对制度的执行效果。只有制度能够被贯彻、被执行，我们才能说制度发挥了其应有的作用，才能将其作

---

① 钱颖一：《市场与法治》，《经济社会体制比较》2000 年第 3 期。

为一种体系建设的成效,所以,制度是否可以依照其设计原则被忠实执行,是制度建设中必须要考虑的问题。因此,我们以当政府部门无法依据制度规范自身行为时是否会被追责来衡量制度的执行效果。四是"城市执法工作中信用监管的实施情况"。信用监管是制度对经济人进行约束最显著的体现之一。从市场角度而言,信用是市场经济发展的灵魂,信用经济是市场经济发展的更高阶段[1];从政府角度而言,在社会治理过程中,面对越来越复杂的治理任务,政府越发重视"通过信用的治理"[2]。《"十三五"推进基本公共服务均等化规划》在提出完善配套政策体系以强化公共服务资源保障中强调,要强化社会信用体系支撑,提及"健全个人信用档案""建立公共服务信用档案""对失信主体采取惩戒"等具体措施。因此,我们以该指标衡量政府在公共服务制度保障中信用监管的状况。上述前两项指标为客观指标,后两项指标为主观指标。

(四)技术保障能力

党的十九大报告指出,创新是引领发展的第一动力。于公共服务而言,创新是提高政府公共服务能力和水平的关键途径。近二十年来,以互联网、物联网、大数据、人工智能等技术为代表的数字技术快速发展,极大地改变了社会生产和生活的面貌,使社会进入一个高度连通的数字时代[3]。《数字中国发展报告(2020年)》中指出,数字政府建设成为推进国家治理体系和治理能力现代化的有效手段。"十三五"时期,中国数字政府服务效能显著提升,全国一体化政务服务平台基本建成,政务信息资源开发利用深入推进,全国政府网站集约化水平和网上服务水平持续提高[4]。在可预见的未来,数字技术对于提高公共服务能

---

[1] 林钧跃:《中国城市商业信用环境指数研制与分析》,《财贸经济》2012年第2期。
[2] 袁文瀚:《信用监管的行政法解读》,《行政法学研究》2019年第1期。
[3] 戴长征、鲍静:《数字政府治理——基于社会形态演变进程的考察》,《中国行政管理》2017年第9期。
[4] 《国家互联网信息办公室发布〈数字中国发展报告(2020年)〉》,中华人民共和国中央人民政府,2021年7月3日,http://www.gov.cn/xinwen/2021-07/03/content_5622668DK.htm。

力和水平的重要性会进一步提升,一方面数字技术的发展为公共服务创新提供了重要的契机。数字技术重塑了政府、市场、社会和公民的关系,打破了原有的公共服务模式,形成全新的合作边界和协作方式①。另一方面数字技术的发展对政府的公共服务能力提出了严峻的挑战。公民对公共服务的反馈易被互联网放大形成一种舆论压力,要求政府更及时、准确地回应公民的公共服务诉求。可以说,公共服务的数字化转型关系到人民日益增长的美好生活需要和不平衡不充分的发展之间的矛盾的化解②。公共服务领域的数字技术实践主要体现在数字治理、电子政府、智慧城市等领域,这些领域各有特点和侧重点,但是对政府公共服务的能力提升具有共同之处:第一,公民的意见更易表达,政府对公民的公共服务诉求和反馈更加敏感;第二,减少了公共服务中的信息不对称问题,降低了政府与公民的沟通壁垒,降低了供需匹配的交易成本;第三,优化了政府公共服务供给的流程,提高了公共服务供给效率。

在众多数字技术实践中,在线政务服务平台是非常具有代表性的一种模式。在线政务服务平台是以互联网技术为依托,对公共服务事项实行整体统筹、部门协同、一网办理的公共服务模式。以国家政务服务平台为例,作为全国政务服务的总枢纽,主要有支撑一网通办、汇聚数据信息、实现交换共享、强化动态监管四大功能,解决跨地区、跨部门、跨层级政务服务中信息难以共享、业务难以协同、基础支撑不足等突出问题③。《数字中国发展报告(2020年)》在总结"十三五"时期中国在线政务服务平台建设成果时指出,"全国一体化政务服务平台实名用户已超4亿人,省级行政许可事项实现网上受理和'最多跑一次'的比例达到82.13%,全国一半以上行政许可事项平均承诺时限压缩超过

---

① 周瑜:《数字技术驱动公共服务创新的经济机理与变革方向》,《当代经济管理》2020年第2期。
② 余江、靳景、温雅婷:《转型背景下公共服务创新中的数字技术及其创新治理:理论追溯与趋势研判》,《科学学与科学技术管理》2021年第2期。
③ 《国家政务服务平台简介》,http://gjzwfw.www.gov.cn/col/col129/index.html,2022年5月14日。

40%……截至2020年底,全国一体化政务服务平台已发布53个国务院部门的数据资源9942项,为各地区各部门提供共享调用服务达540余亿次"①。由此可见,在线政务服务平台对政府提升公共服务效能产生了巨大的促进作用。整体来看,在线政务服务平台建设和发展的主要目的包括:(1)整合公共资源,以数字化技术推动资源的开放和信息共享;(2)优化政务服务流程,建成"一站式"服务事项处理平台;(3)以政务服务为切入点,延伸至更广泛意义上的社会公共事业,构建一个惠民、利民的开放服务体系。

由此,在公共服务能力技术保障能力测度部分,我们聚焦于地方政府的在线政务服务平台的建设,共选取以下5项三级指标来衡量技术保障能力,均为主观指标。第一,"政务服务平台提供信息的能力"。政务服务平台最重要的功能之一是为公民提供政务服务信息,而政务服务信息的统筹与开放是建立服务平台的基础②。《国务院关于加快推进"互联网+政务服务"工作的指导意见》(以下简称《意见》)指出,要全面公开服务信息,推进政务信息共享,打通数据壁垒③。因此,提供信息的能力可以视为衡量服务平台的关键指标。第二,"平台服务事项的覆盖全面性"。相较于传统政务服务模式,政务服务平台的突出优势在于能够实现服务事项的"一站式"办理④,因此平台的服务事项的覆盖范围越广,其满足公民公共服务需求的能力就越强,发挥的公共服务效能就越强。第三,"平台服务事项办理便捷程度"。于公民而言,政务服务平台的优势在于提供了一个办理服务事项的便捷渠道。《意见》提出,要优化、简化服务事项办理流

---

① 《国家互联网信息办公室发布〈数字中国发展报告(2020年)〉》,中华人民共和国中央人民政府,2021年7月3日,http://www.gov.cn/xinwen/2021-07/03/content5622668.htm。

② 陈涛等:《推进"互联网+政务服务"提升政府服务与社会治理能力》,《电子政务》2016年第8期。

③ 《国务院关于加快推进"互联网+政务服务"工作的指导意见》(国发〔2016〕55号),2016年9月29日,http://www.gov.cn/gongbao/content/2016/content_5120694.htm。

④ 李云新、吕明煜:《"互联网+政务服务"平台建设的特征、动因与绩效:一个多案例分析》,《电子政务》2017年第5期。

程，降低公民的办事成本①。因此，服务事项办理便捷程度是服务平台便民程度的直接体现。第四，"平台智能化服务水平"。智能化水平对政务服务的"服务性""管理性"有重要影响②。《意见》指出，要把握和预判公众办事需求，提供智能化服务③。因此，以智能化服务水平衡量在线政务服务平台建设。第五，"平台个性化服务水平"。个性化服务水平涵盖服务信息或事项的主动推送、个性化定制服务等。《意见》指出要创新网上服务模式，提供个性化服务，变被动为主动服务④，是政府服务平台服务态度的一种体现。

### 三 指标权重的确定

如前文所述，本章采取"逐级等权重"的方式确定各级评估指标的权重。公共服务资源保障能力作为一级指标，其指标权重为 0.25（1/4）。资源保障能力下设四项二级指标，依据"逐级等权重"的思路，计算出"人力资源保障能力""财政保障能力""制度保障能力""技术保障能力"的权重均为 0.0625（0.25/4）。三级指标的权重确定也沿用上述思路，其中"人力资源保障能力"包含五项三级指标，每项三级指标所占权重为 0.0125（0.0625/5）；"财政保障能力"包含五项三级指标，每项三级指标所占权重为 0.0125（0.0625/5）；"制度保障能力"包含四项三级指标，每项三级指标所占权重为 0.015625（0.0625/4）；"技术保障能力"包含五项三级指标，每项三级指标所占权重为 0.0125（0.0625/5）。本章各项评估指标权重如表 4-1 所示。

---

① 李云新、吕明煜：《"互联网+政务服务"平台建设的特征、动因与绩效：一个多案例分析》，《电子政务》2017 年第 5 期。
② 李晓方、王友奎、孟庆国：《政务服务智能化：典型场景、价值质询和治理回应》，《电子政务》2020 年第 2 期。
③ 李晓方、王友奎、孟庆国：《政务服务智能化：典型场景、价值质询和治理回应》，《电子政务》2020 年第 2 期。
④ 李晓方、王友奎、孟庆国：《政务服务智能化：典型场景、价值质询和治理回应》，《电子政务》2020 年第 2 期。

表4-1　　　公共服务资源保障能力评估指标体系及权重

| 一级指标 | 一级指标权重 | 二级指标 | 二级指标权重 | 三级指标 | 三级指标权重 |
|---|---|---|---|---|---|
| 资源保障能力 | 25% | 人力资源保障能力 | 6.25% | 城市政府工作岗位的吸引力水平 | 1.2500% |
| | | | | 行政人员脱岗在职培训的天数 | 1.2500% |
| | | | | 业务培训项目与职业发展需要的匹配度 | 1.2500% |
| | | | | 工作内容与所在岗位职责的一致程度 | 1.2500% |
| | | | | 行政人员工作满足感 | 1.2500% |
| | | 财政保障能力 | 6.25% | 地方一般公共预算人均收入 | 1.2500% |
| | | | | 一般公共预算人均支出 | 1.2500% |
| | | | | 人均地方实际使用外资额度 | 1.2500% |
| | | | | 公共服务性财政支出的财政总支出占比 | 1.2500% |
| | | | | 人均公共服务性财政支出 | 1.2500% |
| | | 制度保障能力 | 6.25% | 地方出台公共服务类政策数量 | 1.5625% |
| | | | | 地方政府公布的公共服务权力清单数量 | 1.5625% |
| | | | | 相关政府部门或工作人员被依法追责的可能性 | 1.5625% |
| | | | | 城市执法工作实施情况——信用监管 | 1.5625% |
| | | 技术保障能力 | 6.25% | 政务服务平台提供信息的能力 | 1.2500% |
| | | | | 平台服务事项的覆盖全面性 | 1.2500% |
| | | | | 平台服务事项办理便捷程度 | 1.2500% |
| | | | | 平台智能化服务水平 | 1.2500% |
| | | | | 平台个性化服务水平 | 1.2500% |

# 第三节　地方政府公共服务资源保障能力评估的数据来源与处理

## 一　数据来源和赋值方法

### （一）整体说明

本章构建的公共服务资源保障能力评估体系共包含人力资源保障能

力、财政保障能力、制度保障能力、技术保障能力4个二级指标,"城市政府工作岗位的吸引力水平"等19个三级指标。依据整体研究设计,本章选用了主观数据和客观数据两种类型的数据(见表4-2),以期全面地反映湖北省各省直管地方政府在公共服务资金保障、制度保障的具体状况,衡量各地方政府的公共服务人力储备厚度及技术应用能力。主观数据可以依据来源划分为两个类别,其一是面向社会普通民众的问卷,其二是面向行政部门人员的问卷;客观数据也可以划分为两个类别,分别是基于各地政府年鉴收集的客观数据以及政府官网中公开的政策文件数量。

(二)分指标说明

1."人力资源保障能力"数据来源和赋值方法

"人力资源保障能力"部分采用主观数据进行评估,数据来源于民众问卷和行政人员问卷。其中"城市政府工作岗位的吸引力水平"这一指标反映了该地区人才引进和行政人员的储备状况,面向该地方政府的普通民众和行政人员进行调查评估,使用问卷中的B4问题"您认为所在城市工作岗位的吸引力水平是多少"。答题者在0—10分中进行评价,其中0分表示完全没有吸引力,10分表示非常具有吸引力。"行政人员脱岗在职培训的天数""业务培训项目与职业发展需要的匹配度""工作内容与所在岗位职责的一致程度""行政人员工作满足感"这四项指标反映的是该地方政府当前的公共服务人员状况,针对当地行政人员进行调查评估。"行政人员脱岗在职培训的天数"这一指标借助行政人员问卷中的B5问题"您过去一年参加脱岗在职业务培训的天数是多少"进行衡量,行政人员可以依据自身参与培训的状况,选择"无培训""5天及以下""6—15天""16—30天""31天及以上"五个选项,分别对应2分、4分、6分、8分、10分。"业务培训项目与职业发展需要的匹配度"这一指标借助行政人员问卷中的B6问题"您参加的业务培训项目与您职业发展需要的匹配度是多少"进行衡量,行政人员可以依照实际情况在0—10分中评价,其中0分表示非常不匹配,10

表4-2　　　　　　资源保障能力部分的数据类型与数据来源

| 二级指标 | 三级指标 | 数据类型 | 数据来源 |
| --- | --- | --- | --- |
| 人力资源保障能力 | 城市政府工作岗位的吸引力水平 | 主观 | 民众/行政人员 |
|  | 行政人员脱岗在职培训的天数 | 主观 | 行政人员 |
|  | 业务培训项目与职业发展需要的匹配度 | 主观 | 行政人员 |
|  | 工作内容与所在岗位职责的一致程度 | 主观 | 行政人员 |
|  | 行政人员工作满足感 | 主观 | 行政人员 |
| 财政保障能力 | 地方一般公共预算人均收入 | 客观 | 统计年鉴 |
|  | 一般公共预算人均支出 | 客观 | 统计年鉴 |
|  | 人均地方实际使用外资额度 | 客观 | 统计年鉴 |
|  | 公共服务性财政支出的财政总支出占比 | 客观 | 统计年鉴 |
|  | 人均公共服务性财政支出 | 客观 | 统计年鉴 |
| 制度保障能力 | 地方出台公共服务类政策数量 | 客观 | 政府政策官网 |
|  | 地方政府公布的公共服务权力清单数量 | 客观 | 政府政策官网 |
|  | 相关政府部门或工作人员被依法追责的可能性 | 主观 | 民众/行政人员 |
|  | 城市执法工作实施情况——信用监管 | 主观 | 民众/行政人员 |
| 技术保障能力 | 政务服务平台提供信息的能力 | 主观 | 民众/行政人员 |
|  | 平台服务事项的覆盖全面性 | 主观 | 民众/行政人员 |
|  | 平台服务事项办理便捷程度 | 主观 | 民众/行政人员 |
|  | 平台智能化服务水平 | 主观 | 民众/行政人员 |
|  | 平台个性化服务水平 | 主观 | 民众/行政人员 |

分表示非常匹配。"工作内容与所在岗位职责的一致程度"使用行政人员问卷中的B8问题"您工作内容与所在岗位职责的一致程度是多少"进行衡量，该问题可以反映地方政府行政岗位设置的合理性，行政人员可以在0—10分中进行评价，其中0分表示非常不一致，10分表示非常一致。"行政人员工作满足感"使用行政人员问卷中的B9问题"您现有的工作多大程度上能够给您带来满足感"进行衡量，该指标主要反映地方政府行政人员的自我满足感和人力资源保障的可持续性，行政人员在0—10分中评价，其中0分表示完全不满足，10分表示完全满足。

2. "财政保障能力"数据来源和赋值方法

"财政保障能力"部分的评估数据均为客观数据，数据来源于2016年至2020年湖北省各地方政府的统计年鉴（见表4-3）。其中，"地方一般公共预算人均收入"这一指标反映了地方政府的财政资金后备状况,选取省直管地方政府统计年鉴中的"地方常住人口"和"地方一般公共预算总收入"两项数据,利用公式(4.1),求出地方政府每年的地方一般公共预算人均收入,得到该指标的初始数据。

$$地方一般公共预算人均收入 = \frac{地方一般公共预算总收入}{地方常住人口} \quad (4.1)$$

指标"一般公共预算人均支出"反映了地方政府财政资金的有效使用状况。选取各地方政府统计年鉴中的"地方常住人口"和"一般公共预算总支出"两项数据,利用公式(4.2),求出各地方政府每年的一般公共预算人均支出。

$$一般公共预算人均支出 = \frac{一般公共预算总支出}{地方常住人口} \quad (4.2)$$

指标"人均地方实际使用外资额度"反映的是地方政府吸纳外部资金的能力。选取各地政府统计年鉴中的"地方常住人口"和"地方实际使用外资额度"两项数据,利用公式(4.3),求得各地方政府每年的人均地方实际使用外资额度。

$$人均地方实际使用外资额度 = \frac{地方实际使用外资额度}{地方常住人口} \quad (4.3)$$

指标"公共服务性财政支出的财政总支出占比"反映了地方政府对公共服务领域的财政倾斜程度。由于部分地方政府统计年鉴中没有对公共服务性财政支出的直接说明,因此该数据需要依据一般公共预算支出的具体事项进行核算,将其中的公共安全支出、教育支出、文化旅游体育与传媒支出[①]、社会保障和就业支出、卫生健康支出、节能环保支出等方面进行加总,求得当地的公共服务性支出,此后使用公式(4.4),求得地方政府每年的公共服务性财政支出占财政总支出的比重。

---

① 由于各地的统计年鉴公开内容和格式存在差异,因此有些地区在一般公共预算支出的项目名称上可能会存在差异,如有些省直管地方政府将"文化旅游体育与传媒支出"称为"文化体育与传媒"或"文化与新闻"等。

公共服务性财政支出的财政总支出占比 = $\dfrac{\text{公共服务性支出}}{\text{一般公共预算总支出}}$

(4.4)

指标"人均公共服务性财政支出"反映了地方政府公共服务的资金使用状况。选取政府统计年鉴中的"公共服务性支出"和"地方常住人口"两项数据，通过公式（4.5）求得各地方政府每年的人均公共服务性财政支出，得到该指标原始数据。

人均公共服务性财政支出 = $\dfrac{\text{公共服务性支出}}{\text{地方常住人口}}$ (4.5)

3. "制度保障能力"数据来源和赋值方法

"制度保障能力"部分的评估数据包括主观数据和客观数据两类。根据国务院印发的《"十三五"推进基本公共服务均等化规划》，各地在推进公共服务建设的过程中应当完善配套政策体系，包括建立健全服务标准体系，强化社会信用体系支撑，等等。① 因此，本章选取了"地方出台公共服务类政策数量""地方政府公布的公共服务权力清单数量"两个客观指标，以及问卷中的"相关政府部门或工作人员被依法追责的可能性""城市执法工作实施情况——信用监管"这两个主观指标，借以衡量地方政府在公共服务供给过程中的制度保障能力。

客观数据部分，指标"地方出台公共服务类政策数量"是指湖北省16个省直管地方政府官网②中公开的制度文件数量。具体搜索方式

---

① 《中华人民共和国中央人民政府 国务院关于印发"十三五"推进基本公共服务均等化规划的通知》，http：//www.gov.cn/zhengce/content/2017-03/01/content_ 5172013.htm。

② 16个省直管地方政府的政府网站分别是：鄂州市人民政府（http://www.ezhou.gov.cn/sy/.）、恩施市人民政府（http://www.es.gov.cn/.）、黄冈市人民政府（http://www.hg.gov.cn/.）、黄石市人民政府（http://www.huangshi.gov.cn/.）、荆门市人民政府（http://www.jingmen.gov.cn/.）、荆州市人民政府（http://www.jingzhou.gov.cn/.）、潜江市人民政府（http://www.hbqj.gov.cn/.）、十堰市人民政府（https://www.shiyan.gov.cn/.）、随州市人民政府（http://www.suizhou.gov.cn/.）、天门市人民政府（http://www.tianmen.gov.cn/.）、武汉市人民政府（http://www.wuhan.gov.cn/.）、咸宁市人民政府（http://www.xianning.gov.cn/.）、仙桃市人民政府（http://www.xiantao.gov.cn/.）、襄阳市人民政府（http://www.xiangyang.gov.cn/wzsy/.）、孝感市人民政府（https://www.xiaogan.gov.cn/.）、宜昌市人民政府（http://www.yichang.gov.cn/.）。

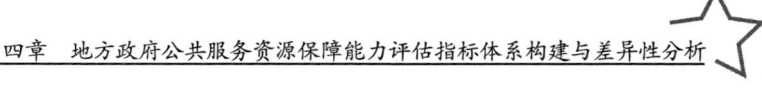

是进入地方政府的官网后,选择"政府信息公开",点击"政策",计算以下三项制度文本的数量总和:2016—2020年间有效的"规章"制度;2016—2020年间出台的"规范性文件"制度;2016—2020年间出台的"其他公开文件"制度。"地方政府公布的公共服务权力清单数量"这一指标统一选用湖北省人民政府中的"政府信息公开"相关数据,点击"法定主动公开内容"中的"权责清单"栏目,选择"公共服务"选项后分别查找各地方政府已公开的权责清单数量(初始客观数据见表4-3)。

主观数据部分,"相关政府部门或工作人员被依法追责的可能性"和"城市执法工作实施情况——信用监管"两项指标的数据来源于普通民众和行政人员的问卷,以反映民众和行政人员对当地权责体系行使状况的看法与当地信用体系的建设状况。其中,"相关政府部门或工作人员被依法追责的可能性"这一指标使用了行政人员问卷中的B14和普通民众问卷中的B7问题——"当您的合法权益遭受政府及其工作人员侵害时,相关政府部门或工作人员被依法追究责任的可能性是多大",被调查者可以在0—10分中进行评价,或选择不了解,0分表示不可能被追责,10分表示被追责的可能性非常大。"城市执法工作实施情况——信用监管"这一指标使用了行政人员问卷中的B18和普通民众问卷中的B11问题——"请您对所在城市信用监管实施情况进行评价",被调查者可以在0—10分中进行评价,或选择不了解,0分表示非常不满意,10分表示非常满意。

4. "技术保障能力"数据来源和赋值方法

"技术保障能力"部分均采用主观数据进行评估,数据来源于普通民众和行政人员的两种问卷。其中,"政务服务平台提供信息的能力"这一指标借助行政人员和民众问卷中的E4问题进行衡量,具体评价维度包括"平台提供信息的丰富度""平台提供信息的完整性""平台提供信息的可理解性""平台提供信息的实用性"这四个方面。被访者可以在0—10分之间对指标进行评价,0分表示非常不满意,10分表示非

表4-3 评估指标涉及的客观原始数据

| 三级指标 | 年份 | 鄂州 | 恩施 | 黄冈 | 黄石 | 荆门 | 荆州 | 潜江 | 十堰 | 随州 | 天门 | 武汉 | 仙桃 | 咸宁 | 襄阳 | 孝感 | 宜昌 |
|---|---|---|---|---|---|---|---|---|---|---|---|---|---|---|---|---|---|
| 地方一般公共预算人均收入（元/人） | 2016 | 4951.80 | 2149.13 | 1890.84 | 4277.83 | 3161.69 | 2026.19 | 2424.12 | 2941.33 | 2068.76 | 1396.70 | 12280.10 | 2533.10 | 3299.29 | 5687.18 | 2635.03 | 7264.89 |
|  | 2017 | 5416.47 | 2229.40 | 2102.67 | 4496.66 | 3489.57 | 2171.33 | 2600.00 | 3149.80 | 2198.60 | 1499.81 | 12879.31 | 2708.15 | 3459.43 | 5569.69 | 2684.64 | 5853.56 |
|  | 2018 | 5375.34 | 2374.48 | 2199.68 | 4736.31 | 3651.30 | 2402.60 | 2674.95 | 3326.48 | 2137.41 | 1603.40 | 13795.69 | 2925.44 | 3590.61 | 5212.91 | 2646.14 | 5736.18 |
|  | 2019 | 5666.70 | 2379.06 | 2232.75 | 4836.75 | 3812.94 | 2503.01 | 2846.50 | 3530.31 | 2210.72 | 1712.36 | 13950.41 | 3037.45 | 3712.92 | 5285.92 | 2754.12 | 5819.14 |
|  | 2020 | 4490.46 | 1668.07 | 1767.90 | 3573.37 | 3074.43 | 2015.03 | 2404.96 | 2784.67 | 1752.04 | 1228.21 | 9883.67 | 2818.37 | 2667.12 | 3041.25 | 2345.68 | 3592.29 |
| 一般公共预算人均支出（元/人） | 2016 | 9381.38 | 9570.83 | 6958.87 | 9089.43 | 8482.06 | 6751.79 | 6604.99 | 9495.45 | 6736.31 | 5282.14 | 14161.73 | 6496.52 | 8557.01 | 11067.92 | 7276.68 | 12880.63 |
|  | 2017 | 10806.02 | 10093.72 | 7167.32 | 9077.92 | 9220.06 | 7200.49 | 6400.00 | 9986.83 | 6772.22 | 5767.04 | 15866.11 | 6917.62 | 8918.78 | 11796.78 | 7325.74 | 11939.50 |
|  | 2018 | 11289.78 | 11597.39 | 7623.85 | 9976.93 | 9297.77 | 7748.92 | 7256.73 | 10981.21 | 6953.58 | 6160.50 | 17413.05 | 7953.51 | 9764.48 | 11835.77 | 7774.80 | 12175.97 |
|  | 2019 | 11791.07 | 13157.52 | 8453.18 | 10736.34 | 10135.63 | 8789.25 | 7991.93 | 11976.16 | 7113.01 | 7106.78 | 19962.18 | 8141.39 | 10997.88 | 12846.48 | 8308.07 | 14427.37 |
|  | 2020 | 11822.31 | 13590.75 | 10111.68 | 11596.94 | 12079.02 | 10190.97 | 9247.60 | 14291.68 | 9331.02 | 8032.11 | 19338.43 | 9384.86 | 11747.73 | 12737.12 | 9958.32 | 15111.38 |
| 人均地方实际使用外资额度（美元/人） | 2016 | 253.46 | 14.67 | 20.46 | 59.09 | 129.70 | 25.20 | 65.89 | 81.41 | 58.40 | 36.47 | 634.67 | 5.41 | 27.70 | 146.17 | 75.99 | 94.79 |
|  | 2017 | 271.67 | 14.88 | 6.51 | 63.91 | 144.53 | 5.28 | 11.43 | 89.48 | 63.70 | 5.30 | 730.40 | 55.71 | 12.52 | 161.94 | 64.12 | 61.98 |
|  | 2018 | 35.79 | 16.09 | 8.47 | 74.53 | 159.04 | 6.07 | 7.89 | 97.06 | 68.67 | 0.41 | 811.25 | 77.24 | 15.85 | 155.26 | 71.10 | 66.96 |
|  | 2019 | 41.52 | 5.94 | 9.23 | 88.28 | 170.27 | 8.90 | 3.14 | 90.00 | 75.39 | 4.46 | 895.91 | 28.99 | 14.51 | 168.66 | 78.43 | 72.96 |
|  | 2020 | 43.93 | 10.14 | 10.14 | 80.49 | 48.16 | 16.60 | 5.73 | 22.47 | 23.24 | 6.52 | 669.26 | 29.46 | 14.10 | 158.00 | 68.48 | 36.30 |

续表

| 三级指标 | 年份 | 鄂州 | 恩施 | 黄冈 | 黄石 | 荆门 | 荆州 | 潜江 | 十堰 | 随州 | 天门 | 武汉 | 仙桃 | 咸宁 | 襄阳 | 孝感 | 宜昌 |
|---|---|---|---|---|---|---|---|---|---|---|---|---|---|---|---|---|---|
| 公共服务性财政支出占财政总支出比 | 2016 | 0.45 | 0.52 | 0.60 | 0.55 | 0.45 | 0.45 | 0.53 | 0.45 | 0.47 | 0.56 | 0.48 | 0.50 | 0.50 | 0.43 | 0.39 | 0.44 |
| | 2017 | 0.44 | 0.52 | 0.63 | 0.54 | 0.46 | 0.54 | 0.56 | 0.46 | 0.51 | 0.57 | 0.47 | 0.50 | 0.49 | 0.41 | 0.44 | 0.44 |
| | 2018 | 0.43 | 0.50 | 0.56 | 0.52 | 0.47 | 0.53 | 0.56 | 0.42 | 0.49 | 0.55 | 0.45 | 0.50 | 0.46 | 0.41 | 0.43 | 0.45 |
| | 2019 | 0.48 | 0.48 | 0.57 | 0.54 | 0.46 | 0.53 | 0.57 | 0.43 | 0.52 | 0.50 | 0.57 | 0.53 | 0.48 | 0.42 | 0.50 | 0.42 |
| | 2020 | 0.56 | 0.49 | 0.56 | 0.57 | 0.47 | 0.56 | 0.58 | 0.42 | 0.53 | 0.55 | 0.51 | 0.55 | 0.50 | 0.49 | 0.53 | 0.47 |
| 人均公共服务性财政支出（元/人） | 2016 | 4208.47 | 5005.45 | 4194.60 | 4959.12 | 3842.37 | 3070.41 | 3529.64 | 4236.53 | 3152.62 | 2951.53 | 6859.07 | 3280.25 | 4271.58 | 4766.49 | 2864.39 | 5681.41 |
| | 2017 | 4722.70 | 5278.04 | 4518.54 | 4930.38 | 4213.81 | 3897.28 | 3560.69 | 4617.87 | 3475.60 | 3263.21 | 7483.99 | 3446.09 | 4401.01 | 4820.39 | 3196.44 | 5271.15 |
| | 2018 | 4819.69 | 5778.43 | 4304.68 | 5195.18 | 4339.95 | 4122.42 | 4087.77 | 4664.07 | 3412.54 | 3370.84 | 7849.97 | 3959.11 | 4516.57 | 4893.01 | 3351.71 | 5468.27 |
| | 2019 | 5609.63 | 6316.22 | 4776.64 | 5828.75 | 4639.85 | 4653.44 | 4538.85 | 5118.49 | 3724.13 | 3582.85 | 11302.41 | 4298.17 | 5296.66 | 5398.36 | 4180.58 | 6129.29 |
| | 2020 | 6621.76 | 6700.94 | 5688.04 | 6569.06 | 5647.89 | 5739.17 | 5370.48 | 5938.59 | 4949.16 | 4447.13 | 9958.75 | 5171.07 | 5841.33 | 6195.45 | 5273.96 | 7047.94 |
| 地方出台公共服务类政策数量（件） | / | 268 | 175 | 405 | 865 | 492 | 275 | 394 | 144 | 212 | 541 | 680 | 648 | 167 | 415 | 390 | 556 |
| 地方政府公布的公共服务权力清单数量（个） | / | 344 | 335 | 323 | 313 | 339 | 332 | 448 | 326 | 326 | 451 | 569 | 449 | 322 | 320 | 300 | 291 |

常满意。"平台服务事项的覆盖全面性"这一指标借助行政人员和民众问卷中的E4问题"平台服务事项的覆盖全面性"进行衡量。被访者可以在0—10分之间对指标进行评价,0分表示非常不满意,10分表示非常满意。"平台服务事项办理便捷程度"这一指标借助行政人员和民众问卷中的E4问题子项进行衡量,具体包括"平台服务事项全程在线办理实现程度""平台跨部门综合服务事项'一网通办'的实现程度"两个维度。被访者可以在0—10分之间对指标进行评价,0分表示非常不满意,10分表示非常满意。"平台智能化服务水平"和"平台个性化服务水平"这两项指标来自问卷调查中的E4问题子项"平台的智能化服务水平(如智能搜索、智能问答等)"及"平台的个性化服务水平(如服务信息或事项的主动推送、个性化定制服务等)",被调查者分别在0—10分之间对平台的智能化和个性化水平进行评价,0分表示非常不满意,10分表示非常满意。

## 二 数据处理

依据研究设计,地方政府公共服务资源保障能力的最终评估得分采用自下而上的计算过程。首先,对主客观数据进行归一化处理,使之分布在0—1的范围内,求得三级指标得分。其次,结合前文确定的各级权重计算二级指标和一级指标的得分。最后,为便于进行后续的评估结果阐释与分析,将指标得分进行百分制转化。

(一)数据无量纲化处理

本章的评估数据存在度量差异,为消除量纲对后续评估的影响,需要对原始数据进行无量纲化处理。考虑到本章所用数据有主客观两种类型,具有不同的数据特点,因此针对不同类型的数据采取了差异化的无量纲化处理方法。具体如下。

1. 主观数据无量纲化处理

步骤一:数据清洗与缺失值处理

对于主观数据,首先需要筛查被调查者的作答是否符合问卷要求。

# 第四章 地方政府公共服务资源保障能力评估指标体系构建与差异性分析

本章所涉及的主观数据均来源于问卷中的选择题，设定了具体的作答要求，筛查时将未按照规定作答、放弃作答的数据结果进行剔除。需要说明的是，"政务服务平台提供信息的能力""平台服务事项办理便捷程度"这两个指标是借助问卷中多个问题的平均分来衡量的，因此要保证被访者回答这两项指标下包含的所有问题时均符合标准。经过数据筛查，得到主观数据部分的有效样本数量如表4-4所示。

步骤二：主观数据无量纲化处理

在数据清洗和缺失值处理之后，为了消除量纲影响，本章对主观数据采取了无量纲化处理，使数据分布在0—1的范围内。本章涉及的指标均为正向指标，因此借助了公式（4.6），即线性归一法进行无量纲化处理。

$$X^* = \frac{x - x_{\min}}{x_{\max} - x_{\min}} \tag{4.6}$$

其中，$x$为原始主观数据，$x_{\min}$为该项指标对应的某地方政府调查问卷数据中的最小值，$x_{\max}$为该项指标对应的某地方政府问卷数据中的最大值。$X^*$即为无量纲化处理结果，代表地方政府的被访者对于当地该项三级指标的评价得分。[1]

步骤三：各地方政府得分均值计算

在对原始主观数据进行无量纲化处理之后，需要求出该地区所有被访者对三级指标的评分。本书采用均值法进行计算，借助公式（4.7）求得该省直管地方政府在各项三级指标上的民众评价得分。

$$X = \frac{\sum_{i=1}^{n} X^*}{n} \tag{4.7}$$

其中，$X^*$为被访者的无量纲化评估分数，$n$表示某地区有效评估

---

[1] 由于"平台提供信息的能力""平台服务事项办理便捷程度"这两项指标由多个问题组成，因此先求得该指标对应题项的平均得分，如针对"平台提供信息的能力"这一指标，被访者A有效回答了"平台提供信息的丰富度"、"平台提供信息的完整性"、"平台提供信息的可理解性"和"平台提供信息的实用性"四个问题，先求出四个问题均值，即"平台提供信息的能力 =（平台提供信息的丰富度 + 平台提供信息的完整性 + 平台提供信息的可理解性 + 平台提供信息的实用性）/4"，之后再对"平台提供信息的能力"的得分进行归一。

表 4-4 主观数据部分各指标有效样本数量

| 二级指标 | 三级指标 | 鄂州 | 恩施 | 黄冈 | 黄石 | 荆门 | 荆州 | 潜江 | 十堰 | 随州 | 天门 | 武汉 | 仙桃 | 咸宁 | 襄阳 | 孝感 | 宜昌 |
|---|---|---|---|---|---|---|---|---|---|---|---|---|---|---|---|---|---|
| 人力资源保障能力 | 城市政府工作岗位的吸引力水平 | 150 | 200 | 200 | 200 | 200 | 200 | 150 | 200 | 200 | 150 | 398 | 150 | 200 | 300 | 200 | 300 |
| | 行政人员脱岗在职培训的天数 | 30 | 39 | 40 | 40 | 40 | 40 | 30 | 40 | 37 | 29 | 80 | 29 | 40 | 59 | 40 | 60 |
| | 业务培训项目与职业发展需要的匹配度 | 30 | 40 | 40 | 40 | 40 | 40 | 30 | 40 | 40 | 30 | 80 | 30 | 40 | 60 | 40 | 60 |
| | 工作内容与所在岗位职责的一致程度 | 30 | 40 | 40 | 40 | 40 | 40 | 30 | 40 | 40 | 30 | 80 | 30 | 40 | 60 | 40 | 60 |
| | 行政人员工作满足感 | 30 | 40 | 40 | 40 | 40 | 40 | 30 | 40 | 40 | 30 | 80 | 30 | 40 | 60 | 40 | 60 |
| 制度保障能力 | 相关政府部门工作人员被依法依责的可能性 | 150 | 200 | 200 | 200 | 200 | 200 | 150 | 199 | 200 | 150 | 400 | 150 | 200 | 300 | 200 | 300 |
| | 城市执法工作实施情况——信用监管 | 136 | 157 | 194 | 149 | 168 | 199 | 148 | 149 | 166 | 116 | 286 | 106 | 190 | 258 | 159 | 297 |
| 技术保障能力 | 政务服务平台提供信息的能力 | 48 | 125 | 120 | 94 | 121 | 164 | 98 | 93 | 126 | 107 | 224 | 73 | 124 | 197 | 101 | 207 |
| | 平台服务事项的覆盖全面性 | 49 | 142 | 122 | 97 | 117 | 164 | 99 | 95 | 129 | 108 | 221 | 76 | 124 | 203 | 104 | 209 |
| | 平台服务事项办理便捷程度 | 46 | 134 | 122 | 95 | 116 | 164 | 97 | 90 | 127 | 107 | 215 | 75 | 123 | 201 | 100 | 207 |
| | 平台智能化服务水平 | 47 | 141 | 122 | 96 | 116 | 164 | 100 | 92 | 128 | 103 | 221 | 75 | 125 | 200 | 102 | 209 |
| | 平台个性化服务水平 | 47 | 135 | 122 | 92 | 117 | 164 | 98 | 91 | 128 | 105 | 219 | 74 | 122 | 197 | 101 | 209 |

该指标的人数，最终计算出的 X 即为该地方政府在某项三级指标上的评估得分。

2. 客观数据无量纲化处理

步骤一：数据清洗与缺失值处理

本章使用的客观数据来源于地方政府统计年鉴及政府官网，但受制于数据的公开程度，出现了部分缺失值，需要对此进行处理。具体而言，在计算"公共服务性财政支出的财政总支出占比"和"人均公共服务性财政支出"这两项指标时，需要对各地公共安全支出、教育支出、文化旅游体育与传媒支出、社会保障和就业支出、卫生健康支出、节能环保支出进行加总，进而求出"地方公共服务性财政总支出"，而黄冈市、黄石市、十堰市的数据存在缺失，本章采取了平均值代替的方式进行缺失值补充。黄冈市缺少 2016 年、2017 年、2020 年的公共安全、文化旅游方面的数据，使用 2018 年、2019 年公共安全支出、文化旅游体育与传媒数据的均值进行替代；黄石市缺少 2016 年的公共安全支出、文化旅游体育与传媒、节能环保支出数据，使用 2017—2020 年相关数据的平均值进行代替；十堰市缺少 2019 年、2020 年的节能环保支出数据，使用 2016—2018 年的相关数据平均值进行代替。

步骤二：客观数据无量纲化处理

客观数据是各地方政府连续 5 年的面板数据，为充分发挥面板数据的特点，反映地方政府公共服务资源保障能力的现有水平及变化状况。本章采取了不同的方式对客观数据进行无量纲化处理，虽然仍借助公式（4.6）进行计算，但其中的代数含义发生了变化。

$$X^* = \frac{x - x_{\min}}{x_{\max} - x_{\min}} \quad (4.6)$$

其中，$x$ 为原始客观数据，$x_{\min}$ 为某项指标对应的 16 个省直管地方政府在 5 年（2016—2020 年）面板数据中的最小值，$x_{\max}$ 为该项指标对应的 16 个省直管地方政府在 5 年（2016—2020 年）面板数据中的最大值，$X^*$ 即为无量纲化处理结果，代表地方政府 2016—2020 年中在某三级指标上的分别得分。

对于制度保障中的"地方出台公共服务类政策数量"和"地方政府公布的公共服务权力清单数量"这两项指标，由于无法对每一年的具体数量进行划分，因此在处理这两项指标时，$x_{min}$为指标对应的16个省直管地方政府数据中的最小值，$x_{max}$为指标对应的16个省直管地方政府数据中的最大值，$X^*$即为无量纲化处理结果。

借助上述方法，可以求得16个省直管地方政府在各项客观指标上的得分。

步骤三：各地方政府得分均值计算

财政保障能力部分的五项三级指标在进行无量纲化处理后，可以得到16个省直管地方政府在2016—2020年间的无量纲化得分。但本次评估针对湖北省整个"十三五"时期的公共服务资源保障状况，因此需要对5年间的状况进行平均值计算，具体借助公式（4.8）实现。

$$X = \frac{\sum_{i=1}^{n} X^*}{n} \tag{4.8}$$

公式（4.8）中，$X^*$为地方政府在某年和某项指标上无量纲化处理的评估分数，$n$表示该省直管地方政府客观数据的无量纲化数据共有$n$年，最终计算出的$X$即为该地方政府在财政保障能力方面的客观指标得分。对于制度保障的两项客观指标而言，由于不存在多个年度的数据，因此在步骤二之后即可得到最终得分。

（二）各级指标分值计算

经过对原始数据的处理，可以按照自下而上的方式计算资源保障能力各级指标的得分，具体如下。

步骤一：三级指标得分计算

计算得出的各地方政府主观指标无量纲化均值得分与客观指标的无量纲化均值得分可以反映出各地方政府的公共服务资源保障能力，因此可以直接作为三级指标得分。

步骤二：二级指标得分计算

前文已计算出三级指标得分以及各项三级指标所占权重，可以通过公式（4.9）计算二级指标得分。

$$二级指标得分 = \sum_{i=1}^{n} 三级指标 \times 三级指标权重 \quad (4.9)$$

其中，$n$ 为该二级指标下的三级指标数量。借助此公式可以求得"人力资源保障能力"、"财政保障能力"、"制度保障能力"和"技术保障能力"四项二级指标的具体得分。

步骤三：一级指标得分计算

一级指标的得分计算思路与二级指标得分计算思路相近，在计算出二级指标得分后，可以用四项二级指标的得分乘以相应的权重，相加后求得各地方政府在"公共服务资源保障能力"一级指标上的最终得分，计算方法为公式（4.10）。

$$一级指标得分 = \sum_{i=1}^{m} 二级指标 \times 二级指标权重 \quad (4.10)$$

其中，$m$ 为该一级指标下的二级指标数目（本章中 $m=4$）。借助上述方法可以计算得到湖北省 16 个省直管地方政府的公共服务资源保障能力得分。

（三）百分制分值转换

为便于后续分析，本章参考既有研究的处理方式，借助公式（4.11）将各级指标分值转化为百分制得分。其中，$x$ 表示该地方政府在该指标上的百分制得分。

$$\frac{指标初始得分}{该指标满分} = \frac{x}{100} \quad (4.11)$$

三级指标的百分制得分借助公式（4.12）计算所得。由于计算三级指标得分时采用了归一化方式，因此三级指标初始得分的满分为 1，基于此可以求得各地方政府的三级指标百分制分值。

$$\frac{三级指标初始得分}{1} = \frac{三级指标百分制得分}{100} \quad (4.12)$$

二级指标的百分制得分借助公式（4.13）计算所得。各地方政府二级指标的满分是其下各项三级指标得分乘以权重后的加总。本章三级指标的满分为 1，权重分别为 0.0125（5 项三级指标）或 0.015625（4

项三级指标），最终计算得出二级指标初始得分的满分均为 0.0625。基于上述公式可以求得地方政府在二级指标上的百分制分值。

$$\frac{\text{二级指标初始得分}}{0.0625} = \frac{\text{二级指标百分制得分}}{100} \qquad (4.13)$$

一级指标的百分制得分借助公式（4.14）计算。各地方政府在"资源保障"部分的一级指标满分是四项二级指标的满分（0.0625），乘以其各自所占权重（0.0625），之后进行加总，即 $\sum_{i=1}^{4}(0.0625 \times 0.0625)$，基于此可以求得各地方政府在一级指标上的百分制分值。

$$\frac{\text{一级指标初始得分}}{\sum_{i=1}^{4}(0.0625 \times 0.0625)} = \frac{\text{一级指标百分制得分}}{100} \qquad (4.14)$$

由此，可以得到各个地方政府在各级指标的最终得分。其中，各个地方政府在二级指标和三级指标上的总体得分如表 4-5 所示。

表 4-5　湖北省 16 个省直管地方政府公共服务资源保障能力得分与二级指标得分

| 地方政府 | 一级指标 资源保障能力 原始得分 | 一级指标 资源保障能力 百分制得分 | 二级指标 人力资源保障能力 原始得分 | 二级指标 人力资源保障能力 百分制得分 | 二级指标 财政保障能力 原始得分 | 二级指标 财政保障能力 百分制得分 | 二级指标 制度保障能力 原始得分 | 二级指标 制度保障能力 百分制得分 | 二级指标 技术保障能力 原始得分 | 二级指标 技术保障能力 百分制得分 |
|---|---|---|---|---|---|---|---|---|---|---|
| 武汉 | 0.0115 | 73.78 | 0.0418 | 66.83 | 0.0460 | 73.54 | 0.0490 | 78.40 | 0.0477 | 76.37 |
| 天门 | 0.0094 | 60.23 | 0.0430 | 68.87 | 0.0104 | 16.68 | 0.0441 | 70.63 | 0.0530 | 84.73 |
| 黄石 | 0.0093 | 59.63 | 0.0456 | 72.90 | 0.0200 | 32.06 | 0.0402 | 64.36 | 0.0432 | 69.18 |
| 仙桃 | 0.0088 | 56.19 | 0.0397 | 63.59 | 0.0124 | 19.85 | 0.0406 | 65.04 | 0.0477 | 76.29 |
| 荆门 | 0.0086 | 55.12 | 0.0431 | 68.89 | 0.0139 | 22.19 | 0.0325 | 52.02 | 0.0484 | 77.38 |
| 咸宁 | 0.0079 | 50.49 | 0.0430 | 68.86 | 0.0142 | 22.73 | 0.0288 | 46.01 | 0.0402 | 64.38 |
| 襄阳 | 0.0078 | 50.21 | 0.0405 | 64.78 | 0.0171 | 27.41 | 0.0276 | 44.12 | 0.0403 | 64.53 |
| 十堰 | 0.0078 | 49.69 | 0.0367 | 58.72 | 0.0133 | 21.34 | 0.0265 | 42.43 | 0.0477 | 76.25 |
| 随州 | 0.0076 | 48.85 | 0.0383 | 61.29 | 0.0106 | 16.98 | 0.0265 | 42.40 | 0.0467 | 74.73 |

续表

| 地方政府 | 一级指标 资源保障能力 || 二级指标 ||||||||
|---|---|---|---|---|---|---|---|---|---|---|
| ^ | ^ | ^ | 人力资源保障能力 || 财政保障能力 || 制度保障能力 || 技术保障能力 ||
| ^ | 原始得分 | 百分制得分 | 原始得分 | 百分制得分 | 原始得分 | 百分制得分 | 原始得分 | 百分制得分 | 原始得分 | 百分制得分 |
| 孝感 | 0.0076 | 48.52 | 0.0395 | 63.25 | 0.0096 | 15.30 | 0.0267 | 42.76 | 0.0455 | 72.77 |
| 宜昌 | 0.0075 | 48.22 | 0.0292 | 46.75 | 0.0193 | 30.91 | 0.0302 | 48.37 | 0.0418 | 66.86 |
| 恩施 | 0.0075 | 48.21 | 0.0359 | 57.47 | 0.0166 | 26.61 | 0.0251 | 40.23 | 0.0428 | 68.53 |
| 潜江 | 0.0075 | 48.18 | 0.0324 | 51.90 | 0.0143 | 22.88 | 0.0354 | 56.63 | 0.0383 | 61.31 |
| 荆州 | 0.0072 | 46.23 | 0.0415 | 66.38 | 0.0126 | 20.14 | 0.0205 | 32.75 | 0.0410 | 65.63 |
| 黄冈 | 0.0070 | 44.50 | 0.0277 | 44.35 | 0.0161 | 25.81 | 0.0269 | 43.10 | 0.0405 | 64.73 |
| 鄂州 | 0.0066 | 42.12 | 0.0303 | 48.47 | 0.0180 | 28.86 | 0.0210 | 33.56 | 0.0360 | 57.60 |

## 第四节 地方政府公共服务资源保障能力的聚类与差异性分析

在计算各级指标得分之后，得到湖北省16个省直管地方政府在资源保障能力与四项二级指标上的初始得分和百分制得分。后续的分析将首先对各地方政府公共服务资源保障能力得分进行聚类分析，在此基础上对每一类型的地方政府资源保障能力进行特征描述，并进一步对各地方政府公共服务资源保障能力和各项二级指标能力的差异进行结构性分析。本节在分析时采用下级指标解释上级指标的思路，即通过四项二级指标得分状况分析各地资源保障能力的总体概况及其结构性特征，通过分析三级指标解释各地二级指标得分表现状况及其结构性特征。

### 一 地方政府公共服务资源保障能力评估结果的聚类分析

地方政府在资源保障能力方面各有优势与不足，存在较大的地区间差异，因此对其进行分类分析更加科学。本节首先运用聚类分析方法对湖北省16个省直管地方政府的"公共服务资源保障能力"得分进行聚类处理，在聚类结果的基础上描述每一类型地方政府的基本特征。统计学中常见的聚类分析方法有层次聚类、系统聚类和K-means聚类等。其中K-means聚类方法可以通过多次迭代，在计算数据均值的基础上进行归类，以达到类别内部差异最小和类别间差异最大化的效果。本节借助SPSS分析软件，应用K-means聚类方法将16个省直管地方政府的资源保障能力划分为4类，聚类中心点分别为73.78、57.79、49.05、44.28。依据其得分特征，将四类地方政府分别命名为领先创新型、积极追赶型、稳步推进型、初始发展型。其中武汉为领先创新型；天门、黄石、仙桃和荆门4个地方政府为积极追赶型；咸宁、襄阳、十堰、随州、孝感、宜昌、恩施、潜江和荆州9个地方政府为稳步推进型；黄冈和鄂州两个地方政府为初始发展型。

图4-2直观反映了湖北省16个省直管地方政府的公共服务资源保障能力总体表现情况，16个省直管地方政府的资源保障能力平均得分为51.89，百分制得分极差为31.66，标准差为7.46。可以看出，武汉作为资源保障能力领先创新型地方政府，在公共服务资源保障能力方面明显高于其他地区，呈现出"一枝独秀"的状态。天门、黄石、仙桃、荆门4个地方政府作为资源保障能力积极追赶型地方政府，其总得分与武汉仍有一定差距，但均高于湖北省16个省直管地方政府的平均得分，且这4个地方政府间的差异较小，总得分差值仅在5分左右，基本处于同一层次。咸宁、襄阳、十堰、随州、孝感、宜昌、恩施、潜江和荆州9个地方政府是资源保障能力稳步推进型地方政府，其资源保障能力总得分均低于全省平均水平，但总体而言与全省平均值相差不大，总得分最大差值也在5分之内，处于同一层次。黄冈和鄂州是资源保障能力初始发展型地方政府，二者与全省平均分的差距均超过5分，在资源保障能力下的四项二级指标中有多个维度需要发展补足，与平均水平有一定差距。

# 第四章 地方政府公共服务资源保障能力评估指标体系构建与差异性分析

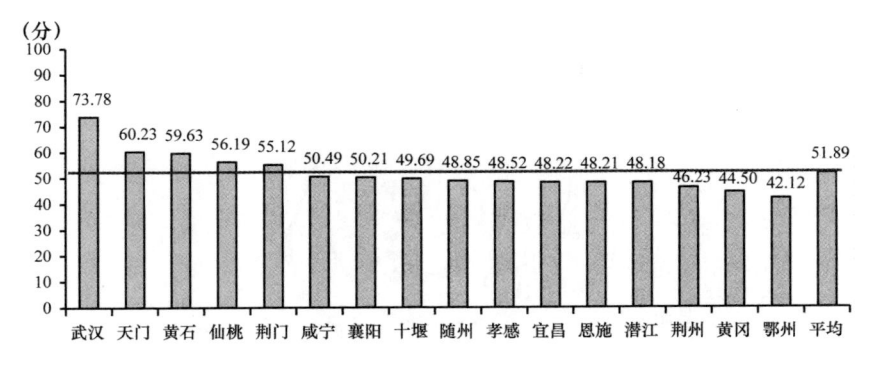

(分)
100
90
80 73.78
70
60 60.23 59.63 56.19 55.12
50 50.49 50.21 49.69 48.85 48.52 48.22 48.21 48.18 51.89
40 46.23 44.50 42.12
30
20
10
0
武汉 天门 黄石 仙桃 荆门 咸宁 襄阳 十堰 随州 孝感 宜昌 恩施 潜江 荆州 黄冈 鄂州 平均

图 4-2 湖北省 16 个省直管地方政府公共服务资源保障能力表现

图 4-3 可以反映湖北省 16 个省直管地方政府在资源保障能力各项二级指标上得分差异性的结构特征。首先，武汉作为资源保障能力领先创新型地方政府，在"人力资源保障能力"、"财政保障能力"、"制度保障能力"及"技术保障能力"四项二级指标上的得分均位于湖北省前列。其次，资源保障能力积极追赶型的天门、黄石、仙桃、荆门4个地方政府在四项二级指标上表现各异。其中，黄石在四项指标中未出现极大值或极小值，四项指标得分相近；天门、仙桃、荆门则呈现出"偏科"状态，在"技术保障能力"方面得分突出，"财政保障能力"得分较低，但这3个地方政府在其他三项指标上的得分弥补了其短处，提升了当地资源保障能力整体水平。再次，资源保障能力稳步推进型的咸宁、襄阳、十堰、随州、孝感、宜昌、恩施、潜江和荆州9个地方政府的二级指标得分缺乏亮点，大部分指标得分均处于中游，没有呈现出明显的极大值和极小值。最后，资源保障能力初始发展型的黄冈和鄂州则有多项二级指标处于得分洼地。如黄冈在"人力资源保障能力"、"制度保障能力"和"技术保障能力"方面得分较低；鄂州在"制度保障能力"和"技术保障能力"方面得分较低。且这两个地方政府在二级指标得分上缺少高分弥补弱项，导致资源保障能力总得分不佳。

*178* 地方政府公共服务能力差异性的结构比较分析

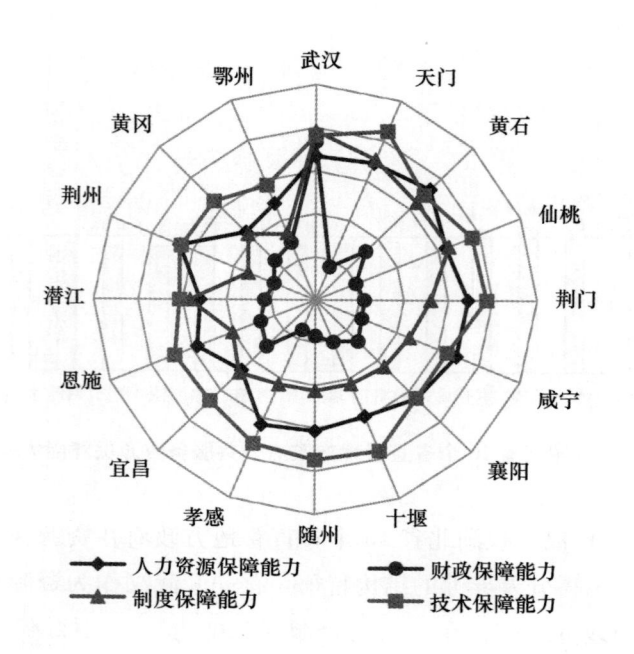

图 4-3 湖北省 16 个省直管地方政府公共服务资源保障能力得分雷达图①

## 二 地方政府公共服务资源保障能力类别差异性的结构分析

前文整体描述了湖北省 16 个省直管地方政府的公共服务资源保障能力，后文将分析资源保障能力不同层次地方政府的具体表现。分析时会借助雷达图进行具体说明，并将资源保障能力领先创新型、资源保障能力积极追赶型、资源保障能力稳步推进型、资源保障能力初始发展型四个层次下的地方政府置于雷达图中，以便对各层次地方政府资源保障能力差异性的结构特征进行比较分析。

（一）领先创新型地方政府公共服务资源保障能力差异性的结构分析

武汉是湖北省资源保障能力领先创新型地方政府。从表 4-6 中

---

① 为更加清晰地呈现各省直管地方政府的资源保障得分结构，雷达图中没有添加坐标轴刻度，在此略作说明：坐标轴从中心到最外层依次是 0、10、20、30、40、50、60、70、80、90、100，本章雷达图的刻度均进行了统一。

第四章　地方政府公共服务资源保障能力评估指标体系构建与差异性分析

可以看出武汉市在资源保障能力方面的四项具体得分,其中"人力资源保障能力"得分为66.83,"财政保障能力"得分为73.54,"制度保障能力"得分为78.40,"技术保障能力"得分为76.37。在相对位次上,武汉市在四项二级指标上均处于第一梯队,呈现出四项二级指标均衡发展的态势,保证了武汉的资源保障能力要优于其他地方政府。

表4-6　湖北省资源保障能力领先创新型地方政府得分(百分制)

| 地方政府 | 一级指标 | 二级指标 | | | |
|---|---|---|---|---|---|
| | 资源保障能力 | 人力资源保障能力 | 财政保障能力 | 制度保障能力 | 技术保障能力 |
| 武汉 | 73.78 | 66.83 | 73.54 | 78.40 | 76.37 |

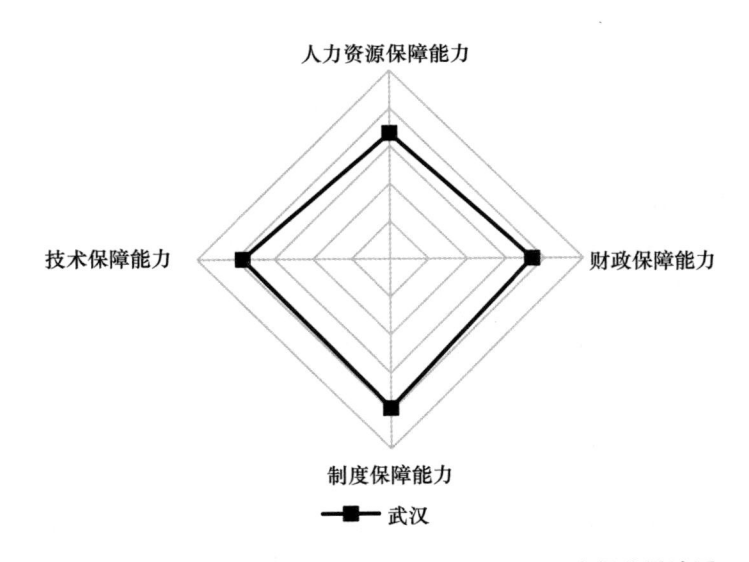

图4-4　湖北省资源保障能力领先创新型地方政府得分雷达图

武汉的优异表现与其作为湖北省省会、华中区域龙头城市,并入选国家中心城市名单相关。武汉市可以凭借庞大的经济体量吸引周边区域的人力、物力、财力,加之武汉市内高校众多,科技生产能力和转换能力较强，为该市提供了充足的人力保障、财政保障和技术保障。同时，当地也要满足需求多样的服务对象，面临其他中心城市的竞争，因此需要加强制度体系的建设，制度保障整体表现优异。综合四项二级指标之后，武汉市成为公共服务资源保障能力领先创新型地方政府，整体表现较其他地方政府更优。

（二）积极追赶型地方政府公共服务资源保障能力差异性的结构分析

天门、黄石、仙桃、荆门是资源保障能力积极追赶型地方政府。表4-7展示了4个地方政府的"人力资源保障能力"、"财政保障能力"、"制度保障能力"和"技术保障能力"得分，这4个地方政府都有得分较为突出的二级指标。首先，天门市在"技术保障能力"方面得分为84.73，位列16个省直管地方政府的首位；"制度保障能力"得分为70.63；"人力资源保障能力"得分为68.87。其次，黄石市在"人力资源保障能力"方面得分为72.90，在16个省直管地方政府中居于首位；"财政保障能力"方面得分为32.06，表现优异。再次，仙桃市在"制度保障能力"和"技术保障能力"方面表现突出，其中"制度保障能力"得分为65.04，"技术保障能力"得分为76.29，相对位次均在省内前5。最后，荆门市在"人力资源保障能力"和"技术保障能力"层面表现亮眼，其中"人力资源保障能力"得分为68.89，"技术保障能力"得分为77.38，在16个省直管地方政府中均处于前列。

但上述4个地方政府与领先创新型地方政府尚有差距，并非在四项二级指标上均表现突出，而是存在弱项。如黄石在"技术保障能力"方面仅得分69.18；天门市在"财政保障能力"方面仅得分16.68，相对位次靠后；仙桃在"财政保障能力"方面得分仅有19.85；荆门市在"财政保障能力"方面得分为22.19。由此可见，积极追赶型地方政府在资源保障能力方面整体表现优异，但依旧有明显弱项，需要后续补足。

第四章　地方政府公共服务资源保障能力评估指标体系构建与差异性分析

表4-7　湖北省资源保障能力积极追赶型地方政府得分（百分制）

| 地方政府 | 一级指标 | 二级指标 | | | |
|---|---|---|---|---|---|
| | 资源保障能力 | 人力资源保障能力 | 财政保障能力 | 制度保障能力 | 技术保障能力 |
| 天门 | 60.23 | 68.87 | 16.68 | 70.63 | 84.73 |
| 黄石 | 59.63 | 72.90 | 32.06 | 64.36 | 69.18 |
| 仙桃 | 56.19 | 63.59 | 19.85 | 65.04 | 76.29 |
| 荆门 | 55.12 | 68.89 | 22.19 | 52.02 | 77.38 |

图4-5除了可以反映资源保障能力积极追赶型地方政府的具体得分之外，也可以进一步分析各地方政府资源保障能力的差异性及其结构特征。其一，黄石市的"人力资源保障能力"表现最为优异，且在"财政保障能力"方面相对突出，但是"技术保障能力"仍需加强。其二，天门、仙桃和荆门3个地方政府具有较强的"技术保障能力"，但在"财政保障能力"方面均存在短板。天门、仙桃和荆门的"财政保障能力"较弱可能与其经济体量较小有关，这3个地区的生产总值在湖北省内分别居于第16、第14和第8。但经济体量小并不是公共服务资源保障的决定因素，如天门、仙桃等地方政府重视数字平台开发与技术建设，在一定程度上弥补了短板，其公共服务资源保障总能力处于全省上游水平。[1]

（三）稳步推进型地方政府公共服务资源保障能力差异性的结构分析

咸宁、襄阳、十堰、随州、孝感、宜昌、恩施、潜江和荆州都被归于资源保障能力稳步推进型地方政府。表4-8展示了这9个地方政府

---

[1]　数据来源于2020年湖北省统计年鉴，湖北省各省直管地方政府2020年地区生产总值如下：武汉（15616.06亿元）、襄阳（4601.97亿元）、宜昌（4261.42亿元）、荆州（2369.04亿元）、孝感（2193.55亿元）、黄冈（2169.55亿元）、十堰（1915.1亿元）、荆门（1906.41亿元）、黄石（1641.32亿元）、咸宁（1524.67亿元）、恩施（1117.7亿元）、随州（1096.72亿元）、鄂州（1005.23亿元）、仙桃（827.91）、潜江（765.23亿元）、天门（617.49亿元），神农架林区不计入本次统计。

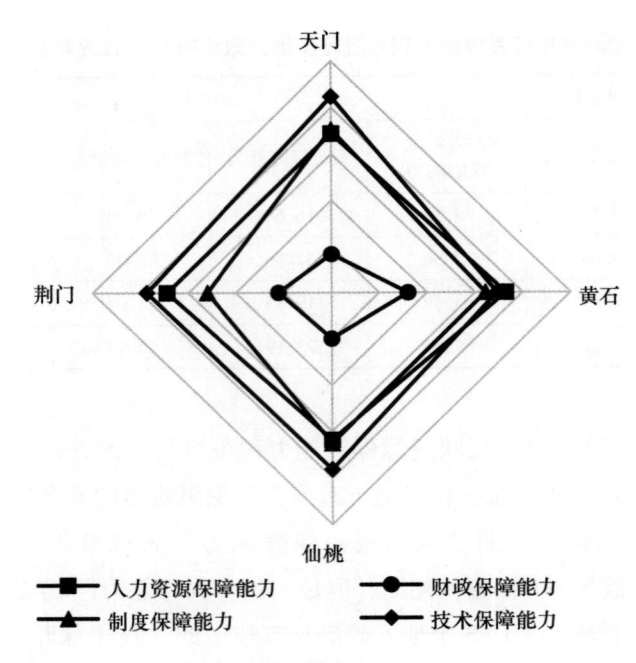

图 4-5 湖北省资源保障能力积极追赶型地方政府得分雷达图

在"人力资源保障能力""财政保障能力""制度保障能力""技术保障能力"指标上的得分状况。从二级指标的具体得分来看，这几个地方政府有部分指标得分较高，但也有至少一项指标得分相对靠后。具体可以分为以下几种结构特征。

其一，有多项指标得分较高或表现中庸，仅有一项指标得分较低。如咸宁在"人力资源保障能力"方面表现突出，得到 68.86；"财政保障能力"与"制度保障能力"分别得 22.73 和 46.01；"技术保障能力"则是咸宁的弱项，仅得 64.38，相对靠后。襄阳市的得分结构与咸宁相近，在"人力资源保障能力""财政保障能力""制度保障能力"方面分别得分 64.78、27.41 和 44.12，居于中上游，但在"技术保障能力"层面则稍显落后，得分仅为 64.53。孝感的得分结构也属于此种类型，其"财政保障能力"层面较弱，仅得分 15.30，但在"人力资源保障能力"和"技术保障能力"方面，孝感市均位列前 10，得分为

63.25 和 72.77。宜昌市在"人力资源保障能力"层面相对较弱,得分 46.75,但当地在其余三项指标上表现良好,其中"财政保障能力"得分 30.91,"制度保障能力"得分 48.37,"技术保障能力"得分 66.86。

表 4-8  湖北省资源保障能力稳步推进型地方政府得分(百分制)

| 地方政府 | 一级指标 | 二级指标 | | | |
|---|---|---|---|---|---|
| | 资源保障能力 | 人力资源保障能力 | 财政保障能力 | 制度保障能力 | 技术保障能力 |
| 咸宁 | 50.49 | 68.86 | 22.73 | 46.01 | 64.38 |
| 襄阳 | 50.21 | 64.78 | 27.41 | 44.12 | 64.53 |
| 十堰 | 49.69 | 58.72 | 21.34 | 42.43 | 76.25 |
| 随州 | 48.85 | 61.29 | 16.98 | 42.40 | 74.73 |
| 孝感 | 48.52 | 63.25 | 15.30 | 42.76 | 72.77 |
| 宜昌 | 48.22 | 46.75 | 30.91 | 48.37 | 66.86 |
| 恩施 | 48.21 | 57.47 | 26.61 | 40.23 | 68.53 |
| 潜江 | 48.18 | 51.90 | 22.88 | 56.63 | 61.31 |
| 荆州 | 46.23 | 66.38 | 20.14 | 32.75 | 65.63 |

其二,多项指标表现较差,但也存在个别高分指标。如十堰市有三项指标的位次在十名开外,分别是"人力资源保障能力"、"财政保障能力"和"制度保障能力",分别得分 58.72、21.34 和 42.43;但在"技术保障能力"得分 76.25,居于省内中上游,一定程度上弥补了弱项。随州市类似,其"人力资源保障能力"和"技术保障能力"处于湖北省中游,分别得分 61.29 和 74.73,但在"财政保障能力"和"制度保障能力"层面需要改进,仅得分 16.98 和 42.40。恩施在"财政保障能力"和"技术保障能力"方面表现相对突出,分别得分 26.61 和 68.53,均位列省内前 10,但在其他两项指标上尚需加强,其中"人力资源保障能力"得分为 57.47,"制度保障能力"得分为 40.23,相对位次靠后。潜江市的"财政保障能力"和"制度保障能力"处于 16 个省直管

地方政府的中游水平，但在"人力资源保障能力"和"技术保障能力"层面存在短板，分别得分51.90和61.31，均未进入省内前10。荆州市有三项指标得分较低，"财政保障能力"方面得分为20.14，"制度保障能力"得分32.75，"技术保障能力"得分65.63，仍需继续加强，但其在"人力资源保障能力"层面处于湖北省中上游，得分66.38。

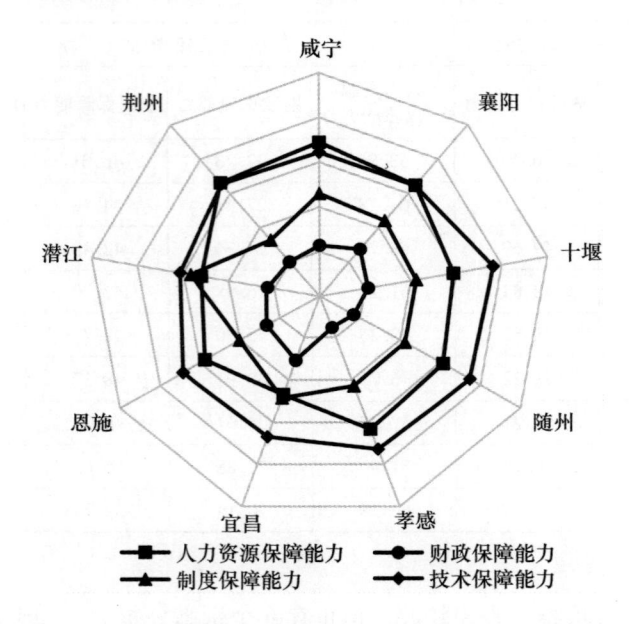

图4-6 湖北省资源保障能力稳步推进型地方政府得分雷达图

以上为9个资源保障能力稳步推进型地方政府的得分结构特征。这些地方政府的多数二级指标得分位列全省中游，且基本都存在相对弱势的二级指标，最终导致了这些地方政府的资源保障能力整体得分不够突出。

（四）初始发展型地方政府公共服务资源保障能力差异性的结构分析

黄冈和鄂州是湖北省资源保障能力初始发展型的地方政府，图4-7和表4-9展示了这两个地方政府在各项二级指标上的具体得分结构特征。这两个地方政府均存在三项能力短板。其中，黄冈市"人力资源保

# 第四章 地方政府公共服务资源保障能力评估指标体系构建与差异性分析

障能力"得分 44.35,"制度保障能力"得分 43.10,"技术保障能力"得分 64.73,均处于省内下游,仅有"财政保障能力"得到 25.81,位居中游。鄂州市的"人力资源保障能力"得分 48.47,"制度保障能力"得分 33.56,"技术保障能力"得分 57.60,与其他地方政府有较大差距,仅有"财政保障能力"方面相对较为突出,得分为 28.86。

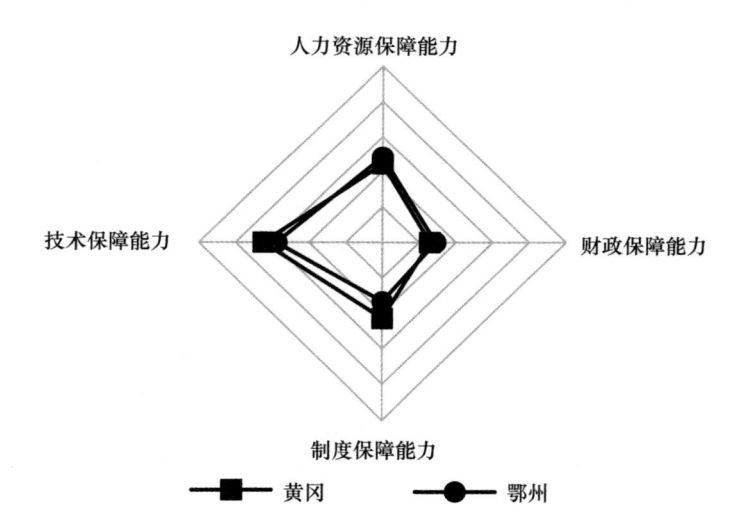

图 4-7 湖北省资源保障能力初始发展型地方政府得分雷达图

表 4-9 湖北省资源保障能力初始发展型地方政府得分(百分制)

| 地方政府 | 一级指标 |  | 二级指标 |  |  |  |  |  |  |  |
|---|---|---|---|---|---|---|---|---|---|---|
|  | 资源保障能力 |  | 人力资源保障能力 |  | 财政保障能力 |  | 制度保障能力 |  | 技术保障能力 |  |
|  | 原始得分 | 百分制得分 | 原始得分 | 百分制得分 | 原始得分 | 百分制得分 | 原始得分 | 百分制得分 | 原始得分 | 百分制得分 |
| 黄冈 | 0.0070 | 44.50 | 0.0277 | 44.35 | 0.0161 | 25.81 | 0.0269 | 43.10 | 0.0405 | 64.73 |
| 鄂州 | 0.0066 | 42.12 | 0.0303 | 48.47 | 0.0180 | 28.86 | 0.0210 | 33.56 | 0.0360 | 57.60 |

在能力结构上,黄冈市和鄂州市的弱项均在"人力资源保障能力""制度保障能力""技术保障能力"方面。虽然这两个地方政府在"财

政保障能力"层面尚处于中上游，都较为重视地方公共服务的财政支持，但公共服务系统的完善不仅需要充足的资金支撑，更需要配置合理的人员结构、系统完善的政策制度、便捷成熟的技术平台。因此黄冈和鄂州应针对性地加强建设，稳步提升自身公共服务资源保障能力。

前文分类型分析了16个省直管地方政府公共服务资源保障能力差异性的结构特征。湖北省16个省直管地方政府在资源保障能力方面存在较大差异，既存在各项二级指标能力都十分突出的资源保障能力领先创新型地方政府，也存在多项指标能力较弱的资源保障能力初始发展型地方政府（见图4-8）。以上分析指明了各地方政府的公共服务资源保障发展弱项所在，后文将针对各二级指标展开更为深入的分析，进一步分析各个地方政府公共服务资源保障能力差异性生成的结构特征。

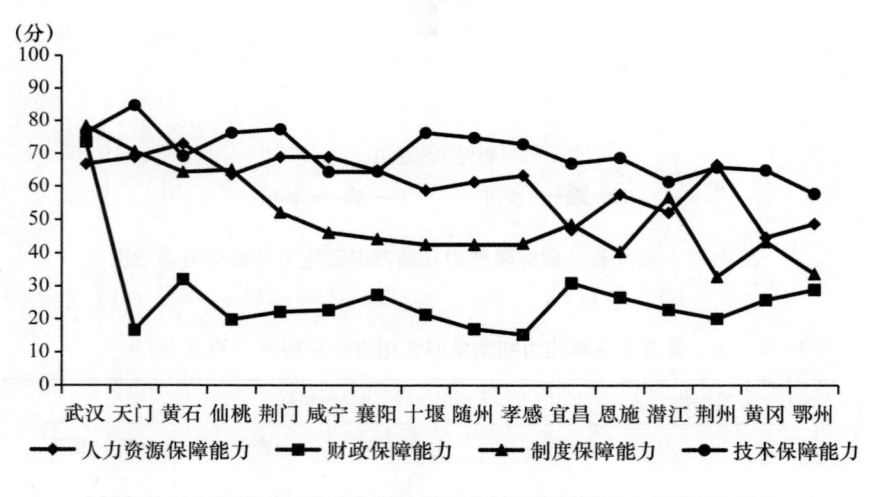

图4-8 湖北省16个省直管地方政府资源保障能力二级指标表现

### 三 地方政府公共服务资源保障能力分项指标差异性的结构分析

前文分析了各地方政府的公共服务资源保障能力总体差异性及其结构特征，后文还将对二级指标进行具体分析，根据各地方政府在二级指标上的得分进行地方政府分层，并借助二级指标下的各项三级指标对各地方政府的差异性及其结构特征进行分析。

第四章　地方政府公共服务资源保障能力评估指标体系构建与差异性分析　187

(一) 人力资源保障能力差异性的结构分析

表 4-10 显示了湖北省 16 个省直管地方政府的人力资源保障能力得分状况。16 个省直管地方政府在该二级指标上的平均得分为 60.83，百分制极差为 28.55，标准差为 8.49。根据 K-means 聚类分析的运行结果，可以将 16 个省直管地方政府的公共服务人力资源保障能力划分为四个层次，聚类中心点分别为 72.90、67.44、60.86、47.87。其中，黄石、荆门、天门、咸宁 4 个为人力资源保障能力领先创新型地方政府，武汉、荆州、襄阳、仙桃、孝感和随州 6 个为人力资源保障能力积极追赶型地方政府，十堰、恩施、潜江 3 个为人力资源保障能力稳步推进型地方政府，而鄂州、宜昌、黄冈 3 个地方政府则被纳入人力资源保障能力初始发展型地方政府。

图 4-9 将各地方政府的人力资源保障能力得分转化为柱状图，更加直观地反映了湖北省 16 个省直管地方政府在人力资源保障能力方面的得分状况。与资源保障能力的总体得分分布不同，湖北省 16 个省直管地方政府的人力资源保障能力得分差异并不显著，尤其是高于全省平均得分的几个地方政府间差异性更小。首先，黄石、荆门、天门和咸宁是人力资源保障能力领先创新型地方政府，其得分均超过了全省平均分 8 分有余，且这 4 个地方政府内部差异较小。其次，武汉、荆州、襄阳、仙桃、孝感和随州 6 个地方政府的人力资源保障能力得分也超过了全省平均值，但与领先创新型地方政府尚有差距，因此划归为人力资源保障能力积极追赶型地方政府。再次，十堰、恩施和潜江是人力资源保障能力稳步推进型地方政府，这 3 个地方政府的人力资源保障能力得分距全省平均得分有一定差距，但差距小于 10 分。不过这 3 个地方政府之间也存在一定差异，十堰与恩施的总得分相近，但潜江与其差距较大。最后，鄂州、宜昌和黄冈被划归为人力资源保障能力初始发展型地方政府，其人力资源保障能力得分距离全省平均分尚有 10 分以上的差距。

表 4-10　16 个省直管地方政府人力资源保障能力得分与三级指标得分①

| 地方政府 | 二级指标 人力资源保障能力 原始得分 | 二级指标 人力资源保障能力 百分制得分 | 城市政府工作岗位的吸引力水平 原始得分 | 城市政府工作岗位的吸引力水平 百分制得分 | 行政人员脱岗在职培训的天数 原始得分 | 行政人员脱岗在职培训的天数 百分制得分 | 业务培训项目与职业发展需要的匹配度 原始得分 | 业务培训项目与职业发展需要的匹配度 百分制得分 | 工作内容与所在岗位职责的一致程度 原始得分 | 工作内容与所在岗位职责的一致程度 百分制得分 | 行政人员工作满足感 原始得分 | 行政人员工作满足感 百分制得分 |
|---|---|---|---|---|---|---|---|---|---|---|---|---|
| 黄石 | 0.0456 | 72.90 | 0.7875 | 78.75 | 0.4500 | 45.00 | 0.8150 | 81.50 | 0.8175 | 81.75 | 0.7750 | 77.50 |
| 荆门 | 0.0431 | 68.89 | 0.7255 | 72.55 | 0.3938 | 39.38 | 0.7750 | 77.50 | 0.7925 | 79.25 | 0.7575 | 75.75 |
| 天门 | 0.0430 | 68.87 | 0.8353 | 83.53 | 0.4138 | 41.38 | 0.7500 | 75.00 | 0.7389 | 73.89 | 0.7056 | 70.56 |
| 咸宁 | 0.0430 | 68.86 | 0.8543 | 85.43 | 0.4313 | 43.13 | 0.6975 | 69.75 | 0.7425 | 74.25 | 0.7175 | 71.75 |
| 武汉 | 0.0418 | 66.83 | 0.7666 | 76.66 | 0.4688 | 46.88 | 0.7275 | 72.75 | 0.6550 | 65.50 | 0.7234 | 72.34 |
| 荆州 | 0.0415 | 66.38 | 0.5070 | 50.70 | 0.9000 | 90.00 | 0.6850 | 68.50 | 0.5688 | 56.88 | 0.6583 | 65.83 |
| 襄阳 | 0.0405 | 64.78 | 0.7157 | 71.57 | 0.5650 | 56.50 | 0.6933 | 69.33 | 0.5833 | 58.33 | 0.6817 | 68.17 |
| 仙桃 | 0.0397 | 63.59 | 0.7827 | 78.27 | 0.2874 | 28.74 | 0.6900 | 69.00 | 0.7250 | 72.50 | 0.6944 | 69.44 |

① 为便于作图和后文的分析，三级指标的表述进行了相应精简，其中"岗位吸引力"代表指标"城市政府工作岗位的吸引力水平"；"在岗培训状况"代表指标"行政人员脱岗在职培训的天数"；"培训匹配度"代表指标"业务培训项目与职业发展需要的匹配度"；"职责一致性"代表指标"工作内容与所在岗位职责的一致程度"；"工作满足感"代表指标"行政人员工作满足感"。

续表

| 地方政府 | 二级指标 人力资源保障能力 原始得分 | 百分制得分 | 三级指标 城市政府工作岗位的吸引力水平 原始得分 | 百分制得分 | 行政人员脱产培训的天数 原始得分 | 百分制得分 | 业务培训项目与职业发展需要的匹配度 原始得分 | 百分制得分 | 工作内容与所在岗位职责的一致程度 原始得分 | 百分制得分 | 行政人员工作满足感 原始得分 | 百分制得分 |
|---|---|---|---|---|---|---|---|---|---|---|---|---|
| 孝感 | 0.0395 | 63.25 | 0.7350 | 73.50 | 0.3750 | 37.50 | 0.7725 | 77.25 | 0.6950 | 69.50 | 0.5850 | 58.50 |
| 随州 | 0.0383 | 61.29 | 0.7840 | 78.40 | 0.4054 | 40.54 | 0.7000 | 70.00 | 0.6500 | 65.00 | 0.5250 | 52.50 |
| 十堰 | 0.0367 | 58.72 | 0.7036 | 70.36 | 0.2000 | 20.00 | 0.7350 | 73.50 | 0.7125 | 71.25 | 0.5850 | 58.50 |
| 恩施 | 0.0359 | 57.47 | 0.7025 | 70.25 | 0.3269 | 32.69 | 0.5475 | 54.75 | 0.6893 | 68.93 | 0.6071 | 60.71 |
| 潜江 | 0.0324 | 51.90 | 0.5707 | 57.07 | 0.2778 | 27.78 | 0.5200 | 52.00 | 0.6333 | 63.33 | 0.5933 | 59.33 |
| 鄂州 | 0.0303 | 48.47 | 0.4356 | 43.56 | 0.5556 | 55.56 | 0.4167 | 41.67 | 0.4556 | 45.56 | 0.5600 | 56.00 |
| 宜昌 | 0.0292 | 46.75 | 0.7161 | 71.61 | 0.2500 | 25.00 | 0.6952 | 69.52 | 0.3208 | 32.08 | 0.3556 | 35.56 |
| 黄冈 | 0.0277 | 44.35 | 0.5800 | 58.00 | 0.2750 | 27.50 | 0.5750 | 57.50 | 0.4375 | 43.75 | 0.3500 | 35.00 |

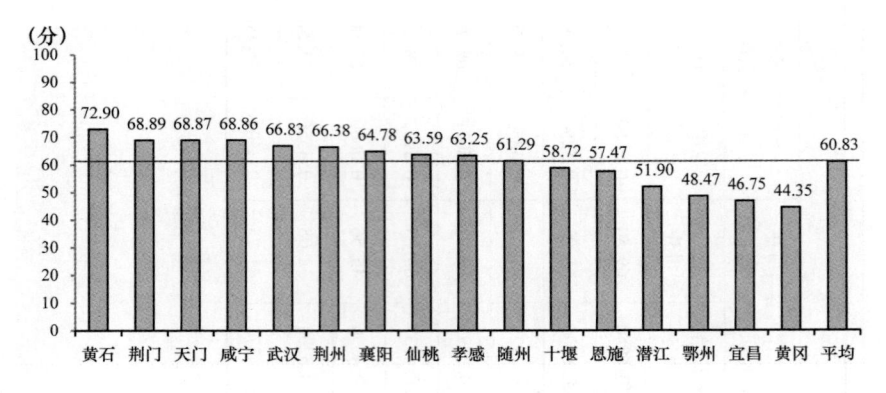

(分)
100
90
80  72.90
70      68.89 68.87 68.86 66.83 66.38 64.78 63.59 63.25 61.29 58.72 57.47                    60.83
60                                                              51.90 48.47 46.75 44.35
50
40
30
20
10
 0
   黄石 荆门 天门 咸宁 武汉 荆州 襄阳 仙桃 孝感 随州 十堰 恩施 潜江 鄂州 宜昌 黄冈 平均

图4-9　湖北省16个省直管地方政府人力资源保障能力表现

　　图4-10借助雷达图反映各地方政府在人力资源保障能力三级指标上的具体得分情况，且可以分析不同层次地方政府之间的差异性及其结构特征。首先，领先创新型地方政府各项指标相对均衡发展。黄石、荆门、天门、咸宁作为人力资源保障能力领先创新型地方政府，在五项三级指标上均表现较为优异，未出现极小值。结合雷达图也可以发现，这4个地方政府的得分结构较为相似，尤其在业务培训项目与职业发展需要的匹配度、工作内容与所在岗位职责的一致程度、行政人员工作满足感这几项指标上得分相差无几。其次，积极追赶型地方政府在具体指标上各有千秋。其中，武汉的整体状况与"优秀"层次地方政府相仿，但整体得分尚有提升空间；荆州在"行政人员脱岗在职培训的天数"三级指标上表现突出，远高于其他地方政府，但在其他几项指标上略显不足；襄阳、仙桃、孝感和随州的能力结构较为相似，各项指标基本位居中游，没有特别突出之处。再次，稳步推进型地方政府存在明显弱项需要补足。如十堰的"行政人员脱岗在职培训的天数"，恩施的"业务培训项目与职业发展需要的匹配度"，潜江的"城市政府工作岗位的吸引力水平""业务培训项目与职业发展需要的匹配度"等指标均得分较低，需要着重关注并加强建设。最后，初始发展型地方政府有多项指标表现不佳，需多管齐下，逐一弥补。如鄂州在"城市政府工作岗位的

第四章 地方政府公共服务资源保障能力评估指标体系构建与差异性分析　　191

吸引力水平"和"业务培训项目与职业发展需要的匹配度"上需加强建设，宜昌的"行政人员脱岗在职培训的天数""工作内容与所在岗位职责的一致程度""行政人员工作满足感"三级指标得分相对较低，而黄冈的五项三级指标均未有表现突出之处，这也导致这3个地方政府的人力资源保障能力总得分表现不佳。

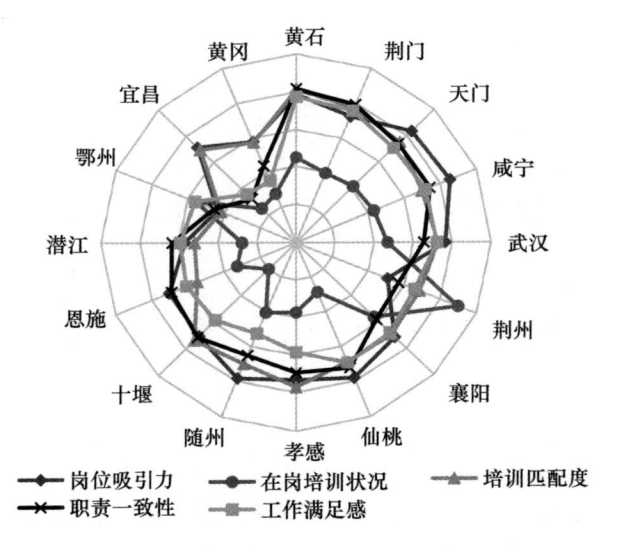

**图4-10　湖北省16个省直管地方政府人力资源保障能力得分雷达图**

注：为便于作图和后文的分析，三级指标的表述进行了相应精简，其中"岗位吸引力"代表指标"城市政府工作岗位的吸引力水平"；"在岗培训状况"代表指标"行政人员脱岗在职培训的天数"；"培训匹配度"代表指标"业务培训项目与职业发展需要的匹配度"；"职责一致性"代表指标"工作内容与所在岗位职责的一致程度"；"工作满足感"代表指标"行政人员工作满足感"。

（二）财政保障能力差异性的结构分析

表4-11展示了湖北省16个省直管地方政府的财政保障能力得分情况。16个省直管地方政府的平均得分为26.46，百分制极差为58.24，标准差为13.09。

根据K-means聚类分析的运行结果，可以将16个省直管地方政府

表4-11　湖北省16个省直管地方政府财政保障能力得分与三级指标得分①

| 地方政府 | 二级指标 财政保障能力 原始得分 | 二级指标 财政保障能力 百分制得分 | 三级指标 地方一般公共预算人均收入 原始得分 | 三级指标 地方一般公共预算人均收入 百分制得分 | 三级指标 一般公共预算人均支出 原始得分 | 三级指标 一般公共预算人均支出 百分制得分 | 三级指标 人均地方实际使用外资额度 原始得分 | 三级指标 人均地方实际使用外资额度 百分制得分 | 三级指标 公共服务性财政支出的财政总支出占比 原始得分 | 三级指标 公共服务性财政支出的财政总支出占比 百分制得分 | 三级指标 人均公共服务性财政支出 原始得分 | 三级指标 人均公共服务性财政支出 百分制得分 |
|---|---|---|---|---|---|---|---|---|---|---|---|---|
| 武汉 | 0.0460 | 73.54 | 0.8905 | 89.05 | 0.8219 | 82.19 | 0.8352 | 83.52 | 0.4390 | 43.90 | 0.6905 | 69.05 |
| 黄石 | 0.0200 | 32.06 | 0.2481 | 24.81 | 0.3279 | 32.79 | 0.0814 | 8.14 | 0.6339 | 63.39 | 0.3119 | 31.19 |
| 宜昌 | 0.0193 | 30.91 | 0.3478 | 34.78 | 0.5466 | 54.66 | 0.0739 | 7.39 | 0.2151 | 21.51 | 0.3621 | 36.21 |
| 鄂州 | 0.0180 | 28.86 | 0.3106 | 31.06 | 0.3907 | 39.07 | 0.1439 | 14.39 | 0.3211 | 32.11 | 0.2764 | 27.64 |
| 襄阳 | 0.0171 | 27.41 | 0.2933 | 29.33 | 0.4615 | 46.15 | 0.1760 | 17.60 | 0.1614 | 16.14 | 0.2785 | 27.85 |
| 恩施 | 0.0166 | 26.61 | 0.0732 | 7.32 | 0.4305 | 43.05 | 0.0133 | 1.33 | 0.4637 | 46.37 | 0.3498 | 34.98 |
| 黄冈 | 0.0161 | 25.81 | 0.0637 | 6.37 | 0.1894 | 18.94 | 0.0118 | 1.18 | 0.8085 | 80.85 | 0.2171 | 21.71 |
| 潜江 | 0.0143 | 22.88 | 0.1070 | 10.70 | 0.1511 | 15.11 | 0.0206 | 2.06 | 0.7048 | 70.48 | 0.1604 | 16.04 |

① 为便于作图和后文的分析,三级指标的表述进行了相应精简,其中"一般公共预算人均收入"代表指标"地方一般公共预算人均收入";"一般公共预算人均支出"代表指标"一般公共预算人均支出";"人均实际使用外资额度"代表指标"人均地方实际使用外资额度";"公共服务性财政支出占比"代表指标"公共服务性财政支出的财政总支出占比";"人均公共服务财政支出"代表指标"人均公共服务性财政支出"。

续表

| 地方政府 | 二级指标 财政保障能力 || 三级指标 ||||||||
|---|---|---|---|---|---|---|---|---|---|---|
| | 原始得分 | 百分制得分 | 地方一般公共预算人均收入 || 一般公共预算人均支出 || 人均地方实际使用外资额度 || 公共服务性财政支出的财政总支出占比 || 人均公共服务性财政支出 ||
| | | | 原始得分 | 百分制得分 | 原始得分 | 百分制得分 | 原始得分 | 百分制得分 | 原始得分 | 百分制得分 | 原始得分 | 百分制得分 |
| 咸宁 | 0.0142 | 22.73 | 0.1665 | 16.65 | 0.3212 | 32.12 | 0.0185 | 1.85 | 0.3934 | 39.34 | 0.2371 | 23.71 |
| 荆门 | 0.0139 | 22.19 | 0.1737 | 17.37 | 0.3107 | 31.07 | 0.1451 | 14.51 | 0.2821 | 28.21 | 0.1982 | 19.82 |
| 十堰 | 0.0133 | 21.34 | 0.1508 | 15.08 | 0.4131 | 41.31 | 0.0845 | 8.45 | 0.1757 | 17.57 | 0.2430 | 24.30 |
| 荆州 | 0.0126 | 20.14 | 0.0782 | 7.82 | 0.1944 | 19.44 | 0.0134 | 1.34 | 0.5510 | 55.10 | 0.1697 | 16.97 |
| 仙桃 | 0.0124 | 19.85 | 0.1239 | 12.39 | 0.1701 | 17.01 | 0.0435 | 4.35 | 0.5166 | 51.66 | 0.1382 | 13.82 |
| 随州 | 0.0106 | 16.98 | 0.0664 | 6.64 | 0.1430 | 14.30 | 0.0642 | 6.42 | 0.4711 | 47.11 | 0.1041 | 10.41 |
| 天门 | 0.0104 | 16.68 | 0.0204 | 2.04 | 0.0809 | 8.09 | 0.0114 | 1.14 | 0.6431 | 64.31 | 0.0781 | 7.81 |
| 孝感 | 0.0096 | 15.30 | 0.1089 | 10.89 | 0.1939 | 19.39 | 0.0795 | 7.95 | 0.2751 | 27.51 | 0.1077 | 10.77 |

的公共服务财政保障能力划分为四个层次，聚类中心点分别为73.54、29.81、23.59、17.79。其中，武汉划归为领先创新型地方政府，黄石、宜昌、鄂州、襄阳、恩施和黄冈划归为积极追赶型地方政府，潜江、咸宁、荆门、十堰、荆州和仙桃划归为稳步推进型地方政府，随州、天门和孝感则划归为初始发展型地方政府。

图4-11更加直观地反映了16个省直管地方政府的财政保障能力得分差异性。可以发现，各个地方政府财政保障能力的得分分布差异较大，存在个别地方政府得分过高的状况。首先，武汉作为财政保障能力领先创新型地方政府，其财政保障能力总得分远高于其他地方政府，这与其庞大的经济体量相关。其次，黄石、宜昌、鄂州、襄阳、恩施和黄冈这6个财政资源保障积极追赶型地方政府的得分远低于武汉，且黄冈市的财政保障能力得分略低于全省平均值，但差距较小。再次，潜江、咸宁、荆门、十堰、荆州和仙桃6个地方政府是财政保障能力稳步推进型地方政府，这些地方政府的财政保障总得分均低于全省平均水平，但距全省平均水平不超过8分，且这些政府之间的差距也较小，仅为3分左右，处于同一层次。最后，随州、天门和孝感属于财政保障能力初始发展型地方政府，距全省平均分尚有一定差距，需要加强公共服务财政保障能力建设。

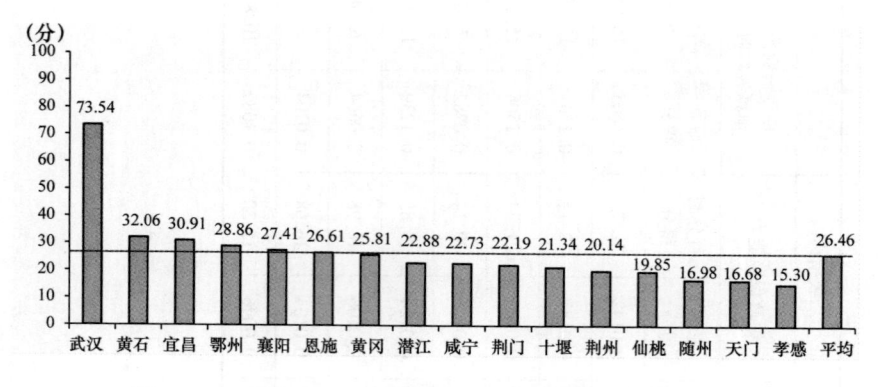

| 地方政府 | 得分 |
|---|---|
| 武汉 | 73.54 |
| 黄石 | 32.06 |
| 宜昌 | 30.91 |
| 鄂州 | 28.86 |
| 襄阳 | 27.41 |
| 恩施 | 26.61 |
| 黄冈 | 25.81 |
| 潜江 | 22.88 |
| 咸宁 | 22.73 |
| 荆门 | 22.19 |
| 十堰 | 21.34 |
| 荆州 | 20.14 |
| 仙桃 | 19.85 |
| 随州 | 16.98 |
| 天门 | 16.68 |
| 孝感 | 15.30 |
| 平均 | 26.46 |

图4-11 湖北省16个省直管地方政府财政保障能力表现

第四章　地方政府公共服务资源保障能力评估指标体系构建与差异性分析

图 4-12 借助雷达图更为直观地反映了湖北省 16 个省直管地方政府在财政保障能力三级指标上的得分差异性及其结构特征。由图 4-12 可以发现，湖北省 16 个省直管地方政府公共服务财政保障能力的得分分值结构与公共服务资源保障能力及人力资源保障能力得分分值结构差异较大。其中，公共服务资源保障能力和人力资源保障能力的得分都呈现出明显的上下波动，即得分较高的地方政府数量和得分较低的地方政府数量相对均衡。但是，16 个省直管地方政府财政保障能力得分差异性结构则呈现为大部分地方政府得分较低，单个地方政府高分突出的状态，呈现出较为突出的结构差异性。

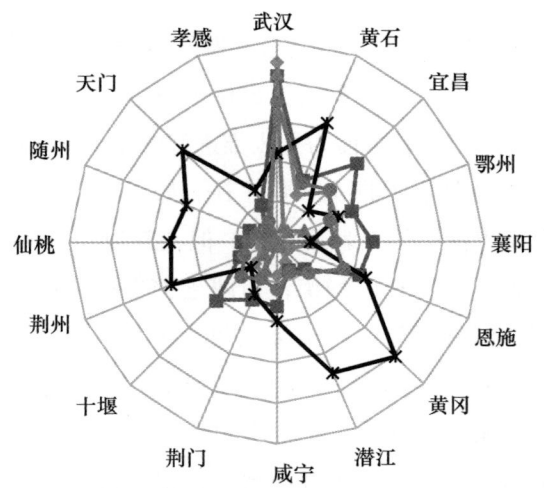

**图 4-12　湖北省 16 个省直管地方政府财政保障能力得分雷达图**

注：为便于作图和后文的分析，三级指标的表述进行了相应精简，其中"一般公共预算人均收入"代表指标"地方一般公共预算人均收入"；"一般公共预算人均支出"代表指标"一般公共预算人均支出"；"人均实际使用外资额度"代表指标"人均地方实际使用外资额度"；"公共服务财政支出占比"代表指标"公共服务性财政支出的财政总支出占比"；"人均公共服务财政支出"代表指标"人均公共服务性财政支出"。

首先，武汉作为财政保障能力领先创新型地方政府，除"公共服务性财政支出的财政总支出占比"这一指标外，其余四项指标均表现突出。其次，财政保障能力积极追赶型的6个地方政府则各有千秋。黄石市在"公共服务性财政支出的财政总支出占比""人均公共服务性财政支出"两项指标上较为靠前；宜昌市在"地方一般公共预算人均收入""一般公共预算人均支出""人均公共服务性财政支出"中表现良好；鄂州市在"地方一般公共预算人均收入"和"人均地方实际使用外资额度"上表现较为突出；襄阳作为湖北省内经济体量第二大城市，基础财政保障能力较强，在"地方一般公共预算人均收入""一般公共预算人均支出""人均地方实际使用外资额度"上得分较高；恩施在"一般公共预算人均支出"和"人均公共服务性财政支出"两项上得分较高；黄冈则在"公共服务性财政支出的财政总支出占比"指标上得分相当突出。再次，财政保障能力稳步推进型的6个地方政府也有部分指标相对突出，但仍有较多弱项需要弥补。如潜江在"公共服务性财政支出的财政总支出占比"上表现优异，但在其他几个方面存在短板；咸宁市各项指标整体表现较为均衡，但缺乏突出指标；荆门市在"人均地方实际使用外资额度"这一指标上较为突出，但在其他项目上则表现中庸；十堰、荆州和仙桃在各项三级指标的得分上也较为平缓，未出现明显的峰值和洼地。最后，财政保障能力初始发展型的3个地方政府中，天门和随州在"公共服务性财政支出的财政总支出占比"部分出现峰值，得分相对较高，但在其他几项指标上是短板，需要补足；孝感在五项三级指标中均未出现较大值，需加强财政倾斜，提升财政保障能力。

（三）制度保障能力差异性的结构分析

表4-12反映了湖北省16个省直管地方政府的制度保障能力得分状况。16个省直管地方政府的平均得分为50.18，百分制极差为45.65，标准差为12.85。

# 第四章 地方政府公共服务资源保障能力评估指标体系构建与差异性分析

表4-12　　**湖北省16个省直管地方政府制度保障能力得分与三级指标得分**①

| 地方政府 | 二级指标 制度保障能力 原始得分 | 二级指标 制度保障能力 百分制得分 | 地方出台公共服务类政策数量 原始得分 | 地方出台公共服务类政策数量 百分制得分 | 地方政府公布的公共服务权力清单数量 原始得分 | 地方政府公布的公共服务权力清单数量 百分制得分 | 相关政府部门或工作人员被依法追责的可能性 原始得分 | 相关政府部门或工作人员被依法追责的可能性 百分制得分 | 城市执法工作实施情况——信用监管 原始得分 | 城市执法工作实施情况——信用监管 百分制得分 |
|---|---|---|---|---|---|---|---|---|---|---|
| 武汉 | 0.0490 | 78.40 | 0.7434 | 74.34 | 1.0000 | 100.00 | 0.6843 | 68.43 | 0.7082 | 70.82 |
| 天门 | 0.0441 | 70.63 | 0.5506 | 55.06 | 0.5755 | 57.55 | 0.8440 | 84.40 | 0.8549 | 85.49 |
| 仙桃 | 0.0406 | 65.04 | 0.6990 | 69.90 | 0.5683 | 56.83 | 0.6573 | 65.73 | 0.6769 | 67.69 |
| 黄石 | 0.0402 | 64.36 | 1.0000 | 100.00 | 0.0791 | 7.91 | 0.7300 | 73.00 | 0.7651 | 76.51 |
| 潜江 | 0.0354 | 56.63 | 0.3467 | 34.67 | 0.5647 | 56.47 | 0.7125 | 71.25 | 0.6412 | 64.12 |
| 荆门 | 0.0325 | 52.02 | 0.4827 | 48.27 | 0.1727 | 17.27 | 0.6935 | 69.35 | 0.7321 | 73.21 |
| 宜昌 | 0.0302 | 48.37 | 0.5714 | 57.14 | 0.0000 | 0.00 | 0.7420 | 74.20 | 0.6212 | 62.12 |
| 咸宁 | 0.0288 | 46.01 | 0.0319 | 3.19 | 0.1115 | 11.15 | 0.8588 | 85.88 | 0.8380 | 83.80 |
| 襄阳 | 0.0276 | 44.21 | 0.3759 | 37.59 | 0.1043 | 10.43 | 0.6883 | 68.83 | 0.5965 | 59.65 |
| 黄冈 | 0.0269 | 43.10 | 0.3620 | 36.20 | 0.1151 | 11.51 | 0.6775 | 67.75 | 0.5696 | 56.96 |
| 孝感 | 0.0267 | 42.76 | 0.3412 | 34.12 | 0.0324 | 3.24 | 0.6550 | 65.50 | 0.6818 | 68.18 |
| 十堰 | 0.0265 | 42.43 | 0.0000 | 0.00 | 0.1259 | 12.59 | 0.7452 | 74.52 | 0.8262 | 82.62 |
| 随州 | 0.0265 | 42.40 | 0.0943 | 9.43 | 0.1259 | 12.59 | 0.7410 | 74.10 | 0.7349 | 73.49 |
| 恩施 | 0.0251 | 40.23 | 0.0430 | 4.30 | 0.1583 | 15.83 | 0.6645 | 66.45 | 0.7436 | 74.36 |
| 鄂州 | 0.0210 | 33.56 | 0.1720 | 17.20 | 0.1906 | 19.06 | 0.4733 | 47.33 | 0.5064 | 50.64 |
| 荆州 | 0.0205 | 32.75 | 0.1817 | 18.17 | 0.1475 | 14.75 | 0.6694 | 66.94 | 0.3116 | 31.16 |

———————

① 为便于作图和后文的分析，本章对三级指标的表述进行了相应精简，其中"制度文件公开数量"代表指标"地方出台公共服务类政策数量"；"公共服务权力清单"代表指标"地方政府公布的公共服务权力清单数量"；"权责制度行使状况"代表指标"相关政府部门或工作人员被依法追责的可能性"；"信用体系建设状况"代表指标"城市执法工作实施情况——信用监管"。

根据 K-means 聚类分析的运行结果，可以将 16 个省直管地方政府的公共服务制度保障能力划分为四个层次，聚类中心点分别为 78.40、64.17、44.60、33.16。其中，武汉市划归为制度保障能力领先创新型地方政府，天门、仙桃、黄石和潜江划归为制度保障能力积极追赶型地方政府，荆门、宜昌、咸宁、襄阳、黄冈、孝感、十堰和随州划归为制度保障能力稳步推进型地方政府，恩施、鄂州和荆州则被纳入制度保障能力初始发展型地方政府。

图 4-13 将各地方政府的制度保障能力得分转化为柱状图，直观地反映了 16 个省直管地方政府的制度保障能力整体得分状况，从中可以发现以下特点。首先，武汉作为制度保障能力领先创新型地方政府，其制度保障能力十分突出，超过全省平均值 25 分有余。其次，制度保障能力积极追赶型的 4 个地方政府内部存在较大差异，居于该层次首位的天门和末位的潜江差值达 14 分，但其制度保障能力得分均高于全省平均得分，属于同一层级。再次，制度保障能力稳步推进型的 8 个地方政府并非全都低于全省平均得分，荆门的该项得分略高于全省平均得分，同一层次的其他几个地方政府也在全省平均线周围浮动，差距不大。最后，恩施、鄂州和荆州是制度保障能力初始发展型地方政府，在制度保障能力方面距离全省平均水准尚有较大距离。

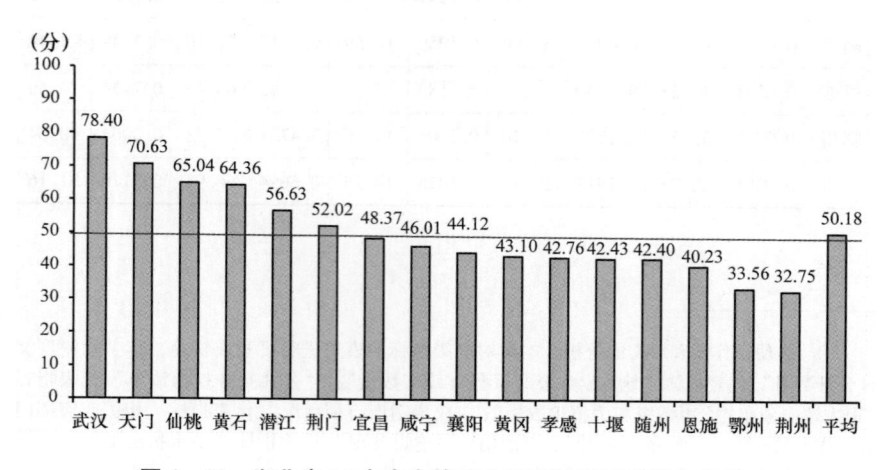

图 4-13　湖北省 16 个省直管地方政府制度保障能力表现

第四章 地方政府公共服务资源保障能力评估指标体系构建与差异性分析   199

图4-14借助雷达图反映了16个省直管地方政府制度保障能力三级指标得分的差异性及其结构特征。从图中可以发现各个层次的地方政府在三级指标得分上的差异性及其结构特征。首先，武汉作为制度保障能力领先创新型地方政府，其"地方出台公共服务类政策数量"和"地方政府公布的公共服务权力清单数量"两项指标的得分十分突出，提升了其制度保障能力的整体水平。其次，制度保障能力积极追赶型的4个地方政府各有亮点，如天门在"地方政府公布的公共服务权力清单数量""相关政府部门或工作人员被依法追责的可能性""城市执法工作实施情况——信用监管"上表现较为突出；仙桃市在"地方出台公共服务类政策数量"和"地方政府公布的公共服务权力清单数量"上

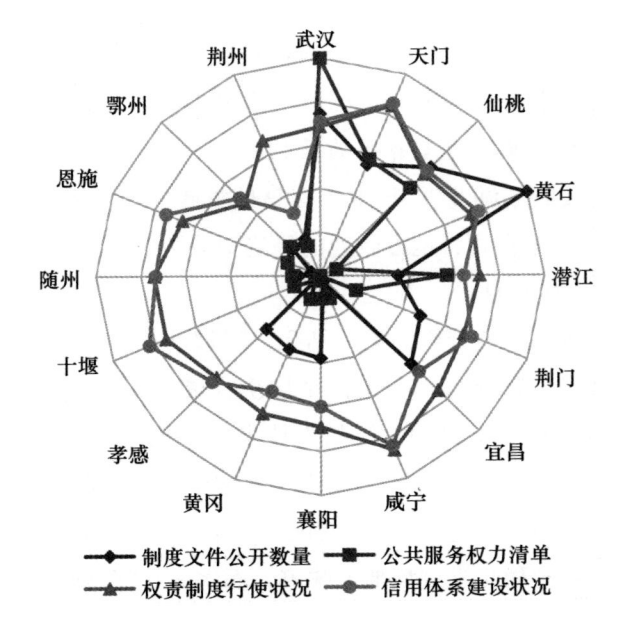

**图4-14 湖北省16个省直管地方政府制度保障能力得分雷达图**

注：为便于作图和后文的分析，本章对三级指标的表述进行了相应精简，其中"制度文件公开数量"代表指标"地方出台公共服务类政策数量"；"公共服务权力清单"代表指标"地方政府公布的公共服务权力清单数量"；"权责制度行使状况"代表指标"相关政府部门或工作人员被依法追责的可能性"；"信用体系建设状况"代表指标"城市执法工作实施情况——信用监管"。

得分较高；黄石在"地方出台公共服务类政策数量"指标上表现突出；潜江则在"地方政府公布的公共服务权力清单数量"方面表现优异。再次，制度保障能力稳步推进型地方政府在三级指标维度的表现好坏参半，部分指标表现相对突出，如咸宁和十堰在"相关政府部门或工作人员被依法追责的可能性"和"城市执法工作实施情况——信用监管"这两项指标上得分较高，但其不足之处也较为明显，如宜昌在"地方政府公布的公共服务权力清单数量"指标上得分较低，而孝感在"地方政府公布的公共服务权力清单数量"和"相关政府部门或工作人员被依法追责的可能性"这两项指标上有待加强。最后，制度保障能力初始发展型地方政府存在较多短板需补足，如恩施在"地方出台公共服务类政策数量"及"相关政府部门或工作人员被依法追责的可能性"两项指标上欠佳；鄂州在"相关政府部门或工作人员被依法追责的可能性"和"城市执法工作实施情况——信用监管"上亟待提升。

（四）技术保障能力差异性的结构分析

表4-13反映了湖北省16个省直管地方政府在技术保障能力层面的得分状况。16个省直管地方政府的平均得分为70.08，百分制极差为27.13，标准差为6.94。

根据K-means聚类分析的运行结果，可以将16个省直管地方政府的公共服务技术保障能力划分为四个层次，聚类中心点分别为84.73、75.63、66.26、59.46。其中，天门为技术保障能力领先创新型地方政府，荆门、武汉、仙桃、十堰、随州和孝感属于技术保障能力积极追赶型地方政府，黄石、恩施、宜昌、荆州、黄冈、襄阳和咸宁7个地方政府是技术保障能力稳步推进型地方政府，而潜江和鄂州两个地方政府被归于技术保障能力初始发展型地方政府。

图4-15运用柱状图直观地反映了16个省直管地方政府的技术保障能力得分状况。可以发现，各个地方政府的技术保障能力得分分布与上述人力资源保障能力得分分布具有相似性，即整体得分的差异性并不显著。四个层次的地方政府总得分如下。首先，天门是技术保障能力领

## 第四章 地方政府公共服务资源保障能力评估指标体系构建与差异性分析

表 4-13  湖北省 16 个省直管地方政府技术保障能力得分与三级指标得分①

| 地方政府 | 二级指标 技术保障能力 原始得分 | 二级指标 技术保障能力 百分制得分 | 三级指标 政务服务平台提供信息的能力 原始得分 | 三级指标 政务服务平台提供信息的能力 百分制得分 | 三级指标 平台服务事项的覆盖全面性 原始得分 | 三级指标 平台服务事项的覆盖全面性 百分制得分 | 三级指标 平台服务事项办理便捷程度 原始得分 | 三级指标 平台服务事项办理便捷程度 百分制得分 | 三级指标 平台智能化服务水平 原始得分 | 三级指标 平台智能化服务水平 百分制得分 | 三级指标 平台个性化服务水平 原始得分 | 三级指标 平台个性化服务水平 百分制得分 |
|---|---|---|---|---|---|---|---|---|---|---|---|---|
| 天门 | 0.0530 | 84.73 | 0.8526 | 85.26 | 0.8452 | 84.52 | 0.8397 | 83.97 | 0.8333 | 83.33 | 0.8655 | 86.55 |
| 荆门 | 0.0484 | 77.38 | 0.7534 | 75.34 | 0.7744 | 77.44 | 0.7866 | 78.66 | 0.7793 | 77.93 | 0.7752 | 77.52 |
| 武汉 | 0.0477 | 76.37 | 0.7602 | 76.02 | 0.7642 | 76.42 | 0.7607 | 76.07 | 0.7491 | 74.91 | 0.7840 | 78.40 |
| 仙桃 | 0.0477 | 76.29 | 0.7507 | 75.07 | 0.7789 | 77.89 | 0.7747 | 77.47 | 0.7467 | 74.67 | 0.7635 | 76.35 |
| 十堰 | 0.0477 | 76.25 | 0.7456 | 74.56 | 0.7669 | 76.69 | 0.7587 | 75.87 | 0.7702 | 77.02 | 0.7708 | 77.08 |
| 随州 | 0.0467 | 74.73 | 0.7352 | 73.52 | 0.7841 | 78.41 | 0.7228 | 72.28 | 0.7172 | 71.72 | 0.7773 | 77.73 |
| 孝感 | 0.0455 | 72.77 | 0.6470 | 64.70 | 0.7413 | 74.13 | 0.7485 | 74.85 | 0.7353 | 73.53 | 0.7663 | 76.63 |
| 黄石 | 0.0432 | 69.18 | 0.6207 | 62.07 | 0.6686 | 66.86 | 0.6494 | 64.94 | 0.7531 | 75.31 | 0.7674 | 76.74 |

① 为便于作图和后文的分析，本章对三级指标的表述进行了相应精简，其中"平台提供信息能力"代表指标"政务服务平台提供信息的能力"；"平台服务全面性"代表指标"平台服务事项的覆盖全面性"；"平台服务便捷度"代表指标"平台服务事项办理便捷程度"；"平台智能化水平"代表指标"平台智能化服务水平"；"平台个性化水平"代表指标"平台个性化服务水平"。

续表

| 地方政府 | 二级指标 技术保障能力 | | 三级指标 | | | | | | | | | |
|---|---|---|---|---|---|---|---|---|---|---|---|---|
| | 原始得分 | 百分制得分 | 政务服务平台提供信息的能力 | | 平台服务事项覆盖全面性 | | 平台服务事项办理便捷程度 | | 平台智能化服务水平 | | 平台个性化服务水平 | |
| | | | 原始得分 | 百分制得分 | 原始得分 | 百分制得分 | 原始得分 | 百分制得分 | 原始得分 | 百分制得分 | 原始得分 | 百分制得分 |
| 恩施 | 0.0428 | 68.53 | 0.7291 | 72.91 | 0.7063 | 70.63 | 0.6633 | 66.33 | 0.6560 | 65.60 | 0.6719 | 67.19 |
| 宜昌 | 0.0418 | 66.86 | 0.6991 | 69.91 | 0.6234 | 62.34 | 0.6856 | 68.56 | 0.6377 | 63.77 | 0.6974 | 69.74 |
| 荆州 | 0.0410 | 65.63 | 0.5754 | 57.54 | 0.5747 | 57.47 | 0.6934 | 69.34 | 0.7119 | 71.19 | 0.7264 | 72.64 |
| 黄冈 | 0.0405 | 64.73 | 0.6355 | 63.55 | 0.6127 | 61.27 | 0.6629 | 66.29 | 0.6815 | 68.15 | 0.6440 | 64.40 |
| 襄阳 | 0.0403 | 64.53 | 0.5408 | 54.08 | 0.7044 | 70.44 | 0.5899 | 58.99 | 0.6994 | 69.94 | 0.6920 | 69.20 |
| 咸宁 | 0.0402 | 64.38 | 0.6873 | 68.73 | 0.6035 | 60.35 | 0.6280 | 62.80 | 0.6373 | 63.73 | 0.6626 | 66.26 |
| 潜江 | 0.0383 | 61.31 | 0.6601 | 66.01 | 0.6378 | 63.78 | 0.5704 | 57.04 | 0.6271 | 62.71 | 0.5702 | 57.02 |
| 鄂州 | 0.0360 | 57.60 | 0.5250 | 52.50 | 0.7122 | 71.22 | 0.5196 | 51.96 | 0.5957 | 59.57 | 0.5277 | 52.77 |

先创新型地方政府，高出全省平均值14.65分，相较于其他地方政府，具有明显的优势。其次，荆门、武汉、仙桃、十堰、随州和孝感是技术保障能力积极追赶型地方政府，其在技术保障能力的总得分超过了省内平均值，且内部差异性较小。再次，黄石、恩施、宜昌、荆州、黄冈、襄阳和咸宁7个地方政府属于技术保障能力稳步推进型地方政府，整体得分略低于全省平均得分，但距离全省平均得分在5分左右，地方政府间的差异也较小，属于同一层次。最后，潜江和鄂州的技术保障能力得分较低，属于技术保障能力初始发展型地方政府。

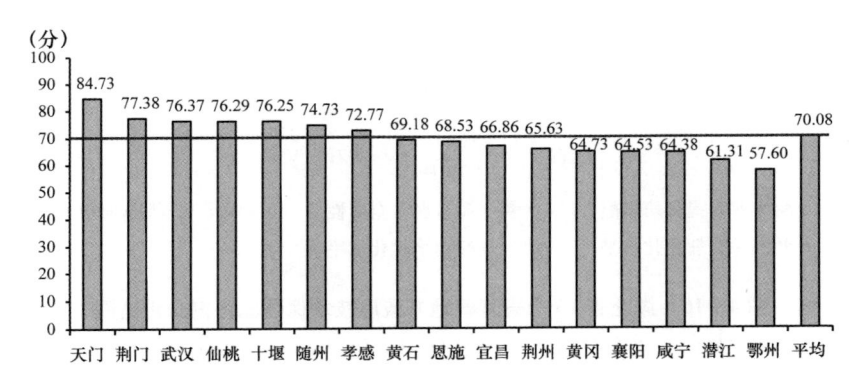

图4-15　湖北省16个省直管地方政府技术保障能力表现

　　图4-16借助雷达图反映了湖北省16个省直管地方政府在技术保障能力层面的得分差异性及其结构特征。从图中可以看出，16个省直管地方政府在技术资源保障方面的得分差异不大，且在五项三级指标上的得分相对平均，具体表现为雷达图中各项指标折线分布的差异小，交叉较多。但是从领先创新型到初始发展型地方政府（雷达图中顺时针方向）的指标间差异逐渐加大，地方政府内部得分结构逐渐由均衡到不均衡，各层次地方政府也呈现出较为明显的结构性差异。

　　首先，技术保障能力领先创新型的天门市在五项指标上的得分均较为相近，在雷达图中的指标重叠程度较高，基本位于80—90分。其次，技术保障能力积极追赶型的荆门、武汉、仙桃、十堰、随州和孝感整体得分也较为接近，除孝感在"政务服务平台提供信息的能力"得

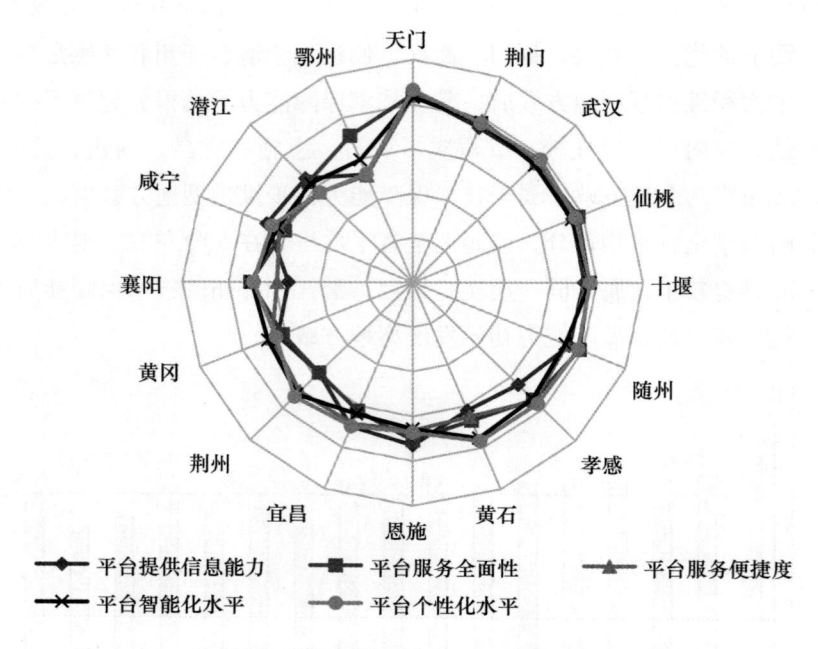

**图 4-16　湖北省 16 个省直管地方政府技术保障能力得分雷达图**

为便于作图和后文的分析，本章对三级指标的表述进行了相应精简，其中"平台提供信息能力"代表指标"政务服务平台提供信息的能力"；"平台服务全面性"代表指标"平台服务事项的覆盖全面性"；"平台服务便捷度"代表指标"平台服务事项办理便捷程度"；"平台智能化水平"代表指标"平台智能化服务水平"；"平台个性化水平"代表指标"平台个性化服务水平"。

分偏低之外，其余地方政府的得分都分布在 70—80 分。再次，技术保障能力稳步推进型的黄石、恩施、宜昌、荆州、黄冈、襄阳和咸宁呈现出了较大的差异性，各项三级指标间的差距有所加大，具体表现为雷达图中各指标间重叠减少。如黄石在"平台智能化服务水平"和"平台个性化服务水平"两项指标中得分较高，但在其余三项指标中得分偏低；荆州在"平台服务事项办理便捷程度"、"平台智能化服务水平"和"平台个性化服务水平"维度的得分明显高于另外两项指标。最后，初始发展层次的潜江和鄂州在三级指标上出现了更多较小值，如潜江在

"平台服务事项办理便捷程度""平台智能化服务水平""平台个性化服务水平"存在得分洼地；鄂州在"政务服务平台提供信息的能力"、"平台服务事项办理便捷程度"、"平台智能化服务水平"和"平台个性化平台"四个维度均表现欠佳。

## 第五节 小结

资源基础理论强调组织的竞争力有赖于组织对资源的占有、发掘与利用，政府竞争理论则强调了政府的公共服务能力对提高政府竞争力的基础性作用。本章首先将资源基础理论与政府竞争理论进行有机结合，论证政府需要强化对公共服务所需资源的获取与利用以提高竞争力，提出提高资源保障能力是政府提高公共服务能力的重要途径。基于相关理论并结合已有研究成果，本章构建公共服务资源保障能力评价指标体系，从人力资源保障能力、财政保障能力、制度保障能力和技术保障能力四个维度出发，对湖北省16个省直管地方政府的公共服务资源保障能力进行了评估。其次，本章借助数据无量纲化处理和逐级等权重方法计算出湖北省16个省直管地方政府公共服务资源保障能力各级评估指标得分，对得分进行了百分制转化，并在此基础上借助K-means聚类方法对湖北省16个省直管地方政府进行了聚类分析，并依据聚类分层结果划分为领先创新型、积极追赶型、稳步推进型与初始发展型四个层级。基于此，本章进一步深入分析了湖北省16个省直管地方政府在资源保障能力各项层面的差异性及其结构特征，并尝试用"下级指标解读上级指标"的方式阐释各层级差异性生成的结构性原因。

分析发现，湖北省16个省直管地方政府在资源保障能力各个指标层面均表现出较为明显的差异性。首先，财政保障能力的差异性明显高于其他三项指标，该项指标在处理过程中已经采取了人均的数据消弭不同量级地方政府间带来的经济总量差异，但依然可以看出武汉市在财政保障能力方面的得分远高于其他省直管地方政府。这也说明其他省直管地方政府需要增强自身的经济发展建设，为公共服务提供更为充分的资金保障。其次，各省直管地方政府的制度保障能力差异性也相对较大，反映出虽然都受到国家和省级公共服务均等化相关政策措施的指引，但是各地的公共服务制度化建设仍然参差不齐，制度保障能力得分较低的地方政府需要结合该项指标中的弱势，有针对性地强化公共服务制度保障体系建设工作。最后，人力资源保障能力与技术保障能力两项指标的差异性相对较小，这说明在重视公共服务供给与重视数字化发展的整体趋势之下，各个地方政府都较为重视为公共服务提供较为充足的人力资源支撑，并紧密结合技术发展潮流，实现公共服务的智能化与便捷化。不过，这两项指标中也存在差异，部分地方政府仍需弥补短板，为推动各地政府公共服务能力建设创建更加坚实的人力资源后备与技术平台支撑。

# 第五章

# 地方政府公共服务资源整合能力评估指标体系构建与差异性分析

## 第一节 引言

《"十三五"推进基本公共服务均等化规划》（以下简称《规划》）在指导思想中指出："统筹资源，促进均等。统筹运用各领域各层级公共资源，推进科学布局、均衡配置和优化整合。加大基本公共服务投入力度，向贫困地区、薄弱环节、重点人群倾斜，推动城乡区域人群均等享有和协调发展。"① 这里的"统筹资源""各领域各层级""科学布局""均衡配置""优化整合"等关键词体现的正是资源整合在实现基本公共服务均等化目标过程中的重要性。而在均等化实施机制方面，《规划》指出要建立健全统筹协调机制，"加强中央和地方、政府和社会的互动合作，促进各级公共服务资源有效整合，形成实施合力"，进一步强调了公共服务资源整合的必要性。2016年7月29日，习近平总书记在河北唐山就实施"十三五"规划等相关主题进行调研考察时强调，"要健全社区管理和服务体制，整合各种资源，增强社区公共服务能力"②。2016年12月5日，中央全面深化改革领导小组第三十次会议

---

① 国务院办公厅:《"十三五"推进基本公共服务均等化规划》，中央政府门户网站，2017年3月1日。
② 《落实责任完善体系整合资源统筹力量 全面提高国家综合防灾减灾救灾能力》，《人民日报》2016年7月29日。

审议通过《关于制定和实施老年人照顾服务项目的意见》,强调整合服务资源,拓展服务内容,创新服务方式,提升服务质量。在2017年12月8日中央政治局就实施国家大数据战略的第二次集体学习上,习近平总书记指出要"推进数据资源整合和开放共享,保障数据安全,加快建设数字中国,更好服务中国经济社会发展和人民生活改善"[①]。习近平总书记还在2018年7月6日主持召开的中央全面深化改革委员会第三次会议中发表重要讲话,在谈到激发制度活力时,强调"在优化资源配置上下功夫,用制度来盘活资源、提高效能"[②]。由此可见,资源整合能力的提升在提高国家治理能力的过程中的重要性日益显现,资源整合能力也毋庸置疑地构成各级政府公共服务能力提升的重要内容,是促进基本公共服务均等化的必要条件。

资源基础理论提出,组织若要在持续性的竞争中保持优势,需要汲取和发掘有价值的、独特而不可或缺的资源,强调以资源作为组织开展日常管理和进行战略决策的出发点。虽然资源基础理论经过许多学者的研究得到了蓬勃的发展,但也存在着必须正视的缺陷,其中最值得注意的是其过于关注组织内部的资源而对组织外部环境缺乏足够的重视。事实上,因为组织的生存与发展必然要依托于与外部环境的交换,因而单纯依靠对内部资源的发掘无法满足组织长久生存的需要。自20世纪90年代以来,激烈的企业间竞争迫使企业管理者不断扩展资源获取的途径,对外部环境的依赖程度不断提高,从以发掘企业内部资源为主向内部资源和内外部资源并重转变。面对不同来源、不同属性、不同层次、不同内容的资源,企业需要进行必要的整合以使资源利用发挥出最大的价值。资源整合对企业的成长至关重要,只有实现对资源的整合,才能使企业的各种动态性能力得到提升,并进而提升企业的绩效,实现企业的战略目标[③]。

---

① 《新华日报》编:《新中国70年大事记》,人民出版社2020年版,第1826页。
② 《激发制度活力激活基层经验激励干部作为 扎扎实实把全面深化改革推向深入》,《人民日报》2018年7月7日。
③ Wu LeiYu, "Applicability of the Resource-based and Dynamic-capability Views under Environmental Volatility", *Journal of Business Research*, Vol. 63, No. 1, 2010, pp. 27–31.

## 第五章 地方政府公共服务资源整合能力评估指标体系构建与差异性分析

所谓整合,就是把较为零散的或者是相互独立的各种要素,通过特定方式使其相互结合,并彼此渗透、交互、耦合,使作为整体一环的各要素能够发挥出最大的效用,从而实现"1+1>2"的效应。资源整合是指企业等各种组织通过对各种来自内外环境的资源进行选择、汲取、配置和融合,使其具有较强的系统性和价值性,并重新构建既有的资源体系,通过对资源的筛选,摒弃无价值的资源,最后形成新的核心资源体系的过程①。而对于资源整合能力,现有研究多是从资源整合的子过程出发对其进行界定。需要注意的是,作为一个现代经济学与管理学概念,对资源整合能力的研究发轫于对如何提升企业持续竞争力和获取超额利润的研究,因而当前学术界对于资源整合能力的研究更多地集中在企业管理领域,虽然近年来已有一些学者将其运用于公共管理研究,但毫无疑问,以企业为目标的资源整合能力的研究更为深入,更为成熟。因而,就资源整合能力的理论阐述而言,我们主要借鉴企业管理领域学者的理解。Ge 和 Dong 以企业自身为区分边界,将其在资源整合中的行为进行内外部区分,并据此界定了资源识取和资源配用两大过程。其中,资源识取描述的是企业面向外部环境的行为,关注的是企业对于资源的识别和获取;资源配用描述的是企业面向内部环境的行为,强调的是资源的配置、组合与使用②。Eisenhardt 和 Martin 将企业资源整合能力视作一种动态能力,共包含资源获取、资源优化、资源配置和资源转让四个方面,这也是企业核心竞争力的来源③。Koruna 认为资源整合能力可以从两个方面界定:一是企业对内外部资源的整合,产生新的资源;二是对整合的资源进行高效运用④。Brush、Greene 和 Hart 分析了

---

① 董保宝、葛宝山、王侃:《资源整合过程、动态能力与竞争优势:机理与路径》,《管理世界》2011 年第 3 期。

② Ge, B., Dong, B., "Resource Integration Process and Venture Performance: Based on the Contingency Model of Resource Integration Capability", *2008 International Conference on Management Science and Engineering 15th Annual Conference Proceedings*, IEEE, 2008, pp. 291–297.

③ Eisenhardt, K. M., Martin, J. A., "Dynamic Capabilities: What Are They?", *Strategic Management Journal*, Vol. 21, No. 10–11, 2000, pp. 1105–1121.

④ Koruna, S., "Leveraging Knowledge Assets: Combinative Capabilities-theory and Practice", *R&D Management*, Vol. 34, No. 5, 2004, pp. 505–516.

创业型企业资源基础的构建,将资源整合能力分为集中资源、吸引资源、整合资源和转化资源四个部分①。马鸿佳认为企业的资源整合能力可以分为两个方面:一是从外部获取资源的能力;二是对内部资源进行识别、配置和利用②。饶扬德将资源整合分为三个环节:一是资源的识别与选择;二是资源的汲取与配置;三是资源的激活与融合。并从宏观战略层次和微观战术层次分析企业的资源整合能力,前者包含重建"游戏规则"能力和战略预见能力,后者包含置换与配置能力和激活与融合能力③。易朝辉认为资源整合能力可以从四个方面测量,即资源识别能力、资源获取能力、资源配置能力和资源运用能力④。从这些有关资源整合能力的相关研究可以看出,资源整合能力蕴藏在从组织对资源的获取到最终对资源的利用的整个流程中的各个环节,通常包含资源的获取、配置、使用等方面。

资源整合的理论基础是系统论⑤,整合的实质在于将系统中各要素进行合理配置,发挥系统运转所需的各项功能。因而,为了对资源整合有更为深入的理解,并将其运用在企业管理之外的领域,我们需要追本溯源,对资源整合的理论基础——系统论进行必要的阐述。系统理论在人类社会发展历程中有着悠久的历史和深厚思想渊源。早在古希腊时代,亚里士多德就已经提出整体大于各部分之和的论点,这可以视作现代系统论重要的原理之一。现代系统论诞生于20世纪30年代,创始人是美籍奥地利理论生物学家L. V. 贝塔朗菲。他认为系统并非组成系统的各个要素的简单的加总或机械式的组合,任何系统都是各个要素的有

---

① Brush, C. G., Greene, P. G., Hart, M., "From Initial Idea to Unique Advantage: The Entrepreneurial Challenge of Constructing a Resource Base", *Academy of Management Executive*, Vol. 15, 2001, pp. 64 – 78.

② 马鸿佳:《创业环境、资源整合能力与过程对新创企业绩效的影响研究》,博士学位论文,吉林大学,2008年。

③ 饶扬德:《企业资源整合过程与能力分析》,《工业技术经济》2006年第9期。

④ 易朝辉:《资源整合能力、创业导向与创业绩效的关系研究》,《科学学研究》2010年第5期。

⑤ 马文峰:《数字资源整合研究》,《中国图书馆学报》2002年第4期。

机的联结、交互所组成的整体，因而一个系统所具有的整体的功能必然是各个要素在孤立状态下所无法具有的特质和无法发挥的功能。贝塔朗菲反对机械论，即那种认为组成整体的要素性能好就意味着整体性能也好的观点。在他看来，系统中的各要素在整体中不是孤立、杂乱或随意地存在着，它们都处在特定的位置上，发挥特定的作用，各要素之间最终会构成一个密不可分的整体①。

系统论的出现，源于现代科学所研究问题的复杂性的不断提升。随着研究问题的深入，过往的将问题进行分解，从中抽取基本因素的研究方法无法适应较为复杂的问题。通常，对相对简单问题的研究，可以将问题从整体分解为若干因素，从中抽象出最简单的因素，对因果关系进行探寻，然后再将分解出的各个部分进行累加，进而实现对整个问题的把握与理解。一般而言，通过此种方式解释问题的前提是组成该问题的各个部分或要素之间缺乏有机联系或是联系较少。在复杂问题中，各个部分或元素之间存在着较为复杂的联系，以研究简单问题的思维去处理显然难以胜任。复杂问题更需要研究者关注各要素之间的联系，只是关注孤立的要素，探寻单向因果关系，无法正确展现问题的复杂性和整体性。由此，系统的理念随之诞生，并在科学研究中受到越来越多的关注和应用，并在发展中不断得到完善和拓展。

系统论的主要观点可从以下几个方面来概括。第一，系统是由各要素构成的有机整体。这些要素有着不同的特质，具备不同的功能。这些要素并非孤立存在，正是由于相互之间产生了联系、相互作用，才构成了整体。换言之，单独的要素对于系统而言并无意义。从整体的视角看，对于一个系统，任何要素的缺失都会对系统的整体性造成破坏，因为这些要素是按照系统运转的要求有规则地排列组合，具有一定的结构，要素之间上下左右构成一种稳定的联系②。第二，系统具有功能。

---

① ［奥］L. V. 贝塔朗菲：《一般系统论》，袁嘉新译，社会科学文献出版社 1987 年版，第 45—46 页。
② 魏宏森、曾国屏：《系统论——系统科学哲学》，世界图书出版公司 2009 年版，第 294 页。

功能是指系统与外部环境相互联系、相互作用所产生的效应。系统的功能与系统的结构密切相关，系统结构决定系统功能，系统功能是系统结构的体现。结构是要素排列组合的结果，是系统的基本属性和内部形式，而系统的功能则是系统的外部表现。只有系统形成有序合理的结构，系统的运行和功能的发挥才能得到保证[1]，即系统功能并非组成系统的要素的功能，也非各要素功能的简单叠加，而是各要素有机组合后呈现的特性。第三，系统具有层次性和等级性。系统论认为，系统是相对于其子系统或要素而言的，而该系统本身也可以是一个上级系统的子系统或要素[2]。系统中的各个要素按照严格的等级进行组织，形成不同的层次，各个层次再按照一定的规则逐级组合起来，形成更为高级的系统。第四，系统具有开放性。任何系统都无法脱离环境单独存在，必然要处在一定的环境中，必然要与环境进行交互，系统的运行、衍化都离不开环境。系统的结构与功能同样受到环境的影响，环境改变会在一定程度上引发系统结构和功能的变化以提高自身的适应性。此外，系统行为也会造成环境的改变，系统在适应环境的同时也在影响环境。

从以上分析可知，系统论的基本思想是将所要研究的对象或问题看作一个系统，从该系统的组成要素、呈现的结构、发挥的功能与所依赖的环境出发，研究各要素之间的有机联系，进而把握该系统运行的整体规律，从而通过完善系统结构，强化系统功能，实现系统的有机存在与衍化发展。

由此，本章基于资源整合理论和系统理论，将资源整合过程和政府公共服务过程有机结合，对政府公共服务的资源整合能力进行界定，论证资源整合能力作为公共服务能力组成部分的重要价值。在此基础上，再通过文本分析方法，结合数据的可得性和有效性，构建公共服务资源整合能力评价的指标体系，进而综合使用问卷调研的主观数据和部分客

---

[1] 魏宏森、曾国屏：《系统论——系统科学哲学》，世界图书出版公司2009年版，第298页。

[2] 魏宏森、曾国屏：《系统论——系统科学哲学》，世界图书出版公司2009年版，第218页。

观数据,对湖北省16个省直管地方政府公共服务资源整合能力进行测度。在此基础上,对各省直管地方政府公共服务资源整合能力存在的差异性及其结构特征进行描述,并结合各省直管地方政府的基本发展状况,对差异性成因进行分析。

## 第二节　政府公共服务资源整合能力指标体系构建

### 一　政府公共服务资源整合能力概念阐释

结合系统论和资源整合理论,我们可以发现资源整合的过程就是一个对系统的结构进行优化以强化功能的过程。政府公共服务资源整合,就是政府在提供公共服务时,通过对来自内外环境的各种资源进行选择、汲取、配置和融合等过程,使其具有较强的系统性和价值性,进而形成新的资源体系,以提高公共服务供给效率,使公共服务效益得到强化。而政府公共服务资源整合能力,指的是政府对公共服务资源,包括物质资源和行政资源等,通过合理分配公共服务参与主体在公共服务过程中所应履行的职能,进行选择、汲取与分配,最终将分散的、孤立的、重叠的以及错位的资源进行规划、整合,使其能够充分满足公共服务的需求,并提升公共服务效益的能力。因而,我们可以从系统论的视角审视公共服务资源整合能力的构成及其作用机理问题。

(一) 系统论与政府公共服务资源整合

首先,系统的整体性和层次性与公共服务资源整合。系统论主张元素是构成整体的基础。各元素的有机联系形成系统的结构,系统的功能要以元素间的有机联系体现出来,且系统的整体功能并非各要素功能的简单叠加,即 $1+1 \neq 2$。而以系统论研究问题的目的就在于使整体功能达到 $1+1>2$ 的效果。具体到公共服务,一是资源整合是由多个元素构成有机联结而成的系统,涵盖资源获取、资源加工、资源利用、资源评价等多个环节。每一环节都可以看作资源整合系统的一个要素，因而每一环节都可以视为为实现资源整合系统的整体功能而存在。只有各个环节发挥各自功能且各环节之间有机联结，资源整合功能才能实现。二是公共服务同样是一个由不同元素组成、功能明确的系统。在该系统中，涵盖公共服务的供给、需求、监督等多个元素。其中每一元素又可以看作一个独立系统，在该系统下又包含多个元素。以公共服务供给为例，就包含政府供给、市场供给、非营利组织供给等多个元素。因而，公共服务系统功能的实现需要不同层次元素的有机联结，形成一个分工严明的结构，确保公共服务功能的有效实现。

当资源整合系统与公共服务系统结合形成一个公共服务资源整合系统时，该系统的整体性和复杂性必然超越构成其自身的任一子系统。因此，在讨论如何使两个子系统形成特定的结构以发挥整体功能时，必然要考虑两个子系统下各自组成元素的耦合方式，例如资源的获取应该由公共服务的供给方来完成。此外，不同系统的组合实质上是对整个系统的重构，在此过程中还要剔除不符合系统结构的元素。例如，在公共服务资源整合过程中，由于资源整合环节在公共服务流程中处于供给方的位置，基本上不会涉及公共服务的需求方，因而在公共服务资源整合系统中可以较少考虑此类元素。因此，以系统的整体性观点出发，公共服务资源整合可以看作公共服务各环节与资源整合各环节的联结，也可以看作公共服务各环节的行为主体和资源整合各环节的联结。为此，就要致力于实现公共服务资源整合的功能优化，实现公共服务资源整合能力的提升，进而实现公共服务最终价值。

其次，系统的协同效应与公共服务资源整合。协同效应源于协同理论。该理论由德国物理学家赫尔曼·哈肯于20世纪70年代提出，是在系统论基础上对其进行的延展和补充。哈肯认为，协同指的是系统各个构成子系统或元素之间围绕系统功能互相协作而产生的整体效应[1]。系

---

[1] [德]赫尔曼·哈肯:《协同学:大自然构成的奥秘》,凌复华译,上海译文出版社2005年版,第12页。

统中各子系统通过不断的自我调整发挥协同作用,以使系统保持稳定并发挥功能。协同效应主要关注的是子系统之间的相互作用,通过促进子系统之间进行有机联结,实现系统功能。

当前中国公共服务的整体格局依旧是政府为主导,市场和社会为重要参与。因而,具体到公共服务资源整合,以协同理论的观点,就需要处理好三个方面的关系。一是政府部门内部关系。政府部门可以看作一个独立的系统。从政府运行角度看,该系统可以看作由行政人员、行政职能、行政责任等要素构成的系统。发挥政府的公共服务资源整合功能,需要处理好政府部门的内部关系,要确保权责匹配、资源互补,各司其职又具有整体合力。二是政府部门间的关系。从政府职能角度看,政府系统可以看作由不同职能部门作为基本要素构成的系统。政府系统内存在不同职能部门,各司其职。然而,政府进行公共服务资源整合往往无法由单一职能部门独立完成,需要不同部门基于沟通协调进行合作。虽然同在一个政府系统,但是不同部门具有各自职权范围与利益诉求,彼此之间既存在合作关系也存在竞争关系,不同的关系会导致不同的整体效益。因此,由于公共服务资源整合需要的是不同部门的合力,若要实现整体功能的发挥,即达成 $1+1>2$ 的效应,就需要在不同部门之间建立有效的沟通与协同机制。三是政府的外部关系。虽然政府占据主导地位,是公共服务资源整合的主要规划者与执行者,但显然不是公共服务资源整合系统中的唯一子系统。同时,这里还涉及系统的开放性问题。系统的元素、结构、功能会受到外部环境的影响,而系统的整体功能最终要以与外部环境之间的资源和能量转换而得以体现。资源整合要获取资源,必然要与外部环境发生交互作用,因此,就必然要重视系统与外部环境的关系。

在当前各级政府公共服务资源整合中,政府系统的外部关系主要体现在政府与市场、政府与社会的关系。首先,政府提供公共服务所需的资源离不开市场和社会的支持。尤其是市场,其在资源配置中的决定性作用使其可以在一定程度上取代政府成为公共服务的主要供给者。在政府职能从"管理"向"服务"转变的过程中，对市场和社会的资源依赖的程度亦会不断加深。其次，政府进行公共服务资源整合的最终目的是优化资源的配置以提高公共服务效能，而其效能如何最终还是要由市场和社会检验。因此，虽然资源配置的直接作用对象不是公共服务的需求方，但是保持与市场和社会的沟通依旧有必要。处理好政府的外部关系，于市场而言，关键在于充分尊重市场的地位，激发市场活力；于社会而言，关键在于充分考虑社会的承载力和实际需求，保持社会的稳定。

（二）政府公共服务资源整合的重要价值

第一，推进政府公共服务体系现代化的重要体现。现代化是一种文明要素的创新、传播与替代的过程，科学化、法治化、民主化等都可以视为现代化进程的表现形式。追求现代化，核心一是追求人的解放，即践行以人为本的理念，促进人的全面发展。二是促进人权的实现，即保障和尊重人的基本权利。三是增进人的福祉，在当下就是促进改革和发展的成果更多更公平地惠及全体人民[1]。政府公共服务体系现代化，就是推动政府公共服务体系的革新与完善，以公共服务化解社会矛盾，缓解社会冲突[2]，促进社会公平，增进社会福祉，保障公民的合法利益诉求。

当前中国公共服务面临着公民的公共服务需求不断增长、基本公共服务供给不均衡、公共服务财政支出压力加大等一系列重大挑战。这要求各级政府在提高公共服务供给能力，推动基本公共服务均等化等方面有所作为。推动政府公共服务体系现代化，是应对新时代公共服务重大命题的必然要求，整体而言可以体现在两个层面，具体如下。一是建立政府公共服务体系动态调控机制，即根据公民对公共服务需求的新变化，不断调整基本公共服务清单，补足公共服务短板，拓宽公共服务渠道。这就要求政府联合市场和社会主体进入公共服务供给体系。建立多

---

[1] 应松年：《加快法治建设促进国家治理体系和治理能力现代化》，《中国法学》2014年第6期。

[2] 胡志平：《国家治理现代化的公共服务路径》，《探索》2015年第6期。

种主体参与的公共服务体系，形成多元主体的供给格局，需要政府发挥主导作用将各方力量进行有序的布置与整合。这里体现的正是政府公共服务资源整合能力。二是建立公共服务职能责任匹配的监管机制[①]。于政府而言，在公共服务中处于主导地位，既需要进行公共服务的整体规划和布局，也承担部分公共服务的直接供给——主要体现在基本公共服务领域。因此，相应的，对由政府直接提供的基本公共服务，需要保证服务的即时性、持续性和均等性，保障基本民生；对政府非必要直接提供的公共服务，需要提供必要的外部激励，以政府财政补贴服务生产者或消费者，完善财力分配机制和支出监管机制。由此可知，政府在公共服务中承担不同的职责，扮演不同的角色，这就需要政府不同职能部门之间的紧密协作，这种协作正是资源整合能力的体现。

第二，推动数字政府建设的关键动力。以互联网、大数据、人工智能为代表的数字技术在近二十年来迅速发展，在政务服务领域产生了巨大的影响。在"数字化"形态下的政府运作模式，以信息化手段实现部门之间数字资源的整合共享，优化政务服务的办理流程，提高部门协同的工作效率，强化政府的服务职能，是推进决策的科学化、社会治理的精准化、公共服务的高效化的重要方式[②]。于公共服务而言，数字政府的理念越发成为政府变革公共服务模式的重要推动力[③]，能够更好地适应新时代人民群众对于公共服务供给更高效率、高质量和高精准度的需求[④]。

数字政府建设的基础是政务信息资源，核心是推进政务信息资源的整合共享，进而以此为基础，提高对政务信息资源的优化配置和深度开发，提高政府公共服务能力，满足公民日益多样的公共服务需求。随着数字政府建设工作的进行，一些阻碍因素也逐渐显现，而最为突出的就

---

① 王洪川：《完善国家公共服务制度体系现代化发展的路径分析》，《经济学家》2021年第1期。
② 周文彰：《数字政府和国家治理现代化》，《行政管理改革》2020年第2期。
③ 周瑜：《数字技术驱动公共服务创新的经济机理与变革方向》，《当代经济管理》2020年第2期。
④ 北京大学课题组、黄璜：《平台驱动的数字政府：能力、转型与现代化》，《电子政务》2020年第7期。

是政府部门间"数据鸿沟"的存在严重制约了政府服务信息资源的开发利用。因此,若要实现政务信息资源利用价值的最大化,作为数字政府建设的关键环节,首要工作就是对现有数据资源进行整合共享[①],突破部门之间的业务樊篱,优化业务流程,以数据资源的整合共享促进部门协作与联动。《国务院关于加快推进"互联网+政务服务"工作的指导意见》中明确指出,"加快政务信息资源互认共享","整合本地区本部门政务服务资源与数据,加快构建权威、便捷的一体化互联网政务服务平台","打通数据壁垒,实现各部门、各层级数据信息互联互通、充分共享"[②],等等,充分说明了资源整合对于建设数字政府、提高政府公共服务效能的重要性。

## 二 政府公共服务资源整合能力评价指标构建

前文提到,当前学界对资源整合能力的研究在企业管理领域已臻于成熟,但是随着资源整合理念在公共管理领域的应用方兴未艾,在公共服务资源整合能力的研究中,学界也出现了一些较有价值的研究成果,其中部分涵盖对公共服务资源整合能力构成要素的研究。刘丹在医疗服务体系资源整合的促进战略研究中,将资源整合指标体系分为整合的前提、过程实施和实施的结果三个维度,并进一步划分二级和三级指标[③]。石庆功等构建了公共数字文化资源整合的标准体系,并划分了资源建设标准、整合技术标准、整合管理标准、整合服务标准和整合绩效评估标准五个基本类型[④]。袁刚等以数字政府建设为研究对象,提出了

---

① 袁刚、温圣军、赵晶晶、陈红:《政务数据资源整合共享:需求、困境与关键进路》,《电子政务》2020年第10期。
② 《国务院关于加快推进"互联网+政务服务"工作的指导意见》,中华人民共和国中央人民政府,2016年9月25日,http://www.gov.cn/gongbao/content/2016/content_5120694.htm。
③ 刘丹:《医疗服务体系资源整合促进策略研究》,博士学位论文,华中科技大学,2014年。
④ 石庆功、郑燃、唐义:《公共数字文化资源整合的标准体系:内容框架及构建路径》,《图书馆论坛》2021年第8期。

政务数据资源整合共享的主要影响因素：观念因素、技术因素、业务因素和管理因素[1]。唐义等在构建中国公共数字文化资源整合模式的研究中，以整合目标、整合主体及管理体制、整合对象、技术标准为整合模式的关键构成要素[2]。同样以公共文化数字资源整合模式为研究目标，肖希明等则以行为主体的角色及职能为侧重点，区分了发起主体、指导主体、实施主体和保障主体[3]。胡税根等基于"投入—产出—效果"模型，构建公共文化资源绩效评估指标体系，涵盖公共文化资源投入类、公共文化资源产出类和公共文化资源效果类三个一级指标[4]。

  从以上分析可知，当前的研究多集中在数字政府建设中政务数据资源整合的领域。这是由于当前公共服务资源整合在数字政府建设中体现得最为显著。结合公共服务资源整合能力的概念内涵，相较于私人企业资源整合，公共服务资源整合具有显著的公共性，即资源整合的流程和结果要服务于公共服务目标，最终目的是实现公共服务利益的最大化。这也可以解释在有关资源整合能力构成要素的研究中，与企业管理领域资源整合能力构成要素的研究以整合流程为研究主线有所不同，学者多以政府公共服务职能与不同职能部门在公共服务中的权责划分为主要研究视角，重在定义公共服务资源整合能力的构成要素。在以系统的整体性观点论述公共服务资源整合时，本书提出公共服务资源整合涉及公共服务和资源整合两个系统，评估其能力，需要同时考虑两个子系统的有机结合。因此，评价公共服务资源整合能力，除了要考虑组织自身的资源整合流程，还要考虑资源整合的公共效果。相应地，本章将公共服务资源整合能力划分为资源吸纳、资源配置、绩效评估和执法监督四个次

---

[1] 袁刚、温圣军、赵晶晶、陈红：《政务数据资源整合共享：需求、困境与关键进路》，《电子政务》2020年第10期。

[2] 唐义、肖希明、周力虹：《我国公共数字文化资源整合模式构建研究》，《图书馆杂志》2016年第7期。

[3] 肖希明、张芳源：《公共数字文化资源整合中行为主体的角色及职能研究》，《图书情报工作》2015年第11期。

[4] 胡税根、莫锦江、李军良：《公共文化资源整合绩效评估指标体系构建与实证研究》，《理论探讨》2018年第2期。

级能力类型，构建公共服务资源整合能力评价指标体系。前两种能力指标侧重于资源整合过程本身，后两种则侧重于公共部门对整合流程是否符合公共利益的评价与监管能力（见图5-1）。

```
                    公共服务资源整合能力
         ┌──────────┬──────────┬──────────┐
      资源吸纳能力  资源配置能力  绩效评估能力  执法监督能力
```

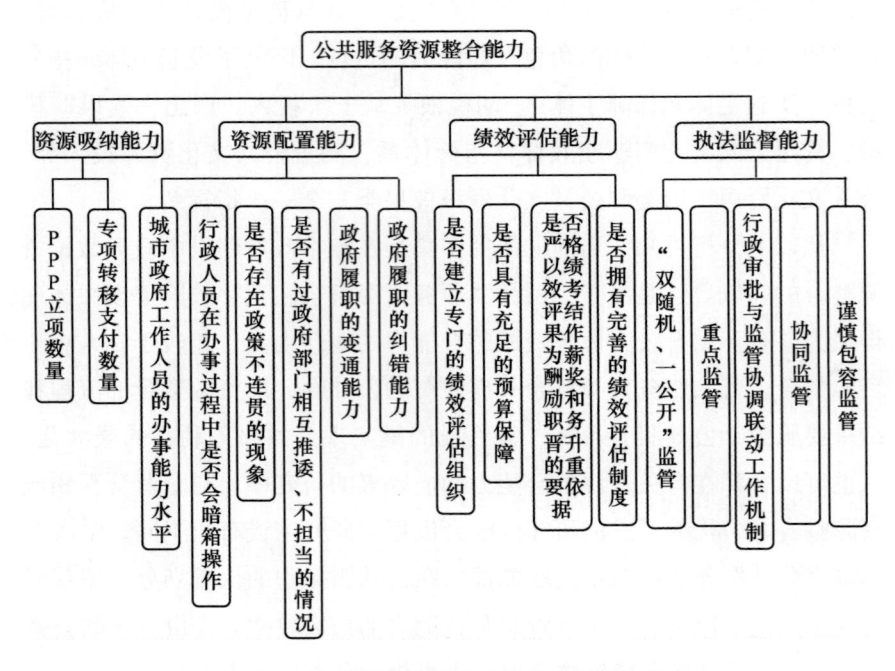

- 资源吸纳能力：PPP立项数量；专项转移支付数量；城市政府工作人员的办事能力水平
- 资源配置能力：行政人员在办事过程中是否会暗箱操作；是否存在政策不连贯的现象；是否有过政府部门相互推诿、不担当的情况；政府履职的变通能力；政府履职的纠错能力
- 绩效评估能力：是否建立专门的绩效评估组织；是否具有充足的预算保障；是否严以效评结作薪奖和务励职晋重的要依据；是否拥有完善的绩效评估制度
- 执法监督能力："双随机、一公开"监管；重点监管；行政审批与监管协调联动工作机制；协同监管；谨慎包容监管

**图5-1 公共服务资源整合能力评价指标体系**

（一）公共服务资源吸纳能力

政府进行公共服务的基础是资源，对资源的获取是进行资源整合的基础。公共服务资源吸纳能力是公共部门通过多元化方式获取配置性资源的能力，是解决资源匮乏的重要手段[①]。随着公民对公共服务质量和效率的要求不断提高，政府需要在横向和纵向两个维度上提高资源获取的能力。横向上，政府无法独自承担公共服务供给的全部内容，多元供给格局的建立与完善是大势所趋。近年来，以政府、市场

---

① 张国磊：《科层权威、资源吸纳与基层社会治理——基于"联镇包村"第一书记的行动逻辑考察》，《中国行政管理》2019年第11期。

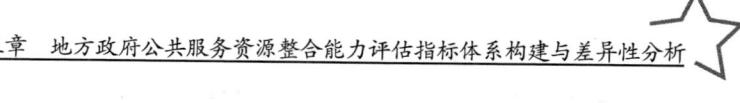

和社会为核心进行协作的多元化供给机制日趋成熟。如何使政府、企业、非营利组织、社区团体、个人等具有不同属性的不同供给主体的服务资源形成合力，对政府公共服务资源整合能力提出了挑战。纵向上，作为地方政府公共服务资金的重要来源，转移支付同样是各级地方政府资源获取的重要方式，也是各级地方政府进行资源整合的重要目标。于政府而言，由于无法仅依赖组织内资源实现不同层次的多样化公共服务需求，因此，资源吸纳是拓宽公共服务资源获取渠道，补充公共服务短板的必要途径，也是政府公共服务资源整合能力的重要组成部分。

公私伙伴关系（Public-Private-Partnerships，PPP），是当前公共服务中得到广泛应用的一种供给模式。虽然由于存在多种表现形式，导致 PPP 的确切含义并无一个明确的说法，包括联合国开发计划署、欧盟委员会、国际货币基金组织等机构与很多学者都对 PPP 进行过各具侧重点的定义和分类[1]，但是可以总结出 PPP 的一些显著特征[2]有以下几点。（1）伙伴关系。PPP 需要公共部门与私营部门建立伙伴关系，合作贯穿 PPP 项目始终，合作的领域集中在公共服务领域。（2）利益共享。公共部门与私营部门共享 PPP 的成果，合作过程中，双方实现共赢。（3）风险共担。风险共担亦是伙伴关系的一种体现，也是建立伙伴关系的重要基础。公共部门与私营部门进行风险共担，是 PPP 相较于其他公私交易形式的显著标志。PPP 为私营部门进入公共服务领域提供了基于合作的利益共享与风险分担机制，为公共服务拓宽资金来源渠道、提高供给效率、增加公私部门收入提供了切实可行的方案。于政府而言，PPP 模式能让政府更灵活地利用私营部门的优势，同时又可以保持对公共服务质量和水平的控制。因此，PPP 模式可以被视作政府公共服务资源吸纳的一种具有代表性的模式。

---

[1] 赖丹馨、费方域：《公私合作制（PPP）的效率：一个综述》，《经济学家》2010 年第 7 期。

[2] 贾康、孙洁：《公私伙伴关系（PPP）的概念、起源、特征与功能》，《财政研究》2009 年第 10 期；刘薇：《PPP 模式理论阐释及其现实例证》，《改革》2015 年第 1 期。

财政转移支付制度是中国分级财政体制的一项重要内容，也是实现公共服务均等化的重要制度与政策支撑①。财政转移支付的形式主要包括税收返还、一般性转移支付、专项转移支付和其他转移支付。其中，专项转移支付指的是服务于宏观政策目标，对于地方政府因承担中央政府的委托事务或政府间共同事务，或者是应由地方政府承担的事务而享受的中央政府补助资金②。专项转移支付这一制度形式的基本理念前提可以概括为，由于地方政府在财政资源的分配上存在偏好，会在经济发展和公共服务两个基本领域进行选择，往往会造成基础设施投资更多、基本公共服务提供较少的情况，导致财政支出结构的扭曲和公共服务供给的不足③。因此，中央通过从地方收取税收，再将资金以"专款专用"的方式转移到地方，为地方提供基本公共服务。相比之下，一般性财政转移支付由于不限定转移资金的用途，地方政府对此类资金的使用和分配具有较大的自由度。专项转移支付是上级政府影响下级政府的财政投入偏好的重要方式，对于提高地方政府在公共服务领域的注意力有重要意义，也是提高地方公共服务（尤其是基本公共服务供给）的重要方式，是地方获得公共服务资源的重要途径。

因此，在资源吸纳这一维度下，我们选取2016—2020年五年间地方政府的"PPP立项数量"和"专项转移支付数量"作为衡量指标，二者皆为客观指标。其中，PPP立项数量用以衡量横向的政府资源吸纳能力。立项数量越多，说明地方政府整合公共部门资源和私营部门资源以提高公共服务效能的尝试越多，其吸纳能力越强。专项转移支付数量则用以衡量纵向的政府资源吸纳能力，专项转移支付数量越多，说明地方政府承接上级政府的公共服务资源补充越多。这种转移支付会强化地方政府的资源吸纳能力，因为地方政府必须要将专项转移支付的项目与自主进

---

① 安体富：《中国转移支付制度：现状·问题·改革建议》，《财政研究》2007年第1期。
② 钟辉勇、陆铭：《财政转移支付如何影响了地方政府债务？》，《金融研究》2015年第9期。
③ 尹振东、汤玉刚：《专项转移支付与地方财政支出行为——以农村义务教育补助为例》，《经济研究》2016年第4期。

行的公共服务项目进行有机结合以优化公共服务的整体布局。故而，专项转移支付的数量与地方政府的资源吸纳能力具有正向相关关系。

### （二）公共服务资源配置能力

作为资源整合环节的资源配置，是指在获取资源之后，对资源进行调整，使不同资源之间互相匹配、相互补充并获得独特竞争力的过程[1]。公共服务资源配置能力是指公共部门对公共服务资源进行调整与处理以使其发挥公共服务效益的能力。资源配置是资源整合的核心环节，资源能否发挥价值，关键在于是否将其置放在正确的位置去使用[2]。从资源配置的定义中可以发现，资源配置之所以是资源整合的核心环节，在于资源配置能力可以看作资源整合能力的缩影，资源配置的核心要素——调整，与整合思维高度契合。整合的实质就在于将系统中各要素进行合理配置。就资源整合所要达成的结果而言，整合的理想目标是系统中各要素能够发挥应有的价值。

就资源整合的观点而言，当组织获取资源之后，下一步就是对已获取的资源进行处理，为资源选择正确的配置路径，做到物尽其用。在经济管理领域对资源配置的研究多集中在如何测算资源配置的效率以及在此基础上如何优化资源配置的效率。在公共管理领域，对资源配置的研究除了衡量配置的效率外，还涉及资源配置的格局和影响因素以及资源配置的体制机制等。既有研究成果对探究资源配置原理、配置效率、配置的作用机制等提供了有益的借鉴。但是，当涉及从地方政府公共服务资源整合能力视角去探究资源配置问题时，已有的多数研究通常只涉及公共服务或资源配置两者之一，即以资源整合的视角研究没有将资源配置纳入公共服务的框架；以公共服务的视角研究则没有将资源配置作为资源整合的关键流程。

基于以上分析，为了衡量特定政府公共服务的资源配置能力，本部

---

[1] Barney, J. B., "Looking Inside for Competitive Advantages", *Academy of Management Executive*, Vol. 9, No. 4, 1995, pp. 49–62.

[2] 董保宝、葛宝山：《新创企业资源整合过程与动态能力关系研究》，《科研管理》2012年第2期。

分选取"城市政府工作人员的办事能力水平""行政人员在办事过程中是否会暗箱操作""是否有过政府部门相互推诿、不担当的情况""是否存在政策不连贯的现象""政府履职的变通能力""政府履职的纠错能力"六项主观指标。首先,前两项指标衡量的是政府行政人员在公共服务资源配置中的办事能力与行为方式。作为政府职能的具体执行者,行政人员在资源配置中起着组织、协调、控制等重要作用。政府工作人员的办事能力水平越高,在公共服务资源配置过程中能够发挥的作用就越大,效果也就越好。除了办事能力外,行政人员的履职方式也对资源配置的效果有重要影响。"公共行政领域的一些重大问题往往是与公共管理者的信念、价值和习惯有关"[1],一旦办事不公开不透明,由于行政领域的信息不对称,行政人员很可能会作出违反公共利益的行为[2]。因此,在提高资源配置效能的过程中,行政人员的履职方式也会直接关系到资源配置的效果。其次,在公共服务履职过程中,合理的分工和协作可以提高专业化的水平,进而提高服务的效率和质量。公共服务资源分散在不同的职能部门中,因此,资源配置要求政府部门之间建立有效的协同机制。在此,我们以"是否有过政府部门相互推诿、不担当的情况"衡量政府不同部门间的协同情况。

最后三项指标体现的是政府外部互动关系,这主要体现在政府行为对市场和社会的影响。公共服务资源配置的结果会直接作用于市场和社会,因此,进行资源配置能力测度有必要考虑到政府资源配置行为对外部的影响。资源配置涉及政府、市场、社会和公民等多方参与主体,作为公共服务的主导者,政策是否连贯会直接影响到市场的信心、社会的稳定和公民对政府的信任,政府是否具有保持政策连贯性的能力通常会直接影响资源配置的效率和效果。政府履职的变通能力是指在履行服务职责过程中,如果突发意外情况,或遇到困难和阻力

---

[1] [美] H. 乔治·弗雷德里克森:《公共行政的精神》,张成福等译,中国人民大学出版社 2013 年版,第 1 页。

[2] 郭小聪、聂勇浩:《行政伦理:降低行政官员道德风险的有效途径》,《中山大学学报》(社会科学版) 2003 年第 1 期。

时，能否根据变动的环境和情势，灵活变通执行方案的能力。政府履职的纠错能力则是指政府在履责过程中出错的时候，及时进行整改，并且分析、通报出错情况和出错原因。这两项能力都是政府实现资源有效配置的必要控制性能力，会直接影响到政府公共服务资源整合能力。因此，本章以这三项指标作为政府公共服务资源配置能力的体现，政策连贯性越好，政府变通能力和纠错能力越强，公共服务资源配置能力相对而言就越强。

（三）公共服务绩效评估能力

政府绩效是政府工作所取得的实际结果与成效，追求绩效是政府管理不变的主题[1]。公共服务绩效评估能力是指公共部门运用科学的方法与程序，对参与公共服务的行政人员在公共服务过程中的表现进行评价的能力。党的十八大就已明确提出，"创新行政管理方式，推行政府绩效管理，提高政府公信力和执行力"。《中华人民共和国国民经济和社会发展第十四个五年规划和2035年远景目标纲要》也强调，"构建适应高质量发展要求的内生激励机制，健全激励导向的绩效评价考核机制和尽职免责机制，调动广大干部特别是基层干部的积极性、主动性、创造性"[2]。在国家治理层面进一步强调完善政府绩效评估体制的重要性。随着公共服务渐趋成为政府核心职能，公共服务绩效评估已成为政府提高公共服务能力，改善民生，建设"服务型"政府的重要内容与手段。从评估价值的视角看，公共服务绩效评估衡量的是政府提供公共服务的效果，综合了工具理性和价值理性，是涵盖了政府成本、效率、服务效果、公平正义等在内的整体内涵[3]；从评估内容的视角看，公共服务绩效评估关注的是公共服务供给者所提供的公共服务的内容，包括内容、

---

[1] 尚虎平：《合理配置政治监督评估与"内控评估"的持续探索——中国40年政府绩效评估体制改革的反思与进路》，《管理世界》2018年第10期。

[2] 《中华人民共和国国民经济和社会发展第十四个五年规划和2035年远景目标纲要》，共产党员网，2021年3月13日，https://www.12371.cn/2021/03/13/ARTI1615598751923816.shtml#d14。

[3] 姜晓萍、郭金云：《基于价值取向的公共服务绩效评价体系研究》，《行政论坛》2013年第6期。

过程、成效等①。

对于公共服务而言，绩效评估的价值主要体现在能够改善公共服务质量，提升公民对公共服务的满意度。绩效评估的重点领域在很大程度上确定了政府工作的重点方向，引发政府职能部门注意力的转移，完善的公共服务绩效评估体制会促使政府加大对公共服务的注意力投入②。公共服务绩效评估更加重视对公共服务供给结果的评价，对提高公共服务的质量通常具有直接的促进作用。而且，公共服务是许多政府相关职能部门会以不同程度参与履行的一项职能。因此，公共服务绩效评估能够促进相关职能部门将更多注意力分配到公共服务过程中。出于提高公共服务效能的考虑，职能部门除了履行好自身的公共服务职能之外，还需要强化与其他部门之间的沟通与合作，因此对提升政府的公共服务资源整合能力有较为明显的作用。

基于以上理论分析和既有研究成果，本书在公共服务绩效评估能力维度选取四项主观指标。其一，"是否拥有完善的绩效评估制度"。制度从整体上规范了绩效评估的目标、过程、原则等方面，是绩效评估普遍化、规范化和标准化的基础，是绩效评估工作开展的基本遵循。是否拥有完善的绩效评估制度，是各个地方政府公共服务绩效评估能力的核心构成要素。其二，"是否建立专门的绩效评估组织"。绩效评估是一项复杂的工程，涉及组织投入、产出、过程等多个维度，且绩效评估组织即使在制度框架下开展评估也仍然会受到自身偏好的影响③。建立专门的绩效评估组织既有助于实现绩效评估工作的职责常规化，更有助于促成绩效评估工作的专业化，会直接影响到绩效评估制度能否发挥应有的价值和支付的公共服务绩效评估能力大小。其三，"是否具有充足的预算保障"。绩效评估组织开展评估工作需要有充足的预算保障。通常

---

① 孟华：《推进以公共服务为主要内容的政府绩效评估——从机构绩效评估向公共服务绩效评估的转变》，《中国行政管理》2009 年第 2 期。

② 孟华：《推进以公共服务为主要内容的政府绩效评估——从机构绩效评估向公共服务绩效评估的转变》，《中国行政管理》2009 年第 2 期。

③ 周志忍：《政府绩效管理研究：问题、责任与方向》，《中国行政管理》2006 年第 12 期。

由于绩效评估自身的复杂性，预算的充足与否与绩效评估组织工作的质量有直接的关联。上述指标涉及绩效评估的三个关键元素——制度、组织和预算，是绩效评估工作开展的基础，可视为绩效评估能力的投入性指标。其四，指标"是否严格以绩效考评结果作为薪酬奖励和职务晋升的重要依据"衡量的则是绩效评估的产出，即绩效评估结果是否会给政府部门履行公共服务职能的结果带来实质性后果与影响。绩效评估结果的有效运用与否直接决定了一个政府公共服务绩效评估系统能否产生实质性功效，构成绩效评估能力测评的一个重要指标。

（四）公共服务执法监督能力

《"十三五"推进基本公共服务均等化规划》提出到2020年实现"基本公共服务依法治理水平明显提升"的目标，在实施机制中提出完善监督评估机制，加强对规划实施的动态跟踪检测，"推动总结评估和督促检查"。这表明了规范公共服务主体行政行为，建立完善的监督机制对政府履行公共服务职能的重要性。行政执法是行政主体为了实现行政目标，在制度框架里按法定权限和程序实施的具体行政行为，是产生具体行政行为的最主要环节，是衡量法治是否健全的重要尺度之一[①]。公共服务执法监督能力就是公共部门对行政主体在提供公共服务时是否依法行使公共权力、履行公共职责进行监察与督促的能力，对于减少行政主体在履职过程中的违法行为、促进行政执法水平的提升、促进公共利益的实现具有重要的意义，是公共服务不可或缺的配套机制。

行政执法贯穿于政府履行公共服务职能的各个阶段，就公共服务资源整合而言，从资源获取到资源的配置，再到最终资源的利用，都伴随着政府的行政执法行为。公共服务资源配置中的行政执法行为主要体现在政府对市场主体的行政处理行为，包含行政许可、检查、处罚、强制等多种行为。从根本上来说，行政执法的实质就是经对各种经济社会文化生活秩序相关法律规范的执行，确保经济社会文化生活

---

① 莫于川：《行政执法监督制度论要》，《法学评论》2000年第1期。

相关秩序得以有效维持。恰如前文所述，秩序的维持本质上就在于促成各种经济社会文化关系与交互行为模式的相对稳定、可预期，降低交互成本，提升各种资源的配置与使用效能。公共服务资源整合能力正是建立在行政执法相关职能有效运行基础之上的。尤其是就市场经济体制而言，只有政府依法对市场进行管理，发挥市场优势，规范市场行为，才能充分发挥市场在资源整合中的重要作用。改善行政执法的关键就在于加强执法监督，完善的执法监督机制是提高公共服务资源整合能力的重要保障。

基于以上理论分析和既有研究成果，本书在执法监督能力这一维度，选取五项主观指标。第一，"'双随机、一公开'监管"。在执法监督过程中随机抽取检查对象，随机选派执法检查人员，抽查情况及查处结果及时向社会公开，以保障政府在行政执法中做到公正与公开。作为公共服务资源整合的主导者，只有政府的执法行为保证基本的公正与公开才能保持政府的公信力，更好地履行资源整合的主导作用。第二，"重点监管"。对疫苗、药品、特种设备、重大公共基础设施等重点领域，实行全主体、全品种、全链条严格监管，衡量的是政府对重点领域的监督是否到位。公共服务资源整合所涉及资源种类众多，其中涵盖部分对社会安全较为重要的资源，对于此类资源，政府要强化重点监管。第三，"行政审批与监管协调联动工作机制"。衡量的是行政审批部门与执法监管部门的协作能力。行政审批是政府进行资源配置的一种重要方式[①]，建立行政审批与执法监督的联动工作机制，实质上就是将资源配置与行政执法纳入一个统一的框架，对于提高资源整合能力有明显促进作用。第四，"协同监管"。衡量的是政府不同职能部门就资源整合涉及的部门职责划分在执法监督层面开展的协作，这是公共服务资源整合能力的显著表现。第五，"谨慎包容监管"。对新兴产业"该处置的处置，该客观对待的客观对待"，既不简单封杀，也决不放任不管的监管模式，衡量的是政府合理使用执法监管权力的程度。政府对市场的管

---

① 王克稳:《我国行政审批制度的改革及其法律规制》,《法学研究》2014 年第 2 期。

理与控制要控制在一个合理的范围,不能缺位,也不可越位,最终目的是充分发挥市场的资源配置作用,可以说,政府谨慎包容监管的度把握得越好,市场在资源整合中可以发挥的效果就越好。

### 三 指标权重的确定

如前文研究设计,本章节按照较为通用的"逐级等权重"方式确定各级评估指标的权重[①]。对政府公共服务能力的评估共分为 4 个一级指标,公共服务资源整合能力所占权重为1/4;在一级指标下,共有 4 个二级指标,每个二级指标的权重分别为 $1/4 \times 4$;每个二级指标下有若干个三级指标,三级指标的权重为 $1/4 \times 4 \times n$($n$ 为三级指标个数)。例如绩效评估能力下共有 5 个三级指标,每个三级指标所占权重为$1/4 \times 4 \times 5$,为 0.0125。经过计算,一级指标公共服务保障能力指标权重为 0.25,资源吸纳能力、资源配置能力、绩效评估能力和执法监督能力 4 个二级指标权重分别为 0.0625,并据此计算出每个三级指标权重。

表 5-1　公共服务资源整合能力评估指标体系及权重

| 一级指标 | 一级指标权重 | 二级指标 | 二级指标权重 | 三级指标 | 三级指标权重 |
| --- | --- | --- | --- | --- | --- |
| 公共服务资源整合能力 | 25% | 资源吸纳能力 | 6.25% | PPP 立项数量 | 3.1250% |
| | | | | 专项转移支付数量 | 3.1250% |
| | | 资源配置能力 | 6.25% | 城市政府工作人员的办事能力水平 | 1.0417% |
| | | | | 行政人员在办事过程中是否会暗箱操作 | 1.0417% |
| | | | | 是否存在政策不连贯的现象 | 1.0417% |
| | | | | 是否有过政府部门相互推诿、不担当的情况 | 1.0417% |
| | | | | 政府履职的变通能力 | 1.0417% |
| | | | | 政府履职的纠错能力 | 1.0417% |

---

① 申静、刘莹、赵域航:《国际大都市创新评价指标体系构建及应用》,《技术经济》2018 年第 2 期。

续表

| 一级指标 | 一级指标权重 | 二级指标 | 二级指标权重 | 三级指标 | 三级指标权重 |
|---|---|---|---|---|---|
| 公共服务资源整合能力 | 25% | 绩效评估能力 | 6.25% | 是否建立专门的绩效评估组织 | 1.5625% |
| | | | | 是否具有充足的预算保障 | 1.5625% |
| | | | | 是否拥有完善的绩效评估制度 | 1.5625% |
| | | | | 是否严格以绩效考评结果作为薪酬奖励和职务晋升的重要依据 | 1.5625% |
| | | 执法监督能力 | 6.25% | 重点监管 | 1.2500% |
| | | | | 行政审批与监管协调联动工作机制 | 1.2500% |
| | | | | 协同监管 | 1.2500% |
| | | | | 谨慎包容监管 | 1.2500% |
| | | | | "双随机、一公开"监管 | 1.2500% |

## 第三节 地方政府公共服务资源整合能力评估数据来源与处理

### 一 数据来源与赋值方法

（一）整体说明

本章构建的公共服务资源整合能力评估体系共包含资源吸纳、资源配置、绩效评估和执法监督4个二级指标，"PPP立项数量"等17个三级指标。依据整体研究设计，本章选用了主观数据和客观数据两种类型的数据（见表5-2），以期全面地反映湖北省16个省直管地方政府在公共服务整合能力各个维度的发展水平。其中，主观数据依据来源可划分为两个类别，其一是面向社会普通民众的问卷，其二是面向行政部门人员的问卷；客观数据也可以划分为两个类别，分别是来自国家财政部和湖北省财政厅相关数据库。

（二）分指标说明

1. 资源吸纳能力指标数据来源与赋值方法

"资源吸纳能力"部分采用客观数据进行评估。其中，"PPP立项

表 5-2　　　　　　　　　　　　指标及其来源

| 一级指标 | 二级指标 | 三级指标 | 数据类型 | 数据来源 |
| --- | --- | --- | --- | --- |
| 资源整合能力 | 资源吸纳能力 | PPP 立项数量 | 客观 | 国家财政部政府和社会资本合作中心项目管理库① |
| | | 专项转移支付数量 | 客观 | 湖北财政厅公开数据② |
| | 资源配置能力 | 城市政府工作人员的办事能力水平 | 主观 | 问卷调查 B2（普通居民和行政人员） |
| | | 行政人员在办事过程中是否会暗箱操作 | 主观 | 问卷调查 B1—2（普通居民和行政人员） |
| | | 是否存在政策不连贯的现象 | 主观 | 问卷调查 B13—1（普通居民和行政人员） |
| | | 是否有过政府部门相互推诿、不担当的情况 | 主观 | 问卷调查 B13—4（普通居民和行政人员） |
| | | 政府履职的变通能力 | 主观 | 问卷调查 B9—4（行政人员） |
| | | 政府履职的纠错能力 | 主观 | 问卷调查 B10—2（行政人员） |
| | 绩效评估能力 | 是否建立专门的绩效评估组织 | 主观 | 问卷调查 B11—1（行政人员） |
| | | 是否具有充足的预算保障 | 主观 | 问卷调查 B11—2（行政人员） |
| | | 是否拥有完善的绩效评估制度 | 主观 | 问卷调查 B11—3（行政人员） |
| | | 是否严格以绩效考评结果作为薪酬奖励和职务晋升的重要依据 | 主观 | 问卷调查 B11—4（行政人员） |
| | 执法监督能力 | "双随机、一公开"监管 | 主观 | 问卷调查 B18—1（普通居民和行政人员） |
| | | 重点监管 | 主观 | 问卷调查 B18—3（普通居民和行政人员） |
| | | 行政审批与监管协调联动工作机制 | 主观 | 问卷调查 B18—4（普通居民和行政人员） |
| | | 协同监管 | 主观 | 问卷调查 B18—5（普通居民和行政人员） |
| | | 谨慎包容监管 | 主观 | 问卷调查 B18—6（普通居民和行政人员） |

---

① 《政府和社会资本合作中心项目管理库》，国家财政部，https：//www.cpppc.org：8082/inforpublic/homepage.html#/searchresult。

② 《各年份湖北省专项转移支付分市县、分项目表》，湖北省财政厅，https：//czt.hubei.gov.cn/。

数量"指标的数据主要来源于国家财政部政府和社会资本合作中心项目管理库,收集了2016—2020年"十三五"时期湖北省全部在库项目数据。"专项转移支付数量"指标的数据主要来源于湖北省财政厅政府官方网站的公开资料。"PPP立项数量"指标反映了各个省直管地方政府吸纳社会资源的能力,"专项转移支付数量"指标则反映了各个省直管地方政府吸纳上级政府资源的能力。这两项指标的原始数据详见表5-3、表5-4。在原始数据的基础上,利用公式(5.1),求出省直管地方政府每年的专项转移支付人均数量,得到该指标的初始数据。利用公式(5.2),求出省直管地方政府每年的PPP立项人均数量,得到该指标的初始数据。

$$专项转移支付人均数量 = \frac{专项转移支付总数量}{本年度地方常住人口} \quad (5.1)$$

$$PPP立项人均数量 = \frac{PPP立项总数量}{本年度地方常住人口} \quad (5.2)$$

表5-3　　　　　　　　　　PPP立项情况　　　　　　　　(单位:万元)

| 年份<br>地方政府 | 2016 | 2017 | 2018 | 2019 | 2020 |
|---|---|---|---|---|---|
| 鄂州 | 0 | 245561 | 1035406 | 0 | 379597 |
| 恩施 | 208931.8 | 311597.1 | 826961.8 | 168078 | 20040 |
| 黄冈 | 0 | 2654427 | 1380070 | 0 | 274302.26 |
| 黄石 | 668391.7 | 376408.4 | 599678.4 | 23789 | 0 |
| 荆门 | 481294.7 | 479605.5 | 359240.8 | 131375.9 | 222956.56 |
| 荆州 | 898860 | 686483.5 | 1697114 | 204365 | 229580.32 |
| 潜江 | 0 | 94596.89 | 458466 | 0 | 0 |
| 十堰 | 518897.4 | 161956.3 | 1449120 | 72294.9 | 0 |
| 随州 | 30742 | 131099.2 | 391653.9 | 0 | 30721.55 |
| 天门 | 0 | 54343.36 | 108147 | 0 | 0 |
| 武汉 | 2824370 | 10126886 | 12732261 | 1193015 | 3445889.52 |
| 仙桃 | 0 | 225110 | 64434.88 | 136125 | 46000 |

第五章　地方政府公共服务资源整合能力评估指标体系构建与差异性分析

续表

| 年份<br>地方政府 | 2016 | 2017 | 2018 | 2019 | 2020 |
|---|---|---|---|---|---|
| 咸宁 | 392004 | 680925.9 | 2330432 | 70611.17 | 0 |
| 襄阳 | 701757.9 | 3185196 | 1415874 | 72456 | 114429.53 |
| 孝感 | 436324.5 | 1077192 | 976662.5 | 1474049 | 7537.28 |
| 宜昌 | 517127.4 | 665134.6 | 1410787 | 396672.6 | 1005077.59 |

表5-4　　　　　　　　　专项转移支付情况　　　　　　（单位：万元）

| 年份<br>地方政府 | 2016 | 2017 | 2018 | 2019 | 2020 |
|---|---|---|---|---|---|
| 鄂州 | 30093 | 212271 | 174888 | 61217 | 65123 |
| 恩施 | 40635 | 729666 | 784435 | 264001 | 350109 |
| 黄冈 | 83812 | 1001166 | 936294 | 255761 | 388654 |
| 黄石 | 35538 | 315412 | 328206 | 135417 | 217981 |
| 荆门 | 79056 | 702463 | 526421 | 194677 | 219425 |
| 荆州 | 81831 | 824202 | 814824 | 330084 | 363481 |
| 潜江 | 11582 | 142155 | 141524 | 32530 | 54853 |
| 十堰 | 68400 | 905233 | 902763 | 306662 | 461386 |
| 随州 | 30316 | 330260 | 336925 | 105710 | 111805 |
| 天门 | 24802 | 155556 | 141935 | 78124 | 37118 |
| 武汉 | 53517 | 822711 | 1106202 | 852595 | 723557 |
| 仙桃 | 20834 | 188906 | 187982 | 78011 | 107876 |
| 咸宁 | 48770 | 447854 | 486925 | 207942 | 272731 |
| 襄阳 | 124383 | 856850 | 861603 | 206636 | 362357 |
| 孝感 | 72686 | 610056 | 577607 | 251707 | 238936 |
| 宜昌 | 89067 | 904885 | 872590 | 394898 | 706293 |

2. 资源配置能力指标数据来源与赋值方法

"资源配置能力"部分采用主观数据进行评估，数据来源于民众问卷和行政人员问卷。其中,"城市政府工作人员的办事能力水平""行政人员在办事过程中是否会暗箱操作""是否存在政策不连贯的现象""是否有过政府部门相互推诿、不担当的情况"四项指标反映了政府部门和行政人员的资源配置状况,面向湖北省16个省直管地方政府的普通居民和行政人员进行调查评估。"城市政府工作人员的办事能力水平"使用问卷中的B2问题"您认为所在城市政府工作人员拥有的办事能力水平是多少"。答题者在0—10分进行评价,其中0分表示能力很差,10分表示能力很强。"行政人员在办事过程中是否会暗箱操作"使用问卷中的B1—2问题"行政人员在办事过程中是否会暗箱操作"。答题者在"是""否""不了解"三个选项中进行选择,分别对应2分、0分、99分。① "是否存在政策不连贯的现象"使用问卷中的B13—1问题"您所在城市政府是否存在政策不连贯、'新官不认旧账'的现象"。答题者在"是""否""不了解"三个选项中进行选择,分别对应2分、0分、99分。"是否有过政府部门相互推诿、不担当的情况"使用问卷中的B13—4问题"您所在城市政府是否有过政府部门相互推诿扯皮、不担当的现象"。答题者在"是""否""不了解"三个选项中进行选择,分别对应2分、0分、99分。"政府履职的变通能力"和"政府履职的纠错能力"这两项指标反映了政府部门内部的资源配置状况,面向该省直管地方政府的行政人员进行调查评估。因为相比于普通群众,行政人员对这两个维度的情况更加了解和熟悉。其中,"政府履职的变通能力"采用的是问卷中的C9—4问题"您所在城市政府在履行服务职责过程中,如果突发意外情况,或遇到困难和阻力时,是否能够根据变动的环境和情势,灵活变通执行方案"。答题者在"是""否""不了解"三个选项中进行选择,分别对应2分、0分、99分。"政府履职的纠错能力"采用的是问卷中的C10—2问题"您所在城市政府在履责

---

① 本题项有三个选答答案,即"是""否""不了解"。为了保证准确性,本书统一将"不了解"选项视为一种异常答案,赋值为99分,在后续数据处理中作为异常值剔除。除了特别说明,其他题项做类似处理,不再赘述。

过程中出错的时候,是否能够及时进行整改,并且分析、通报出错情况和出错原因"。答题者在"是""否""不了解"三个选项中进行选择,分别对应2分、0分、99分。

3. 绩效评估能力指标数据来源与赋值方法

"绩效评估能力"部分采用主观数据进行评估,数据来源于行政人员问卷。"是否建立专门的绩效评估组织"、"是否具有充足的预算保障"、"是否严格以绩效考评结果作为薪酬奖励和职务晋升的重要依据"和"是否拥有完善的绩效评估制度"这四项指标反映了政府部门的绩效评估情况。其中,"是否建立专门的绩效评估组织"采用的是问卷中的B11—1问题"您所在城市政府绩效评估机制是否建立专门的绩效评估组织",答题者在"是""否""不了解"三个选项中进行选择,分别对应2分、0分、99分。"是否具有充足的预算保障"采用的是问卷中的B11—2问题"您所在城市政府绩效评估机制是否具有充足的预算保障",答题者在"是""否""不了解"三个选项中进行选择,分别对应2分、0分、99分。"是否严格以绩效考评结果作为薪酬奖励和职务晋升的重要依据"采用的是问卷中的B11—4问题"您所在城市政府绩效评估机制是否严格以绩效考评结果作为薪酬奖励和职务晋升的重要依据",答题者在"是""否""不了解"三个选项中进行选择,分别对应2分、0分、99分。"是否拥有完善的绩效评估制度"采用的是问卷中的B11—3问题"您所在城市政府绩效评估机制是否拥有完善的绩效评估制度",答题者在"是""否""不了解"三个选项中进行选择,分别对应2分、0分、99分。

4. 执法监督能力指标数据来源与赋值方法

"执法监督能力"部分采用主观数据进行评估,数据来源于民众问卷和行政人员问卷。"'双随机、一公开'监管"、"重点监管"、"行政审批与监管协调联动工作机制"、"协同监管"和"谨慎包容监管"五项指标反映了各省直管地方政府部门执法监督情况。其中,"'双随机、一公开'监管"采用的是问卷中的B18—1问题"请您对所在城市'双随机、一公开监管'执法工作实施情况进行评价",答题者在0—10分中进行评价,其中0分表示情况很差,10分表示情况优良。"重点监管"采用的是问卷中的B18—3问题"请您对所在城市'重点监管'执法工作实施情况进行评价",答题者在0—10分中进行评价,其中0分表示情况很差,10分表示情况优良。"行政审批与监管协调联动工作机制"采用的是问卷中的B18—4问题"请您对所在城市'行政审批与监管协调联动工作机制'执法工作实施情况进行评价",答题者在0—10分中进行评价,其中0分表示情况很差,10分表示情况优良。"协同监管"采用的是问卷中的B18—5问题"请您对所在城市'协同监管'执法工作实施情况进行评价",答题者在0—10分中进行评价,其中0分表示情况很差,10分表示情况优良。"谨慎包容监管"采用的是问卷中的B18—6问题"请您对所在城市'谨慎包容监管'执法工作实施情况进行评价",答题者在0—10分中进行评价,其中0分表示情况很差,10分表示情况优良。

## 二 数据处理

依据研究设计要求,本部分数据处理采用自下而上的计算过程。首先,对主客观数据进行归一化处理,使之分布在0—1的范围内,求得三级指标得分。其次,结合前文确定的各级指标权重计算二级指标和一级指标的得分。最后,为便于进行后续的评估结果阐释与分析,将指标得分进行百分制转化。在数据处理的过程中,除特别小的数值外,本节对所有的分数保留到了小数点后两位。由于一些数值特别小,如果只保留两位小数会近似于0,对于这些数值,保留了四位甚至是六位小数。

(一)数据归一化处理

本章的评估数据存在度量差异,为消除量纲对后续评估的影响,需要对原始数据进行归一化处理。考虑到本章所用数据有主客观两种类型,具有不同的数据特点,因此针对不同类型的数据采取了差异化的归一化处理方法。

1. 主观数据归一化处理

步骤一：数据清洗与缺失值处理

在数据清洗的过程中，本章节对原始主观数据进行了筛查、缺失值处理等初步整理。由于在问卷调查过程中，被调查人员存在漏答、错答等情况，因此在录入数据的过程中，对答案的完整性和准确性进行了筛查。如果问卷填写不符合要求，则作为异常值处理，对其进行剔除。针对问卷填写过程中的漏答现象，本节统一按照缺失值处理，对其进行剔除。需要说明的是，仅对问卷中漏答的题项进行剔除，并不影响问卷中其他题项的数据处理。

步骤二：主观数据归一化处理

在数据筛查和缺失值处理的基础上，为了统一基本度量单位，使预处理的数据被限定在一定的范围内，消除特殊样本数据导致的不良影响，提高数据计算的精度，本节对主观数据进行了归一化处理，使其保持在0—1范围内。对于正向指标，即得分高低与数据结果呈正相关关系的指标，归一化公式为公式（5.3）：

$$x' = (x - x_{\min})/(x_{\max} - x_{\min}) \qquad (5.3)$$

其中 $x'$ 表示归一化处理之后的值，$x$ 表示样本数据原始值，$x_{\min}$ 表示该地方政府在该指标下所有样本数据中的最小值，$x_{\max}$ 表示该地方政府在该指标下所有样本数据中的最大值。

而对于负向指标，即得分高低与数据结构呈负相关关系的指标，归一化公式为公式（5.4）：

$$x' = (x_{\max} - x)/(x_{\max} - x_{\min}) \qquad (5.4)$$

同样，其中 $x'$ 表示归一化处理之后的值，$x$ 表示样本数据原始值，$x_{\min}$ 表示该地方政府在该指标下所有样本数据中的最小值，$x_{\max}$ 表示该地方政府在该指标下所有样本数据中的最大值。本章"资源配置能力"指标下的"行政人员在办事过程中是否会暗箱操作"、"是否存在政策不连贯的现象"和"是否有过政府部门相互推诿、不担当的情况"三项指标为负向指标，使用该计算公式对得分进行归一化处理。

步骤三：各地方政府得分均值计算

在对三级指标数值进行归一化处理之后，为了更加简单直观地反映数据特征，了解各题项得分的一般情况，本节采用了算术平均法来对三级指标的题项得分进行处理。均值计算公式为公式（5.5）：

$$\bar{x} = \frac{\sum_{i=1}^{n} x'}{n} \tag{5.5}$$

在主观数据中，$\bar{x}$ 表示计算之后所得出的均值结果，$n$ 表示总体样本中所含样本量的总个数，$x'$ 表示三级指标归一化处理之后的值。在具体的均值计算过程中，将某一项三级指标题项下所有归一化处理后的值加总之后，除以所调查人员的总人数，最终得到某项三级指标的评估得分。

2. 客观数据归一化处理

步骤一：数据清洗与缺失值处理

在数据清洗的过程中，本章节对原始客观数据进行了筛查、缺失值处理等初步整理。在对客观数据进行收集的过程中，如果出现未能采集到数据的情况，则作缺失值处理，用均值替代所缺数值。但需要说明的是，如果数据本身为0，则依然按照0来计算处理。以"PPP立项数量"为例，一些地方政府在2016—2020年五年间，并非每年都有项目入库，因此在相应年份的立项数量为0。为了更加客观地反映各地方政府的资源整合能力，本节所采用的客观数据均为原始客观数据除以各地方政府常住人口之后的相对值。

步骤二：客观数据归一化处理

在数据筛查和缺失值处理的基础上，为了统一基本度量单位，使预处理的数据被限定在一定的范围内，从而消除特殊样本数据导致的不良影响，提高数据计算的精度，本节对主客观数据进行了归一化处理，使其保持在0—1范围内。归一化公式为公式（5.6）：

$$x' = (x - x_{\min})/(x_{\max} - x_{\min}) \tag{5.6}$$

其中 $x'$ 表示归一化处理之后的值，$x$ 表示样本数据原始值，$x_{\min}$ 表示 16 个省直管地方政府在 2016—2020 年五年内所有样本数据的最小值，$x_{max}$ 表示 16 个省直管地方政府在 2016—2020 年五年内所有样本数据的最大值。

步骤三：各地方政府得分均值计算

客观数据使用的是湖北省 16 个省直管地方政府各地方政府连续五年的面板数据，为客观准确地反映各省直管地方政府公共服务资源整合能力的现有水平，本章节采取了算术平均数的方法对客观数据进行了处理，均值计算公式为公式（5.7）：

$$\bar{x} = \frac{\sum_{i=1}^{n} x'}{n} \tag{5.7}$$

其中，$\bar{x}$ 表示计算之后所得出的均值结果，$x'$ 则表示各地方政府客观数据的原始值除以各地方政府常住人口数后所得到的相对值，$n$ 代表总年份数（由于收集的为"十三五"时期即 2016—2020 年的数据，所以总年份数统一为 5）。在具体的均值计算过程中，将某一地方政府某一项客观数据相对值的归一化值加总之后，再除以总年份数 5，最终得到某项三级指标的评估得分。

（二）各级指标分值计算

经过对原始数据的处理，可以按照自下而上的方式计算资源整合能力各级指标的得分。具体如下。

步骤一：三级指标得分计算

计算得出的各地方政府主观指标归一化均值得分与客观指标的归一化均值得分可以反映出各个地方政府的公共服务资源整合能力，因此可以直接作为三级指标得分。

步骤二：二级指标得分计算

根据前文确定的各级指标的权重，对经过归一化和均值处理的三级指标数据进行加总并乘以对应权重系数，通过公式（5.8）计算得到二级指标的具体分值：

$$二级指标得分 = \sum_{i=1}^{n} 三级指标 \times 三级指标权重 \tag{5.8}$$

其中，$n$ 为该二级指标下三级指标的数量。基于上述公式依次得到公共服务资源吸纳能力、资源配置能力、绩效评估能力以及执法监督能力的具体分值。

步骤三：一级指标得分计算

经对二级指标数据进行加总，并乘以对应权重系数，通过公式（5.9）计算得到一级指标分值，最终计算得到公共服务资源整合能力的具体分值。其中，$m$ 为该一级指标下二级指标的数量。

$$一级指标得分 = \sum_{i=1}^{m} 二级指标 \times 二级指标权重 \quad (5.9)$$

（三）百分制分值转换

为了便于进一步比较和分析，参照既有研究的处理方式，通过公式（5.10）将各级指标分值转化成百分制得分。其中，$x$ 为该地方政府在该指标上的百分制得分。

$$\frac{各级指标原始得分}{该指标满分} = \frac{x}{100} \quad (5.10)$$

具体而言，三级指标的百分制得分基于公式（5.11）计算所得：

$$\frac{三级指标原始得分}{1} = \frac{三级指标百分制得分}{100} \quad (5.11)$$

其中，三级指标的原始数据经过数据无量纲化处理，使数值落在 0—1 之间，因而三级指标的满分为 1。

二级指标的百分制得分基于公式（5.12）计算所得：

$$\frac{二级指标原始得分}{三级指标个数 \times 1 \times 三级指标权重} = \frac{二级指标百分制得分}{100} \quad (5.12)$$

一级指标的百分制得分基于公式（5.13）计算所得：

$$\frac{一级指标原始得分}{二级指标个数 \times (三级指标个数 \times 1 \times 三级指标权重) \times 二级指标权重} = \frac{一级指标百分制得分}{100} \quad (5.13)$$

经过上述方法计算之后，可以得到湖北省 16 个省直管地方政府在资源整合能力方面一、二级指标上的得分（如表 5-5 所示）。

表 5-5　　各地方政府资源整合能力得分与二级指标得分

| 地方政府 | 一级指标 资源整合能力 原始得分 | 一级指标 资源整合能力 百分制得分 | 二级指标 资源吸纳能力 原始得分 | 二级指标 资源吸纳能力 百分制得分 | 二级指标 资源配置能力 原始得分 | 二级指标 资源配置能力 百分制得分 | 二级指标 绩效评估能力 原始得分 | 二级指标 绩效评估能力 百分制得分 | 二级指标 执法监督能力 原始得分 | 二级指标 执法监督能力 百分制得分 |
|---|---|---|---|---|---|---|---|---|---|---|
| 十堰 | 0.0107 | 68.49 | 0.0218 | 34.81 | 0.0479 | 76.71 | 0.0495 | 79.19 | 0.0520 | 83.25 |
| 武汉 | 0.0106 | 68.09 | 0.0218 | 34.85 | 0.0449 | 71.78 | 0.0564 | 90.18 | 0.0472 | 75.56 |
| 仙桃 | 0.0102 | 65.50 | 0.0140 | 22.34 | 0.0449 | 71.78 | 0.0597 | 95.55 | 0.0452 | 72.34 |
| 天门 | 0.0101 | 64.83 | 0.0084 | 13.48 | 0.0491 | 78.63 | 0.0520 | 83.12 | 0.0525 | 84.07 |
| 黄石 | 0.0100 | 64.22 | 0.0131 | 21.00 | 0.0482 | 77.18 | 0.0515 | 82.39 | 0.0477 | 76.34 |
| 潜江 | 0.0100 | 63.99 | 0.0122 | 19.46 | 0.0500 | 79.98 | 0.0596 | 95.43 | 0.0382 | 61.08 |
| 咸宁 | 0.0098 | 62.86 | 0.0206 | 32.93 | 0.0437 | 69.95 | 0.0403 | 64.54 | 0.0525 | 84.04 |
| 荆门 | 0.0098 | 62.47 | 0.0171 | 27.32 | 0.0406 | 64.91 | 0.0505 | 80.81 | 0.0480 | 76.83 |
| 孝感 | 0.0097 | 62.35 | 0.0125 | 20.05 | 0.0423 | 67.69 | 0.0556 | 89.02 | 0.0454 | 72.63 |
| 随州 | 0.0096 | 61.65 | 0.0109 | 17.40 | 0.0506 | 80.96 | 0.0447 | 71.47 | 0.0480 | 76.77 |
| 恩施 | 0.0094 | 60.39 | 0.0173 | 27.64 | 0.0449 | 71.87 | 0.0436 | 69.72 | 0.0452 | 72.34 |
| 宜昌 | 0.0094 | 60.07 | 0.0222 | 35.58 | 0.0405 | 64.81 | 0.0455 | 72.82 | 0.0419 | 67.06 |
| 黄冈 | 0.0092 | 59.16 | 0.0133 | 21.35 | 0.0389 | 62.28 | 0.0534 | 85.51 | 0.0422 | 67.50 |
| 襄阳 | 0.0088 | 56.26 | 0.0150 | 24.07 | 0.0399 | 63.81 | 0.0463 | 74.01 | 0.0395 | 63.17 |
| 鄂州 | 0.0087 | 55.95 | 0.0199 | 31.89 | 0.0364 | 58.25 | 0.0486 | 77.69 | 0.0350 | 55.96 |
| 荆州 | 0.0083 | 53.10 | 0.0135 | 21.54 | 0.0461 | 73.78 | 0.0332 | 53.13 | 0.0400 | 63.94 |

# 第四节　地方政府公共服务资源整合能力评估结果的聚类与差异性分析

在计算出各级指标得分后，本节进一步对湖北省16个省直管地方政府的资源整合能力进行深入分析。后续将首先对各地方政府公共服务资源整合能力进行聚类处理，在此基础上对每一类型地方政府的资源整合能力进行特征描述，并进一步对各类型的政府资源整合能力和各项二级指标进行结构性分析。本节在分析时采用下级指标解释上级指标的基本思路，即通过四项二级指标得分状况分析各地方政府公共服务资源整合能力之间差异性的结构特征，通过分析三级指标的得分状况解释各地方政府二级指标层面的得分差异性。

## 一 地方政府公共服务资源整合能力评估结果的聚类分析

湖北省16个省直管地方政府辖区处于相近地理单元，具备较为相似的政治、经济、文化和社会背景。鉴于此，本章节尝试运用聚类分析对16个地方政府的资源整合能力进行归类，在聚类结果的基础上描述每一类地方政府的基本特征。根据 K-means 聚类分析结果，可以将16个省直管地方政府的公共服务资源整合能力划分为四个层次，聚类中心点分别为68.29、63.75、60.32、55.10，将其分别命名为领先创新型、积极追赶型、稳步推进型、初始发展型。其中，十堰和武汉为资源整合能力领先创新型地方政府；仙桃、天门、黄石、潜江、咸宁、荆门和孝感为资源整合能力积极追赶型地方政府；随州、恩施、宜昌和黄冈为资源整合能力稳步推进型地方政府；襄阳、鄂州和荆州为资源整合能力初始发展型地方政府。

图5-2较为直观地反映了16个省直管地方政府的资源整合能力总体得分。16个省直管地方政府的公共服务资源整合能力平均得分为61.84，百分制得分极差为15.39，标准差为4.13。整体而言，湖北省16个省直管地方政府在资源整合维度的总得分差距不大，得分围绕全省均值上下浮动。具体而言，领先创新型、积极追赶型、稳步推进型和初始发展型四个类别的地方政府呈现出一些得分差异。其中，十堰和武汉作为资源整合能力领先创新型地方政府，其资源整合能力得分在68分以上，高于全省平均得分6分有余，且较下一层次的地市有近3分的优势，表现较为突出。积极追赶型地方政府的资源整合能力得分也均高于全省平均分，且组内差距仅有3.15，同类型地方政府得分相似度较高。随州、恩施、宜昌和黄冈是公共服务资源整合能力稳步推进型地方

政府，其总体得分分布于59—62分之间，虽然低于全省平均得分，但与全省平均得分的差距在5分以内。襄阳、鄂州和荆州是资源整合能力初始发展型地方政府，这3个地市的资源整合能力得分均低于60分，与全省平均得分的差距在5—9分之间，具有较大的提升和发展空间。

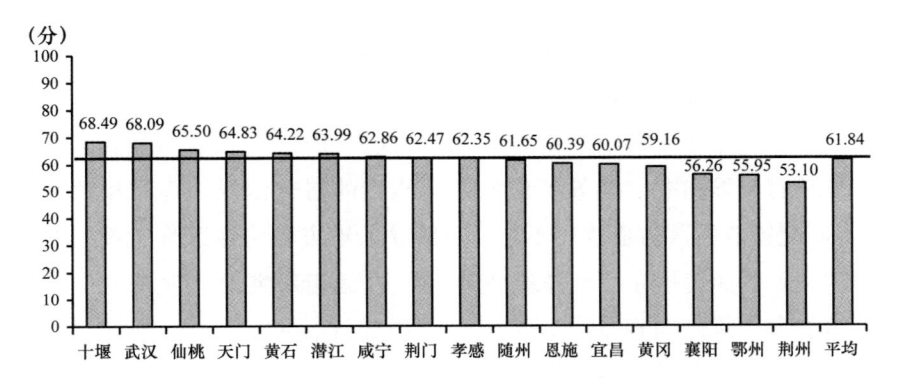

(分) 68.49 68.09 65.50 64.83 64.22 63.99 62.86 62.47 62.35 61.65 60.39 60.07 59.16 56.26 55.95 53.10 61.84
十堰 武汉 仙桃 天门 黄石 潜江 咸宁 荆门 孝感 随州 恩施 宜昌 黄冈 襄阳 鄂州 荆州 平均

**图5-2 各地方政府公共服务资源整合能力表现**

图5-3可以反映16个省直管地方政府在资源整合能力各项二级指标上的表现状况和结构性差异。首先，资源整合能力领先创新型的两个地方政府在四项二级指标上均未出现"内凹"的得分弱项，且在部分指标上呈现"外凸"状，表现较为突出。如十堰在"资源吸纳能力"和"执法监督能力"方面表现突出，武汉在"资源吸纳能力"和"绩效评估能力"方面能力较强。表现突出的二级指标抬升了这两个地方政府的资源整合能力总得分，且未出现劣势指标和低分项，使十堰和武汉在资源整合能力方面整体较为突出。其次，资源整合能力积极追赶型的7个地方政府也在部分指标上较为突出，成为雷达图中"外凸"的部分：如仙桃在"绩效评估能力"较为突出，天门在"资源配置能力"和"执法监督能力"两个维度表现优异，黄石在"资源配置能力"方面得分较高，潜江在"资源配置能力"和"绩效评估能力"方面相对较好，咸宁在"执法监督能力"维度居于上游。但这7个地方政府也存在明显的短板和弱项，在雷达图中成了"内凹"模块：如天门和黄

石在"资源吸纳能力"方面明显弱于其他地方政府,潜江在"资源吸纳能力""执法监督能力"两个维度上表现不佳,咸宁在"绩效评估能力"方面相对靠后,荆门应着力提升其"资源配置能力",孝感在"资源吸纳能力"维度尚待加强。弱项指标在一定程度上削减了这些地方政府在优势指标上积累的较高得分,致使这几个地方政府在资源整合总能力上不及十堰和武汉。再次,资源整合能力稳步推进型的4个地方政府在二级指标方面表现出了更多弱项,导致其资源整合能力总得分偏低,如随州在"资源吸纳能力"方面呈现"内凹"状,得分低于其他地方政府,恩施在"绩效评估能力"维度的得分偏低,宜昌和黄冈在"资源配置能力"方面表现不佳。尽管这些地方政府在部分二级指标上表现亮眼:如随州在"资源配置能力"方面相对突出,宜昌在"资源吸纳能力"维度表现优异,黄冈在"绩效评估能力"方面居于前列。但由于存在大量弱项指标,导致这几个地方政府在资源整合总能力上不

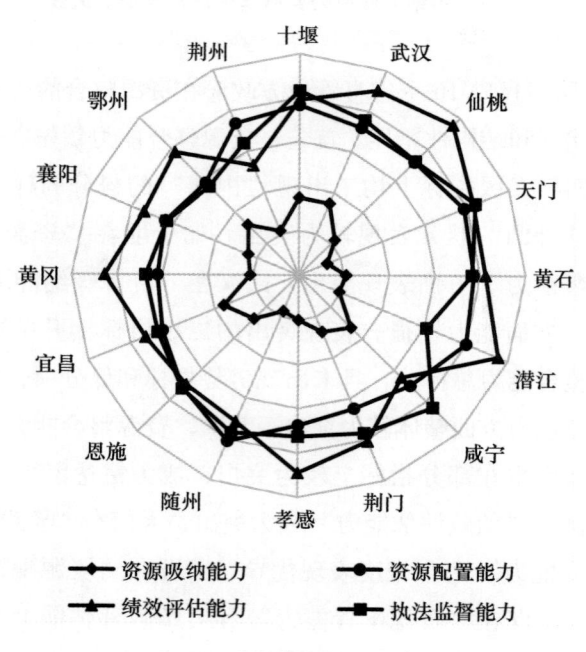

图5-3 湖北省16个省直管地方政府公共服务资源整合能力得分雷达图

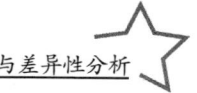

够突出,具有较大的发展空间。最后,资源整合能力初始发展型的3个地方政府则在二级指标上出现了更多短板,在雷达图上呈现出"内凹"局面:如襄阳在"资源配置能力"和"执法监督能力"两个维度上表现不佳,鄂州在"资源配置能力"和"执法监督能力"维度也存在明显短板,荆州在"绩效评估能力"维度得分较低。且这3个地方政府在各项二级指标上并未出现明显的突出指标,这也导致其在资源整合维度的整体能力表现上略有欠缺。

## 二 地方政府公共服务资源整合能力类别差异性的结构分析

在描述湖北省16个省直管地方政府公共服务资源整合能力表现的基础上,本节将进一步分析资源整合能力不同层次上各个地方政府的具体表现。分析时会将资源整合能力领先创新型、积极追赶型、稳步推进型、初始发展型四个层次的地方政府置于各层次雷达图中,以便对同一层次地方政府的资源整合能力结构进行总结分析。

### (一)领先创新型地方政府公共服务资源整合能力差异性的结构分析

根据湖北省地方政府"十三五"时期公共服务资源整合能力得分的结构性差异,将十堰和武汉两个省直管地方政府划归为资源整合能力领先创新型地方政府。如表5-6所示,十堰和武汉在资源整合能力维度的总得分分别为68.49和68.09,远超全省地方政府在该指标上的平均得分。

表5-6 **湖北省资源整合能力领先创新型地方政府得分**

| 地方政府 | 一级指标 | 二级指标 | | | |
|---|---|---|---|---|---|
| | 资源整合能力 | 资源吸纳能力 | 资源配置能力 | 绩效评估能力 | 执法监督能力 |
| 十堰 | 68.49 | 34.81 | 76.71 | 79.19 | 83.25 |
| 武汉 | 68.09 | 34.85 | 71.78 | 90.18 | 75.56 |

具体到各项二级指标,可以将这两个地方政府的能力结构概括为"均衡发展,优势突出"。十堰市在四项二级指标上未出现明显短板,发展较为均衡。其中"资源吸纳能力"方面得分为34.81,"执法监督能力"方面得分为83.25,居于省内前列;当地在"资源配置能力"维度得分为76.71,处于16个省直管地方政府的中上游水平;在"绩效评估能力"方面,十堰市稍弱,得分为79.19,但也处于湖北省中游。武汉在四项指标得分上也相对均衡,未出现明显的得分短板。其"资源吸纳能力"和"绩效评估能力"得分分别为34.85和90.18,表现十分突出;在"执法监督能力"和"资源配置能力"维度,武汉得分分别为75.56和71.78,位居16个省直管地方政府的中上游。均衡发展的指标得分和能力结构也使十堰和武汉在资源整合能力方面整体表现突出,成为资源整合能力领先创新型地方政府。

雷达图图5-4反映了十堰和武汉两个地方政府在二级指标上的能力结构,可以发现这两个地方政府具有较为相似的结构特征,即四项二级指标均未出现明显短板,表现均衡且存在部分优势二级指标。两地方政

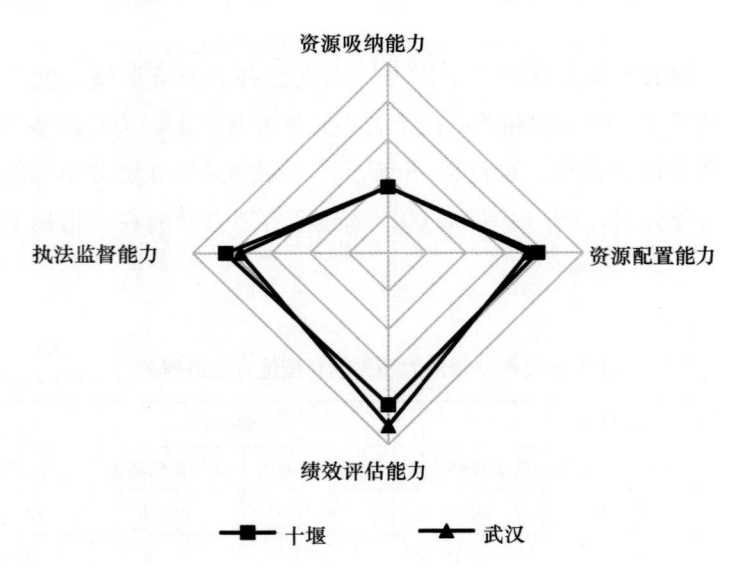

图5-4 湖北省资源整合能力领先创新型地方政府二级指标得分雷达图

府在"资源吸纳能力"方面得分较低,在"资源配置能力"、"绩效评估能力"和"执法监督能力"方面的得分相对较高,两地方政府总体表现上难分伯仲。但十堰和武汉也有其发展和完善空间,如十堰在"绩效评估能力"维度居于中游,武汉在"资源配置能力"维度表现不温不火,两地可以重视这些维度的建设,以不断提升当地的资源整合总体能力。

(二)积极追赶型地方政府公共服务资源整合能力差异性的结构分析

仙桃、天门、黄石、潜江、咸宁、荆门和孝感7个地方政府是资源整合能力积极追赶型地方政府。图5-5将这7个地方政府的得分置于雷达图中,可以较为直观地分析其得分结构。相较于资源整合能力领先创新型地方政府,资源整合能力积极追赶型地方政府在各项指标发展的均衡性上不够突出,或是未出现相对优势的指标,呈现出"强项与弱项并存"或"多项指标位居中游"两类特征。可以依据这7个地方政府在各项二级指标上的得分结构,将其划分为两种能力结构类型。

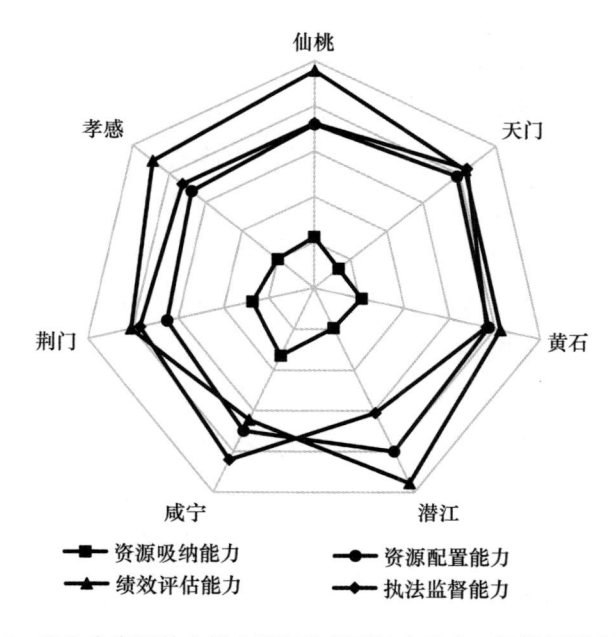

图5-5 湖北省资源整合能力积极追赶型地方政府二级指标得分雷达图

表 5-7　　　湖北省资源整合能力积极追赶型地方政府得分

| 地方政府 | 一级指标 | 二级指标 | | | |
|---|---|---|---|---|---|
| | 资源整合能力 | 资源吸纳能力 | 资源配置能力 | 绩效评估能力 | 执法监督能力 |
| 仙桃 | 22.34 | 22.34 | 71.78 | 95.55 | 72.34 |
| 天门 | 13.48 | 13.48 | 78.63 | 83.12 | 84.07 |
| 黄石 | 21.00 | 21.00 | 77.18 | 82.39 | 76.34 |
| 潜江 | 19.46 | 19.46 | 79.98 | 95.43 | 61.08 |
| 咸宁 | 32.93 | 32.93 | 69.95 | 64.54 | 84.04 |
| 荆门 | 27.32 | 27.32 | 64.91 | 80.81 | 76.83 |
| 孝感 | 20.05 | 20.05 | 67.69 | 89.02 | 72.63 |

其一，强项指标与弱项指标并存，优势明显，但短板同样明显，此类代表性地方政府为仙桃、天门、潜江和咸宁。仙桃是积极追赶型地方政府中综合得分最高的地方政府，其在"绩效评估能力"维度得分为95.55，居于省内首位，但当地在"资源吸纳能力"、"资源配置能力"和"执法监督能力"维度的得分则不够突出，处于省内中游偏下，拉低了其总体得分，因此其资源整合总体能力未能达到领先水平。天门在"执法监督能力"方面得分为84.07，居于省内首位，其"资源配置能力"也相对突出，得分为78.63，居于省内前列，但当地在"资源吸纳能力"维度得分较低，得分仅为13.48，导致其资源整合能力总体得分有所下降。潜江的各项二级指标也存在明显的两极分化特征，其在"资源配置能力"和"绩效评估能力"层面得分分别为79.98和95.43，表现十分突出，但当地在"资源吸纳能力"和"执法监督能力"维度则表现平平，得分分别为19.46和61.08，居于省内中下游。咸宁在"执法监督能力"指标上得分为84.04，居于省内中上游，当地在"资源吸纳能力"方面也表现优异，但在"绩效评估能力"维度则处在靠后的位置，得分仅为64.54，与其他地方政府有较大差距。这种"两极分化"的得分格局使这些地方政府在资源整合总能力上未能突出，需要着力发展弱项，弥补短板。

其二，各项指标均处于省内中游，未出现明显的优势得分指标，此

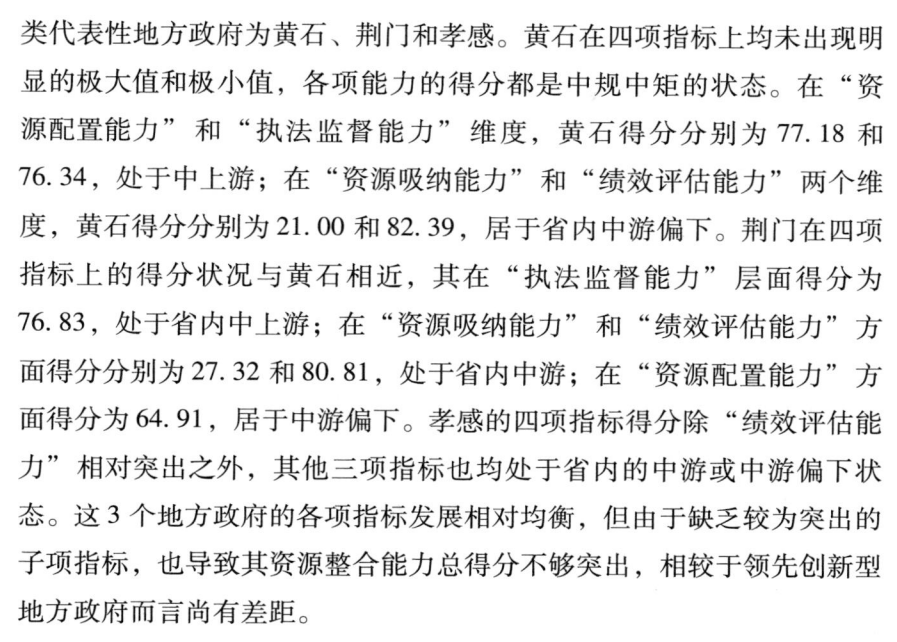

类代表性地方政府为黄石、荆门和孝感。黄石在四项指标上均未出现明显的极大值和极小值，各项能力的得分都是中规中矩的状态。在"资源配置能力"和"执法监督能力"维度，黄石得分分别为77.18和76.34，处于中上游；在"资源吸纳能力"和"绩效评估能力"两个维度，黄石得分分别为21.00和82.39，居于省内中游偏下。荆门在四项指标上的得分状况与黄石相近，其在"执法监督能力"层面得分为76.83，处于省内中上游；在"资源吸纳能力"和"绩效评估能力"方面得分分别为27.32和80.81，处于省内中游；在"资源配置能力"方面得分为64.91，居于中游偏下。孝感的四项指标得分除"绩效评估能力"相对突出之外，其他三项指标也均处于省内的中游或中游偏下状态。这3个地方政府的各项指标发展相对均衡，但由于缺乏较为突出的子项指标，也导致其资源整合能力总得分不够突出，相较于领先创新型地方政府而言尚有差距。

这7个地方政府虽然都是资源整合能力积极追赶型，但在能力结构上存在较大差异，因此也具有差异化的发展和优化策略。对于优势指标和弱势指标并存的地方政府而言，其发展策略应为"保强提弱"，即保持自身的优势指标能力，着力加强弱项指标的建设，如仙桃应加强当地的"执法监督能力"建设，天门应着力提升其"资源吸纳能力"，潜江应在"执法监督能力"方面倾注更多注意力，咸宁应加快发展其"绩效评估能力"。对于各项指标均中规中矩的地方政府而言，其发展策略应为"培优拔尖"，即加快培育自身的优势能力，如黄石可以从当前相对靠前的"资源配置能力"维度着手，将自身在该维度的能力进一步凸显，荆门可以加大对"执法监督能力"的培育发展，孝感可以着力加强自身的"绩效评估能力"。积极追赶型的地方政府多因为弱项指标或不存在优势指标导致其资源整合总得分不够突出，因此需抓住关键维度，推动当地资源整合能力再上新台阶。

（三）稳步推进型地方政府公共服务资源整合能力差异性的结构分析

随州、恩施、宜昌和黄冈是资源整合能力稳步推进型地方政府，图

5-6 和表 5-8 反映了这 4 个地方政府在各项二级指标上的得分状况与资源整合能力得分结构。这 4 个地方政府在二级指标上都存在明显的弱项，如随州在"资源吸纳能力"维度表现不佳，得分仅有 17.40，在 16 个省直管地方政府中居于下游；恩施在"绩效评估能力"维度需着力提升，当前仅得分 69.72，是其弱势能力项；宜昌在"资源配置能力"、"绩效评估能力"和"执法监督能力"方面表现欠佳，居于省内中下游；黄冈在"资源配置能力"维度仅得分 62.28，是其得分弱项。但这些地方政府也在某些指标上具有相对突出的表现，如随州在"资源配置能力"维度得分为 80.96，居于省内首位；恩施在"资源吸纳能力"和"资源配置能力"维度得分较高；宜昌在"资源吸纳能力"方面表现优异，得分为 35.58，拔得省内头筹；黄冈在"绩效评估能力"维度相对突出，位居省内前列。但相较于优势指标，这些地方政府的劣势指标数量更多且与其他地方政府差距明显，导致其资源整合总体能力得分较低。

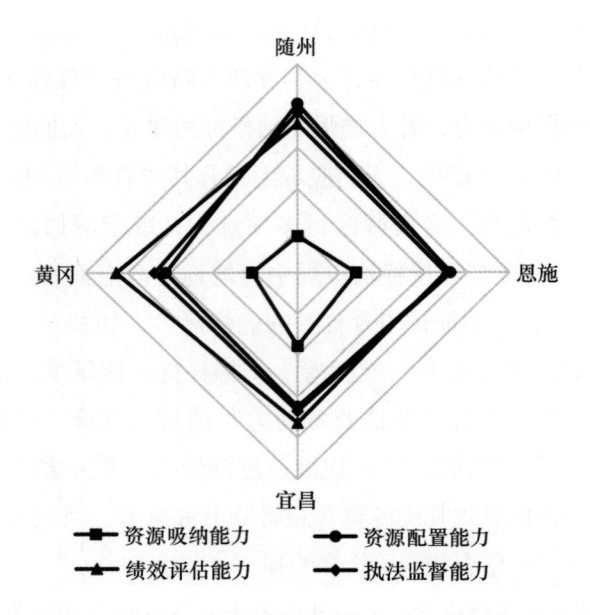

图 5-6 湖北省资源整合能力稳步推进型地方政府二级指标得分雷达图

第五章 地方政府公共服务资源整合能力评估指标体系构建与差异性分析

表5-8　　　　　湖北省资源整合能力稳步推进型地方政府得分

| 地方政府 | 一级指标 | 二级指标 | | | |
|---|---|---|---|---|---|
| | 资源整合能力 | 资源吸纳能力 | 资源配置能力 | 绩效评估能力 | 执法监督能力 |
| 随州 | 61.65 | 17.40 | 80.96 | 71.47 | 76.77 |
| 恩施 | 60.39 | 27.64 | 71.87 | 69.72 | 72.34 |
| 宜昌 | 60.07 | 35.58 | 64.81 | 72.82 | 67.06 |
| 黄冈 | 59.16 | 21.35 | 62.28 | 85.51 | 67.50 |

结合雷达图可以更为直观地理解各地方政府的能力结构。随州在"资源吸纳能力"维度距离原点较为接近，为其薄弱环节；"资源配置能力""绩效评估能力""执法监督能力"三项维度的得分则较为接近；随州在"资源配置能力"方面呈现明显的外凸状，说明当地在该领域表现突出。恩施的各项能力结构则相对均衡，未出现明显的外凸和内凹状，但当地在"资源吸纳能力"板块的得分相对较低，应着力提升。宜昌在"资源吸纳能力"维度相对较高，明显外凸，说明当地在该领域的表现优异，但当地在"资源配置能力""绩效评估能力""执法监督能力"方面较其他地方政府更接近原点，说明当地在这三个维度上应加强建设。黄冈在"绩效评估能力"维度呈现出明显外凸，说明当地在该领域具有相对较好的表现，但在"资源吸纳能力""资源配置能力""执法监督能力"维度均表现一般，具有较大的提升空间。

（四）初始发展型地方政府公共服务资源整合能力差异性的结构分析

襄阳、鄂州和荆州属于公共服务资源整合能力初始发展型地方政府。相较于前三类别的地方政府，这3个地方政府在公共服务资源整合能力的各项二级指标得分上出现了更多弱项，且未出现明显的强项（见表5-9）。襄阳市在"资源吸纳能力"维度得分为24.07，居于省内中游，但当地在"资源配置能力""绩效评估能力""执法监督能力"层面则均位于省内的中下游，在一定程度上拉低了当地总体水平，致使其资源整合能力总体得分不高。鄂州市在二级指标上的得分状况与襄阳相似,在"资源吸纳能力"维度表现较优,处于省内中上游,但在"资源配置能力""绩效评估能力""执法监督能力"层面亟待提升。荆州则在"资源配置能力"维度相对突出,得分为73.78,居于省内中上游水平,但当地在"资源吸纳能力"、"绩效评估能力"和"执法监督能力"维度均存在不足,尤其在"绩效评估能力"维度,仅得分53.13,与其他地方政府有较大差距。

表5-9　　　　湖北省资源整合能力初始发展型地方政府得分

| 地方政府 | 一级指标 | 二级指标 | | | |
|---|---|---|---|---|---|
| | 资源整合能力 | 资源吸纳能力 | 资源配置能力 | 绩效评估能力 | 执法监督能力 |
| 襄阳 | 56.26 | 24.07 | 63.81 | 74.01 | 63.17 |
| 鄂州 | 55.95 | 31.89 | 58.25 | 77.69 | 55.96 |
| 荆州 | 53.10 | 21.54 | 73.78 | 53.13 | 63.94 |

基于图5-7可以直观地分析这3个地方政府的能力结构。可以发现鄂州在"资源吸纳能力"维度较襄阳和荆州更突出,也对应了当地

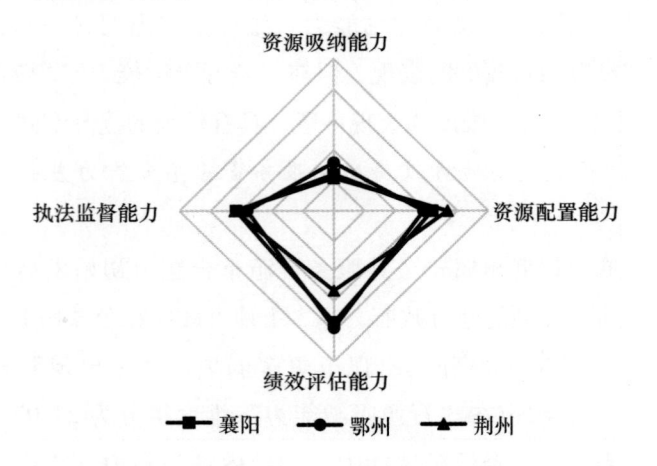

图5-7　湖北省资源整合能力初始发展型地方政府二级指标得分雷达图

第五章 地方政府公共服务资源整合能力评估指标体系构建与差异性分析　253

该项指标得分较高，但在其他三项指标上则表现平平，在"执法监督能力"和"资源配置能力"方面还略弱于襄阳和荆州。荆州的得分结构则在"绩效评估能力"维度呈现出明显的内凹，得分较低，但在"资源配置能力"方面距原点较远，是当地的优势维度。相较于鄂州和荆州，襄阳的各项二级指标则相对均衡，未出现明显的弱项，但优势也不甚突出。对于这3个地方政府而言，应制定长期的发展战略，逐步提升各项资源整合能力，以为当地公共服务提供良好支撑。

通过上述描述和分析，可以发现湖北省16个省直管地方政府公共服务资源整合能力的基本状况和不同的结构类型，各地方政府在各项二级指标上的表现也各有优劣。图5-8将16个省直管地方政府的四项二级指标得分置于折线图内，可以发现以下几个特征。首先，"资源吸纳能力"的得分在四项指标中明显偏低，这意味各地需要进一步加强该维度的建设，提升自身吸纳外部资源的能力。其次，"绩效评估能力"在四项指标中呈现出较大的波动性，但整体得分较高，这说明各地方政府已认识到绩效评估对于提升当地公共服务供给水平的重要性，但各地建设进度不一，需互相学习，取长补短。最后，"资源配置能力"和"执法监督"能力则相对均衡，在折线图上较为接近且变化起伏较小，

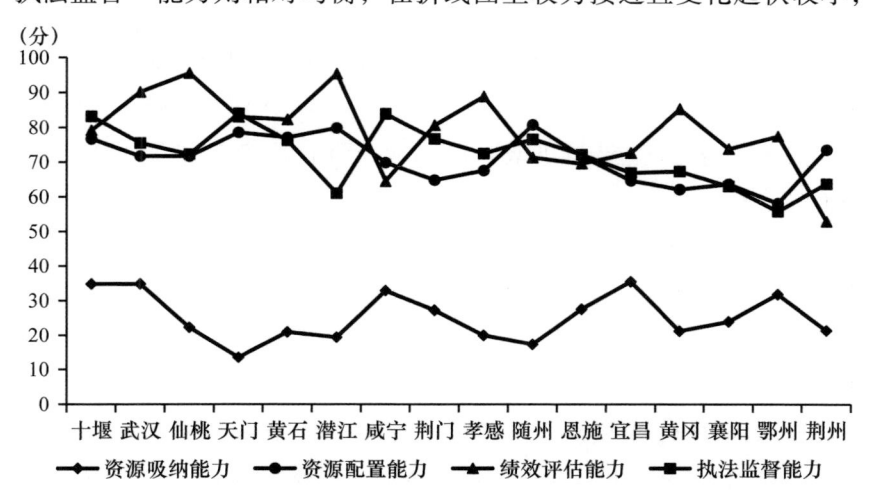

图5-8　湖北省16个省直管地方政府资源整合能力二级指标表现

这说明各地方政府在这两项能力维度方面差距不大。前文仅从资源整合能力及二级指标的维度整体概览了16个省直管地方政府的得分状况和能力结构,对于各地在二级指标上的能力结构,以及应如何加强建设和着力提升各项能力,后文还将展开具体分析。

### 三 地方政府公共服务资源整合能力分项指标差异性的结构分析

前文具体分析了湖北省16个省直管地方政府的公共服务资源整合能力,本节将对各项二级指标的得分差异性进行结构性分析和比较。分析过程中将依据各个地方政府在二级指标上的得分进行分层,借助二级指标下的各项三级指标对各地方政府的具体表现(尤其是其差异性结构特征)进行剖析。

(一)资源吸纳能力差异性的结构分析

表5-10展示了湖北省16个省直管地方政府的资源吸纳能力得分与三级指标得分状况。16个省直管地方政府在该二级指标上的平均得分为25.36,百分制极差为22.10,标准差为6.71。根据K-means聚类分析的运行结果,可以将16个省直管地方政府的资源吸纳能力划分为四个层次,聚类中心点分别为34.01、26.34、20.45、13.48。其中,宜昌、武汉、十堰、咸宁和鄂州5个地方政府为资源吸纳能力领先创新型地方政府,恩施、荆门和襄阳3个地方政府为资源吸纳能力积极追赶型地方政府,仙桃、荆州、黄冈、黄石、孝感、潜江和随州7个地方政府为资源吸纳能力稳步推进型地方政府,天门为资源吸纳能力初始发展型地方政府。

图5-9将各地方政府的资源吸纳能力总得分转化为柱状图。从图中可以发现,湖北省16个省直管地方政府在资源吸纳方面的得分普遍偏低,聚类分析之后形成的各类型地方政府具有不同的得分特征。首先,宜昌、武汉、十堰、咸宁和鄂州5个地方政府为资源吸纳能力领先创新型地方政府,其资源吸纳能力得分均超过30分,超过全省平均值5分以上,能够较好地吸纳上级政府资源或社会资源。其次,恩施、荆

第五章　地方政府公共服务资源整合能力评估指标体系构建与差异性分析　255

表 5-10　湖北省 16 个省直管地方政府资源吸纳能力得分与三级指标得分

| 地方政府 | 二级指标 资源吸纳能力 原始得分 | 百分制得分 | 三级指标 PPP 立项数量 原始得分 | 百分制得分 | 专项转移支付数量 原始得分 | 百分制得分 |
| --- | --- | --- | --- | --- | --- | --- |
| 宜昌 | 0.0222 | 35.58 | 0.1707 | 17.07 | 0.5408 | 54.08 |
| 武汉 | 0.0218 | 34.85 | 0.4742 | 47.42 | 0.2227 | 22.27 |
| 十堰 | 0.0218 | 34.81 | 0.1125 | 11.25 | 0.5838 | 58.38 |
| 咸宁 | 0.0206 | 32.93 | 0.2381 | 23.81 | 0.4205 | 42.05 |
| 鄂州 | 0.0199 | 31.89 | 0.2681 | 26.81 | 0.3697 | 36.97 |
| 恩施 | 0.0173 | 27.64 | 0.0793 | 7.93 | 0.4735 | 47.35 |
| 荆门 | 0.0171 | 27.32 | 0.1021 | 10.21 | 0.4444 | 44.44 |
| 襄阳 | 0.0150 | 24.07 | 0.1692 | 16.92 | 0.3122 | 31.22 |
| 仙桃 | 0.0140 | 22.34 | 0.0720 | 7.20 | 0.3747 | 37.47 |
| 荆州 | 0.0135 | 21.54 | 0.1155 | 11.55 | 0.3154 | 31.54 |
| 黄冈 | 0.0133 | 21.35 | 0.1189 | 11.89 | 0.3081 | 30.81 |
| 黄石 | 0.0131 | 21.00 | 0.1176 | 11.76 | 0.3023 | 30.23 |
| 孝感 | 0.0125 | 20.05 | 0.1406 | 14.06 | 0.2604 | 26.04 |
| 潜江 | 0.0122 | 19.46 | 0.0997 | 9.97 | 0.2896 | 28.96 |
| 随州 | 0.0109 | 17.40 | 0.0461 | 4.61 | 0.3018 | 30.18 |
| 天门 | 0.0084 | 13.48 | 0.0222 | 2.22 | 0.2475 | 24.75 |

门和襄阳 3 个地方政府为资源吸纳能力积极追赶型地方政府，这 3 个地方政府的资源吸纳能力得分位于 24—28 分这一区间，并未全部超过全省平均值，但基本在平均值上下 2 分的范围内波动。再次，仙桃、荆州、黄冈、黄石、孝感、潜江和随州 7 个地方政府为资源吸纳能力稳步推进型地方政府，这 7 个地方政府的资源吸纳能力得分在 17—23 分之间，均低于全省平均得分，但与全省平均得分的差距在 10 分以内。最后，天门为资源吸纳能力初始发展型地方政府，在资源吸纳维度的得分相对较低，仅有 13.48 分，与全省平均得分有 10 分以上的差距。

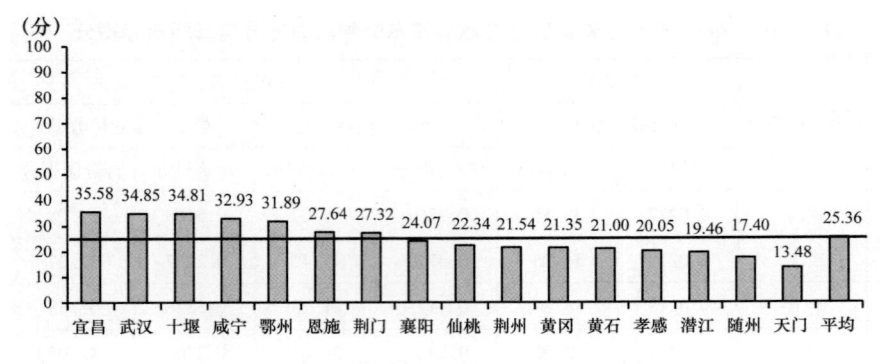

图 5-9  湖北省 16 个省直管地方政府资源吸纳能力表现

宜昌 35.58  武汉 34.85  十堰 34.81  咸宁 32.93  鄂州 31.89  恩施 27.64  荆门 27.32  襄阳 24.07  仙桃 22.34  荆州 21.54  黄冈 21.35  黄石 21.00  孝感 20.05  潜江 19.46  随州 17.40  天门 13.48  平均 25.36

图 5-10 借助雷达图反映了湖北省 16 个省直管地方政府在资源吸纳能力三级指标上的得分结构。首先，资源吸纳能力领先创新型的地方政府均具有得分突出的三级指标，如宜昌在"专项转移支付数量"维度明显外凸，是其优势项目；武汉在"PPP 立项数量"层面呈现外凸状，居于省内首位；十堰在"专项转移支付数量"维度表现突出，在省内拔得头筹；咸宁和鄂州在"PPP 立项数量"维度相对突出，得分较高。但资源吸纳能力领先型的地方政府也有其弱势项目，如武汉在"专项转移支付数量"维度呈现内凹状；十堰在"PPP 立项数量"层面明显低于其他地方政府。但由于这些地方政府有优势项目的提升，因此其资源吸纳总体能力依旧较强，进入了资源吸纳能力的第一梯队。其次，资源吸纳能力积极追赶型的地方政府的得分结构表现为一项指标居于中上游，另一项指标居于省内中游。恩施和荆门在"专项转移支付数量"维度居于省内中上游，但两地在"PPP 立项数量"维度则表现平平，居于省内中游；襄阳在"PPP 立项数量"维度表现相对突出，但在"专项转移支付数量"维度则未有亮眼表现，居于省内中游。这 3 个地方政府未出现明显的得分弱项，但也未出现明显的得分优势项，因此资源吸纳能力总得分表现不甚突出，属于积极追赶类别。再次，资源吸纳能力稳步推进型地方政府在两项指标上均不突出，且部分地方政府还出现了部分弱项。荆州、黄冈和黄石 3 个地方政府在"PPP 立项数

第五章　地方政府公共服务资源整合能力评估指标体系构建与差异性分析　257

量"和"专项转移支付数量"两项指标维度均居于省内中游,在雷达图上可以发现这 3 个地方政府的各指标相对平缓,未出现明显的外凸和内凹;仙桃和孝感则出现了明显的弱项指标,其中仙桃在"PPP 立项数量"维度靠近原点,是其薄弱项,孝感在"专项转移支付数量"方面表现不佳,居于省内中下游;潜江和随州则在两项指标上均不够理想,在雷达图上呈现出明显的内凹结构。稳步推进型的地方政府由于缺乏优势项,且部分地方政府还存在劣势指标,导致其资源吸纳总能力表现不佳。最后,天门是资源吸纳能力初始发展型地方政府,其在"专项转移支付数量"和"PPP 立项数量"两个维度上分别得分 24.75 和 2.22,在雷达图上均呈现出内凹状,说明当地在这两项指标上均表现欠佳,具有较大的提升发展空间。

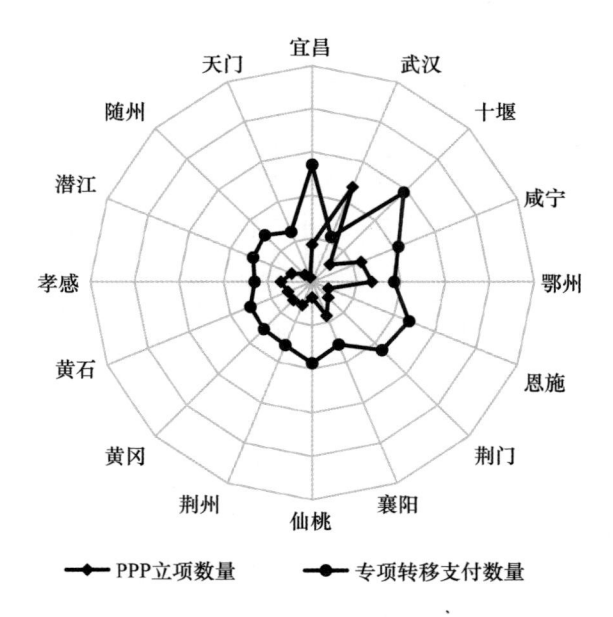

图 5-10　湖北省 16 个省直管地方政府资源吸纳能力得分雷达图

（二）资源配置能力差异性的结构分析

表 5-11 展示了湖北省 16 个省直管地方政府的资源配置能力得分与三级指标得分状况。16 个省直管地方政府在该二级指标上的平均得

表 5-11　湖北省 16 个省直管地方政府资源配置能力得分与三级指标得分①

| 地方政府 | 二级指标 资源配置能力 |  | 三级指标 |  |  |  |  |  |  |  |  |  |
|---|---|---|---|---|---|---|---|---|---|---|---|---|
|  |  |  | 城市政府工作人员的办事能力水平 |  | 行政人员在办事过程中是否会暗箱操作 |  | 是否存在政策不连贯的现象 |  | 是否有过政府部门相互推诿、不担当的情况 |  | 政府履职的变通能力 |  | 政府履职的纠错能力 |  |
|  | 原始得分 | 百分制得分 | 原始得分 | 百分制得分 | 原始得分 | 百分制得分 | 原始得分 | 百分制得分 | 原始得分 | 百分制得分 | 原始得分 | 百分制得分 | 原始得分 | 百分制得分 |
| 随州 | 0.0506 | 80.96 | 0.8045 | 80.45 | 0.8636 | 86.36 | 0.7500 | 75.00 | 0.7345 | 73.45 | 0.7692 | 76.92 | 0.9355 | 93.55 |
| 潜江 | 0.0500 | 79.98 | 0.5267 | 52.67 | 0.9663 | 96.63 | 0.9389 | 93.89 | 0.8333 | 83.33 | 0.7667 | 76.67 | 0.7667 | 76.67 |
| 天门 | 0.0491 | 78.63 | 0.7653 | 76.53 | 0.8870 | 88.70 | 0.8854 | 88.54 | 0.9300 | 93.00 | 0.5000 | 50.00 | 0.7500 | 75.00 |
| 黄石 | 0.0482 | 77.18 | 0.8040 | 80.40 | 0.8043 | 80.43 | 0.6614 | 66.14 | 0.6891 | 68.91 | 0.9130 | 91.30 | 0.7586 | 75.86 |
| 十堰 | 0.0479 | 76.71 | 0.6977 | 69.77 | 0.7480 | 74.80 | 0.6796 | 67.96 | 0.6981 | 69.81 | 0.8148 | 81.48 | 0.9643 | 96.43 |
| 荆州 | 0.0461 | 73.78 | 0.6780 | 67.80 | 0.9459 | 94.59 | 0.6533 | 65.33 | 0.8378 | 83.78 | 0.4615 | 46.15 | 0.8500 | 85.00 |
| 恩施 | 0.0449 | 71.87 | 0.8426 | 84.26 | 0.7020 | 70.20 | 0.7246 | 72.46 | 0.6832 | 68.32 | 0.5200 | 52.00 | 0.8400 | 84.00 |
| 仙桃 | 0.0449 | 71.78 | 0.7725 | 77.25 | 0.8312 | 83.12 | 0.5373 | 53.73 | 0.5231 | 52.31 | 0.6429 | 64.29 | 1.0000 | 100.00 |

① 其中襄阳在"行政人员在办事过程中是否会暗箱操作"和"是否有过政府部门相互推诿、不担当的情况"两项三级指标上的极小值是由于该题项填写人数过少目评价较低，故出现了极端情况。

续表

| 地方政府 | 二级指标 资源配置能力 || 三级指标 ||||||||||
|---|---|---|---|---|---|---|---|---|---|---|---|---|
| | | | 城市政府工作人员的办事能力水平 || 行政人员在办事过程中是否会暗箱操作 || 是否存在政策不连贯的现象 || 是否有过政府部门相互推诿、不担当的情况 || 政府履职的变通能力 || 政府履职的纠错能力 ||
| | 原始得分 | 百分制得分 | 原始得分 | 百分制得分 | 原始得分 | 百分制得分 | 原始得分 | 百分制得分 | 原始得分 | 百分制得分 | 原始得分 | 百分制得分 | 原始得分 | 百分制得分 |
| 武汉 | 0.0449 | 71.78 | 0.7694 | 76.94 | 0.7686 | 76.86 | 0.5408 | 54.08 | 0.5853 | 58.53 | 0.7321 | 73.21 | 0.9104 | 91.04 |
| 咸宁 | 0.0437 | 69.95 | 0.8111 | 81.11 | 0.7746 | 77.46 | 0.6667 | 66.67 | 0.7456 | 74.56 | 0.5625 | 56.25 | 0.6364 | 63.64 |
| 孝感 | 0.0423 | 67.69 | 0.7040 | 70.40 | 0.6096 | 60.96 | 0.5612 | 56.12 | 0.6484 | 64.84 | 0.6071 | 60.71 | 0.9310 | 93.10 |
| 荆门 | 0.0406 | 64.91 | 0.7615 | 76.15 | 0.6806 | 68.06 | 0.5714 | 57.14 | 0.6621 | 66.21 | 0.5313 | 53.13 | 0.6875 | 68.75 |
| 宜昌 | 0.0405 | 64.81 | 0.6239 | 62.39 | 0.9150 | 91.50 | 0.4109 | 41.09 | 0.7054 | 70.54 | 0.4000 | 40.00 | 0.8333 | 83.33 |
| 襄阳 | 0.0399 | 63.81 | 0.7278 | 72.78 | 0.7991 | 79.91 | 0.3957 | 39.57 | 0.6702 | 67.02 | 0.4583 | 45.83 | 0.7778 | 77.78 |
| 黄冈 | 0.0389 | 62.28 | 0.6979 | 69.79 | 0.7613 | 76.13 | 0.6471 | 64.71 | 0.6054 | 60.54 | 0.2750 | 27.50 | 0.7500 | 75.00 |
| 鄂州 | 0.0364 | 58.25 | 0.5578 | 55.78 | 0.7766 | 77.66 | 0.7040 | 70.40 | 0.5321 | 53.21 | 0.3793 | 37.93 | 0.5455 | 54.55 |

分为70.90，百分制极差为22.71，标准差为6.59。根据K-means聚类分析的运行结果，可以将16个省直管地方政府的资源配置能力划分为四个层次，聚类中心点分别为78.69、71.14、63.95、58.25。其中，随州、潜江、天门、黄石和十堰5个地方政府为资源配置能力领先创新型地方政府，荆州、恩施、仙桃、武汉、咸宁和孝感6个地方政府为资源配置能力积极追赶型地方政府，荆门、宜昌、襄阳和黄冈4个地方政府为资源配置能力稳步推进型地方政府，鄂州为资源配置能力初始发展型地方政府。

图5-11将16个省直管地方政府的资源配置能力总得分转化为柱状图，从图中可以发现不同类型的政府在资源配置能力的总得分上呈现出不同状态。首先，随州、潜江、天门、黄石和十堰5个地方政府为资源配置能力领先创新型地方政府，其资源配置整体得分高，处在76—81分这一区间，最低值高于全省平均值5分有余，且这几个地方政府间的分差较小，属于同一类别，具有较强的资源配置能力。其次，荆州、恩施、仙桃、武汉、咸宁和孝感6个地方政府为资源配置能力积极追赶型地方政府，其资源配置能力得分均在全省平均分附近浮动，得分分布在67—74分这一区间，有追赶和发展的空间。再次，荆门、宜昌、襄阳和黄冈4个地方政府为资源配置能力稳步推进型地方政府，其资源配置能力得分低于省内平均分，但距全省平均得分的差距在10分以内，

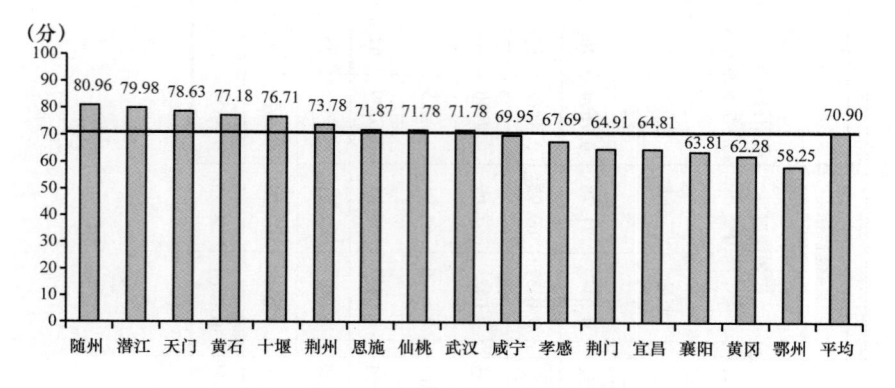

图5-11 湖北省16个省直管地方政府资源配置能力表现

整体得分分布在62—65分之间，与平均水平差距不大。最后，鄂州为资源配置能力初始发展型地方政府，在资源配置维度得分较低，仅有58.25分，与其他地方政府相比有较大差距，与全省平均得分有10分以上的差距，应当重视提升资源配置能力。

图5-12借助雷达图反映了各个地方政府在资源配置能力三级指标上的得分结构。首先，资源配置能力领先创新型的5个地方政府在多项三级指标上表现十分突出，甚至有接近满分的指标。随州在五项三级指标上的得分较为接近，均呈现明显的外凸状，这说明当地在各维度的表现均十分突出，使其在资源配置总能力方面取得首位；潜江在"行政人员在办事过程中是否会暗箱操作"和"是否存在政策不连贯的现象"两个维度表现优异，接近满分，在"是否有过政府部门相互推诿、不担当的情况"和"政府履职的变通能力"方面也相对突出，居于省内上游，虽然其在"城市政府工作人员的办事能力水平"和"政府履职的纠错能力"方面相对较弱，但优势指标得以补足劣势，使其资源配置总能力得以凸显；天门在"是否有过政府部门相互推诿、不担当的情况"和"是否存在政策不连贯的现象"两个维度上表现突出，居于省内前列，当地在其他四项指标上均处于省内中游；黄石在"政府履职的变通能力"维度取得了91.30的高分，居于省内首位，其他的五项指标虽不及该指标突出，但也基本处于省内中游；十堰在"政府履职的变通能力"和"政府履职的纠错能力"维度分别得分81.48和96.43，居于省内上游，但当地在"城市政府工作人员的办事能力水平"和"行政人员在办事过程中是否会暗箱操作"两个维度具有较大的提升空间。从上述5个地方政府的能力结构中可以发现资源配置能力领先创新型的地市多存在两项到三项优势明显的突出项目，尽管其他维度上表现平平或处于劣势，但优势指标能够抬升其整体得分，使其资源配置总能力相对突出。其次，资源配置能力积极追赶型的6个地方政府虽然有其优势指标，但劣势维度同样明显。优势指标方面，荆州在"行政人员在办事过程中是否会暗箱操作"和"是否有过政府部门相互

推诿、不担当的情况"两个维度上表现突出;恩施在"城市政府工作人员的办事能力水平"和"是否存在政策不连贯的现象"方面表现优异;仙桃在"政府履职的纠错能力"维度呈现明显的外凸状;武汉在"政府履职的变通能力"和"政府履职的纠错能力"维度表现相对突出;咸宁在"城市政府工作人员的办事能力水平"方面居于省内前列;孝感在"政府履职的纠错能力"维度表现较好。但相较于领先创新型地方政府,积极追赶型的地方政府还出现了明显的劣势指标,如荆州在"城市政府工作人员的办事能力水平"和"政府履职的变通能力"层面不甚突出;恩施在"行政人员在办事过程中是否会暗箱操作"维度出现了内凹,说明当地在该维度上存在弱势;仙桃在"是否存在政策不连贯的现象"和"是否有过政府部门相互推诿、不担当的情况"两个维度均有较大的提升空间;咸宁在"政府履职的纠错能力"方面相对薄弱;孝感在"行政人员在办事过程中是否会暗箱操作"维度居于末位,亟待提升。优势指标和劣势指标兼有的能力结构使这些地方政府在资源配置能力的总得分上略逊一筹,未能达到领先创新型层次。再次,

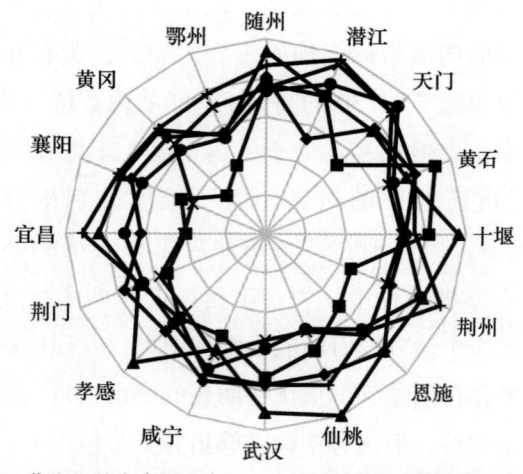

图 5-12 湖北省 16 个省直管地方政府资源配置能力三级指标得分雷达图

资源配置能力稳步推进型的 4 个地方政府出现了更多明显短板，且优势维度不甚突出，导致其资源配置总能力较弱。如荆门在"行政人员在办事过程中是否会暗箱操作"和"政府履职的纠错能力"维度存在明显短板；宜昌在"城市政府工作人员的办事能力水平""是否存在政策不连贯的现象""政府履职的变通能力"三个维度上均居于省内下游；襄阳在"是否存在政策不连贯的现象"维度出现了明显内凹；黄冈在"政府履职的变通能力"维度居于省内末位。且这几个地方政府在其他指标上也表现得相对中规中矩，难以弥补其弱势维度的得分劣势，使其资源配置能力不甚突出。最后，鄂州作为资源配置能力初始发展型地方政府出现了多个短板，虽然当地在"行政人员在办事过程中是否会暗箱操作"和"是否存在政策不连贯的现象"方面处于省内中上游，但当地在其他四项指标上均较为靠后，与其他地方政府有较大的差距，有较大的提升和发展空间。

（三）绩效评估能力差异性的结构分析

表 5-12 展示了湖北省 16 个省直管地方政府的绩效评估能力得分与三级指标得分状况。16 个省直管地方政府在该二级指标上的平均得分为 79.04，百分制极差为 42.42，标准差为 10.98。根据 K-means 聚类分析的运行结果，可以将 16 个省直管地方政府的绩效评估能力划分为四个层次，聚类中心点分别为 92.54、81.45、70.51、53.13。其中，仙桃、潜江、武汉和孝感为绩效评估能力领先创新型地方政府，黄冈、天门、黄石、荆门、十堰和鄂州 6 个地方政府为绩效评估能力积极追赶型地方政府，襄阳、宜昌、随州、恩施和咸宁 5 个地方政府为绩效评估能力稳步推进型地方政府，荆州为绩效评估能力初始发展型地方政府。

图 5-13 将各地方政府的绩效评估能力总得分转化为柱状图。从图中可以发现湖北省 16 个省直管地方政府在绩效评估方面的平均得分较高，说明各地方政府绩效评估能力较强，但其能力差异也较为显著。首先，仙桃、潜江、武汉和孝感是绩效评估能力领先创新型地方政府，在绩效评估维度的得分最高，分布在 89—96 分之间，高出全省平均分 10

表 5-12　　湖北省 16 个省直管地方政府绩效评估能力得分与三级指标得分

| 地方政府 | 二级指标 绩效评估能力 原始得分 | 百分制得分 | 三级指标 是否建立专门的绩效评估组织 原始得分 | 百分制得分 | 是否具有充足的预算保障 原始得分 | 百分制得分 | 是否拥有完善的绩效评估制度 原始得分 | 百分制得分 | 是否严格以绩效考评结果作为薪酬奖励和职务晋升的重要依据 原始得分 | 百分制得分 |
|---|---|---|---|---|---|---|---|---|---|---|
| 仙桃 | 0.0597 | 95.55 | 0.9474 | 94.74 | 0.9333 | 93.33 | 1.0000 | 100.00 | 0.9412 | 94.12 |
| 潜江 | 0.0596 | 95.43 | 0.9643 | 96.43 | 0.9643 | 96.43 | 0.9286 | 92.86 | 0.9600 | 96.00 |
| 武汉 | 0.0564 | 90.18 | 0.9254 | 92.54 | 0.9048 | 90.48 | 0.9041 | 90.41 | 0.8730 | 87.30 |
| 孝感 | 0.0556 | 89.02 | 0.9333 | 93.33 | 0.8214 | 82.14 | 0.8750 | 87.50 | 0.9310 | 93.10 |
| 黄冈 | 0.0534 | 85.51 | 0.9750 | 97.50 | 0.8500 | 85.00 | 0.8205 | 82.05 | 0.7750 | 77.50 |
| 天门 | 0.0520 | 83.12 | 0.8462 | 84.62 | 0.7692 | 76.92 | 0.8400 | 84.00 | 0.8696 | 86.96 |
| 黄石 | 0.0515 | 82.39 | 0.9394 | 93.94 | 0.7000 | 70.00 | 0.8438 | 84.38 | 0.8125 | 81.25 |
| 荆门 | 0.0505 | 80.81 | 0.9444 | 94.44 | 0.8333 | 83.33 | 0.8485 | 84.85 | 0.6061 | 60.61 |
| 十堰 | 0.0495 | 79.19 | 0.8485 | 84.85 | 0.7500 | 75.00 | 0.8000 | 80.00 | 0.7692 | 76.92 |
| 鄂州 | 0.0486 | 77.69 | 0.6333 | 63.33 | 0.8261 | 82.61 | 0.8148 | 81.48 | 0.8333 | 83.33 |
| 襄阳 | 0.0463 | 74.01 | 0.9821 | 98.21 | 0.4902 | 49.02 | 0.7736 | 77.36 | 0.7143 | 71.43 |
| 宜昌 | 0.0455 | 72.82 | 0.9333 | 93.33 | 0.4667 | 46.67 | 0.7333 | 73.33 | 0.7797 | 77.97 |
| 随州 | 0.0447 | 71.47 | 0.8077 | 80.77 | 0.6000 | 60.00 | 0.6250 | 62.50 | 0.8261 | 82.61 |
| 恩施 | 0.0436 | 69.72 | 0.8667 | 86.67 | 0.5769 | 57.69 | 0.6786 | 67.86 | 0.6667 | 66.67 |
| 咸宁 | 0.0403 | 64.54 | 0.7647 | 76.47 | 0.6000 | 60.00 | 0.6286 | 62.86 | 0.5882 | 58.82 |
| 荆州 | 0.0332 | 53.13 | 0.9000 | 90.00 | 0.2250 | 22.50 | 0.4750 | 47.50 | 0.5250 | 52.50 |

分左右。其次，黄冈、天门、黄石、荆门、十堰和鄂州 6 个地方政府是绩效评估能力积极追赶型地方政府，这 6 个地方政府在绩效评估维度的得分也相对较高，均在 75 分以上，除鄂州得分略低于全省平均得分之外，其他 5 个地方政府的绩效评估能力得分均高于全省平均得分。再次，襄阳、宜昌、随州、恩施和咸宁是绩效评估能力稳步推进型地方政

府，这些地方政府在绩效评估维度的得分处于第三梯队，居于 64—75 分这一区间，得分低于全省平均得分，但除了咸宁外，其他 4 个地方政府与平均分的差值均在 10 分以内。最后，荆州为绩效评估能力初始发展型地方政府，当地绩效评估能力得分仅为 53.13，与全省平均分的差距超过 20 分，说明其在绩效评估能力方面还有着较大的提升空间。

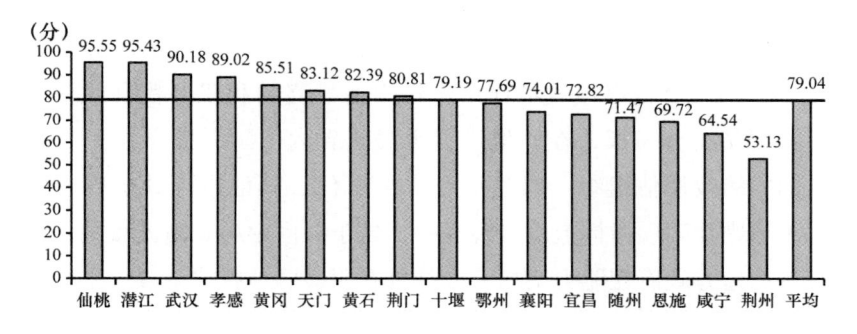

图 5-13　湖北省 16 个省直管地方政府绩效评估能力表现

图 5-14 借助雷达图反映了湖北省 16 个省直管地方政府在绩效评估能力三级指标上的结构特征及其差异性。首先，仙桃、潜江、武汉和孝感是绩效评估能力领先创新型的地方政府，从雷达图上可以发现这 4 个地方政府在各项三级指标上的得分较为接近，距离原点较远，说明其得分较高，基本均处于省内前列。如仙桃在"是否具有充足的预算保障""是否拥有完善的绩效评估制度""是否严格以绩效考评结果作为薪酬奖励和职务晋升的重要依据"三个维度上均居于省内顶尖水平；潜江在"是否具有充足的预算保障"和"是否严格以绩效考评结果作为薪酬奖励和职务晋升的重要依据"两个维度上的得分均居于省内首位；武汉在"是否具有充足的预算保障"和"是否拥有完善的绩效评估制度"两个维度的得分较高；孝感在"是否严格以绩效考评结果作为薪酬奖励和职务晋升的重要依据"方面表现优异。较为突出的优势指标和相对均衡的能力结构使这 4 个地方政府具有较强的绩效评估综合能力，居于省内第一梯队。其次，绩效评估能力积极追赶型的 6 个地方

政府虽然也有部分指标居于省内中上游，在雷达图上呈现出外凸状，但也有部分指标出现了内凹，是其得分弱项。如黄冈在"是否建立专门的绩效评估机构"维度明显外凸，但在"是否严格以绩效考评结果作为薪酬奖励和职务晋升的重要依据"方面相对较弱；天门在"是否严格以绩效考评结果作为薪酬奖励和职务晋升的重要依据"维度呈现外凸状，得分较高，但在"是否建立专门的绩效评估组织"维度则表现平平，居于省内中下游；黄石和荆门分别在"是否具有充足的预算保障"和"是否严格以绩效考评结果作为薪酬奖励和职务晋升的重要依据"出现了得分短板，在其他维度则居于省内中游；鄂州在"是否建立专门的绩效评估组织"维度居于省内末位，其他指标处于省内中上游；十堰则在四项指标上均表现平平，处于省内中游。由此可见，积极追赶型的地方政府在能力结构上或是具有明显弱项，或是各项指标均未能突出，导致其未能成为领先创新型地方政府。再次，绩效评估能力稳步推进型的5个地方政府在各项能力结构中出现了更多的短板，虽然有

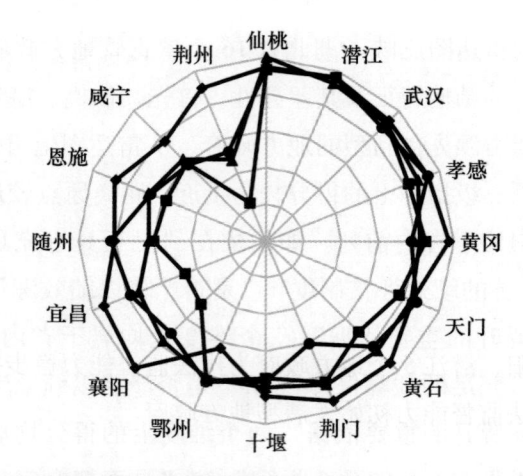

图5-14 湖北省16个省直管地方政府绩效评估能力三级指标得分雷达图

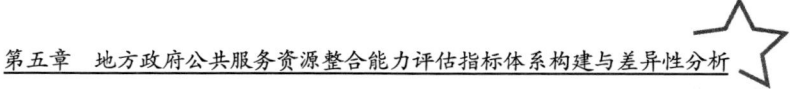

部分指标处于省内中游，但难以弥补弱项，因此绩效评估能力整体得分不高。如襄阳虽然在"是否建立专门的绩效评估组织"这一维度有明显的外凸，居于省内首位，但当地的其他三项指标均不够突出，在"是否具有充足的预算保障"方面还存在明显的内凹，因此其绩效评估总能力不甚突出；宜昌在"是否具有充足的预算保障"方面居于省内下游，出现了明显内凹，其他三项指标均居于全省中游；随州在"是否建立专门的绩效评估组织"和"是否拥有完善的绩效评估制度"维度居于省内中游，其他两项指标相对较弱；恩施的四项指标均处于省内中下游水平；咸宁的四项指标也均呈现明显的内凹状，亟须全方位提升。最后，荆州作为绩效评估能力初始发展型地方政府，其在"是否建立专门的绩效评估组织"维度居于省内中游，在其他三项指标上均出现了明显的短板，处于省内末位水平，因此其绩效评估整体能力尚有较大提升空间。

（四）执法监督能力差异性的结构分析

表5-13展示了湖北省16个省直管地方政府的执法监督能力得分状况。16个省直管地方政府在该二级指标上的平均得分为72.06，百分制极差为28.11，标准差为8.14。根据K-means聚类分析的运行结果，可以将16个省直管地方政府的执法监督能力划分为四个层次，聚类中心点分别为83.78、74.69、64.55、55.96。其中，天门、咸宁和十堰为执法监督能力领先创新型地方政府，荆门、随州、黄石、武汉、孝感、恩施和仙桃7个地区为执法监督能力积极追赶型地方政府，黄冈、宜昌、荆州、襄阳、潜江5个地方政府为执法监督能力稳步推进型地方政府，鄂州为执法监督能力初始发展型地方政府。

图5-15将各地方政府的执法监督能力总得分转化为柱状图，可以较为直观地分析各类别地方政府的总体得分情况。首先，天门、咸宁和十堰为执法监督能力领先创新型地方政府，其在执法监督维度的得分最高，均超过了80分，高于全省平均得分10分以上，说明当地执法监督举措较为完善。其次，荆门、随州、黄石、武汉、孝感、恩施和仙桃7

表 5-13　16个省直管地方政府执法监督能力得分与三级指标得分

| 地方政府 | 二级指标 执法监督能力 原始得分 | 百分制得分 | "双随机、一公开"监管 原始得分 | 百分制得分 | 重点监管 原始得分 | 百分制得分 | 行政审批与监管协调联动工作机制 原始得分 | 百分制得分 | 协同监管 原始得分 | 百分制得分 | 谨慎包容监管 原始得分 | 百分制得分 |
|---|---|---|---|---|---|---|---|---|---|---|---|---|
| 天门 | 0.0525 | 84.07 | 0.8556 | 85.56 | 0.8750 | 87.50 | 0.8122 | 81.22 | 0.7812 | 78.12 | 0.8795 | 87.95 |
| 咸宁 | 0.0525 | 84.04 | 0.8122 | 81.22 | 0.8351 | 83.51 | 0.8538 | 85.38 | 0.8480 | 84.80 | 0.8528 | 85.28 |
| 十堰 | 0.0520 | 83.25 | 0.8065 | 80.65 | 0.8474 | 84.74 | 0.8361 | 83.61 | 0.8357 | 83.57 | 0.8367 | 83.67 |
| 荆门 | 0.0480 | 76.83 | 0.7331 | 73.31 | 0.7707 | 77.07 | 0.7644 | 76.44 | 0.7804 | 78.04 | 0.7930 | 79.30 |
| 随州 | 0.0480 | 76.77 | 0.7525 | 75.25 | 0.7685 | 76.85 | 0.8160 | 81.60 | 0.8208 | 82.08 | 0.6807 | 68.07 |
| 黄石 | 0.0477 | 76.34 | 0.7450 | 74.50 | 0.7689 | 76.89 | 0.7465 | 74.65 | 0.7411 | 74.11 | 0.8153 | 81.53 |
| 武汉 | 0.0472 | 75.56 | 0.6894 | 68.94 | 0.7738 | 77.38 | 0.7508 | 75.08 | 0.7719 | 77.19 | 0.7923 | 79.23 |
| 孝感 | 0.0454 | 72.63 | 0.6898 | 68.98 | 0.6980 | 69.80 | 0.7387 | 73.87 | 0.7357 | 73.57 | 0.7694 | 76.94 |
| 恩施 | 0.0452 | 72.34 | 0.7869 | 78.69 | 0.6861 | 68.61 | 0.7322 | 73.22 | 0.7184 | 71.84 | 0.6936 | 69.36 |
| 仙桃 | 0.0452 | 72.34 | 0.7015 | 70.15 | 0.7453 | 74.53 | 0.7480 | 74.80 | 0.7554 | 75.54 | 0.6667 | 66.67 |
| 黄冈 | 0.0422 | 67.50 | 0.7010 | 70.10 | 0.7484 | 74.84 | 0.6406 | 64.06 | 0.6447 | 64.47 | 0.6402 | 64.02 |
| 宜昌 | 0.0419 | 67.06 | 0.6040 | 60.40 | 0.6732 | 67.32 | 0.6852 | 68.52 | 0.6909 | 69.09 | 0.6998 | 69.98 |
| 荆州 | 0.0400 | 63.94 | 0.5358 | 53.58 | 0.6036 | 60.36 | 0.6566 | 65.66 | 0.6944 | 69.44 | 0.7063 | 70.63 |
| 襄阳 | 0.0395 | 63.17 | 0.5325 | 53.25 | 0.6378 | 63.78 | 0.6430 | 64.30 | 0.6544 | 65.44 | 0.6907 | 69.07 |
| 潜江 | 0.0382 | 61.08 | 0.6184 | 61.84 | 0.6534 | 65.34 | 0.5695 | 56.95 | 0.5940 | 59.40 | 0.6190 | 61.90 |
| 鄂州 | 0.0350 | 55.96 | 0.4715 | 47.15 | 0.5533 | 55.33 | 0.5714 | 57.14 | 0.5873 | 58.73 | 0.6144 | 61.44 |

第五章　地方政府公共服务资源整合能力评估指标体系构建与差异性分析　　269

个地方政府为执法监督能力积极追赶型地方政府,这 7 个地方政府在执法监督方面的得分也高于全省均值,分布在 72—77 分这一区间,高出全省平均水平不足 10 分。再次,黄冈、宜昌、荆州、襄阳和潜江 5 个地方政府为执法监督能力稳步推进型地方政府,这一类别的地方政府执法监督能力得分略低于全省平均得分,得分分布在 61—68 分之间,但距全省平均分的差距最大的超 10 分。最后,鄂州为执法监督能力初始发展型地方政府,其在该维度的得分未超过 60 分,与全省均值的差距达到了 15 分以上。

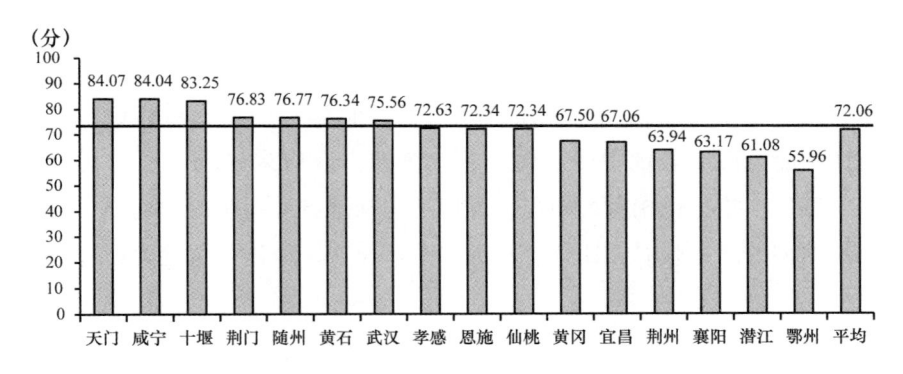

(分)
| 城市 | 得分 |
|---|---|
| 天门 | 84.07 |
| 咸宁 | 84.04 |
| 十堰 | 83.25 |
| 荆门 | 76.83 |
| 随州 | 76.77 |
| 黄石 | 76.34 |
| 武汉 | 75.56 |
| 孝感 | 72.63 |
| 恩施 | 72.34 |
| 仙桃 | 72.34 |
| 黄冈 | 67.50 |
| 宜昌 | 67.06 |
| 荆州 | 63.94 |
| 襄阳 | 63.17 |
| 潜江 | 61.08 |
| 鄂州 | 55.96 |
| 平均 | 72.06 |

**图 5-15　湖北省 16 个省直管地方政府执法监督能力表现**

图 5-16 借助雷达图反映了各地方政府在执法监督能力三级指标上的得分状况。从雷达图上可以发现,这 16 个省直管地方政府在执法监督的各项三级指标得分上差异不大,但部分城市在个别指标上也出现了内凹。首先,执法监督能力领先创新型的 3 个地方政府在五项三级指标上均衡发展,且均处于省内前列。其中天门在"'双随机、一公开'监管"、"重点监管"和"谨慎包容监管"三个维度居于省内首位,在其他两项指标上也居于省内上游;咸宁在"行政审批与监管协调联动工作机制"和"协同监管"两项指标上居于省内首位,在其他三项指标上也居于省内前列;十堰的能力结构与天门和咸宁相似,五项指标均处于省内前三。均衡发展且较为突出的三级指标使这 3 个地方政府具有较强的执法监督综合能力,成为执法监督能力领先创新型地方政府。其

次，执法监督能力积极追赶型地方政府在部分指标上较为突出，但也有部分指标处于中游，尚有提升空间。如荆门在"'双随机、一公开'监管"维度居于省内中游，其他四项指标处于省内中上游；随州在"行政审批与监管协调联动工作机制"和"协同监管"两项指标上位居前列，但当地在"谨慎包容监管"维度出现了明显的内凹，得分相对较低；黄石的五项指标基本均位居省内中游，表现中规中矩；武汉在"'双随机、一公开'监管"层面相对较弱，居于省内中游偏下水平，在其他四项指标上则表现突出，居于省内中上游；孝感在五项指标上表现均衡，未出现明显的突出项，但也没有出现得分过低的指标；恩施在"'双随机、一公开'监管"维度相对突出，但在其他四项指标上均处于省内中游偏下水平；仙桃在"谨慎包容监管"层面相对靠后，在其他四项能力维度表现中庸。由于这几个地方政府未出现明显的得分优势，其各项指标也相对均衡，但难以从一众地方政府中脱颖而出，与领先创新型的地方政府相比仍有较大差距。再次，执法监督能力稳步推进

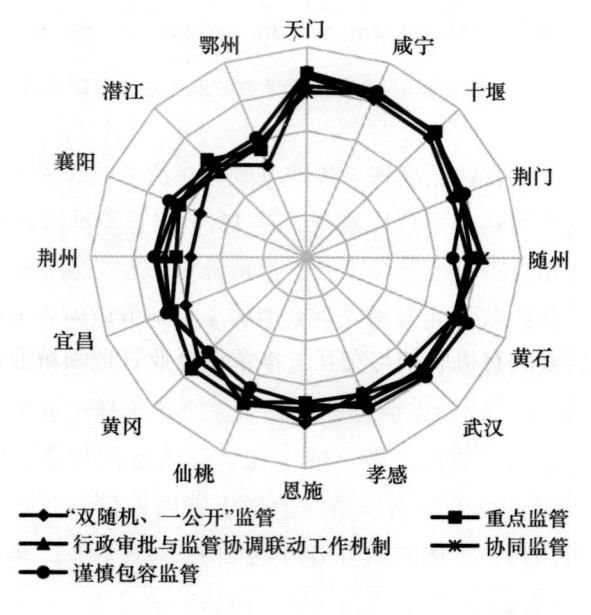

图 5-16　湖北省 16 个省直管地方政府执法监督能力三级指标得分雷达图

型的 5 个地方政府在各项三级指标上均处于省内中游偏下的水平，在部分指标上还出现了垫底的情况。如黄冈在"行政审批与监管协调联动工作机制""协同监管""谨慎包容监管"三个维度上表现不佳，在其他两项指标上居于省内中游；宜昌在五项三级指标上均居于省内中游偏下水平；荆州在"'双随机、一公开'监管"和"重点监管"领域相对靠后，在其他三项指标则位居中游；襄阳的五项三级指标均居于中游偏下的水平，尤其在"'双随机、一公开'监管"和"重点监管"领域弱势明显；潜江在"行政审批与监管协调联动工作机制"维度居于省内末位，在"协同监管"和"谨慎包容监管"层面也表现不佳，其他两项指标上居于省内中游偏下水平。由于这些地方政府均未出现优势指标，且多项指标均居于省内中下游，导致其执法监督能力相对较弱。最后，鄂州作为执法监督能力初始发展型地方政府，其在五项三级指标上均出现了内凹状，即得分较低的情况，这说明当地在多个维度上均处于弱势，提升执法监督能力的建设任重而道远。

## 第五节 小结

资源整合理论发轫并完善于企业管理领域，强调组织通过对各种来自内外环境的资源进行选择、汲取、配置和融合，使其具有较强的系统性和价值性。资源整合理论蕴含着系统理论的思维，系统理论认为系统是各个组成要素的有机联结与交互。本章将企业管理领域业已成熟的资源整合理论引入公共服务领域，并结合系统论对政府公共服务过程进行要素的拆解与整合，提出资源整合能力是政府公共服务能力的重要组成部分，并参考既有研究成果进行公共服务资源整合能力评价的指标构建。本章综合采用了主客观数据对湖北省 16 个省直管地方政府的资源整合能力得分进行了计算，并在此基础上使用 K-means 聚类的方法将 16 个省直管地方政府进行了分层，对每一层次的地方政府二级、三级指标得分的具体情况进行了研究分析。

  研究发现湖北省 16 个省直管地方政府的资源整合能力各有千秋。资源吸纳能力相较于其他三项指标而言得分偏低，虽然该指标已采用人均指标减轻了各地方政府差异化经济体量带来的影响，但与其他指标相比仍有较大差距，说明各地方政府应着力加强自身资源吸纳能力建设，借助多元渠道吸纳公共服务建设资源，为公共服务供给提供保障。资源配置能力、绩效评估和执法监督能力三项指标的得分分布则较为相似，多位于 60—90 分这一区间，但部分地方政府仍存在较大波动。这说明各地方政府较为重视上述 3 个维度的建设发展，但各地的弱项不一，也会导致其资源整合总能力存在短板，因此各地方政府可以逐级剖析自身弱项所在，采取"抽丝剥茧"的思路，从弱项着手，弥补自身短板，提升资源整合总能力。

# 第六章

## 地方政府公共服务供给能力评估指标体系构建与差异性分析

## 第一节 引言

"十三五"时期既是全面落实国家治理体系与治理能力现代化的关键性发展时期，又是全面建成小康社会的决胜阶段，皆离不开公共服务供给这一基础性政府职能的有效履行。国家"十三五"规划纲要提出了公共服务供给的发展要求[1]，即"增加公共服务供给，坚持普惠性、保基本、均等化、可持续的方向，提高公共服务共建能力和共建水平"。党的十九大报告进一步指出："完善公共服务体系，保障群众基本生活，不断满足人民日益增长的美好生活需要。""美好生活"既需要丰富的物质文化产品作为基础，又需要公平且高质量的公共服务体系作为保障[2]。由此，满足人民的"美好生活需要"与公共服务的供给直接相关。同时，公共服务供给彰显国家治理不断满足公

---

[1]《中华人民共和国国民经济和社会发展第十三个五年规划纲要》，中华人民共和国中央人民政府，2016年3月17日，http://www.gov.cn/xinwen/2016-03/17/content_5054992.htm。

[2] 陈振明、李德国：《以高效能治理引领公共服务高质量发展》，《人民论坛》2020年第29期。

民的生存和发展需求的能力，日益成为现代国家治理能力的重要构成要素[1]。公共服务是影响民众能否具有"获得感"的关键因素[2]，公众的生存及发展需要政府提供就业、教育、医疗环保、社会保障以及公共安全等公共服务，由此增进民生福祉，提升公众幸福感与获得感。公共服务供给能力则是政府保障公众的基本生存、发展权利，为公众提供适宜生存和发展的环境，满足公众公共服务获得感的一项不可或缺的能力。地方政府公共服务供给能力水平是解决"民生"问题的关键点，也是保障公共产品与公共服务供给有效的核心要素。简而言之，多样化和快速增长的公共服务需求离不开政府供给高质量的公共服务，这也符合以人民为中心的中国式现代化的发展要求。

然而，当前基本公共服务供给短缺现象较为突出，不利于满足人们改善生活的需要，亦阻碍了经济增长成果向人的全面发展的有效转化[3]。实际上，随着经济发展、社会进步以及公共空间的逐渐形成，公众对公共服务的需求也变为日益多元化、个性化与品质化。这就需要政府主动发现和引领公共需求，提供个性化、柔性化、知识化、信息化与智能化的公共服务来适应人民群众日益多元化的偏好和倾向。因此，提升政府公共服务供给能力水平，是持续推进国家治理体系现代化与治理能力现代化的重要组成部分和增进公众幸福感和获得感的主要工具。相应地，构建科学合理的公共服务供给能力指标框架，有效测度各级政府的公共服务供给能力，就成为把握和分析各级政府公共服务能力的理论与实践前提。

公共服务供给作为政府职能核心组成部分，其相关理论研究源远流长。学术界对公共服务供给的理论研究可大致归纳为以下几种基本类型。一是公共物品理论，该理论作为政治经济学基本理论，能有效阐释政府与市场的关系，是研究政府职能转变及公共服务供给模式的

---

[1] 丁忠毅：《国家治理能力建设的社会政策之维：依据、路径及提升》，《四川大学学报》（哲学社会科学版）2016 年第 6 期。

[2] 姜晓萍、陈朝兵：《公共服务的理论认知与中国语境》，《政治学研究》2018 年第 6 期。

[3] 周静、高颖：《国内基本公共服务供给的测度及其对民生福祉的影响：一个文献综述》，《当代经济管理》2022 年第 3 期。

第六章　地方政府公共服务供给能力评估指标体系构建与差异性分析　　*275*

基础①。萨缪尔森对公共物品研究具有开创性，其所发表的《公共支出的纯理论》一文开创性地探讨了公共物品理论核心问题。二是公共选择理论，可视为将经济学运用于政治科学的分析②，由布坎南等人创立。该学派在政府行为分析中引入"经纪人"假设和交易理论，一度构成当代西方政府改革实践的重要理论基础③，尤其是对改革和完善公共服务供给方式具有重要的参考价值④。三是新公共管理理论，该理论基于传统公共行政理论批判的基础形成并发展，强调以建设顾客导向的政府、提供多样化的社会需求以及促进政府服务质量的提高⑤，以公共物品及服务的有效供给或"好的治理"作为核心主题⑥。该理论强调重视公共服务的产出与结果，注重提高公共服务的效率与质量，为各国政府公共服务供给改革实践提供了理论指导。四是新公共服务理论，该理论基于对新公共管理理论的批判产生，推崇公共服务精神，明确表示政府职能是服务而非掌舵，并强调重视公民以及重视政府与公民之间的沟通、合作⑦。五是多中心治理理论，由以奥斯特罗姆夫妇为核心的一批学者创立，其核心思想在于多样性的制度安排，主张政府、市场与社区间的协调与合作。

　　上述理论从不同方面研究政府职能的运行与转变，强调重视公众和服务效能，为公共服务供给研究提供了理论支撑。政府职能与其实现方式是不可分割的统一体，政府在增进公共福利、提供公共物品过程中往

---

　　① 叶响裙：《公共服务多元主体供给：理论与实践》，社会科学文献出版社2014年版，第1页。
　　② ［美］丹尼斯·C.穆勒：《公共选择理论》，韩旭、杨春学等译，中国社会科学出版社1999年版，第4页。
　　③ 陈振明：《政治与经济的整合研究——公共选择理论的方法论及其启示》，《厦门大学学报》（哲学社会科学版）2003年第2期。
　　④ 叶响裙：《公共服务多元主体供给：理论与实践》，社会科学文献出版社2014年版，第13页。
　　⑤ 叶响裙：《公共服务多元主体供给：理论与实践》，社会科学文献出版社2014年版，第17页。
　　⑥ 陈振明：《评西方的"新公共管理"范式》，《中国社会科学》2000年第6期。
　　⑦ 罗伯特·B.丹哈特、珍妮特·V.丹哈特：《新公共服务：服务而非掌舵》，刘俊生译，《中国行政管理》2002年第10期。

往需要借助一定的手段和路径，即特定实现方式，其政府职能才能实现。公共服务供给作为政府的一项基本职能，其实现方式是具体政策落实必不可少的条件。而政府公共服务供给输出的一个关键环节是正确区分公共服务的供给职能和生产职能。① 公共服务的供给与生产职能区分深受公共服务供给与生产分离理论的影响。具体来看，对于公共服务的生产与供给，学术界主要存在两种观点。第一种观点是公共服务提供与生产不可分离。按照萨缪尔森、马斯格雷夫等学者建构的公共产品理论，公共产品具有非竞争性和非排他性的特征，不能由市场进行有效供给，会导致陷入"集体行动的逻辑"，出现所谓"囚徒困境"和"搭便车"现象，并可能导致社会分配不公和"公地悲剧"，因此，政府是公共物品最好的提供者。② 第二种观点是公共物品的生产与提供可以分离。制度分析学派的奥斯特罗姆、蒂伯特和沃伦提出将公共服务供给分为提供和生产两个环节③。在此基础上，公共服务领域除政府外，发展和吸纳非营利组织参与公共服务供给作为一条新途径而被予以重视与得到发展④。其中，萨瓦斯是较早区分公共物品的提供与生产的学者。他指出："服务的生产者直接组织生产，或者直接向消费者提供服务。"而"服务安排者（亦称服务提供者）指派生产者给消费者，指派消费者给生产者，或选择服务的生产者"，并总结了公共服务供给的10种制度安排⑤。学者迈克尔·麦金尼斯也曾指出，"服务提供是指征税和支出的决策，决定公共服务供给的类型和水平，并对服务的生产进行安排和监督。生产是指将资源投入转化成产出，而作为公共服务的提供

---

① 何精华：《区分供给与生产：基于政府公共服务职能实现方式的分析框架》，《中国行政管理》2007年第2期。
② 张序：《公共服务供给的理论基础：体系梳理与框架构建》，《四川大学学报》（哲学社会科学版）2015年第4期。
③ [美] 迈克尔·麦金尼斯：《多中心体制与地方公共经济》，毛寿龙、李梅译，上海三联书店2000年版，第110—111页。
④ 汪锦军：《公共服务中的政府和非营利组织合作：三种模式分析》，《中国行政管理》2009年第10期。
⑤ [美] E. S. 萨瓦斯：《民营化与公私部门的伙伴关系》，周志忍等译，中国人民大学出版社2002年版，第68页。

（安排）者不必一定生产该公共服务"①。这既阐明了公共服务供给的内在实质，也表明公共服务的供给与生产是可以分离的。按照这一思路，中国学者提出了公共服务供给的复合模型，即在服务供给方和服务生产方首次分离基础上，经二次分工②，使生产方整合资源生产，进一步创新公共服务供给机制，从而提高供给的质量和效率③。

公共服务供给与生产分离理论为理解政府公共服务供给职能提供理论指导，为政府从制度层面以及操作层面创新公共服务供给职能的实现机制提供了更大的空间，对进一步明确"谁来供给"的问题具有重要意义。关于公共服务供给的理解，通常指的是根据公共服务的类型、数量、质量、优先次序等作出决策，以及筹集资金并安排、监督生产。而公共服务的生产则通常被理解为把投入转换成产出的更加技术化的过程，其核心是投入产出的效率，也包含了设计、建设、制造、维护和经营等内容④。公共物品供给职能明晰政府是公共服务的责任主体，包括公共服务供给者，公共服务或公共物品的组织者、协调者与监管者，而生产职能明晰了由谁来替供给者具体执行的问题⑤。由此，公共服务供给与生产分离理论为政府公共服务供给选择扩大了范围，明确政府可选择多样化的公共服务供给制度安排和工具。但是，公共服务所具有的公共性属性往往导致市场或社会团体供给效果甚微。公共服务或公共产品由政府供给具有提高市场效率、稳定经济与实现社会公平等重要作用⑥。换言之，公

---

① ［美］迈克尔·麦金尼斯：《多中心体制与地方公共经济》，毛寿龙、李梅译，上海三联书店2000年版，第423页。

② 此处二次分工主要参考郁建兴等指出的："初次分工为服务提供者和生产者相分离，并可产生多种典型的公共服务供给制度。二次分工指生产者将自己不能直接生产的服务，通过整合其他服务资源来组织生产，通过将分散的、异质性的服务需求与非规模化的服务供给进行对接来间接满足服务需求。"

③ 郁建兴、吴玉霞：《公共服务供给机制创新：一个新的分析框架》，《学术月刊》2009年第12期。

④ 张序：《公共服务供给的理论基础：体系梳理与框架构建》，《四川大学学报》（哲学社会科学版）2015年第4期。

⑤ 何精华：《区分供给与生产：基于政府公共服务职能实现方式的分析框架》，《中国行政管理》2007年第2期。

⑥ ［美］萨缪尔森、诺德豪斯：《经济学（上）》，萧琛主译，中国发展出版社1992年版，第79页。

共服务出现在市场失败和没有市场的地方，是针对初次分配不平等形成的修正和补偿[1]。关于政府职能边界的理论研究表明，政府应该提供那些因市场失灵而无法有效提供的，但对社会有益的、必需的产品和服务[2]。这说明，关于公共服务"谁来供给"以及"供给什么"的问题，公共服务供给应置于政府职能范围内，是政府的根本职责。

综上所述，地方政府公共服务供给能力的高低构成有效解决民生问题的关键节点[3]。为此，有必要建立一套科学的评价政府公共服务供给能力的指标体系[4]。对地方政府公共服务供给能力通过构建指标体系进行测算，其中的指标体系应该能较为全面地反映地方政府的公共服务供给能力水平，反映政府公共服务职能的实现程度。从理论层面来说，明晰政府公共服务供给职能、测算政府公共服务供给能力水平是从实际操作层面对公共服务供给相关理论的回应。从实践层面上来讲，不同地方政府公共服务能力的差异化特性需要建立一套合理的公共服务供给能力评价指标体系，以期发现公共服务供给中可能存在的不足与制约因素，进而能够采取针对性对策措施，优化与提升公共服务供给水平和完善公共服务供给体系。

## 第二节 公共服务供给能力指标体系构建

### 一 公共服务供给能力概念阐释

对于何为公共服务供给能力，目前学术界尚未形成统一的观点。关

---

[1] DiNitto, Diana, M. & David W. Johnson, *Social Welfare: Politics and Public Policy* (8edition), Austin: Pearson, 2015, pp. 1 - 2.

[2] 吕炜、王伟同：《发展失衡、公共服务与政府责任——基于政府偏好和政府效率视角的分析》，《中国社会科学》2008年第4期。

[3] 张开云、张兴杰、李倩：《地方政府公共服务供给能力：影响因素与实现路径》，《中国行政管理》，《西安交通大学学报》（社会科学版）2010年第1期。

[4] 刘波、崔鹏鹏：《省级政府公共服务供给能力评价》，《西安交通大学学报》（社会科学版）2010年第4期。

于公共服务供给能力的概念内涵大致可以分为"广义"和"狭义"的两种认知。其中,广义的概念理解更接近于公共服务能力,而狭义的公共服务供给能力则更聚焦于"供给"来诠释其内涵[①]。具体而言,学者们从不同的角度提炼其概念内涵,不同界定之间边界并非截然分明,充满着交叉和重叠(见表6-1)。从学者们的概念界定来看,普遍强调了公共服务供给的有效性和效用,这反映出对于公共服务供给效果和公众满意度的普遍考量。

表6-1　　　　　　　有关公共服务供给能力相关阐释

| 学者 | 公共服务供给能力概念阐释 |
| --- | --- |
| 亚当·斯密 | 政府有义务公平地提供公共服务[②] |
| 萨拉蒙 | 普遍存在政府支持非营利机构的模式即第三方治理模式,该模式概念强调了"政府与私人机构之间大量的责任共享,以及政府部门与私人部门的大量混合"[③] |
| 萨缪尔森 | 政府的公共服务职能为"政府要在高效、高水平地提供公共产品和公共服务时,满足公众的公共需求、提高社会资源配置效率"[④] |
| 雷玉琼、李岚 | "政府在法律框架内,以其自身的合法性地位和权威为基础,以制定或推行各项制度或政策为手段,利用多种内外资源为辖区居民提供各类公共服务时必须具备的组织结构特征和文化特征,外显为公共服务供给的有效性"[⑤] |
| 斯蒂格利茨 | 政府的基本职能为建立法律框架、提供公共物品、收入再分配、稳定经济和资源再配置[⑥] |

---

① 罗维:《地方政府公共服务能力建设研究——基于宁波实践的分析》,浙江大学出版社2018年版,第29页。

② Smith, A., *An Inquiry Into the Nature and Causes of the Wealth of Nations*, Edwin Cannan's Annotated Edition, Chicago: University of Chicago Press, 1777.

③ [美]莱斯特·M.萨拉蒙:《公共服务中的伙伴——现代福利国家中政府与非营利组织的关系》,田凯译,商务印书馆2008年版,第45页。

④ Paul A. Samuelson., "The Pure Theory of Public Expenditure", *The Review of Economics and Statistics*, Vol. 36, No. 4, 1954.

⑤ 雷玉琼、李岚:《乡镇政府公共服务供给能力评估指标体系建构——兼论政府公共服务能力的研究现状》,《中国行政管理》2015年第11期。

⑥ [美]斯蒂格利茨:《经济学(上册)》,梁小民译,中国人民大学出版社1997年版,第141—149页。

续表

| 学者 | 公共服务供给能力概念阐释 |
| --- | --- |
| 刘波等 | "政府在有限资源的条件下为满足社会成员的需求而提供公共物品的能力的总称"[1] |
| 蒋云根 | "政府在特定的地区环境和制度条件下,通过获取、配置和整合各种有形资源和无形资源,并通过一定的渠道与方式,为社会成员提供各种他们所需要的公共产品与服务的能力"[2] |
| 张序等 | "各个公共部门和企业为满足社会的公共需求,向公民个人和组织提供所需公共服务的数量大小和质量高低的本领,公共服务供给是一个将资源输入向具体公共服务绩效(输出)转化的过程,公共服务供给能力是公共服务供给的能量和力量"[3] |
| 杨国栋 | "地方政府在供给地方公共服务过程中的能力和效用"[4] |
| 罗维 | "公共服务供给主体通过整合资源,生产、提供公共服务以满足社会成员公共需求的过程,这一过程的结果表现为某类公共服务或公共服务产品,一般具有直观的、可衡量的特点"[5] |

资料来源：笔者根据文献资料整理。

由表 6-1 可知，学者们在进行公共服务供给能力概念相关表述时，首先强调了政府在公共服务供给中发挥着主导性作用，主要是为社会公众提供充足和优质的公共服务。具体而言，政府作为公共资源的拥有者，掌握着大量的财力、物力以及人力等资源，使政府通过一定的渠道和方式能够在较短的时间内为社会公众提供所需的公共服务。其次，公共服务的供给主体具有多元性，政府作为地方公共服务供给者、安排者

---

[1] 刘波、崔鹏鹏：《省级政府公共服务供给能力评价》，《西安交通大学学报》（社会科学版）2010 年第 4 期。
[2] 蒋云根：《提升基层政府公共服务供给能力的路径思考》，《甘肃行政学院学报》2008 年第 3 期。
[3] 张序、劳承玉：《公共服务能力建设：一个研究框架》，《理论与改革》2013 年第 2 期。
[4] 杨国栋：《论我国地方政府公共服务供给能力提升的行动逻辑》，《江西行政学院学报》2007 年第 3 期。
[5] 罗维：《地方政府公共服务能力建设研究——基于宁波实践的分析》，浙江大学出版社 2018 年版，第 29 页。

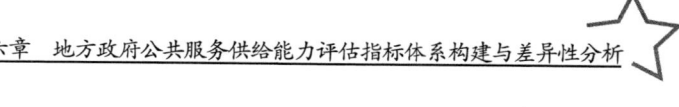

和促进者，有必要采用合法手段最大限度地整合公共资源，从而实现公共服务供给质与量的提升①。再次，公共服务供给作为动态的行为过程，由政府责任与公共权力共同孕育而生，也必须以公共权力和公共资源为依托，构建起和谐的"政府—公民"关系。② 最后，公共服务供给强调有效性以及受众需求的满足程度，即公民生存和发展方面的基本需求，包括衣食住行、生存、生产、生活、发展、娱乐等方面的需求③，强调公众对公共服务供给感知。总体而言，公共服务供给是政府将掌握的公共资源转化成具有普惠性的公共产品和公共服务向广大社会公众提供并得到公众反馈的过程。

综上分析，所谓公共服务供给能力指的是政府为保障社会公众的基本生存、发展与享有整洁安全环境的权利，满足社会公众公共需求，提升社会公众获得感，通过整合资源来直接或间接生产和提供优质公共产品或公共服务的能力。实际上，公共服务供给能力可以理解为政府以人民为中心，以满足人民的生存、发展及环境权利为基本目的，以公众获得感为评判标准和反馈依据而应具备的一种政府能力。具体来说，对其基本内涵的理解涉及两个方面：首先，为公众的生存与发展提供所需的基本经济社会条件，构成政府的基本职责，包括保障公众生存、发展及环境权利，不断增进民生福祉，以"普惠性、保基本、均等化、可持续"为基本履责原则的各项基本公共服务职责；其次，公共服务供给的出发点是满足人民的基本需求，公众获得感是检验政府公共服务供给工作的标准，是公共服务供给能力最后的试金石。

## 二 公共服务供给能力构成要素

从历史维度来讲，保障公民基本生存与发展权利始终是中国政府努力履行的职责内容。中华人民共和国成立以来，保障公民基本生存与发

---

① 杨国栋：《论我国地方政府公共服务供给能力提升的行动逻辑》，《江西行政学院学报》2007年第3期。
② 王卓、胡梦珠：《国际公共服务：供给实践与理论探析》，《理论与改革》2018年第4期。
③ 赵黎青：《什么是公共服务》，《中国人才》2008年第15期。

展权在大多数时期都被纳入国家的行动范畴，乃至于被列入国家根本法中。《中华人民共和国宪法》（1982年）规定，公民有受教育、社会救济、医疗卫生等权利和义务[1]。宪法通过国家大法形式强调保障公民的基本生存权利与发展权利，明确将教育、医疗、就业、养老等权利作为专门事业推进，使每位公民平等地享有这些权利[2]。这也体现了政府强调以人为本的执政理念，不管是制度的顶层设计还是具体政策落实，都始终坚持"以人民为中心"[3]。因此，公共服务供给的落脚点应当是保障公民的生存权利与发展权利，其基本内容构成公共服务供给的主要要素。

与此同时，中国政府公共服务供给构成的具体内容也经历了一个不断发展的政策历程（见图6-1）。首先，在新民主主义革命阶段，中央苏区推行了维护底层人民利益的公共服务政策，包括抚恤优待、互济互助、卫生防疫、减轻战乱损失等，聚焦改善最弱势群体的生存生活状态[4]。该时期公共服务供给具有不全面、以生存目的为主、零星散点式等特征，公共服务体系尚处于萌芽阶段[5]。其次，中华人民共和国成立后至改革开放前的阶段，公共服务的制度设计与政策框架附属于整个计划经济体制且带有浓厚的计划体制色彩[6]。这一阶段参照苏联模式构建了城乡二元公共服务体系，即城市实施"单位福利"制度，单位职工可享受住房、医疗、教育等公共服务；农村实施"集体福利制度"，教育、养老、医疗等公共服务由村集体经济负责[7]。公共服务体系整体上

---

[1] 《中华人民共和国宪法》（1982年），《人民日报》2018年3月33日第1版。

[2] 尚虎平：《保障与孵化公民基本生存与发展权利——我国基本公共服务均等化的历程、逻辑与未来》，《政治学研究》2021年第4期。

[3] 胡鞍钢、杭承政：《论建立"以人民为中心"的治理模式——基于行为科学的视角》，《中国行政管理》2018年第1期。

[4] 《毛泽东选集》第1卷，人民出版社1991年版，第138页。

[5] 王洛忠、李建呈：《中国共产党建立健全公共服务体系的百年实践与经验》，《中国高校社会科学》2021年第5期。

[6] 王震：《公共政策70年：社会保障与公共服务供给体系的发展与改革》，《北京工业大学学报》（社会科学版）2019年第5期。

[7] 郁建兴：《中国的公共服务体系：发展历程、社会政策与体制机制》，《学术月刊》2011年第3期。

第六章　地方政府公共服务供给能力评估指标体系构建与差异性分析　283

呈现出相对简单、平均主义和国家包办等特征①。再次，改革开放到党的十六大前期，尤其是在1985年之后，国家陆续出台系列公共服务具体领域体制改革政策，如《关于教育体制改革的决定》《关于卫生工作改革若干政策问题的报告》等文件。这些举措标志着中国公共服务体制市场化改革进入全面启动阶段②。最后，党的十六大以来的发展阶段，"公共服务"又一次进入中国政策话语③。2002年政府工作报告提及"切实把政府职能转到经济调节、市场监管、社会管理和公共服务上来"④。随后在2003年政府工作报告中，出现了"政府职能主要是经济调节、市场监管、社会管理和公共服务"等表述⑤，使公共服务被正式确定为政府基本职能之一。《国家基本公共服务体系"十二五"规划》《"十三五"推进基本公共服务均等化规划》则进一步提出了基本公共服务范围和国家基本标准、基本公共服务均等化等政策构想。

　　2017年，党的十九大报告指出，"中国特色社会主义进入新时代，中国社会主要矛盾已经转化为人民日益增长的美好生活需要和不平衡不充分的发展之间的矛盾⑥"。"美好生活"已然成为新时代中国特色社会主义思想的核心概念之一⑦，并对完善公共服务体系提出具体要求，包括就业、教育、健康及环境等方面。其中，"美好生活"需要政府为公众提供其赖以生存、发展的环境。把"优美生态环境需要"作为加强公民"环境权利"保障的核心要求，反映了在当前主要社会矛盾转化

---

　　① 郁建兴：《中国的公共服务体系：发展历程、社会政策与体制机制》，《学术月刊》2011年第3期。
　　② 姜晓萍：《中国公共服务体制改革30年》，《中国行政管理》2008年第12期。
　　③ 姜晓萍、陈朝兵：《公共服务的理论认知与中国语境》，《政治学研究》2018年第6期。
　　④ 《2002年国务院政府工作报告》，中华人民共和国中央人民政府，2006年2月16日，http://www.gov.cn/test/2006-02/16/content_201164.htm。
　　⑤ 《2003年国务院政府工作报告》，中华人民共和国中央人民政府，2006年2月16日，http://www.gov.cn/test/2006-02/16/content_201173.htm。
　　⑥ 习近平：《决胜全面建成小康社会　夺取新时代中国特色社会主义伟大胜利》，人民出版社2017年版，第11页。
　　⑦ 李磊：《习近平的美好生活观论析》，《社会主义研究》2018年第1期。

的背景下，不断提高公众环境权利人权保障水平的重要发展趋势[①]。因此，公众享有安全健康的生存发展环境以及不被破坏和污染的安全环境，成为新时代中国公共服务体系建设的基本价值定位。值得注意的是，环境将生存与发展关联起来，进一步为人提供了存在的可能性条件[②]，公众的生存与发展在具体环境下才能得以实现。随着中国首份公共服务规划《"十四五"公共服务规划》的出台，国家公共服务体系框架得以基本确定[③]。

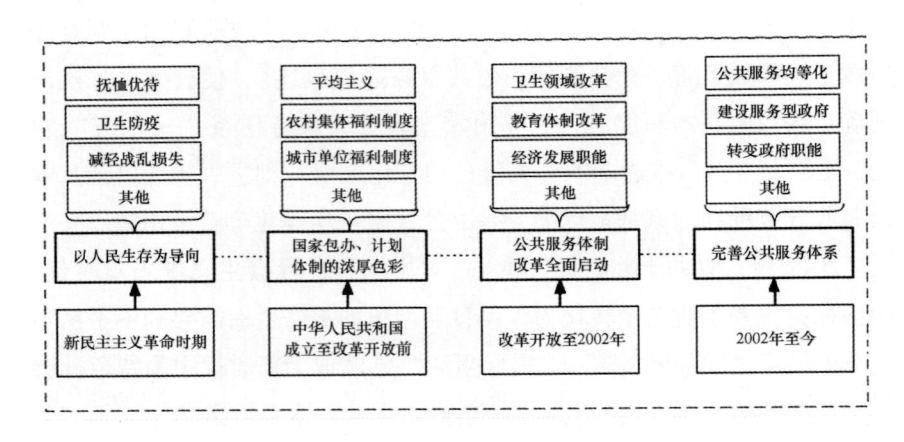

图6-1 公共服务体系发展演进

总的来说，公共服务制度与体系的建立、发展、完善以及现代化是一个循序渐进的过程[④]，自然离不开政府的制度安排。当前中国公共服务制度基本框架已经搭建起来[⑤]，公共服务体系具体构成内容也得以不断明确和丰富、发展（见表6-2）。

---

① 张璐：《以"美好生活需要"为导向的环境权塑造》，《人权》2021年第6期。
② 唐代兴：《生存与发展：环境与技术博弈的文化张力》，《福建论坛》（人文社会科学版）2021年第12期。
③ 范并思：《应对发展公共服务体系的挑战》，《图书馆建设》2022年第2期。
④ 王洪川：《完善国家公共服务制度体系现代化发展的路径分析》，《经济学家》2021年第1期。
⑤ 丁元竹：《实现基本公共服务均等化的实践和理论创新》，《人民论坛·学术前沿》2022年第5期。

表 6-2　　　　　　　　公共服务体系及公共服务相关阐释

| 来源 | 公共服务体系及公共服务相关阐释 |
| --- | --- |
| 国家行政学院课题组 | "公共服务体系指的是一国政府根据本国国情和经济社会发展不同阶段的特点，包括基础教育、基本医疗卫生、就业服务、基本社会保障、保障性住房、基础科技和公共文化、公共安全、环境保护、基础设施等进行总体建设的有机系统，也指其中某一方面的子系统"[1] |
| 中国行政管理学会课题组 | "社会性公共服务是指政府通过转移支付和财政支持对教育、社会保障、公共医疗卫生、科技补贴、环境保护等社会发展项目提供的公共服务"[2] |
| 《中国人类发展报告（2007/2008）》 | 基本公共服务主要包括"义务教育、公共卫生和基本医疗、基本社会保障、公共就业服务"[3] |
| 迟福林 | "社会主义公共服务体系指以政府为主导、以提供基本而有保障的公共产品为主要任务、以全体成员分享改革发展成果为基本目标的一系列制度安排"[4] |
| 王洛忠、李建呈 | "完善的公共服务体系是由政府主导的旨在保障公民基本生存、公共环境、公共安全、自身发展等基本人权的公共服务项目共同构筑而成的，兼具普惠性、公平性、动态性的完整体系"[5] |
| 杨宜勇、邢伟 | "以政府为主导、以社会团体和私人机构等为补充的供给主体，以为公民提供基本而有保障的公共服务为主要目的而建立的一系列有关服务内容、服务形式、服务机制、服务政策等制度安排，最主要表现为政府主导、社会参与和体制创新"[6] |
| 王丛虎/陈海威 | 基本公共服务包括"公民底线生存服务、公民发展服务、公民公共安全服务"[7] 及环境服务[8] |

资料来源：笔者根据相关政策/文献整理。

---

　　[1]　国家行政学院课题组、姜异康、袁曙宏、韩康：《关于公共服务体系和服务型政府建设的几个问题（上）》，《国家行政学院学报》2008 年第 4 期。
　　[2]　中国行政管理学会课题组：《加快我国社会管理和公共服务改革的研究报告》，《中国行政管理》2005 年第 2 期。
　　[3]　联合国开发计划署驻华代表处：《中国（海南）改革发展研究院·中国人民发展报告 2007/2008——惠及 13 亿人的基本公共服务》，中国出版集团公司 2008 年版，第 3 页。
　　[4]　迟福林：《加快建立社会主义公共服务体制的思考》，《福建行政学院福建经济管理干部学院学报》2006 年第 5 期。
　　[5]　王洛忠、李建呈：《中国共产党建立健全公共服务体系的百年实践与经验》，《中国高校社会科学》2021 年第 5 期。
　　[6]　杨宜勇、邢伟：《公共服务体系的供给侧改革研究》，《人民论坛·学术前沿》2016 年第 5 期。
　　[7]　王丛虎：《政府有效提供公共服务的路径探析》，《人民论坛》2019 年第 34 期。
　　[8]　陈海威：《中国基本公共服务体系研究》，《科学社会主义》2007 年第 3 期。

综合以上研究成果可知，公共服务供给能力的构成要素应该聚焦三方面内容。首先，政府保障社会公众尤其是弱势群体的生存权，满足公民基本的生存需要；其次，保障全体公民的基本发展权利，为公民提供平等的发展起点与机会，也构成各级政府基本公共服务职责的核心价值取向；最后，环境服务作为公众的一项基本权利与义务，其实现需要政府创建安全洁净的环境作为保障。总的来讲，公共服务供给构成包含生存服务、发展服务以及环境服务三方面基本要素（见图6-2），这就进一步明晰了公共服务"提供什么"的问题。

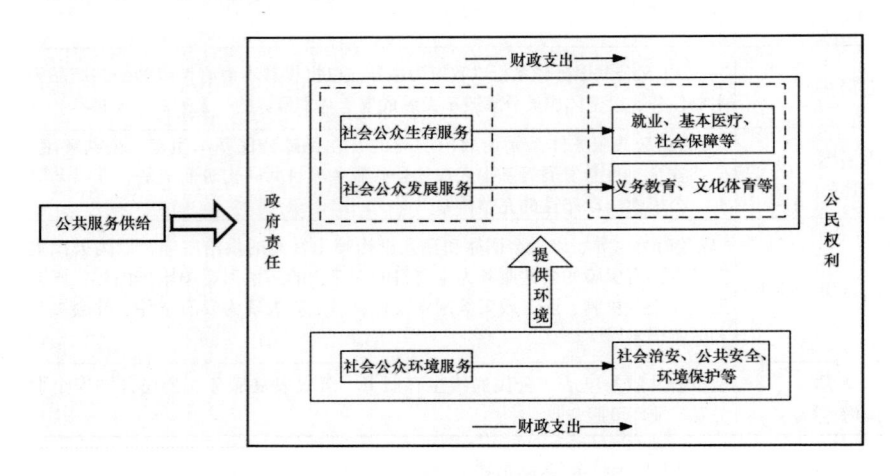

图6-2 公共服务供给构成要素

### 三 公共服务供给能力指标构建

由于公共服务涉及范围广泛，对其供给能力进行评价存在一定的难度。为此，既有研究往往基于研究目的与中国国情，选取了具有一定代表性并且数据可得的项目，这些评价项目对指标体系的构建具有参考意义（见表6-3）。

总体而言，学界对公共服务供给能力的评价普遍纳入教育、医疗卫生、社会保障、环境保护、基础设施和公共文化等关键因素。同时，前文依据有关公共服务供给能力的概念、构成要素与政策实践分析，将公共服务供给能力分解为三个维度，即生存服务能力、发展服务能力和环

表 6-3　　　　国内部分学者选取的公共服务供给评价项目

| 学者 | 公共服务供给评价项目 |
|---|---|
| 方茜 | 民族地区公共服务包括就业服务、社会福利与社会救助、社会保障、义务教育、卫生与基础医疗服务、公共文化、公共安全、环境保护与生态建设、公用事业与公共设施、科学技术等一般能力要素以及民族特殊用品供应、民族语言文字使用和民族文化弘扬三个特殊能力要素① |
| 王晓东等 | 医疗卫生类指标、公共设施类指标、社会保障类指标、公共就业类指标、科教文体类、环境保护类和公共安全类指标② |
| 彭国甫 | 教育、环境、医疗、社会保障、公共文化等③ |
| 吴丹 | 基础设施、公共卫生、文化教育、社会保障四个方面9个具体指标的农村公共产品供给能力评价体系④ |
| 刘小春等 | 基础设施服务、教育服务、环保服务、医疗卫生服务、社会保障和就业服务、公共安全服务⑤ |
| 李华等 | 从社会性服务和经济性服务两大层次，基础教育、基础设施、社保就业、医疗卫生、科学技术、公共安全、公共文化、环境保护八个维度⑥ |
| 刘笑杰等 | 涵盖基础设施、文化教育、社会保障、生态环境、信息通讯和卫生医疗⑦ |
| 尹鹏等 | 科技教育服务、医疗卫生服务、社会保障服务、环境保护服务和基础设施服务⑧ |
| 钱雪亚等 | 选取了公共教育、劳动就业、住房保障、社会服务、医疗卫生、社会保险和文化体育7个基本公共服务的代表性领域⑨ |

资料来源：笔者根据网络公开资料整理所得。

---

　　① 方茜：《民族地区公共服务能力的比较研究》，《生态经济》2010年第5期。
　　② 王晓东、王旭冉、张路瑶、李国红：《公共服务绩效评价体系构建与应用研究——以河北省为例》，《会计之友》2016年第8期。
　　③ 彭国甫：《基于DEA模型的地方政府公共事业管理有效性评价——对湖南省11个地级州市政府的实证分析》，《中国软科学》2005年第8期。
　　④ 吴丹、朱玉春：《农村公共产品供给能力评价体系的多维观察》，《改革》2011年第9期。
　　⑤ 刘小春、李婵、熊惠君：《我国区域基本公共服务均等化水平及其影响因素分析》，《江西社会科学》2021年第6期。
　　⑥ 李华、董艳玲：《中国基本公共服务均等化测度及趋势演进——基于高质量发展维度的研究》，《中国软科学》2020年第10期。
　　⑦ 刘笑杰、夏四友、李丁等：《湖南省基本公共服务质量的时空分异与影响因素》，《长江流域资源与环境》2020年第7期。
　　⑧ 尹鹏、刘继生、陈才：《东北地区资源型城市基本公共服务效率研究》，《中国人口·资源与环境》2015年第6期。
　　⑨ 钱雪亚、宋文娟：《城市基本公共服务面向农民工开放度测量研究》，《统计研究》2020年第3期。

境服务能力。毫无疑问，这主要是从政府，也即供给方视角切入考虑的。但公共服务供给能力的测度还得考虑其接收方，也就是从公众的视角进行考虑。既有研究从公众角度切入多集中于对公共服务满意度的测算[①]。事实上，行为公共管理学理论可以为公共服务供给能力指标框架的构建提供理论依据。其逻辑关键在于聚焦政府行为过程与公民体验过程之间的相互影响与作用，其理论框架可以概括为"政府行为—公民体验"双轮互动模型[②]（见图6-3）。

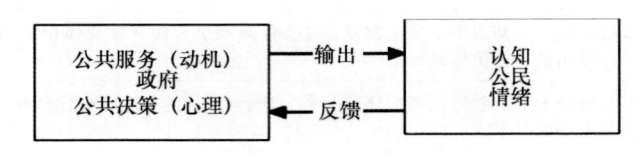

**图6-3 政府行为—公民体验双轮模型**

政府行为是政府一切活动的统称。"政府—公民"互动模型可概括为两个基本类型：提供公共服务和制定公共决策，分别对应抽象意义的"划桨"与"掌舵"[③]。公众作为公共服务供给对象，对于公共服务供给能力的测量应重视公众的参与，其最终表现水平要通过公民的心理感受来评判，即公民对公共服务的满意度[④]。满意度是评价主体基于事先预期和实际感受的差异而产生的心理状态和主观感受[⑤]。政府满意度是公民基于主观感知对政府所持的心理认可状态[⑥]，是"公民—政府"反

---

[①] 周静、高颖：《国内基本公共服务供给的测度及其对民生福祉的影响：一个文献综述》，《当代经济管理》2022年第3期。

[②] 张书维、李纾：《行为公共管理学探新：内容、方法与趋势》，《公共行政评论》2018年第1期。

[③] 张书维、李纾：《行为公共管理学探新：内容、方法与趋势》，《公共行政评论》2018年第1期。

[④] 谢星全：《基本公共服务质量：一个系统的概念与分析框架》，《中国行政管理》2017年第3期。

[⑤] Kahnemand, *Objective Happiness*, New York: Russell Sage Foundation, 1999, pp. 3-25.

[⑥] Lewis, C., "The Howard Government: The Extent to Which Public Attitudes Influenced Australia's Federal Policy Mix", *Australian Journal of Public Administration*, Vol. 66, No. 1, 2007, pp. 83-95.

馈路径的重要组成部分①。但是，公共政策如何满足公众需求呢？首先，政策的出发点应该是满足人民的基本需求；其次，保障公众的参与权，将公众满意度纳入政策结果的评价体系之中②。因此，公众对政府提供的公共服务具体感知如何，还得经公众对公共服务的获得感来进行衡量。由此，强调公共服务"由谁供给、供给什么、如何供给"的同时，更应关注"为了谁"的问题。因此，公共服务供给能力分为生存服务能力、发展服务能力、环境服务能力和公共服务获得感四个维度。相应地，本书将在各维度之下，确定具体的三级指标，构建公共服务供给能力评价体系（如图6-4所示）。

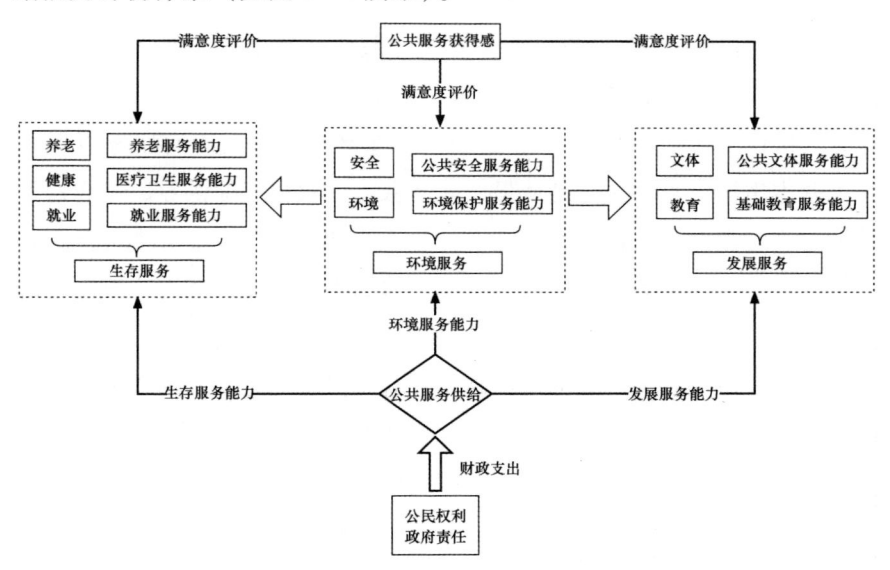

**图6-4 公共服务供给能力指标框架体系**

（一）生存服务能力

马克思、恩格斯的《德意志意识形态》指出了人所需的基本条件，

---

① 贾奇凡、尹泽轩、周洁：《行为公共管理学视角下公众的政府满意度：概念、测量及影响因素》，《公共行政评论》2018年第1期。
② 燕继荣、朱春昊：《中国公共政策的调适——兼论"以人民为中心"的价值取向及其实践》，《治理研究》2021年第5期。

认为"人们为了能'创造历史',必须能够生活,但是为了生活,首先就需要衣、食、住以及其他东西"①。马斯洛需求层次理论也指出,高级需要出现之前必须满足低级需要,而低级需要直接关系个体的生存,即需要的缺失会直接危及个体的生存。中国保障公民生存权利的探索由来已久。在革命战争年代,中国共产党就已然开始了保障公民基本生存权利的制度探索。毛泽东同志在《论联合政府》中以人民群众的医疗卫生保障权利为例,指出"应当积极地预防和医治人民的疾病,推广人民的医药卫生事业"②。目前,学界为测度政府提供的生存服务提供了诸多样本。陈海威认为生存服务应包括就业服务、社会保障、社会福利和社会救助③;曾红颖则认为公共就业服务、基本养老保险、基本生活保障构成了生存服务的要件④;孙平军等构建的指标体系中包括公共教育、医疗卫生、社会保障⑤。此外,有学者认为底线生存服务以保障公民基本生活为目的,分别从最低生活保障、农村五保供养、城乡特困救助、临时救助和灾害救助等方面衡量生存服务⑥。因此,政府公共服务供给中的生存服务维度应该以公民个体的生命保障为核心,以服务对象的广覆盖为宗旨,具体涉及医疗保障、社会保障和就业保障等方面。

由上述可知,生存服务能力是指政府为保障社会公众的基本生存权利而具备的提供各种相应类型公共服务的能力。这个指标重点考察的是各级政府为了保障公众的基本生存权利所拥有的各种公共服务的供给能力,其基本内容包括医疗、社会保障以及就业等与公众生存相关的公共服务。相应地,参考其他学者有关生存服务指标体系构建,依据数据的

---

① 《马克思恩格斯全集》(第3卷),人民出版社2008年版,第1026页。
② 《毛泽东选集》(第3卷),人民出版社1991年版,第1083页。
③ 陈海威:《中国基本公共服务体系研究》,《科学社会主义》2007年第3期。
④ 曾红颖:《我国基本公共服务均等化标准体系及转移支付效果评价》,《经济研究》2012年第6期。
⑤ 彭雅丽、孙平军、罗宁、刘菊:《成渝城市群基本公共服务均等化的时空特征与成因解析》,《地域研究与开发》2022年第1期。
⑥ 张丽恒、张平:《"十三五"时期底线生存服务均等化建设的对策研究——以天津市为例》,《经济体制改革》2015年第4期。

可得性，本书中的生存服务能力维度选取每千人医疗卫生机构床位数、每千人医疗卫生技术人员数、人均医疗卫生健康支出和人均社会保障与就业支出 4 个指标来衡量政府的生存服务供给能力。

(二) 发展服务能力

党的十九大报告强调必须坚持以人民为中心的发展思想，不断促进人的全面发展。政府提供发展性公共服务的目的是促进公民的生活发展，增加社会福利，改善民生水平。发展性公共服务高于基本生存服务，涵盖了基础教育、文化等方面[1]。公众的发展与教育相关，也对文化有一定的诉求，如各种文化惠民工程的目标本身就包含着"人"对文化生活价值的基本诉求。发展服务能力指标实质上是衡量政府公共服务促成公民发展权实现的程度。在现有研究中，衡量政府发展服务指标涉及基础教育、公共文化等。其中，对教育服务能力的衡量通常包括中小学师生比、人均教育支出等指标[2]。公共文化服务就是基于社会效益，不以营利为目的，为社会提供非竞争性、非排他性的公共文化产品的资源配置活动[3]，有学者选取了每万人公共图书馆的藏书量[4]来衡量文化。可见，政府公共服务供给中发展服务就以公民的发展为核心，以满足公众的精神需求为导向，具体涉及教育服务、文化服务、体育服务等方面。

相应的，这里的发展服务能力是指政府为保障社会公众基本发展权利而具备的提供各种相应类型公共服务的能力。公众的发展权利作为首要的人权给予保护与尊重，其基本内容涵盖了教育、文化、体育等与公众发展相关联的公共服务。参考既有研究成果及数据可得性，这里选取平均每位教师负担人数（小学）、平均每位教师负担人数（中学）、学

---

[1] 李燕凌、杨日映、陈麒羽：《城乡基本公共服务均等化的功能、困境与路径选择》，《湘潭大学学报》（哲学社会科学版）2016 年第 6 期。

[2] 刘波、崔鹏鹏：《省级政府公共服务供给能力评价》，《西安交通大学学报》（社会科学版）2010 年第 4 期。

[3] 周晓丽、毛寿龙：《论我国公共文化服务及其模式选择》，《江苏社会科学》2008 年第 1 期。

[4] 黄新华、刘祺：《城市公共服务供给状况的实际测度与综合评价——基于河南省 18 地市的量化分析》，《城市观察》2010 年第 5 期。

生人均教育支出、每万人图书馆拥有量、人均文化旅游体育传媒支出5个指标来衡量政府的发展服务能力。

（三）环境服务能力

党的十九大报告指出，"我们要建设的现代化是人与自然和谐共生的现代化，既要创造更多物质财富和精神财富以满足人民日益增长的美好生活需要，也要提供更多优质生态产品以满足人民日益增长的优美生态环境需要"[①]。生态环境作为公共服务的重要组成部分，既是满足公众对优美生态环境需要的必然选择，也是政府应当履行的重要职能[②]。目前，学者们从不同角度对环境服务进行了测量。其中涉及的指标有人均生态环保财政支出、废水处理服务能力及城市污水集中处理率等三级指标[③]；张启春等构建了环境基础性服务、环境基本民生性服务、环境安全性服务、环境信息性服务等二级指标，其中，污水处理、垃圾处理、居民生活环境服务质量等为三级指标[④]。此外，无污染的空气、水及垃圾处理等与生存权相联系的环境物品是不可或缺的生存性公共环境服务，绿地和公园则是那些暂停供给也不会影响个体生存的舒适性公共环境服务[⑤]。目前学者对环境服务的测度普遍纳入对公共卫生和财政经费的考量，还提出了绿地、公园等舒适性的环境服务。

相应地，环境服务能力是指政府为保障社会公众基本环境权以及为公众的生存与发展提供一个舒适安全的环境而具备的提供各种相应类型公共服务的能力。其内涵和外延在于政府有责任为公众的生存与发展提供一个良好环境，其基本内容包括生态环境、公共安全等公共服务的输

---

① 习近平：《决胜全面建成小康社会　夺取新时代中国特色社会主义伟大胜利——在中国共产党第十九次全国代表大会上的报告》，《人民日报》2017年10月28日。
② 王虹燕、李杰：《城市环境客观绩效对公众满意度的影响关系及改进策略研究》，《现代城市研究》2017年第3期。
③ 王郁、范莉莉：《环保公共服务均等化评估与地区差距分析》，《上海交通大学学报》（哲学社会科学版）2011年第3期。
④ 张启春、江朦朦：《中国省际环境基本公共服务绩效差异分析》，《财经理论与实践》2014年第3期。
⑤ 宫笠俐、王国锋：《公共环境服务供给模式研究》，《中国行政管理》2012年第10期。

第六章　地方政府公共服务供给能力评估指标体系构建与差异性分析　293

出。环境服务涵盖两方面内容，具体如下。一是满足公众生存发展需要，需要政府供给安全和谐的生存发展的社会环境。向居民提供公共安全服务，营造出一个安全有序的社会环境是政府的一项基本职责[①]。二是环境本身作为公民的一项基本权利，政府有责任为公众提供干净整洁的生存发展的自然环境。鉴于现有研究及数据的完备性与可得性，选取城镇生活污水处理率、人均公园绿地面积、人均环保支出、每万人刑事犯罪率以及人均公共安全支出5个子指标来衡量环境服务能力。城镇生活污水处理率[②]和人均环保支出[③]是衡量环境保护服务的两项指标。人均公园绿地面积等绿地数量指标是构建生态城市、构建环境保护模范城市以及国家级生态示范区建设等指标体系的重要组成部分[④]。一般来讲，刑事犯罪率越高，社会越不稳定[⑤]。公众安全感和人民群众对社会治安的满意度是群众对社会治安状况的直接感受和综合反映，也反映了违法犯罪行为的破坏力和公安机关对社会治安控制力之间的动态平衡状况，是对社会治安最有说服力的综合性评价指标。[⑥] 人均公共安全支出反映政府对公共安全的财政供给。公共安全的财政支出作为政府为维护社会稳定而提供的公共安全类公共服务财力保障[⑦]，体现了政府对公共安全的财政供给。

（四）公共服务获得感

就中国官方政策文件而言，公众"获得感"首次出现在中央全面

---

[①] 侯雷：《城市公共安全服务供给的基本机制及其整合——以城市社会治安服务为例》，《东北师大学报》（哲学社会科学版）2014年第3期。

[②] 何艳玲、郑文强：《"回应市民需求"：城市政府能力评估的核心》，《同济大学学报》（社会科学版）2014年第6期。

[③] 王军凤：《和谐社会的评价指标体系》，《统计与决策》2007年第3期。

[④] 王进、陈爽、姚士谋：《城市规划建设的绿地功能应用研究新思路》，《地理与地理信息科学》2004年第6期。

[⑤] 王军凤：《和谐社会的评价指标体系》，《统计与决策》2007年第3期。

[⑥] 袁湘滨：《建立符合科学发展观的社会治安综合评估体系》，《理论前沿》2006年第23期。

[⑦] 黄艳敏、张岩贵：《公共安全财政支出理论分析及中国数据的检验》，《中央财经大学学报》2014年第8期。

深化改革领导小组第十次会议的决议中。该会议提出，要"把改革方案的含金量充分展示出来，让人民群众有更多获得感"[①]。公众"获得感"由此逐渐成为极具中国特色的一个政策概念。党的十九届四中全会发布的《中共中央关于坚持和完善中国特色社会主义制度推进国家治理体系和治理能力现代化若干重大问题的决定》明确指出，"增进人民福祉，促进人的全面发展是我们党立党为公、执政为民的本质要求"。而公共服务是人民福祉建设的关键环节，是促进民生获得感提升的重要途径[②]。如果公众无法从公共服务中产生获得感，基本公共服务供给就是缘木求鱼。"获得感"政策理念的提出有助于推动公共服务需求方的公众感受纳入对基本公共服务供给状况的考量之中，促成公共服务供给与需求之间更加紧密结合。

公共服务获得感可以通过公众体验来判断。获得感是反映满意度的重要指标之一，获得感与满意度都具有客观性与主观性相统一的性质，获得感与满意度之间存在显著正向相关[③]。由此，提高公共服务满意度是提升人民获得感、幸福感的政策路径[④]，提升公民基本公共服务的获得感是建设"政府—公民"命运共同体的关键[⑤]。目前学界对获得感的衡量大致包括经济获得感、政治获得感、民生获得感[⑥]，以及个人发展感、社会安全感、社会公正感、政府满意度等不同维度[⑦]。总体上，公共服务获得感是指公众对于政府为保障公众生存、发展以及环境权利所

---

① 《习近平主持召开中央全面深化改革领导小组第十次会议》，中华人民共和国中央人民政府，2015年2月28日，http://www.gov.cn/xinwen/2015-02/27/content_2822649.htm。
② 张军：《乡村价值定位与乡村振兴》，《中国农村经济》2018年第1期。
③ 叶胥、谢迟、毛中根：《中国居民民生获得感与民生满意度：测度及差异分析》，《数量经济技术经济研究》2018年第10期。
④ 周绍杰、王洪川、苏杨：《中国人如何能有更高水平的幸福感——基于中国民生指数调查》，《管理世界》2015年第6期。
⑤ 朱恒鹏、徐静婷：《共享发展、共同体认同与社会保障制度构建》，《财贸经济》2016年第10期。
⑥ 文宏、刘志鹏：《人民获得感的时序比较——基于中国城乡社会治理数据的实证分析》，《社会科学》2018年第3期。
⑦ 吕小康、黄妍：《如何测量"获得感"？——以中国社会状况综合调查（CSS）数据为例》，《西北师大学报》（社会科学版）2018年第5期。

第六章 地方政府公共服务供给能力评估指标体系构建与差异性分析

输出的系列公共服务的评价，主要考察公众对于政府所输出公共服务的质量感知，具体包括公众对教育、医疗、环境、文体以及社会治安等满意度评价。因此，公共服务获得感是辖区居民对其感知的公共服务的总体评价，政府端输出公共服务是其一，公众端反馈公共服务感知是其二。由此形成政府公共服务供给与公众获得感反馈的循环过程（见图6-5），进一步明晰公共服务"为谁提供"的问题。鉴于现有研究及数据的完备性与可得性，本书选取基本教育服务满意度、公立医院服务满意度、环境保护服务满意度、公共文体服务满意度以及社会治安服务满意度五个满意度指标用以衡量公共服务获得感。

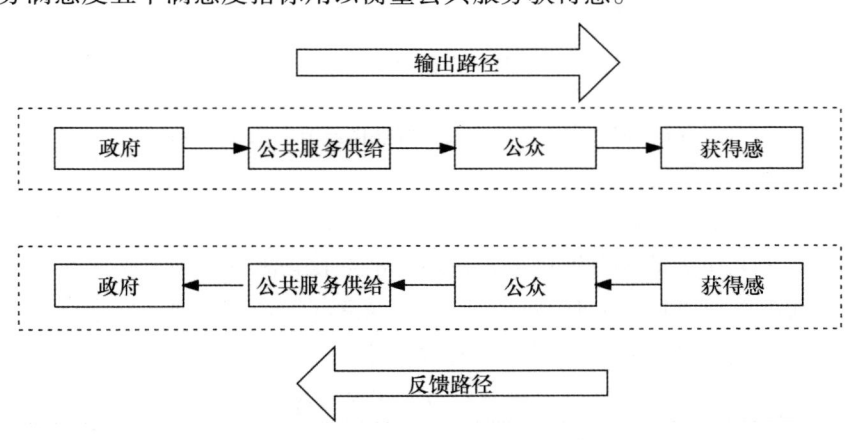

图6-5 公共服务供给反馈双向循环

综上分析，本章所建构的有关公共服务供给能力评价的指标框架包含了一级指标公共服务供给能力，其下包括生存服务能力、发展服务能力、环境服务能力、公共服务获得感4个子指标以及"每千人医疗卫生机构床位数"等19个三级指标（见图6-6）。

总体上，公共服务供给能力指标涵盖两方面的内容：一是供给主体所提供公共产品或服务的数量与水平的数量指标，比如每万人图书馆拥有量、城镇生活污水处理率、每万人刑事犯罪率以及各个公共服务支出所占常住人口支出的比重等；二是公共服务供给最终的效果要通过社会公众的体验来评判，政府公共服务能力的高低也与社会公众的评价相

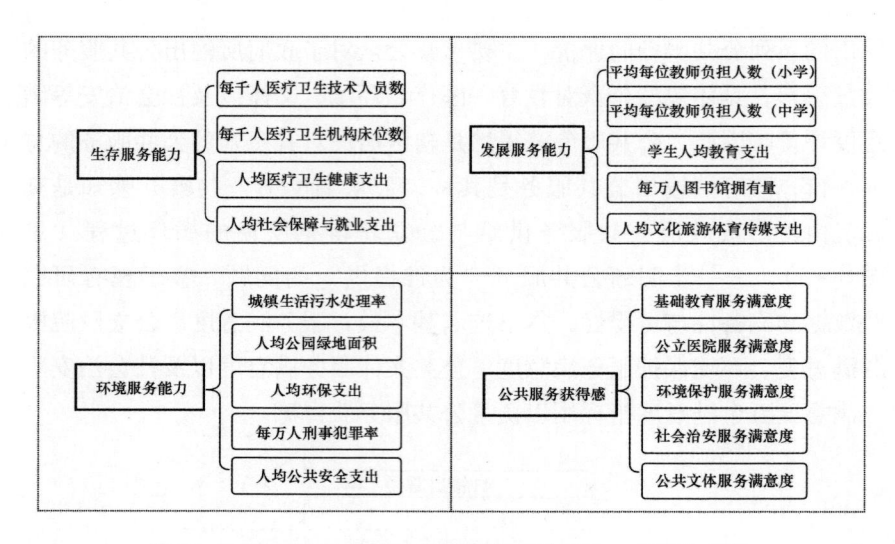

图 6-6 湖北省地方政府公共服务供给能力二级指标设计

关，因此满意度指标选取有其必要性，主要体现为社会公众对政府所提供各类公共服务的满意度评价，包括对基本教育服务的满意度、对公立医院服务的满意度、对环境保护服务的满意度等各个主观评价指标。前文有关公共服务供给构成要素的阐释表明，保障公民的生存与发展权，提供安全整洁的生活环境，满足公众公共服务获得感，是各级政府公共服务职责的应有之义。学界有关公共服务供给能力评估文献所选取的指标大同小异，基本涉及社会公众的教育、医疗卫生、环保、公共安全、社会保障等相关职责类型。关于公共服务供给能力衡量指标的构建吸收，借鉴了研究学者的主流做法以及经验，但可能有所不同的是考虑了满意度这一衡量因素。

### 四 指标权重确定

如前文所述，本部分借鉴学者较为通用的"逐级等权重"的方式确定各级评估指标的权重①。经过计算，公共服务供给能力这一指标权

---

① 肖子华、徐水源、刘金伟：《中国城市流动人口社会融合评估——以 50 个主要人口流入地城市为对象》，《人口研究》2019 年第 5 期。

重为 0.25，生存服务能力、发展服务能力、环境服务能力以及公共服务获得感 4 个二级指标权重分别为 0.0625。每个二级指标所属三级指标的数量决定了其中每个三级指标的权重。其中，生存服务能力下的每一个三级指标的权重为 0.015625，发展服务能力、环境服务能力、公共服务获得感下属的每一个三级指标权重为 0.0125（见表 6-4）。

表 6-4　　　　　　公共服务供给能力指标体系权重

| 一级指标 | 一级指标权重 | 二级指标 | 二级指标权重 | 三级指标 | 三级指标权重 |
| --- | --- | --- | --- | --- | --- |
| 公共服务供给能力 | 0.25 | 生存服务能力 | 0.0625 | 每千人医疗卫生机构床位数 | 0.015625 |
| | | | | 每千人医疗卫生技术人员数 | 0.015625 |
| | | | | 人均医疗卫生健康支出 | 0.015625 |
| | | | | 人均社会保障与就业支出 | 0.015625 |
| | | 发展服务能力 | 0.0625 | 平均每位教师负担人数（小学） | 0.0125 |
| | | | | 平均每位教师负担人数（中学） | 0.0125 |
| | | | | 学生人均教育支出 | 0.0125 |
| | | | | 每万人图书馆拥有量 | 0.0125 |
| | | | | 人均文化旅游体育传媒支出 | 0.0125 |
| | | 环境服务能力 | 0.0625 | 城镇生活污水处理率 | 0.0125 |
| | | | | 人均环保支出 | 0.0125 |
| | | | | 人均公园绿地面积 | 0.0125 |
| | | | | 每万人刑事犯罪率 | 0.0125 |
| | | | | 人均公共安全支出 | 0.0125 |
| | | 公共服务获得感 | 0.0625 | 基础教育服务满意度 | 0.0125 |
| | | | | 公立医院服务满意度 | 0.0125 |
| | | | | 环境保护服务满意度 | 0.0125 |
| | | | | 社会治安服务满意度 | 0.0125 |
| | | | | 公共文体服务满意度 | 0.0125 |

资料来源：笔者根据网络公开资料整理。

## 第三节 地方政府公共服务供给能力评估数据来源与处理

### 一 数据来源和赋值方法

**（一）整体数据来源说明**

为了评估湖北省16个省直管地方政府的公共服务供给能力水平且使评估更具有全面性，本部分选择了客观数据和主观数据两种不同的数据类型（见表6-5）。其中，各地方政府在生存、发展、服务能力部分的三级指标数据主要源于政府官方网站，其数据类型为客观数据。而公共服务获得感部分的三级指标数据则主要源于问卷调查，其数据类型为主观数据。

表6-5 公共服务供给能力部分的数据类型与数据来源

| 二级指标 | 三级指标 | 数据属性 | 数据类型 | 数据来源 |
| --- | --- | --- | --- | --- |
| 生存服务能力 | 每千人医疗卫生机构床位数 | 正向 | 客观 | 政府网站 |
| | 每千人医疗卫生技术人员数 | 正向 | 客观 | 政府网站 |
| | 人均医疗卫生健康支出 | 正向 | 客观 | 政府网站 |
| | 人均社会保障与就业支出 | 正向 | 客观 | 政府网站 |
| 发展服务能力 | 平均每位教师负担人数（小学） | 负向 | 客观 | 政府网站 |
| | 平均每位教师负担人数（中学） | 负向 | 客观 | 政府网站 |
| | 学生人均教育支出 | 正向 | 客观 | 政府网站 |
| | 每万人图书馆拥有量 | 正向 | 客观 | 政府网站 |
| | 人均文化旅游体育传媒支出 | 正向 | 客观 | 政府网站 |
| 环境服务能力 | 城镇生活污水处理率 | 正向 | 客观 | 政府网站 |
| | 人均环保支出 | 正向 | 客观 | 政府网站 |
| | 人均公园绿地面积 | 正向 | 客观 | 政府网站 |
| | 每万人刑事犯罪率 | 负向 | 客观 | 政府网站 |
| | 人均公共安全支出 | 正向 | 客观 | 政府网站 |

第六章 地方政府公共服务供给能力评估指标体系构建与差异性分析

续表

| 二级指标 | 三级指标 | 数据属性 | 数据类型 | 数据来源 |
| --- | --- | --- | --- | --- |
| 公共服务获得感 | 基础教育服务满意度 | 正向 | 主观 | 问卷调查 |
| | 公立医院服务满意度 | 正向 | 主观 | 问卷调查 |
| | 环境保护服务满意度 | 正向 | 主观 | 问卷调查 |
| | 公共文体服务满意度 | 正向 | 主观 | 问卷调查 |
| | 社会治安服务满意度 | 正向 | 主观 | 问卷调查 |

资料来源：笔者根据网络公开资料整理。

## （二）分指标数据来源说明和赋值方法

公共服务供给能力指标体系中生存服务能力、发展服务能力、环境服务能力涵盖的所有三级指标数据均来源于政府统计的数据，来源路径共包括两个方面：一是统计局数据，来源于湖北省统计局，包括各地方政府的统计年鉴[1]，具体包括2016—2020年的各类统计年鉴中的统计数据、国民经济与社会发展统计公报统计数据[2]；二是各个地方政府检察院统计的年度工作报告数据[3]。其中，由于客观数据的可获得性受制于各地的数据公开程度，对于缺失值的处理采取了平均值代替的方式进行补充。具体的，选用客观数据的二级指标包括生存服务能力、发展服务能力及环境服务能力，其中各二级指标下所涵盖的三级指标数据来源

---

[1] 湖北省统计局各市州统计年鉴（http://tjj.hubei.gov.cn/tjsj/sjkscx/tjnj/gsztj/whs/）。

[2] 湖北省统计局各市州年度统计公报（http://tjj.hubei.gov.cn/tjsj/tjgb/ndtjgb/sztjgb/）。

[3] 湖北省武汉市人民检察院（http://wh.hbjc.gov.cn/）、湖北省黄石市人民检察院（http://hs.hbjc.gov.cn/）、湖北省十堰市人民检察院（http://sy.hbjc.gov.cn/）、湖北省宜昌市人民检察院（http://yc.hbjc.gov.cn/）、湖北省襄阳市人民检察院（http://xy.hbjc.gov.cn/）、湖北省恩施州土家族苗族自治州人民检察院（http://es.hbjc.gov.cn/）、湖北省荆州市人民检察院（http://jz.hbjc.gov.cn/）、湖北省荆门市人民检察院（http://jm.hbjc.gov.cn/）、湖北省随州市人民检察院（http://sz.hbjc.gov.cn/）、湖北省天门市人民检察院（http://tm.hj.hbjc.gov.cn/）、湖北省仙桃市人民检察院（http://xt.hj.hbjc.gov.cn/）、湖北省咸宁市人民检察院（http://xn.hbjc.gov.cn/）、湖北省鄂州市人民检察院（http://ez.hbjc.gov.cn/）、湖北省潜江市人民检察院（http://qj.hj.hbjc.gov.cn/）、湖北省黄冈市人民检察院（http://hg.hbjc.gov.cn/）、湖北省孝感市人民检察院（http://xg.hbjc.gov.cn/）。

及其赋值方法如下所述。

1. 生存服务能力数据来源和赋值方法

生存服务能力包括每千人医疗卫生机构床位数、每千人卫生技术人员数、人均医疗卫生健康支出、人均社会保障与就业支出4个指标，其数据类型皆为客观数据。具体赋值如下。

指标"每千人医疗卫生机构床位数"用以衡量基本医疗服务的物质供给能力[①]。选取湖北省直管地方政府统计年鉴及年度统计公报中的"医疗卫生机构床位数"与"地方常住人口"两项数据，利用公式 (6.1)，求出"十三五"时期各地方政府每年的每千人医疗卫生机构床位数，得到该指标的初始数据。

$$每千人医疗卫生机构床位数 = \left(\frac{医疗卫生机构床位数}{地方常住人口}\right) \times 1000 \quad (6.1)$$

指标"每千人卫生技术人员数"用以从人员供应角度来衡量政府生存服务供给能力。选取各地方政府统计年鉴及年度统计公报中的"医疗卫生技术人员数"与"地方常住人口"两项数据，利用公式 (6.2)，求出"十三五"时期各地方政府每年的每千人医疗卫生技术人员数，得到该指标的初始数据。

$$每千人医疗卫生技术人员数 = \left(\frac{医疗卫生技术人员数}{地方常住人口}\right) \times 1000 \quad (6.2)$$

指标"人均医疗卫生健康支出"反映地方政府在医疗领域的支出情况。选取各地方政府统计年鉴及年度统计公报中的"医疗卫生支出"与"地方常住人口"两项数据，利用公式 (6.3)，求出"十三五"时期各地方政府每年的人均医疗卫生健康支出，得到该指标的初始数据。

$$人均医疗卫生健康支出 = \frac{医疗卫生支出}{地方常住人口} \quad (6.3)$$

指标"人均社会保障与就业支出"反映了地方政府对社会保障与就业的支出情况。选取各地方政府统计年鉴及年度统计公报中的"社会保障与就业支出"与"地方常住人口"两项数据，利用公式 (6.4)，

---

① 徐琴：《基本公共服务供给评估指标体系的构建》，《统计与决策》2012年第5期。

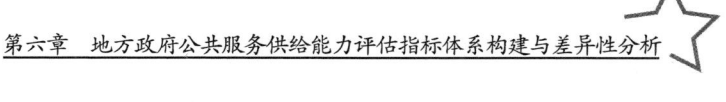

求出"十三五"时期各地方政府每年的人均社会保障与就业支出，得到该指标的初始数据。

$$人均社会保障与就业支出 = \frac{社会保障与就业支出}{地方常住人口} \qquad (6.4)$$

2. 发展服务能力数据来源和赋值方法

发展服务能力包括平均每位教师负担人数（小学）、平均每位教师负担人数（中学）、学生人均教育支出、每万人图书馆拥有量、人均文化旅游体育传媒支出 5 个指标，其数据类型皆为客观数据。具体赋值如下。

指标"平均每位教师负担人数（小学）"指的是参与教学活动的小学教师占在校小学生学生数的比例。选取各地方政府统计年鉴及年度统计公报中的"小学在校学生数"与"小学专任教师数"两项数据，利用公式（6.5），求出"十三五"时期各地方政府每年的平均每位教师负担人数（小学），得到该指标的初始数据。

$$平均每位教师负担人数(小学) = \frac{小学在校学生数}{小学专任教师数} \qquad (6.5)$$

指标"平均每位教师负担人数（中学）"指的是参与教学活动的中学教师占在校中学生学生数的比例。选取各地方政府统计年鉴及年度统计公报中的"中学在校学生数"与"中学专任教师数"两项数据，利用公式（6.6），求出"十三五"时期各地方政府每年的平均每位教师负担人数（中学），得到该指标的初始数据。

$$平均每位教师负担人数(中学) = \frac{中学在校学生数}{中学专任教师数} \qquad (6.6)$$

指标"学生人均教育支出"反映了对教育的财政供给。选取各地方政府统计年鉴及年度统计公报中的"在校学生总人数"与"教育支出"两项数据，利用公式（6.7），求出"十三五"时期各地方政府每年的学生人均教育支出，得到该指标的初始数据。

$$学生人均教育支出 = \frac{在校学生总人数}{教育支出} \qquad (6.7)$$

指标"每万人图书馆拥有量"反映了每万人图书馆的拥有量。选取各地方政府统计年鉴及年度统计公报中的"图书馆个数"与"地方常住人口"两项数据，利用公式（6.8），求出"十三五"时期各地方政府每年的每万人图书馆拥有量，得到该指标的初始数据。

$$每万人图书馆拥有量 = \left(\frac{图书馆个数}{地方常住人口}\right) \times 10000 \quad (6.8)$$

指标"人均文化旅游体育传媒支出"指的是地方政府对文化旅游体育传媒公共服务的支出情况。选取各地方政府统计年鉴及年度统计公报中的"文化旅游体育传媒支出"与"地方常住人口"两项数据，利用公式（6.9），求出"十三五"时期各地方政府每年的人均文化旅游体育传媒支出，得到该指标的初始数据。

$$人均文化旅游体育传媒支出 = \frac{文化旅游体育传媒支出}{地方常住人口} \quad (6.9)$$

3. 环境服务能力数据来源和赋值方法

环境服务能力包含城镇生活污水处理率、人均公园绿地面积、人均环保支出、每万人刑事犯罪率以及人均公共安全支出5个指标，其数据类型皆为客观数据。具体赋值如下。

指标"城镇生活污水处理率"指的是经过处理的生活污水、工业废水量占污水排放总量的比重。而指标"人均公园绿地面积"指的是城镇公园绿地面积的人均占有量。这两项指标由各地方政府统计年鉴直接给出，因此不做二次计算。

指标"人均环保支出"指的是环境保护类公共服务与常住人口的比重。选取各地方政府统计年鉴及年度统计公报中的"环保支出"与"地方常住人口"两项数据，利用公式（6.10），求出"十三五"时期各地方政府每年的人均环保支出，得到该指标的初始数据。

$$人均环保支出 = \frac{环保支出}{地方常住人口} \quad (6.10)$$

指标"每万人刑事犯罪率"指的是刑事犯罪人数占常住人口的比重。选取各地方政府人民检察院中的"批准逮捕人数"与各地方政府统计年鉴中的"地方常住人口"两项数据，利用公式（6.11），求出

"十三五"时期各地方政府每年的每万人刑事犯罪率,得到该指标的初始数据。

$$每万人刑事犯罪率 = \left(\frac{批准逮捕人数}{地方常住人口}\right) \times 10000 \quad (6.11)$$

指标"人均公共安全支出"指的是公共安全类公共服务与常住人口的比值。选取各地方政府统计年鉴及年度统计公报中的"公共安全支出"与"地方常住人口"两项数据,利用公式(6.12),求出"十三五"时期各地方政府每年的人均公共安全支出,得到该指标的初始数据。

$$人均公共安全支出 = \frac{公共安全支出}{地方常住人口} \quad (6.12)$$

4. 公共服务获得感数据来源和赋值方法

由前文得知,涉及主观数据的主要是公共服务获得感维度。公共服务获得感共构建了5个三级指标,包括"基础教育服务满意度""公立医院服务满意度""环境保护服务满意度""公共文体服务满意度""社会治安服务满意度"。其中,三级指标所选用的数据均来源于《湖北省地方政府公共服务能力调研问卷》。在这份问卷的设计得到专家专业认证后,对湖北省16个省直管地方政府[涵盖省会城市、地级市(州)和省直辖县级市]开展问卷调查工作。该问卷涉及两类访谈对象:一是普通对象类,二是行政人员类。两类问卷分别印制,获取所需的主观指标数据。由于公众获得感主要考虑的是社会公众的满意度反馈,不涉及行政类人员,故而只选取普通对象类数据。三级指标使用数据主要涉及"基础教育服务满意度""公立医院服务满意度""环境保护服务满意度"等公共感知类问题,用以反映社会公众对当地不同类型公共服务满意度的情况。具体的,这一指标使用了调研问卷中"E6"这一题项,即"您对所在城市政府提供的各种基本公共服务满意度是:(0—10分,0分表示非常不满意,10分表示非常满意。请在恰当分值处画'√')"。该题项要求被调研对象对当地政府提供各种基本公共服务的满意度在0—10分这个取值范围内进行评价。其中,0分表示非常不满意，10分表示非常满意。

**二 数据处理**

在进行数据计算得分之前，针对客观数据以及主观数据进行数据整理工作，剔除其中不符合要求的数据。首先是客观数据的处理方式，原始客观数据存在部分年份数据的缺失，针对这个问题，采用平均值插补的方式进行补缺。其次是主观数据，根据指标维度选取的题项要求，将其中不符合作答要求的值，如未按照题项要求、未按照设置选项进行作答的值、超出题项设定赋值范围的值，作为无效数值进行剔除。最后，根据研究设计要求进行数据转化，共分为三个步骤：第一，针对主客观数据进行归一化无量纲化处理，使之分布在0—1的范围内，求得三级指标分值；第二，结合逐级权重求得二级指标和一级指标的分值；第三，为便于后续的评估结果阐释与分析，将相应的指标分值进行百分制转化，求出各级指标乃至于各个地方政府公共服务能力水平的评估分值。

（一）数据无量纲化处理

由于三级指标所选题项及数据的量纲和单位存在差异，为了消除量纲和单位的影响，需要对原始数据进行无量纲化处理。湖北省的省直管地方政府公共服务供给能力评估指标体系涵盖正负项三级指标以及主客观两种数据类型，因此选用不同的计算方式进行数据无量纲化处理。

1. 主观数据的无量纲化处理

（1）无量纲化处理

主观数据指标主要体现公众感知，对每个三级指标下各个地方政府内部样本数据进行归一化处理更为合理。因此，由于本部分所采取的主观数据中，三级指标皆是正向指标，宜采用正向指标（6.13）的计算方式。

$$X^* = \frac{x - x_{\min}}{x_{\max} - x_{\min}} \qquad (6.13)$$

其中，$x$为原始主观数据，$x_{\min}$为该项指标对应的某地方政府调查

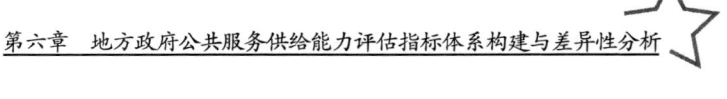

问卷数据中的最小值，$x_{max}$ 为该项指标对应的某地方政府问卷数据中的最大值。$X^*$ 为无量纲化处理结果，代表某个地方政府的被访者对于当地该项三级指标的评价得分。

（2）均值得分计算

在对原始主观数据进行无量纲化处理之后，需要求出该地方政府所有被访者对当地该三级指标的评分。为了代表当地被访者对该地方政府公共服务指标的平均认可度，由此采用均值法处理无量纲化处理后的数据，借助公式（6.14）求得该地方政府在各项三级指标上的民众评估得分。

$$X = \frac{\sum_{i=1}^{n} X^*}{n} \qquad (6.14)$$

其中，$X^*$ 为该省直管地方政府被访者在无量纲化之后的评估分数，$n$ 表示该地区有效评估该指标的人数，最终计算出的 $X$ 为该地方政府在某三级指标上的民众评估得分。

2. 客观数据的无量纲化处理

为更好的对整个"十三五"时期政府公共服务供给能力进行系统性评估，客观数据的时间维度选取为 2016—2020 年间各个地方政府连续 5 年的面板数据。

（1）无量纲化处理

客观数据中的"每千人医疗卫生机构床位数"、"每千人医疗卫生技术人员数"、"人均医疗卫生健康支出"、"人均社会保障与就业支出"、"学生人均教育支出"、"每万人图书馆拥有量"、"人均文化旅游体育传媒支出"、"城镇生活污水处理率"、"人均环保支出"、"人均公园绿地面积"及"人均公共安全支出"等三级指标属性为正向的指标，仍采用公式（6.13）处理，但是指标指代含义却略有不同。

$$X^* = \frac{x - x_{min}}{x_{max} - x_{min}} \qquad (6.13)$$

其中，$x$ 为原始客观数据，$x_{min}$ 为某项指标对应的 16 个省直管地方政府在 5 年面板数据中的最小值，$x_{max}$ 为该项指标对应的 16 个地方政府在 5 年面板数据中的最大值，$X^*$ 为无量纲化处理结果，代表某个地方政府在某三级指标上的 2016—2020 年的分别得分。

客观数据中的"平均每位教师负担人数（小学）""平均每位教师负担人数（中学）""每万人刑事犯罪率"属于负向指标，宜采用负向指标公式（6.15）的计算方式。其中，$X^*$ 表示数据无量纲化处理后的值，$x$ 作为三级指标的原始数据值，$x_{max}$ 和 $x_{min}$ 分别为三级指标原始数据中的最大值和最小值。

$$X^* = \frac{x_{max} - x}{x_{max} - x_{min}} \quad (6.15)$$

通过数据无量纲化处理最终使原始数据按比例缩小，将原始数据映射到 0—1 的数值区间，并求得各个地方政府每个三级指标的均值，以便进行得分计算和比较分析[①]。

（2）均值得分计算

由于本次评估针对 16 个省直管地方政府整个"十三五"时期的公共服务供给能力状况，因此需要对这 5 年间的能力状况进行平均值计算，借助公式（6.14）加以实现，但是指代的含义跟主观数据均值处理的含义不同。

$$X = \frac{\sum_{i=1}^{n} X^*}{n} \quad (6.14)$$

其中，$X^*$ 为地方政府在某年和某项指标上无量纲化处理的评估分数，$n$ 表示该地方政府客观数据的无量纲化数据共有 $n$ 年，最终计算出的 $X$ 即为该地方政府在生存服务、发展服务及环境服务方面的客观指标得分。

（二）各级指标分值计算

在对原始主客观数据进行无量纲化均值处理之后，可得出各个地方

---

① 李大海、朱文东、于会娟：《沿海城市海洋科学研究支撑能力评估——基于综合性国家科学中心建设视角》，《中国软科学》2021 年第 12 期。

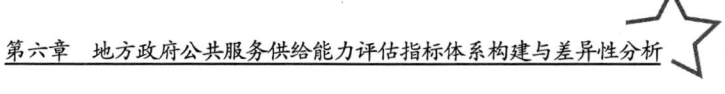

## 第六章 地方政府公共服务供给能力评估指标体系构建与差异性分析

政府公共服务供给能力各级指标的分值。

1. 三级指标得分计算

经过无量纲化处理的主客观三级指标得分均可以直接反映 16 个省直管地方政府在公共服务供给能力方面的各项三级指标得分。故三级指标的原始得分不做计算。

2. 二级指标得分计算

根据前文确定的各级指标的权重，对经过无量纲化处理的三级指标数据进行加总并乘以对应权重系数，通过公式（6.16）计算得到各个二级指标的具体分值。其中，$n$ 为该二级指标下三级指标的数量。

$$二级指标得分 = \sum_{i=1}^{n} 三级指标 \times 三级指标权重 \quad (6.16)$$

基于上述公式依次得到每个地方政府在生存服务能力、发展服务能力、环境服务能力以及公共服务获得感诸维度的具体分值。

3. 一级指标得分计算

经对二级指标数据加总，并乘以对应权重系数，通过公式（6.17）计算得到一级指标得分，最终计算得到公共服务供给能力的具体分值。其中，$m$ 为该一级指标下的二级指标数量。

$$一级指标得分 = \sum_{i=1}^{m} 二级指标 \times 二级指标权重 \quad (6.17)$$

（三）百分制分值转换

在计算各级指标的得分后，在此基础上各个指标得分统一采取转化为百分制的方式，以确定其最终得分。其计算公式如下：

$$\frac{指标初始得分}{该指标满分} = \frac{x}{100} \quad (6.18)$$

三级指标的百分制得分基于公式（6.19）计算所得。其中，三级指标的原始数据经过无量纲化处理，使数值落在 0—1 之间，因而三级指标的满分为 1。

$$\frac{三级指标原始得分}{1} = \frac{三级指标百分制得分}{100} \quad (6.19)$$

二级指标的百分制得分通过公式（6.20）计算所得。其中，二级指标的满分是其下各个三级指标乘以权重后汇总所得,三级指标满分为1,权重分为 0.015625（4 项三级指标）、0.0125（5 项三级指标）两种情况。因此,每个二级指标的满分为 0.0625。

$$\frac{二级指标原始得分}{0.0625} = \frac{二级指标百分制得分}{100} \quad (6.20)$$

一级指标的百分制得分通过公式（6.21）计算所得。其中,一级指标的满分是其下各二级指标得分乘以权重后汇总所得。二级指标满分为 0.0625,每个一级指标下共 4 个二级指标,权重为 0.0625,0.0625 × 4 × 0.0625 = 0.015625。因此,每个一级指标的满分为 0.015625。

$$\frac{一级指标原始得分}{0.015625} = \frac{一级指标百分制得分}{100} \quad (6.21)$$

由此,可以得到各个地方政府在各级指标的最终得分。其中,各个地方政府在二级指标和三级指标上的总体得分见表 6 - 6。

表 6 - 6　　湖北省 16 个省直管地方政府公共服务供给能力得分

| 地方政府 | 一级指标 公共服务供给能力 原始得分 | 一级指标 公共服务供给能力 百分制得分 | 二级指标 生存服务能力 原始得分 | 二级指标 生存服务能力 百分制得分 | 二级指标 发展服务能力 原始得分 | 二级指标 发展服务能力 百分制得分 | 二级指标 环境服务能力 原始得分 | 二级指标 环境服务能力 百分制得分 | 二级指标 公共服务获得感 原始得分 | 二级指标 公共服务获得感 百分制得分 |
|---|---|---|---|---|---|---|---|---|---|---|
| 武汉 | 0.0096 | 61.57 | 0.0440 | 70.35 | 0.0326 | 52.13 | 0.0301 | 48.12 | 0.0473 | 75.66 |
| 宜昌 | 0.0093 | 59.25 | 0.0286 | 45.73 | 0.0451 | 72.23 | 0.0321 | 51.41 | 0.0423 | 67.64 |
| 十堰 | 0.0090 | 57.47 | 0.0322 | 51.45 | 0.0241 | 38.48 | 0.0382 | 61.16 | 0.0492 | 78.78 |
| 荆门 | 0.0084 | 53.71 | 0.0204 | 32.72 | 0.0312 | 49.97 | 0.0334 | 53.46 | 0.0492 | 78.70 |
| 恩施 | 0.0081 | 51.68 | 0.0263 | 42.09 | 0.0241 | 38.62 | 0.0301 | 48.22 | 0.0486 | 77.82 |
| 鄂州 | 0.0077 | 49.14 | 0.0224 | 35.89 | 0.0318 | 50.80 | 0.0301 | 48.16 | 0.0386 | 61.69 |
| 黄石 | 0.0076 | 48.80 | 0.0264 | 42.31 | 0.0207 | 33.09 | 0.0262 | 41.93 | 0.0487 | 77.86 |
| 襄阳 | 0.0074 | 47.49 | 0.0249 | 39.83 | 0.0207 | 33.12 | 0.0305 | 48.86 | 0.0426 | 68.16 |
| 咸宁 | 0.0070 | 44.83 | 0.0197 | 31.50 | 0.0159 | 25.47 | 0.0259 | 41.43 | 0.0506 | 80.92 |
| 潜江 | 0.0068 | 43.66 | 0.0164 | 26.30 | 0.0273 | 43.66 | 0.0228 | 36.45 | 0.0427 | 68.24 |
| 随州 | 0.0066 | 42.46 | 0.0102 | 16.26 | 0.0216 | 34.57 | 0.0255 | 40.78 | 0.0489 | 78.21 |

续表

| 地方政府 | 一级指标 公共服务供给能力 |  | 二级指标 |  |  |  |  |  |  |  |
|---|---|---|---|---|---|---|---|---|---|---|
|  |  |  | 生存服务能力 |  | 发展服务能力 |  | 环境服务能力 |  | 公共服务获得感 |  |
|  | 原始得分 | 百分制得分 | 原始得分 | 百分制得分 | 原始得分 | 百分制得分 | 原始得分 | 百分制得分 | 原始得分 | 百分制得分 |
| 天门 | 0.0066 | 42.37 | 0.0108 | 17.24 | 0.0144 | 23.04 | 0.0258 | 41.34 | 0.0549 | 87.84 |
| 孝感 | 0.0065 | 41.64 | 0.0109 | 17.49 | 0.0241 | 38.56 | 0.0240 | 38.41 | 0.0451 | 72.10 |
| 黄冈 | 0.0065 | 41.59 | 0.0193 | 30.95 | 0.0201 | 32.08 | 0.0227 | 36.25 | 0.0419 | 67.09 |
| 仙桃 | 0.0065 | 41.58 | 0.0134 | 21.39 | 0.0223 | 35.62 | 0.0215 | 34.46 | 0.0468 | 74.83 |
| 荆州 | 0.0058 | 36.92 | 0.0174 | 27.81 | 0.0138 | 22.03 | 0.0243 | 38.92 | 0.0368 | 58.91 |

资料来源：笔者根据网络公开资料自制。

## 第四节 地方政府公共服务供给能力评估结果的聚类与差异性分析

在处理上述数据后，得到湖北省16个省直管地方政府在公共服务供给能力上以及其下各级指标的得分分值。依据研究设计，为探究各地方政府得分水平差异，本节将对16个地方政府在公共服务供给能力上的差异性进行结构性分析。如前文所述，这里所谓差异性的结构分析，就是采取以各个地方政府在下一级指标的能力差异性结构来解释其在上一级指标上能力的差异性及其相对发展类型的一种研究路径或说分析方法。具体而言，就是要采用同一个一级指标下的各个二级指标得分分值的差异性来解释各个地方政府在该一级指标上得分的差异性及其相对发展类型表现。以此类推，还将采用在同一级、二级指标下的各个三级指标得分分值的差异性来解释各地方政府在这个二级指标得分上的差异性及其相对发展类型表现。为此，首先基于在各级指标上的得分分值对各个地方政府在这个指标上体现出来的能力差异性进行聚类分析，确定各个地方政府在这个指标上的相对能力水平和类型。然后再进行各个地方政府公共服务供给能力及其各个次级能力差异性的结构分析。换言之，在此过程中，首先要对公共服务供给能力差异性进行整体性结构描述与聚类分析，然后再对各个地方政府在各级指标上的差异性进行结构性描述与分析，尝试解释不同地方政府能力差异的内在结构性原因。除此之外，各个地方政府能力的差异性还有可能受到外部因素的影响，如经济发展、资源禀赋、行政理念等。因此，在分析各个地方政府能力差异性的过程中，对于较为突出的问题或表象，有时也会辅之以外部因素加以说明。不过，本部分的主要研究目标还在于探析不同地方政府公共服务供给能力及其各个次级构成能力差异性的内在结构性成因。

## 一 地方政府公共服务供给能力评估结果的聚类分析

如前文所述，湖北省16个省直管地方政府在空间上相邻，且在社会经济文化等诸多方面具有一定的相似性。在这样的背景下，将特征相似的地方政府纳入同一框架体系下进行考察更为科学合理。据此，尝试采用聚类分析方法将公共服务供给能力、生存服务能力、发展服务能力、环境服务能力及公共服务获得感得分较为接近的地方政府进行归类，并根据不同的聚类结果论述各个地方政府不同类别的差异性表现。聚类分析法作为一种探索性分析方法在数据挖掘中常用，能够分析事物的内在特点与规律，并根据相似性原则对事物进行分组[1]，包括系统聚类、模糊聚类和K-means聚类等。其中，K-means聚类算法具有理论可靠、算法简单、收敛速度快且应用广泛的优点[2]。因此，借助SPSS工具选择K-means算法将湖北省16个省直管地方政府公共服务供给能力根据聚类中心点59.43、41.46、47.57、52.70分为4类，根据不同类型地方政府在不同维度上能力的差异性结构特征，分别命名为领先创新型、积极追赶型、稳步推进型、初始发展型。其中，武汉、宜昌和十堰

---

[1] 郝春旭、董战峰、葛察忠、王慧杰、裘浪：《基于聚类分析法的省级环境绩效动态评估与分析》，《生态经济》2015年第1期。

[2] 许家楠、张桂珠：《基于数据场的数据势能竞争与K-means融合的聚类算法》，《计算机应用与软件》2017年第12期。

## 第六章 地方政府公共服务供给能力评估指标体系构建与差异性分析

为领先创新型地方政府;荆门和恩施为积极追赶型地方政府;鄂州、黄石、襄阳和咸宁4个地方政府为稳步推进型地方政府;潜江、随州、天门、孝感、黄冈、仙桃、荆州7个地方政府为初始发展型地方政府。

图6-7直观呈现了湖北省16个省直管地方政府的公共服务供给能力总体得分情况。其中,16个省直管地方政府公共服务供给能力的平均得分为47.76,百分制极差为24.65,标准差为7。可以看出,武汉、宜昌及十堰作为公共服务供给能力领先创新型地方政府其得分明显高于其他地方政府,且武汉超出总体平均水平13.81分,同时3个地方政府间分值相差较小,仅为4.1。荆门和恩施为积极追赶型地方政府,其总得分区间为51—54,高于总体平均水平,但与领先创新型地方政府相比仍有差距,如荆门与十堰分值相差为3.76,但两个地方政府间总得分分值相差较小,仅为2.03。鄂州、黄石、襄阳和咸宁4个地方政府为稳步推进型地方政府,其总得分区间为44—50,其中,鄂州、黄石总得分超出总体平均水平,襄阳、咸宁低于总体平均水平,其中咸宁与总体平均水平相差2.93分,分值相差较小。潜江、随州、天门、孝感、黄冈、仙桃、荆州7个地方政府为初始发展型地方政府,其得分区间为36—44,均处于总体平均水平之下,分值相差10分以上,在公共服务供给能力多个维度都面临较大的能力提升空间。

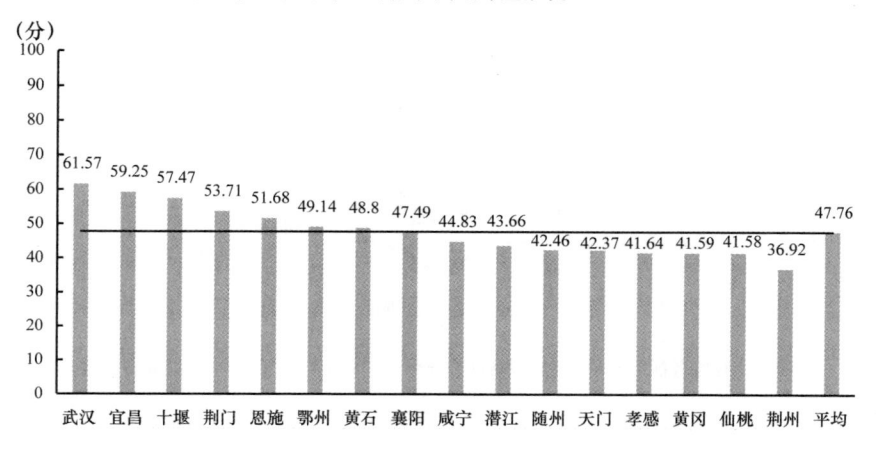

| 地方政府 | 得分 |
| --- | --- |
| 武汉 | 61.57 |
| 宜昌 | 59.25 |
| 十堰 | 57.47 |
| 荆门 | 53.71 |
| 恩施 | 51.68 |
| 鄂州 | 49.14 |
| 黄石 | 48.8 |
| 襄阳 | 47.49 |
| 咸宁 | 44.83 |
| 潜江 | 43.66 |
| 随州 | 42.46 |
| 天门 | 42.37 |
| 孝感 | 41.64 |
| 黄冈 | 41.59 |
| 仙桃 | 41.58 |
| 荆州 | 36.92 |
| 平均 | 47.76 |

图6-7 湖北省16个省直管地方政府公共服务供给能力表现

为了更加直观呈现湖北省16个省直管地方政府在公共服务供给能力得分的结构化差异并进行结构性成因分析，可以采用雷达图来较为直观地展现各地方政府在二级指标的相对优劣势。从图6-8中得知，首先，公共服务供给能力领先创新型地方政府在四项二级指标表现相对突出，如武汉市在生存服务、发展服务能力方面表现亮眼，宜昌市在发展服务能力方面表现尤为突出，十堰则在环境服务能力方面表现十分突出，直接拉开与其他地方政府的距离。但是，也有可以进一步强化与提升的方面，如宜昌在公共服务获得感方面表现差强人意，而十堰市则在发展服务能力方面稍逊一筹。其次，公共服务供给能力积极追赶型地方政府的荆门和恩施各有指标表现较为突出的方面，如荆门的发展服务能力、环境服务能力、公共服务获得感呈现出外凸状，各项指标表现良好，仅生存服务能力相对较弱；恩施的各项指标发展则较为均衡，仅生存服务能力表现较为突出。再次，作为公共服务供给能力稳步推进型地方政府的鄂州、黄石、襄阳和咸宁4个地方政府多项二级指标处于中等水平甚至出现指标接近末尾水平的情况。最后，作为公共服务供给能力初始发展型地方政府的潜江、随州、天门、孝感、黄冈、仙桃、荆州7个地方政府在多项二级指标得分结构上呈现能力得分短板，如荆州各项

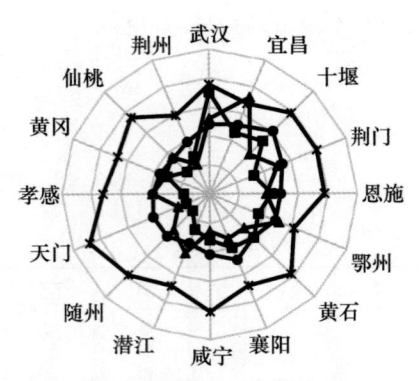

图6-8 湖北省16个省直管地方政府公共服务供给能力得分雷达图

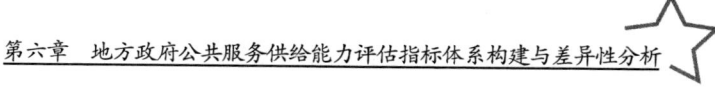

二级指标均相对薄弱。但是，也不乏出现了一项指标表现突出或者两项指标中等的情况，如潜江、随州、天门、黄冈在一项指标突出，其余指标薄弱，而孝感与仙桃呈现出两项指标中等偏后，其余指标为末尾水平的能力结构特征。

## 二 地方政府公共服务供给能力类别差异性的结构分析

如前文所述，为具体了解地方政府在公共服务供给能力水平上差异性形成的内生机制，有必要对 16 个省直管地方政府公共服务供给能力每一类别地方政府在各个次级能力指标上的得分情况进行具体说明与比较分析，进而通过对不同供给能力类型的结构性特征和差异性生成的内在根源进行说明。具体地，主要是借助雷达图进行比较分析，将不同能力类型的地方政府置于雷达图中，对各个地方政府在公共服务供给能力及其各种次级能力的结构化差异进行分析。

（一）领先创新型地方政府公共服务供给能力差异性的结构分析

如前文所述，根据湖北省地方政府"十三五"时期公共服务供给能力得分水平的结构性特征差异，领先创新型地方政府为武汉、十堰、宜昌 3 个地方政府。

如表 6-7 所示，公共服务供给能力得分上，武汉市为 61.57，宜昌市为 59.25，十堰市为 57.47，分值差距较小，其差异性主要体现在分项得分上。在公共服务供给次级能力得分上，武汉、宜昌、十堰各有其相对优势和劣势。一方面，武汉市的生存服务能力得分为 70.35，在 16 个省直管地方政府中独占鳌头，发展服务能力得分为 52.13，也位于 16 个省直管地方政府前列，尤其是生存服务能力得分远超其他地方政府，拉开了与其他地方政府间的得分差距。宜昌市发展服务能力得分为 72.23，位于 16 个省直管地方政府之首并远超其他地方政府，生存服务能力与环境服务能力同样表现较为突出。十堰市环境服务能力得分为 61.16，位于 16 个省直管地方政府之首，生存服务能力得分为 51.45，公共服务获得感得分为 78.78，这两项指标表现均位于前列。另一方面,武汉环境服务能力得分为48.12,公共服务获得感得分为75.66,两项指标在16个省直管地方政府中均位于中游水平,表现一般;宜昌市的公共服务获得感得分为67.64,十堰的发展服务能力得分为38.48,均处于中等水平。

表6-7 湖北省领先创新型地方政府公共服务供给能力及次级能力得分

| 地方政府 | 一级指标 | 二级指标 ||||
|---|---|---|---|---|---|
| | 公共服务供给能力 | 生存服务能力 | 发展服务能力 | 环境服务能力 | 公共服务获得感 |
| | 百分制得分 | 百分制得分 | 百分制得分 | 百分制得分 | 百分制得分 |
| 武汉 | 61.57 | 70.35 | 52.13 | 48.12 | 75.66 |
| 宜昌 | 59.25 | 45.73 | 72.23 | 51.41 | 67.64 |
| 十堰 | 57.47 | 51.45 | 38.48 | 61.16 | 78.78 |

资料来源:笔者根据网络公开资料自制。

结合图6-9可知,武汉市政府生存服务能力最为突出,发展服务能力较为突出,环境服务能力与公共服务获得感处于中间水平;宜昌市政府发展服务能力最突出且生存服务能力和环境服务能力较为突出,但在公共服务获得感方面却较为薄弱;十堰市政府环境服务能力最突出且公共服务获得感较为突出,但生存服务能力及发展服务能力略弱。总体而言,领先创新型地方政府在生存服务能力、发展服务能力、环境服务能力以及公共服务获得感等公共服务供给能力各个二级指标上的表现都在中上水平,个别指标甚至位居首位,其能力结构水平相对较为均衡,这使这一类别地方政府的公共服务供给能力总体表现较为突出。

(二)积极追赶型地方政府公共服务供给能力差异性的结构分析

荆门、恩施在公共服务供给能力表现方面被聚类为积极追赶型地方政府。表6-8呈现了荆门、恩施在公共服务供给能力及各二级指标的得分。

第六章 地方政府公共服务供给能力评估指标体系构建与差异性分析 315

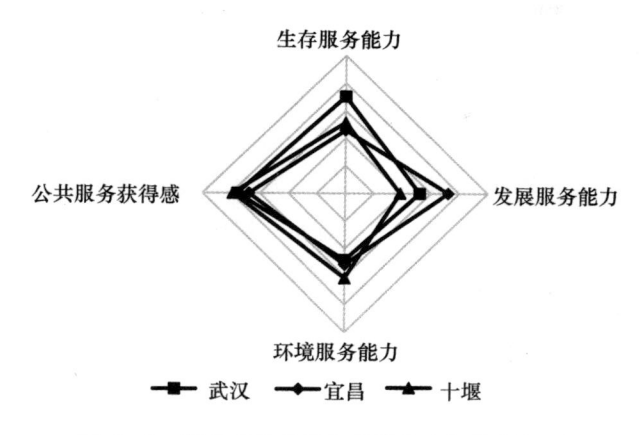

图 6-9 湖北省公共服务供给能力领先创新型
地方政府二级指标得分雷达图

表 6-8 湖北省积极追赶型地方政府公共服务供给能力及次级能力得分

| 地方政府 | 一级指标 | 二级指标 | | | |
|---|---|---|---|---|---|
| | 公共服务供给能力 | 生存服务能力 | 发展服务能力 | 环境服务能力 | 公共服务获得感 |
| | 百分制得分 | 百分制得分 | 百分制得分 | 百分制得分 | 百分制得分 |
| 荆门 | 53.71 | 32.72 | 49.97 | 53.46 | 78.70 |
| 恩施 | 51.68 | 42.09 | 38.62 | 48.22 | 77.82 |

资料来源：笔者根据网络公开资料自制。

结合表 6-8 分析，在公共服务供给能力得分上，荆门市得分为 53.71，恩施得分为 51.68，分数咬合较紧，分值差距仅为 2.03。在公共服务供给次级能力得分上，积极追赶型地方政府各个指标得分都处于中等偏上的水平，如荆门的环境服务能力表现尤为突出，得分为 53.46，处于前列，发展服务能力和公共服务获得感得分分别为 49.97 和 78.70，在 16 个省直管地方政府中处于中上等；恩施州政府各项指标表现比较均衡，生存服务能力得分为 42.09，发展服务能力得分为 38.62，环境服务能力得分为 48.22，公共服务获得感得分为 77.82，整体上前三项指标处于中等偏上水平，仅公共服务获得感处于中间水平。

结合雷达图图 6-10 可知,荆门的发展服务能力、环境服务能力、公共服务获得感呈现出外凸状,各项指标表现良好,仅生存服务能力相对较弱。而恩施州的各项指标发展较为均衡,仅生存服务能力表现较为突出。荆门和恩施在公共服务供给能力四个次级能力指标上均处于中等及偏上的水平,不同的是荆门市政府在环境服务能力指标上表现更为优异,使其在公共服务供给能力上略胜一筹。

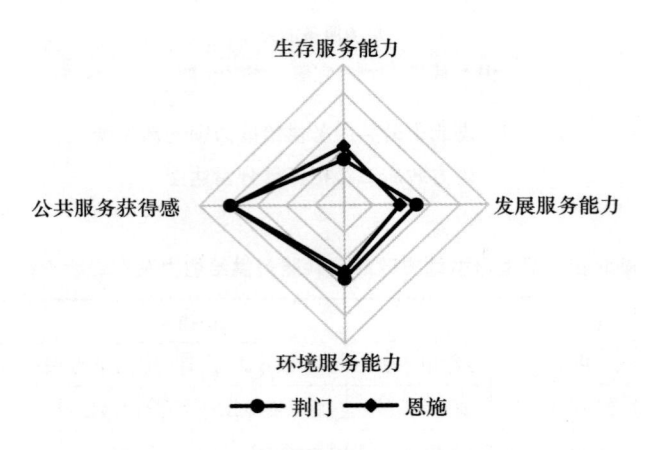

图 6-10 湖北省公共服务供给能力积极追赶型
地方政府二级指标得分雷达图

(三)稳步推进型地方政府公共服务供给能力差异性的结构分析

鄂州、黄石、襄阳、咸宁 4 个地方政府属于公共服务供给能力稳步推进型地方政府(见表 6-9)。

结合表 6-9 分析,在公共服务供给能力总体得分上,鄂州市为 49.14,黄石市为 48.80,襄阳市为 47.49,咸宁市为 44.83,可见其得分差异较小。在公共服务供给次级能力得分上,这几个地方政府各有二级指标处于中等偏上水平,也有至少一项指标得分相对靠后。其中,鄂州市在发展服务能力方面表现突出,得分为 50.80,处于前列;生存服务能力和环境服务能力得分分别为 35.89 和 48.16,处于中等水平,但公共服务获得感是其弱项得分仅为 61.69,居于 16 个省直管地方政府

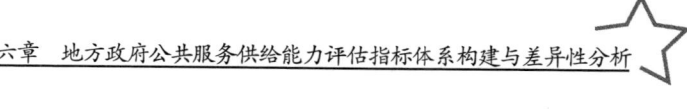

的末尾水平。黄石市生存服务能力表现突出，得到42.31分，处于靠前位置；环境服务能力和公共服务获得感得分分别为41.93和77.86，处于中等水平，然而其发展服务能力为33.09分位于末尾水平。襄阳市在环境服务方面表现突出，得到48.86分，处于前列，而生存服务能力得到39.83分位于中游水平，但是发展服务能力与公共服务获得感都是弱项，分别得到33.12和68.16分，靠近末尾水平。咸宁市在公共服务获得感方面表现突出，得到80.92分，处于靠前水平，但生存服务能力和环境服务能力处于中等偏下水平，得分分别为31.50和41.43，尤其是发展服务能力仅仅得分25.47，位于16个省直管地方政府的末尾水平。

表6-9　湖北省稳步推进型地方政府公共服务供给能力及次级能力得分

| 地方政府 | 一级指标 | 二级指标 | | | |
| --- | --- | --- | --- | --- | --- |
| | 公共服务供给能力 | 生存服务能力 | 发展服务能力 | 环境服务能力 | 公共服务获得感 |
| | 百分制得分 | 百分制得分 | 百分制得分 | 百分制得分 | 百分制得分 |
| 鄂州 | 49.14 | 35.89 | 50.80 | 48.16 | 61.69 |
| 黄石 | 48.80 | 42.31 | 33.09 | 41.93 | 77.86 |
| 襄阳 | 47.49 | 39.83 | 33.12 | 48.86 | 68.16 |
| 咸宁 | 44.83 | 31.50 | 25.47 | 41.43 | 80.92 |

资料来源：笔者根据网络公开资料自制。

结合图6-11可知，鄂州市公共服务获得感距离原点相对其他城市较为接近，为薄弱项，而发展服务能力距离原点相对较远表明此项指标表现较好，生存服务能力及环境服务能力则处于中等偏上水平。黄石市的生存服务能力外凸状最明显，表现良好，环境服务能力和公共服务获得感比较均衡，发展服务能力距离远点较近，为薄弱项。襄阳市环境服务能力外凸明显，生存服务能力相对处于中间水平，而发展服务能力与公共服务获得感却离远点相对更近，为薄弱项。咸宁市的公共服务获得感最外凸，而生存服务能力及环境服务能力处于中间偏近的位置，发展服务能力距离远点最为接近，为薄弱项。处于此类的地方政府，在能力结构上，大致存在一强三弱或两强两弱的态势，表现为有一项二级指标相对突出，但大部分指标均在中等偏下的水平。这也导致了这些地方政府公共服务供给能力得分整体上不够靠前，处于稳步推进型类别。

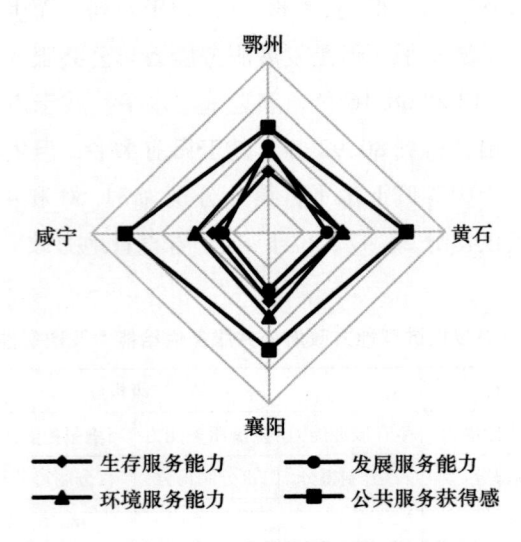

图6-11 湖北省公共服务供给能力稳步推进型地方政府二级指标得分雷达图

（四）初始发展型地方政府公共服务供给能力差异性的结构分析

潜江、随州、天门、孝感、黄冈、仙桃、荆州7个地方政府根据聚类结果被界定归于初始发展型这一类别（见表6-10）。

从表6-10得知，在公共服务供给能力总体得分上，潜江得分为43.66，随州得分为42.46，天门得分为42.37，孝感得分为41.64，黄冈得分为41.59，仙桃得分为41.58，荆州得分为36.92，总体得分差距较小。就公共服务供给次级能力得分而言，总体结构特征呈现出不同。其一，潜江、随州、天门、黄冈等几个地方政府在能力结构上呈现出一项指标较强其余三项指标较弱的结构特征。潜江市政府的发展服务能力得分为43.66，位于中游靠上，但生存服务能力得分为26.30、环境服务能力得分为36.45、公共服务获得感得分为68.24，这三项指标均处

表 6-10　湖北省初始发展型地方政府公共服务供给能力及次级能力得分

| 地方政府 | 一级指标 | 二级指标 | | | |
|---|---|---|---|---|---|
| | 公共服务供给能力 | 生存服务能力 | 发展服务能力 | 环境服务能力 | 公共服务获得感 |
| | 百分制得分 | 百分制得分 | 百分制得分 | 百分制得分 | 百分制得分 |
| 潜江 | 43.66 | 26.30 | 43.66 | 36.45 | 68.24 |
| 随州 | 42.46 | 16.26 | 34.57 | 40.78 | 78.21 |
| 天门 | 42.37 | 17.24 | 23.04 | 41.34 | 87.84 |
| 孝感 | 41.64 | 17.49 | 38.56 | 38.41 | 72.10 |
| 黄冈 | 41.59 | 30.95 | 32.08 | 36.25 | 67.09 |
| 仙桃 | 41.58 | 21.39 | 35.62 | 34.46 | 74.83 |
| 荆州 | 36.92 | 27.81 | 22.03 | 38.92 | 58.91 |

资料来源：笔者根据网络公开资料自制。

于 16 个省直管地方政府的中游偏下水平。随州市政府的公共服务获得感得分为 78.21，居于省内中等偏上水平，而生存服务能力得分为 16.26，发展服务能力得分为 34.57，环境服务能力得分为 40.78，三项指标表现相对薄弱均处于末尾水平。天门市公共服务获得感得分为 87.84，表现十分优异，位于 16 个省直管地方政府的首位，但其生存服务能力得分为 17.24，发展服务能力得分为 23.04，环境服务能力得分为 41.34，三项指标表现相对薄弱均处于末尾水平。黄冈市生存服务能力得分为 30.95，居于中等水平，发展服务能力得分为 32.08，环境服务能力得分为 36.25，公共服务获得感得分为 67.09，均处于末尾水平。其二，孝感与仙桃市政府呈现出两项中等偏后，两项末尾水平的能力结构特征。孝感市发展服务能力得分为 38.56，公共服务获得感得分为 72.10，均居于中等偏下水平，生存服务能力得分为 17.49，环境服务能力得分为 38.41，均居于末尾水平。仙桃市发展服务能力得分为 35.62，公共服务获得感得分为 74.83，处于中等靠后水平，而生存服务能力得分为 21.39，环境服务能力得分为 34.46，处于末尾水平。其三，荆州市政府是最后一种情况，其生存服务能力得分为 27.81，发展服务能力得分为 22.03，环境服务能力得分为 38.92，公共服务获得感得分为 58.91，四项指标均处于末尾水平。

由图 6-12 显示，这 7 个地方政府在能力结构上多数呈现出三项或者四项的能力短板。在生存服务能力和环境服务能力指标上，7 个地方政府得分均处于靠后位置；在发展服务能力上，除潜江、孝感呈现出外凸状，表示表现较好外，其余地方政府均处于靠后位置；在公共服务获得感上，天门与随州两个地方政府的公共服务获得感向外突出，尤其是天门位于 16 个省直管地方政府之首，其余的地方政府得分均处于靠后位置。调查发现，天门市政府公共服务获得感之所以获得较高的分值，得益于天门市政府及时通过网络等渠道向社会公众征求意见，通过在天门市人民政府官网设置网上调查栏目①，询问公众关于政府生态环境及政府满意度调查。而对于荆州而言，各项二级指标得分均处于末尾水平，各项二级指标距离原点都较为接近，尤其是发展服务能力以及公共服务获得感距离原点相对最近，因此公共服务供给能力水平相对薄弱，

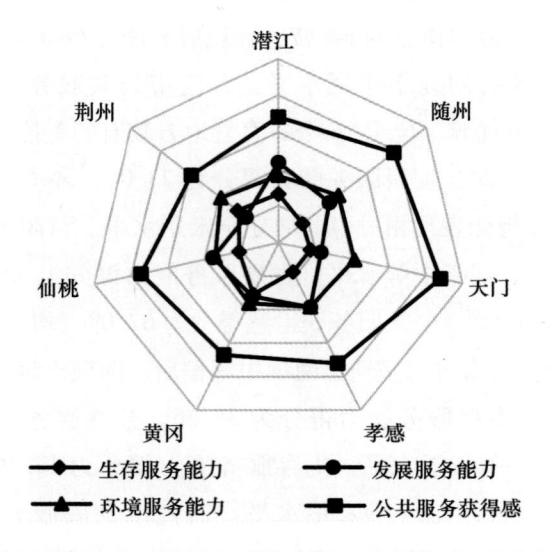

图 6-12　湖北省公共服务供给能力初始发展型地方政府二级指标得分雷达图

---

① 天门市人民政府网站，http://www.tianmen.gov.cn/hdjl/wsdc/。

第六章 地方政府公共服务供给能力评估指标体系构建与差异性分析

亟须改善，这可能与该地区大部分属于分洪区，其交通基础设施、工业等经济活动规模受到一定的限制这一特殊制约因素有关。

通过上述描述和分析，可以发现湖北省16个省直管地方政府公共服务供给能力水平整体上呈现分布不均的态势，其中大多数政府都有其相对的优势与劣势。因此，明晰其优劣势正是促成不同地方政府公共服务供给能力改进与提升的关键。如图6－13所示，首先，大多数地方政府的生存服务能力存在较为明显的不足，这意味着需要进一步加强基本的生存保障类民生公共服务能力建设。其次，16个省直管地方政府的发展服务能力是相对最不均衡的，这与各个地方相对多样化的经济发展能力、资源禀赋和人文地理环境息息相关，因此处于薄弱能力地位的地方政府应找到其症结所在，采取针对性的发展措施，发扬其长，弥补其短。最后，相较于其他两个指标，湖北省16个省直管地方政府之间在环境服务能力与公共服务获得感这两个次级能力指标上变化起伏较小，意味着在这两个方面的发展较为均衡。

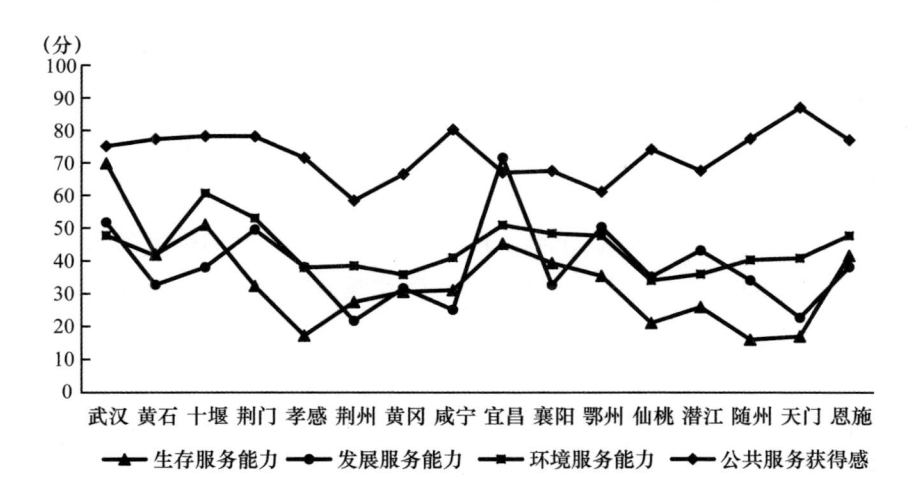

图6－13 湖北省16个省直管地方政府公共服务供给能力能力二级指标表现

概言之，当前中国公共服务体系建设的关键是要解决发展不充分不均衡这两个方面的问题。经以上有关湖北省16个省直管地方政府公共服务供给能力的差异性结构分析可知，各个地方政府的公共服务能力建设处于发展进程中，但不同地方政府之间公共服务供给能力发展不充分和不均衡的能力格局依然较为明显。因此，湖北省以及各个地方政府应当重视提升公共服务供给能力，在具体实践中，应充分结合公众需求端与政府供给端增强公共服务资源供给的充足性、均衡性、全面性，补齐短板，提升公共服务获得感，在公共服务供给中既强调公共服务供给"数量"更强调公共服务供给"质量"。

### 三 地方政府公共服务供给能力分项指标差异性的结构分析

前文进行了湖北省各个地方政府的公共服务供给能力总体差异性的结构分析，后文就生存服务能力、发展服务能力、环境服务能力及公共服务获得感得分水平差异进行聚类分析，确定各个地方政府在这几个指标上的相对能力水平和类型。然后，再借助二级指标下各项三级指标对各地方政府在二级指标上能力的差异性及其结构特征进行分析。

#### （一）生存服务能力差异性的结构分析

表6-11展示了"十三五"时期湖北省16个省直管地方政府生存服务能力及其下设三级指标得分水平情况。其中，16个省直管地方政府在生存服务能力指标上的平均得分为34.33，百分制得分的极差为54.09，标准差为14.32，各地方政府生存服务能力得分呈现出明显的差异性特征。根据K-means聚类分析结果，16个省直管地方政府聚类中心为70.35、44.28、30.86、18.10，结合各地方政府在生存服务能力指标上的整体表现，将其分为四个类别。其中，武汉为领先创新型地方政府；十堰、宜昌、黄石、恩施、襄阳为积极追赶型地方政府；鄂州、荆门、咸宁、黄冈、荆州、潜江为稳步推进型地方政府；仙桃、孝感、天门、随州为初始发展型地方政府。

图6-14为湖北省各地方政府生存服务能力表现情况，能较为直观地呈现各地方政府在该项指标上的得分差异化情况。首先，武汉市作为

第六章 地方政府公共服务供给能力评估指标体系构建与差异性分析

表 6-11 湖北省 16 个省直管地方政府生存服务能力及其三级指标得分

| 地方政府 | 二级指标 生存服务能力 ||  三级指标 ||||||||
|---|---|---|---|---|---|---|---|---|---|
|  | 原始得分 | 百分制得分 | 每千人医疗卫生机构床位数 || 每千人医疗卫生技术人员数 || 人均医疗卫生健康支出 || 人均社会保障与就业支出 ||
|  |  |  | 原始得分 | 百分制得分 | 原始得分 | 百分制得分 | 原始得分 | 百分制得分 | 原始得分 | 百分制得分 |
| 武汉 | 0.0440 | 70.35 | 0.7094 | 70.94 | 0.9039 | 90.39 | 0.3926 | 39.26 | 0.8082 | 80.82 |
| 十堰 | 0.0322 | 51.45 | 0.7839 | 78.39 | 0.7188 | 71.88 | 0.1539 | 15.39 | 0.4014 | 40.14 |
| 宜昌 | 0.0286 | 45.73 | 0.5041 | 50.41 | 0.6023 | 60.23 | 0.2827 | 28.27 | 0.4400 | 44.00 |
| 黄石 | 0.0264 | 42.31 | 0.4837 | 48.37 | 0.6169 | 61.69 | 0.1314 | 13.14 | 0.4605 | 46.05 |
| 恩施 | 0.0263 | 42.09 | 0.5515 | 55.15 | 0.5161 | 51.61 | 0.2429 | 24.29 | 0.3730 | 37.30 |
| 襄阳 | 0.0249 | 39.83 | 0.4643 | 46.43 | 0.5035 | 50.35 | 0.2385 | 23.85 | 0.3868 | 38.68 |
| 鄂州 | 0.0224 | 35.89 | 0.2688 | 26.88 | 0.6132 | 61.32 | 0.2031 | 20.31 | 0.3504 | 35.04 |
| 荆门 | 0.0204 | 32.72 | 0.3997 | 39.97 | 0.4656 | 46.56 | 0.1037 | 10.37 | 0.3397 | 33.97 |
| 咸宁 | 0.0197 | 31.50 | 0.3223 | 32.23 | 0.4818 | 48.18 | 0.1692 | 16.92 | 0.2867 | 28.67 |
| 黄冈 | 0.0193 | 30.95 | 0.3377 | 33.77 | 0.4895 | 48.95 | 0.1268 | 12.68 | 0.2839 | 28.39 |
| 荆州 | 0.0174 | 27.81 | 0.3034 | 30.34 | 0.3265 | 32.65 | 0.1192 | 11.92 | 0.3632 | 36.32 |
| 潜江 | 0.0164 | 26.30 | 0.1621 | 16.21 | 0.4014 | 40.14 | 0.1259 | 12.59 | 0.3628 | 36.28 |
| 仙桃 | 0.0134 | 21.39 | 0.2986 | 29.86 | 0.2553 | 25.53 | 0.1497 | 14.97 | 0.1522 | 15.22 |
| 孝感 | 0.0109 | 17.49 | 0.2036 | 20.36 | 0.2412 | 24.12 | 0.1034 | 10.34 | 0.1517 | 15.17 |
| 天门 | 0.0108 | 17.24 | 0.2255 | 22.55 | 0.1771 | 17.71 | 0.0600 | 6.00 | 0.2268 | 22.68 |
| 随州 | 0.0102 | 16.26 | 0.1920 | 19.20 | 0.1557 | 15.57 | 0.0847 | 8.47 | 0.2182 | 21.82 |

资料来源：笔者根据网络公开资料自制。

生存服务能力领先创新型地方政府，其生存服务能力得分为 70.35，超出 16 个省直管地方政府在该项指标的平均得分为 36.02，呈现出较为突出的领先态势。其次，十堰、宜昌、黄石、恩施、襄阳为积极追赶型地方政府，这 5 个地方政府生存服务能力得分区间为 39—52，均高于总体平均水平，超出 5 分有余，但距离领先创新型地方政府仍有一定的差距。再次，鄂州、荆门、咸宁、黄冈、荆州、潜江为稳步推进型地方政府，得分区间为 26—36。除了鄂州仅高于总体平均水平 1.56 分外，其余的 5 个地方政府得分均低于总体平均水平，且政府间的分值差距较小。最后，仙桃、孝感、天门、随州为初始发展型地方政府，其生存服务能力得分区间为16—22，与总体平均水平存在12分以上的差距。

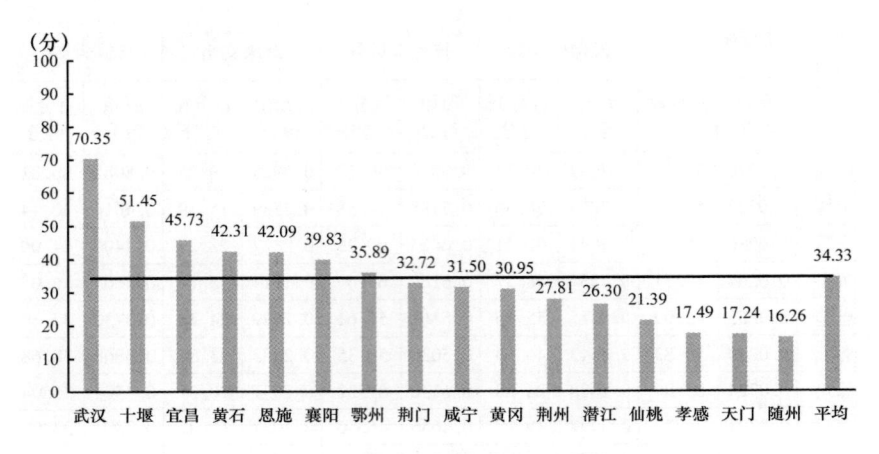

图6-14 湖北省16个省直管地方政府生存服务能力表现

| 城市 | 得分 |
|---|---|
| 武汉 | 70.35 |
| 十堰 | 51.45 |
| 宜昌 | 45.73 |
| 黄石 | 42.31 |
| 恩施 | 42.09 |
| 襄阳 | 39.83 |
| 鄂州 | 35.89 |
| 荆门 | 32.72 |
| 咸宁 | 31.50 |
| 黄冈 | 30.95 |
| 荆州 | 27.81 |
| 潜江 | 26.30 |
| 仙桃 | 21.39 |
| 孝感 | 17.49 |
| 天门 | 17.24 |
| 随州 | 16.26 |
| 平均 | 34.33 |

雷达图图6-15较为直观地反映了各个地方政府在生存服务能力三级指标上的表现情况，可用以分析不同类别地方政府之间的差异性及其结构特征。由该图可知，首先，作为领先创新型类别的武汉市政府在"每千人医疗卫生机构床位数""每千人医疗卫生技术人员数""人均医疗卫生健康支出""人均社会保障与就业支出"4个三级指标的得分结构较为相似，几项指标均呈现外凸状，呈现出相对均衡的发展势态。其次，积极追赶型地方政府在具体指标上的表现都各有所长。其中，十堰市除"人均医疗卫生健康支出"呈现内凹状为薄弱项，其余指标结构特征较为相似均呈现外凸状，表现较好，尤其是"每千人医疗卫生机构床位数"表现突出，远超其他地方政府；宜昌市各项指标表现较为均衡，并无特别突出之处；黄石、恩施、襄阳在各项指标能力结构上较为相似，出现部分指标外凸，其余指标略有不足的情况。总体而言，积极追赶型地方政府在四项指标上的表现并不能达到武汉市四项均领先的局面，但各项指标得分均在中游以上且在各指标中多呈现出领先态势。再次，稳步推进型地方政府普遍存在较为明显的能力弱项。鄂州市的

"每千人医疗卫生机构床位数"，荆门市的"人均医疗卫生健康支出"，黄冈市的"人均社会保障与就业支出"，荆州市的"每千人医疗卫生技术人员数""人均医疗卫生健康支出"，潜江市的"每千人医疗卫生机构床位数""每千人医疗卫生技术人员数""人均医疗卫生健康支出"等指标均呈现内凹态势，需要重点关注和加强建设。总体而言，稳步推进型地方政府四项指标多位于中等水平，有个别指标位于末尾水平。最后，初始发展型类别地方政府除了仙桃市在"人均医疗卫生健康支出"指标上表现尚可外，其余地方政府存在多个指标表现不佳的情况甚至位于靠后位置。其中，孝感、天门、随州的"每千人医疗卫生机构床位数""每千人医疗卫生技术人员数""人均医疗卫生健康支出""人均社会保障与就业支出"四个指标呈现出向原点内凹聚集的态势，这也导致了这些地方政府的生存服务能力总体表现不佳。

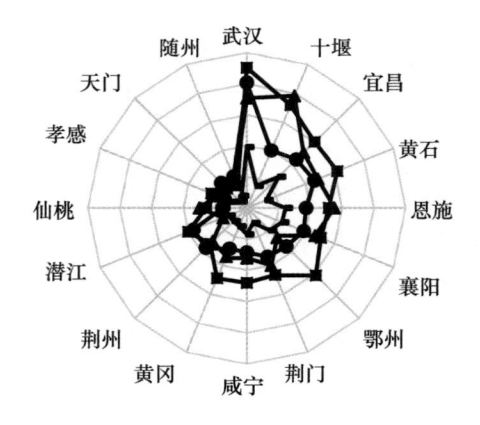

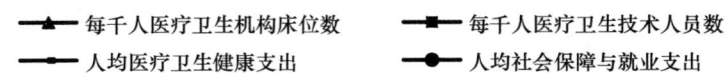

图 6-15 湖北省 16 个省直管地方政府生存服务
能力三级指标得分雷达图

(二) 发展服务能力差异性的结构分析

表 6-12 展示了湖北省 16 个省直管地方政府发展服务能力的得分

水平及三级指标得分相关情况。其中，16个省直管地方政府在发展服务能力指标上的平均得分为38.97，百分制得分的极差为50.2，标准差为12.73。根据 K-means 聚类分析结果，结合各地方政府在发展服务能力维度的整体表现，将16个省直管地方政府分为四个类别，聚类中心点分别为72.23、50.97、36.42、23.51。其中，宜昌为领先创新型地方政府，武汉、鄂州、荆门为积极追赶型地方政府，潜江、恩施、孝感、十堰、仙桃、随州、襄阳、黄石、黄冈为稳步推进型地方政府，咸宁、天门、荆州为初始发展型地方政府。

图6-16能较为直观地反映出湖北省16个省直管地方政府在发展服务能力指标上的得分差异。各地方政府间在该项指标上的表现具有明显的差异性。首先，宜昌市作为发展服务能力领先创新型地方政府，其发展服务能力得分高于总体平均水平33.26分，且远超出其他地方政府。其次，武汉、鄂州、荆门这3个积极追赶型地方政府在发展服务能力指标上的表现不如领先创新型地方政府，其得分远低于宜昌，但是得分处于49—53分区间，政府间分值相差较小仅为2分左右，且超出总体平均水平11分以上。再次，潜江、恩施、孝感、十堰、仙桃、随州、襄阳、黄石、黄冈等9个地方政府为发展服务能力稳步推进型地方政府，得分区间为32—44，其中仅有潜江市的发展服务能力得分高于总体平均水平，超出4.69分。最后，咸宁、天门、荆州这3个地方政府属于发展服务能力初始发展型地方政府，其发展服务能力得分降至30分以下，且远低总体平均水平13—17分。

图6-17反映了湖北省16个省直管地方政府在发展服务能力三级指标上的得分差异及其结构特征。不难发现，图中的各项指标起伏较大，显示各个地方政府在各项三级指标上的得分表现具有明显的差异化特征。首先，宜昌市作为领先创新型地方政府的五项指标得分均较高，表现优异，能力结构呈现"五项全优"的样态。其次，发展服务能力积极追赶型地方政府各有突出优势，如武汉市在"学生人均教育支出"和"人均文化旅游体育传媒支出"上较为突出；鄂州市在"平

表6-12　湖北省16个省直管地方政府发展服务能力整体得分

| 地方政府 | 二级指标 发展服务能力 原始得分 | 二级指标 发展服务能力 百分制得分 | 三级指标 平均每个教师负担人数（小学）原始得分 | 三级指标 平均每个教师负担人数（小学）百分制得分 | 三级指标 平均每个教师负担人数（中学）原始得分 | 三级指标 平均每个教师负担人数（中学）百分制得分 | 三级指标 学生人均教育支出 原始得分 | 三级指标 学生人均教育支出 百分制得分 | 三级指标 每万人图书馆拥有量 原始得分 | 三级指标 每万人图书馆拥有量 百分制得分 | 三级指标 人均文化旅游体育传媒支出 原始得分 | 三级指标 人均文化旅游体育传媒支出 百分制得分 |
|---|---|---|---|---|---|---|---|---|---|---|---|---|
| 宜昌 | 0.0451 | 72.23 | 0.7420 | 74.20 | 0.7386 | 73.86 | 0.8290 | 82.90 | 0.8520 | 85.20 | 0.4499 | 44.99 |
| 武汉 | 0.0326 | 52.13 | 0.4154 | 41.54 | 0.7269 | 72.69 | 0.6580 | 65.80 | 0.2358 | 23.58 | 0.5704 | 57.04 |
| 鄂州 | 0.0318 | 50.80 | 0.8554 | 85.54 | 0.5030 | 50.30 | 0.5167 | 51.67 | 0.3885 | 38.85 | 0.2766 | 27.66 |
| 荆门 | 0.0312 | 49.97 | 0.7312 | 73.12 | 0.7160 | 71.60 | 0.3734 | 37.34 | 0.4403 | 44.03 | 0.2374 | 23.74 |
| 潜江 | 0.0273 | 43.66 | 0.7387 | 73.87 | 0.7244 | 72.44 | 0.2187 | 21.87 | 0.2872 | 28.72 | 0.2139 | 21.39 |
| 恩施 | 0.0241 | 38.62 | 0.3894 | 38.94 | 0.1469 | 14.69 | 0.4463 | 44.63 | 0.5753 | 57.53 | 0.3728 | 37.28 |
| 孝感 | 0.0241 | 38.56 | 0.4520 | 45.20 | 0.7762 | 77.62 | 0.2445 | 24.45 | 0.2942 | 29.42 | 0.1609 | 16.09 |
| 十堰 | 0.0241 | 38.48 | 0.2245 | 22.45 | 0.6636 | 66.36 | 0.2560 | 25.60 | 0.4947 | 49.47 | 0.2855 | 28.55 |
| 仙桃 | 0.0223 | 35.62 | 0.5397 | 53.97 | 0.6093 | 60.93 | 0.3544 | 35.44 | 0.0516 | 5.16 | 0.2262 | 22.62 |
| 随州 | 0.0216 | 34.57 | 0.2204 | 22.04 | 0.9198 | 91.98 | 0.1293 | 12.93 | 0.3939 | 39.39 | 0.0653 | 6.53 |
| 襄阳 | 0.0207 | 33.12 | 0.1860 | 18.60 | 0.5697 | 56.97 | 0.3618 | 36.18 | 0.2857 | 28.57 | 0.2529 | 25.29 |
| 黄石 | 0.0207 | 33.09 | 0.2421 | 24.21 | 0.4007 | 40.07 | 0.1552 | 15.52 | 0.5794 | 57.94 | 0.2769 | 27.69 |
| 黄冈 | 0.0201 | 32.08 | 0.3939 | 39.39 | 0.3524 | 35.24 | 0.2521 | 25.21 | 0.3651 | 36.51 | 0.2405 | 24.05 |
| 咸宁 | 0.0159 | 25.47 | 0.1456 | 14.56 | 0.1875 | 18.75 | 0.0686 | 6.86 | 0.5968 | 59.68 | 0.2748 | 27.48 |
| 天门 | 0.0144 | 23.04 | 0.3916 | 39.16 | 0.6038 | 60.38 | 0.0962 | 9.62 | 0.0434 | 4.34 | 0.0172 | 1.72 |
| 荆州 | 0.0138 | 22.03 | 0.0485 | 4.85 | 0.5890 | 58.90 | 0.1346 | 13.46 | 0.2274 | 22.74 | 0.1019 | 10.19 |

资料来源：笔者根据网络公开资料自制。

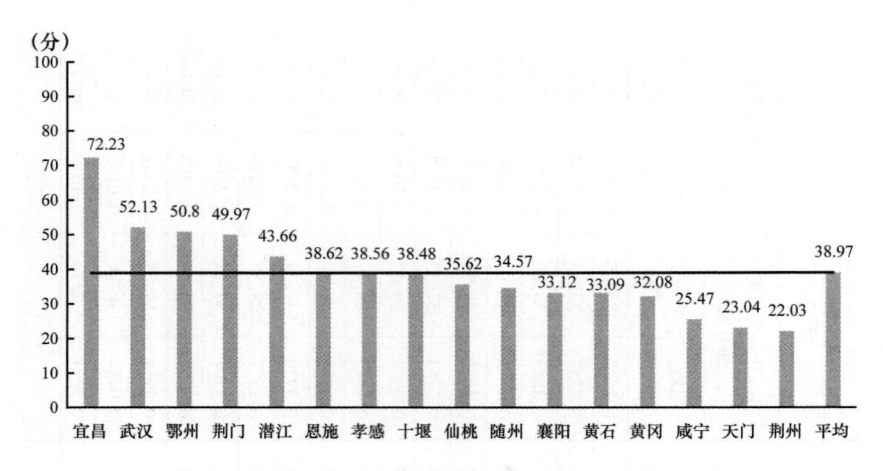

## 地方政府公共服务能力差异性的结构比较分析

图 6-16 湖北省 16 个省直管地方政府发展服务能力表现

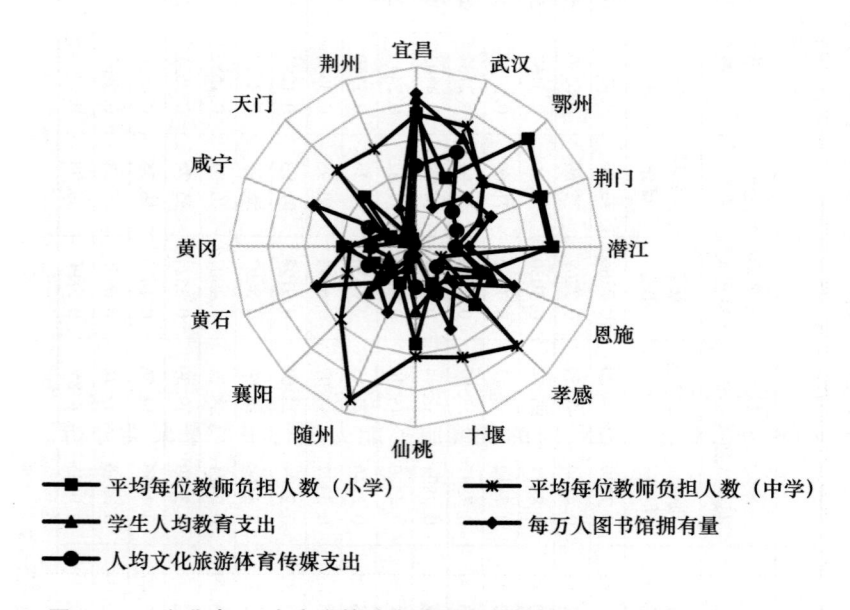

数据（分）：宜昌 72.23、武汉 52.13、鄂州 50.8、荆门 49.97、潜江 43.66、恩施 38.62、孝感 38.56、十堰 38.48、仙桃 35.62、随州 34.57、襄阳 33.12、黄石 33.09、黄冈 32.08、咸宁 25.47、天门 23.04、荆州 22.03、平均 38.97

图 6-17 湖北省 16 个省直管地方政府发展服务能力三级指标得分雷达图

指标图例：
- 平均每位教师负担人数（小学）
- 平均每位教师负担人数（中学）
- 学生人均教育支出
- 每万人图书馆拥有量
- 人均文化旅游体育传媒支出

均每位教师负担人数（小学）""学生人均教育支出"上表现优异，尤其是"平均教师负担人数（小学）"得分位于 16 个省直管地方政府首位；荆门市在"平均每位教师负担人数（小学）"和"学生人均教育支出"两个指标上得分较高，处于前列。总体而言，发展服务能力积极追赶型地方政府在五项三级指标上至少有一项至两项处于领先地位,能够有效弥补短板指标。再次,发展服务能力稳步推进型地方政府各有优势与不足,如潜江市的"平均每位教师负担人数(小学)"指标较为突出,但在"人均文化旅游体育传媒支出"上存在不足;孝感市在"平均每位教师负担人数(中学)"指标上较为突出,但在"人均文化旅游体育传媒支出"指标位于靠后位置,其余指标均处于总体中游。随州市在"平均每位教师负担人数(中学)"指标上十分突出,处于16个省直管地方政府首位,但在"平均每位教师负担人数(小学)""学生人均教育支出""人均文化旅游体育传媒支出"三个指标上出现短板,这一类别地方政府五项指标得分出现较大波动,即呈现"一优多劣"的样态。最后,咸宁、天门、荆州3个发展服务能力初始发展型地方政府五项三级指标中至少有三项处于总体末端,存在多个维度的短板和发展不足。

(三)环境服务能力差异性的结构分析

表6-13为湖北省16个省直管地方政府环境服务能力得分及其分项指标得分情况,可以看出,不同地方政府环境服务能力水平差异较大。其中,这16个省直管地方政府环境服务能力平均得分为44.34,百分制得分的极差为26.7,其得分标准差为7.09。依照研究设计,为了更好地分析各地方政府环境服务能力水平及其差异性形成原因,运用K-means方法对各地方政府的环境服务能力进行单变量聚类分析,以61.16、49.71、40.47和35.72为聚类中心点形成四种基本类型。其中,环境服务能力领先创新型地方政府仅有十堰市;积极追赶型地方政府则包括荆门、宜昌、襄阳、恩施、鄂州及武汉6个地方政府;黄石、咸宁、天门、随州、荆州以及孝感6个地方政府为环境服务能力稳步推进型地方政府;环境服务能力初始发展型地方政府包括潜江、黄冈、仙桃3个地方政府。

图6-18为湖北省16个省直管地方政府的环境服务能力得分柱状图。由该图可见,各地方政府的环境服务能力表现水平具有明显的差异

表6-13 湖北省16个省直管地方政府环境服务能力整体得分

| 地方政府 | 二级指标 环境服务能力 原始得分 | 二级指标 环境服务能力 百分制得分 | 三级指标 城镇生活污水处理率 原始得分 | 三级指标 城镇生活污水处理率 百分制得分 | 三级指标 人均环保支出 原始得分 | 三级指标 人均环保支出 百分制得分 | 三级指标 人均公园绿地面积 原始得分 | 三级指标 人均公园绿地面积 百分制得分 | 三级指标 每万人刑事犯罪率 原始得分 | 三级指标 每万人刑事犯罪率 百分制得分 | 三级指标 人均公共安全支出 原始得分 | 三级指标 人均公共安全支出 百分制得分 |
|---|---|---|---|---|---|---|---|---|---|---|---|---|
| 十堰 | 0.0382 | 61.16 | 0.7429 | 74.29 | 0.7381 | 73.81 | 0.5537 | 55.37 | 0.8065 | 80.65 | 0.2170 | 21.70 |
| 荆门 | 0.0334 | 53.46 | 0.6968 | 69.68 | 0.3850 | 38.50 | 0.4857 | 48.57 | 0.8964 | 89.64 | 0.2092 | 20.92 |
| 宜昌 | 0.0321 | 51.41 | 0.6557 | 65.57 | 0.3982 | 39.82 | 0.3836 | 38.36 | 0.7574 | 75.74 | 0.3754 | 37.54 |
| 襄阳 | 0.0305 | 48.86 | 0.5106 | 51.06 | 0.4121 | 41.21 | 0.5583 | 55.83 | 0.7374 | 73.74 | 0.2249 | 22.49 |
| 恩施 | 0.0301 | 48.22 | 0.3705 | 37.05 | 0.3836 | 38.36 | 0.6344 | 63.44 | 0.8456 | 84.56 | 0.1766 | 17.66 |
| 鄂州 | 0.0301 | 48.16 | 0.6331 | 63.31 | 0.2434 | 24.34 | 0.7369 | 73.69 | 0.5316 | 53.16 | 0.2630 | 26.30 |
| 武汉 | 0.0301 | 48.12 | 0.7082 | 70.82 | 0.4440 | 44.40 | 0.2045 | 20.45 | 0.2059 | 20.59 | 0.8436 | 84.36 |
| 黄石 | 0.0262 | 41.93 | 0.5309 | 53.09 | 0.1992 | 19.92 | 0.5623 | 56.23 | 0.5390 | 53.90 | 0.2652 | 26.52 |
| 咸宁 | 0.0259 | 41.43 | 0.3666 | 36.66 | 0.3210 | 32.10 | 0.6454 | 64.54 | 0.4669 | 46.69 | 0.2717 | 27.17 |
| 天门 | 0.0258 | 41.34 | 0.6864 | 68.64 | 0.0826 | 8.26 | 0.2867 | 28.67 | 0.9349 | 93.49 | 0.0764 | 7.64 |
| 随州 | 0.0255 | 40.78 | 0.7288 | 72.88 | 0.1257 | 12.57 | 0.1901 | 19.01 | 0.8906 | 89.06 | 0.1038 | 10.38 |
| 荆州 | 0.0243 | 38.92 | 0.5641 | 56.41 | 0.2518 | 25.18 | 0.2766 | 27.66 | 0.7170 | 71.70 | 0.1367 | 13.67 |
| 孝感 | 0.0240 | 38.41 | 0.7596 | 75.96 | 0.1189 | 11.89 | 0.0787 | 7.87 | 0.8222 | 82.22 | 0.1411 | 14.11 |
| 潜江 | 0.0228 | 36.45 | 0.5152 | 51.52 | 0.2001 | 20.01 | 0.2086 | 20.86 | 0.8113 | 81.13 | 0.0871 | 8.71 |
| 黄冈 | 0.0227 | 36.25 | 0.2281 | 22.81 | 0.2910 | 29.10 | 0.4202 | 42.02 | 0.7907 | 79.07 | 0.0822 | 8.22 |
| 仙桃 | 0.0215 | 34.46 | 0.5061 | 50.61 | 0.2201 | 22.01 | 0.1320 | 13.20 | 0.7555 | 75.55 | 0.1094 | 10.94 |

资料来源：笔者根据网络公开资料自制。

性。首先，十堰市作为环境服务能力领先创新型地方政府，其得分为61.16，超出 16 个省直管地方政府在该项指标的平均水平 16 分，呈现出领先水平。其次，环境服务能力积极追赶型的 6 个地方政府得分区间为 48—54，距离领先创新型地方政府仍有一定的差距，相差分值为 7.7 分以上，但是均高于总体平均水平且超出 3 分之上。再次，环境服务能力稳步推进型的 6 个地方政府得分区间为 38—42，分值差异较小但是距离积极追赶型地方政府尚有 6 分以上的差距，并且这 6 个地方政府得分均低于总体平均水平 2 分以上。最后，环境服务能力初始发展型地方政府的 3 个地方政府得分区间为 34—37，与总体平均水平存在较大的差异，分值相差 7 分以上。

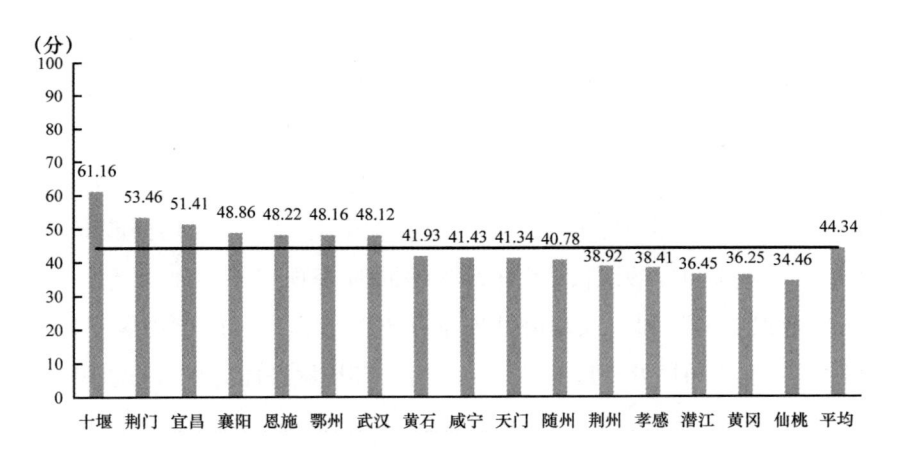

**图 6-18　湖北省 16 个省直管地方政府环境服务能力表现**

图 6-19 借助雷达图反映了湖北省 16 个省直管地方政府环境服务能力三级指标得分情况。从图中可以看出，首先，十堰市作为环境服务能力领先创新型地方政府，在五项三级指标得分上相对具有优势，如"城镇生活污水处理率""人均环保支出"均表现突出，尤其是"人均环保支出"处于 16 个省直管地方政府首位，而"每万人刑事犯罪率""人均公共安全支出"则处于中等水平。其次，环境服务能力积极追赶型地方政府为荆门、宜昌、襄阳、恩施、鄂州以及武汉，其中荆门市的

环境服务能力综合水平相对均衡与完善，其各个维度的发展都相对均衡；武汉市在"人均公共安全支出"方面表现突出，居于首位，但其"每万人刑事犯罪率"表现差强人意，这与武汉市作为特大型城市所面临的复杂社会治理情况相关。再次，黄石、咸宁、天门、随州、荆州和孝感6个环境服务能力稳步推进型地方政府，其环境服务能力得分分差最高仅有3.52分。具体而言，黄石市在"人均公园绿地面积"和"人均公共安全支出"两项指标上均表现中等，而在其他三项指标方面表现较差；咸宁市在"人均公园绿地面积"和"人均公共安全支出"方面表现突出而在"城镇生活污水处理率"和"每万人刑事犯罪率"这两个指标上均接近末位；天门、随州、孝感的各项三级指标表现优劣情况基本一致，具体而言，从"城镇生活污水处理率"这一指标来看，天门表现中等，而随州和孝感表现较为突出，尤其是孝感在该项指标的表现居于首位；在"每万人刑事犯罪率"指标上，天门市表现突出居于首位，而随州和孝感在该指标上表现同样不俗，同样处于上游水平，但是，在"人均环保支出""人均公共安全支出""人均公园绿地面积"三个指标上，天门、随州和孝感同时表现得不尽如人意，如在"人均环保支出"和"人均公共安全支出"方面，天门市均居于末位，而随州和孝感同样处于后游。总体来说，环境服务能力稳步推进型地方

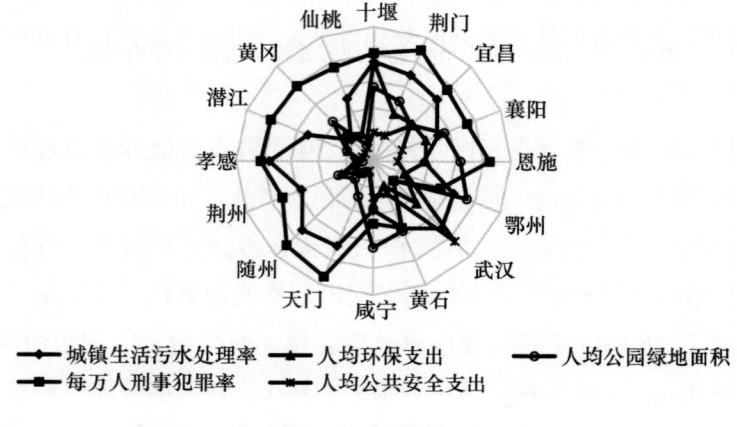

图6-19 湖北省16个省直管地方政府环境服务能力三级指标得分雷达图

政府能力结构多呈现"两优三劣"的形态。最后,环境服务能力初始发展型地方政府包括潜江、黄冈、仙桃,这3个地方政府的环境服务能力普遍偏弱。其中,潜江市在"每万人刑事犯罪率"指标上表现较为突出位于中游水平,在其他三级指标方面表现较为不足;黄冈市在"人均公园绿地面积"和"每万人刑事犯罪率"两项指标上表现中等,但在"人均公共安全支出"和"城镇生活污水处理率"方面均处于末尾水平。仙桃市的各项三级指标均需要进一步加强。

(四)公共服务获得感差异性的结构分析

表6-14为湖北省16个省直管地方政府公共服务获得感及其分项指标得分情况。16个省直管地方政府在公共服务获得感平均得分为73.40分,百分制分值极差为28.93,得分标准差为7.36。可以看出,不同地方政府民众的公共服务获得感水平差异较大。运用K-means方法以58.91、67.09、77.82和87.84为聚类中心点,结合16个省直管地方政府在公共服务获得感的综合表现将其分为四个类别。其中,天门市为公共服务获得感领先创新型地方政府,咸宁、十堰、荆门、随州、黄石、恩施、武汉、仙桃8个地方政府为公共服务获得感积极追赶型地方政府,孝感、潜江、襄阳、宜昌及黄冈等5个地方政府为公共服务获得感稳步推进型地方政府,而鄂州、荆州为公共服务获得感初始发展型地方政府。

图6-20为湖北省16个省直管地方政府公共服务获得感表现情况。可以发现,各地方政府在公共服务获得感得分方面的差异性存在明显差距。首先,天门市作为公共服务获得感领先创新型地方政府,其得分明显高于其他地方政府,且超出16个省直管地方政府在该指标的平均水平14.44分,相较于其他地方政府具有明显优势。其次,咸宁、十堰、荆门、随州、黄石、恩施、武汉、仙桃为公共服务获得感积极追赶型地方政府,其得分区间为74—81,高出总体平均水平且内部差异较小,但与领先创新型地方政府仍有差距,分值相差6分以上。再次,孝感、潜江、襄阳、宜昌及黄冈等5个地方政府为公共服务获得感稳步推进型地方政府,其得分区间为67—73,均低于总体平均水平7分以下。最

表6－14　湖北省16个省直管地方政府公共服务获得感整体得分

| 地方政府 | 二级指标 公共服务获得感 原始得分 | 二级指标 公共服务获得感 百分制得分 | 三级指标 基础教育服务满意度 原始得分 | 三级指标 基础教育服务满意度 百分制得分 | 三级指标 公立医院服务满意度 原始得分 | 三级指标 公立医院服务满意度 百分制得分 | 三级指标 环境保护服务满意度 原始得分 | 三级指标 环境保护服务满意度 百分制得分 | 三级指标 公共文体服务满意度 原始得分 | 三级指标 公共文体服务满意度 百分制得分 | 三级指标 社会治安服务满意度 原始得分 | 三级指标 社会治安服务满意度 百分制得分 |
|---|---|---|---|---|---|---|---|---|---|---|---|---|
| 天门 | 0.0549 | 87.84 | 0.8888 | 88.88 | 0.8748 | 87.48 | 0.8902 | 89.02 | 0.8369 | 83.69 | 0.9014 | 90.14 |
| 咸宁 | 0.0506 | 80.92 | 0.8164 | 81.64 | 0.8019 | 80.19 | 0.8256 | 82.56 | 0.8085 | 80.85 | 0.7935 | 79.35 |
| 十堰 | 0.0492 | 78.78 | 0.8080 | 80.80 | 0.7747 | 77.47 | 0.6994 | 69.94 | 0.7856 | 78.56 | 0.8715 | 87.15 |
| 荆门 | 0.0492 | 78.70 | 0.7695 | 76.95 | 0.7792 | 77.92 | 0.7681 | 76.81 | 0.8092 | 80.92 | 0.8090 | 80.90 |
| 随州 | 0.0489 | 78.21 | 0.7520 | 75.20 | 0.7884 | 78.84 | 0.7665 | 76.65 | 0.8357 | 83.57 | 0.7680 | 76.80 |
| 黄石 | 0.0487 | 77.86 | 0.7395 | 73.95 | 0.7444 | 74.44 | 0.7890 | 78.90 | 0.8044 | 80.44 | 0.8156 | 81.56 |
| 恩施 | 0.0486 | 77.82 | 0.8208 | 82.08 | 0.8124 | 81.24 | 0.7809 | 78.09 | 0.6906 | 69.06 | 0.7864 | 78.64 |
| 武汉 | 0.0473 | 75.66 | 0.7360 | 73.60 | 0.7482 | 74.82 | 0.7994 | 79.94 | 0.7476 | 74.76 | 0.7517 | 75.17 |
| 仙桃 | 0.0468 | 74.83 | 0.7127 | 71.27 | 0.7244 | 72.44 | 0.7493 | 74.93 | 0.7715 | 77.15 | 0.7835 | 78.35 |
| 孝感 | 0.0451 | 72.10 | 0.7442 | 74.42 | 0.7095 | 70.95 | 0.7449 | 74.49 | 0.7382 | 73.82 | 0.6680 | 66.80 |
| 潜江 | 0.0427 | 68.24 | 0.6871 | 68.71 | 0.6370 | 63.70 | 0.6744 | 67.44 | 0.7269 | 72.69 | 0.6867 | 68.67 |
| 襄阳 | 0.0426 | 68.16 | 0.6912 | 69.12 | 0.6134 | 61.34 | 0.6623 | 66.23 | 0.7160 | 71.60 | 0.7249 | 72.49 |
| 宜昌 | 0.0423 | 67.64 | 0.6400 | 64.00 | 0.6334 | 63.34 | 0.7076 | 70.76 | 0.7055 | 70.55 | 0.6956 | 69.56 |
| 黄冈 | 0.0419 | 67.09 | 0.7150 | 71.50 | 0.6036 | 60.36 | 0.6686 | 66.86 | 0.6978 | 69.78 | 0.6693 | 66.93 |
| 鄂州 | 0.0386 | 61.69 | 0.5493 | 54.93 | 0.4851 | 48.51 | 0.6663 | 66.63 | 0.7400 | 74.00 | 0.6440 | 64.40 |
| 荆州 | 0.0368 | 58.91 | 0.5186 | 51.86 | 0.3950 | 39.50 | 0.5957 | 59.57 | 0.7413 | 74.13 | 0.6950 | 69.50 |

资料来源：笔者根据网络公开资料自制。

第六章 地方政府公共服务供给能力评估指标体系构建与差异性分析　335

后，鄂州、荆州两个地方政府为公共服务获得感初始发展型地方政府，其得分区间为58—62，与总体平均水平差距较大，均低于总体平均水平11分以上。

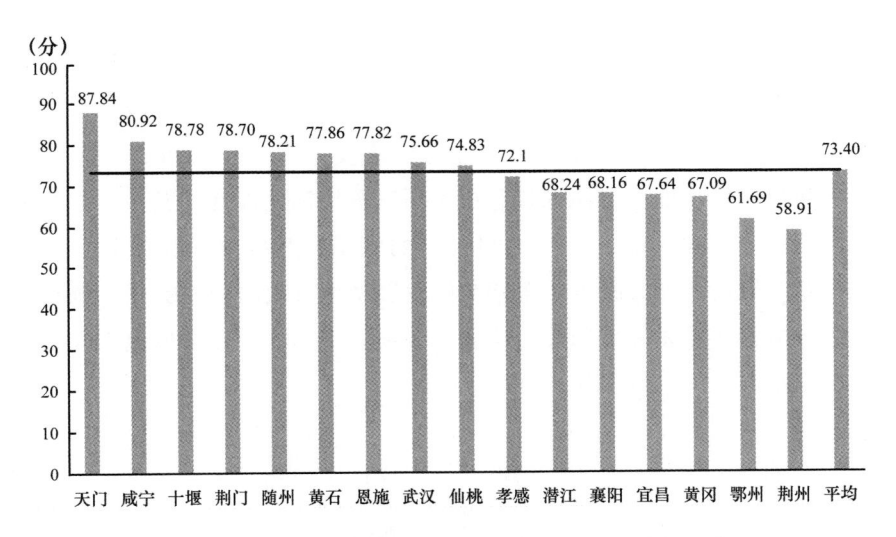

(分)

| 天门 | 咸宁 | 十堰 | 荆门 | 随州 | 黄石 | 恩施 | 武汉 | 仙桃 | 孝感 | 潜江 | 襄阳 | 宜昌 | 黄冈 | 鄂州 | 荆州 | 平均 |
|---|---|---|---|---|---|---|---|---|---|---|---|---|---|---|---|---|
| 87.84 | 80.92 | 78.78 | 78.70 | 78.21 | 77.86 | 77.82 | 75.66 | 74.83 | 72.1 | 68.24 | 68.16 | 67.64 | 67.09 | 61.69 | 58.91 | 73.40 |

**图6-20　湖北省16个省直管地方政府公共服务获得感表现**

图6-21借助雷达图反映了湖北省16个省直管地方政府公共服务获得感三级指标得分情况。从图中可以看出，首先，天门市作为公共服务获得感领先创新型地方政府，在各项三级指标上表现十分均衡，指标重合度很高，其雷达图呈现接近五边形的状态。其次，公共服务获得感积极追赶型地方政府各有突出亮点和相对薄弱点，其中，咸宁市"社会治安服务满意度"方面相对薄弱，而在"环境保护服务满意度"方面表现突出；十堰市各项三级指标得分雷达图呈现明显的外凸状，其在"社会治安服务满意度"方面表现突出，而"环境保护服务满意度"却表现欠佳；荆门市和随州市三级指标得分形态大致相同，这也说明两者各方面表现都很接近；黄石市在"社会治安服务满意度"表现突出，但是"公立医院服务满意度"和"基础教育服务满意度"表现相对薄弱；恩施"公共文体服务满意度"处于末位，而在"公立医院服务满

意度"和"基础教育服务满意度"方面表现突出；武汉市"环境保护服务满意度"表现较好，而其他四项指标的表现却较为一般；仙桃市"社会治安服务满意度"和"公共文体服务满意度"表现中等，而其他指标则表现平平。可见，公共服务获得感积极追赶型地方政府得分结构多呈现出"两优三平"或"一强四弱"的形态。再次，公共服务获得感稳步推进型地方政府也有部分指标表现较为中等，但仍有较多弱项需要弥补。除孝感市在"基础教育服务满意度"表现中等外，其余公共服务获得感稳步推进型地方政府在多项三级指标上表现均较差，综合来看，其得分结构呈现出"一中四弱"的状态，其各项指标得分整体表现较差。最后，公共服务获得感初始发展型地方政府中的鄂州、荆州在三级指标方面总体表现均较为薄弱，五项分指标相较于其他地方政府较为接近原点，均有待加强。

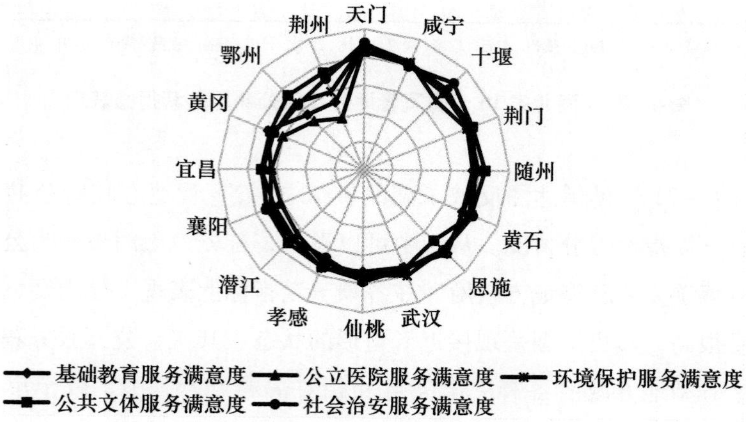

图 6-21  湖北省 16 个省直管地方政府公共服务获得感三级指标得分雷达图

## 第五节  小结

首先，基于对公共服务供给能力相关研究进行梳理、分析，设计了公共服务供给能力评估框架。其中，包括生存服务能力、发展服务能力、环境服务能力、公共服务获得感4个二级指标，以及包括每千人医疗卫生机构床位数、每千人医疗卫生技术人员数、人均医疗卫生健康支出、公立医院服务满意度指标在内的19个三级指标。随后采用逐级等权重的方式对公共服务供给能力的各级指标进行赋权，其中，一级指标权重为0.25，二级指标权重为0.0625，三级指标权重按照具体指标个数赋权，最终建构起供给反馈结合的公共服务供给能力的评估指标体系。

随后，基于所构建的指标体系，选取经过实地调研收集到的湖北省16个省直管地方政府公众的主观数据，以及政府统计年鉴收集的客观数据，以此作为数据来源对各个地方政府公共服务供给能力进行评估和测算。经过数据无量纲化处理、赋权计算、百分制转换以及聚类分析等数据处理及分析操作，得到各个地方政府公共服务供给能力得分，并根据聚类分析结果将各个地方政府在公共服务供给能力及其各个二级指标得分处理为四个类别，并将其分别命名为领先创新型、积极追赶型、稳步推进型、初始发展型。在此基础上，比较分析各个地方政府在公共服务供给能力及其各个二级指标上得分水平的差异性结构特征及其得以形成的内在结构性原因。

# 第七章

# 地方政府公共服务能力差异性的生成机制与优化思路

在前述各章研究基础上,本章的主要研究内容涉及整合形成地方政府公共服务能力的综合评估指标体系、能力差异性的整体性结构特征及其结构类型生成机制的分析,并且提出相应的能力优化对策建议。

## 第一节 地方政府公共服务能力及其评估指标体系构成

### 一 地方政府公共服务能力构成成分的建构逻辑

由前述各部分分析可知,基于系统论一般架构,本书融合新公共管理理论、新公共服务理论、资源基础理论、政府竞争理论、公共服务提供与生产分离理论等相关理论,综合运用理论推演与实证检验相结合的研究思路,基于"公共服务需求管理—公共服务资源保障—公共服务资源整合—公共服务供给"的基本架构维度,建构起与中国式现代化主要特征相适应的地方政府公共服务能力体系的理论分析架构(见图 7-1)。

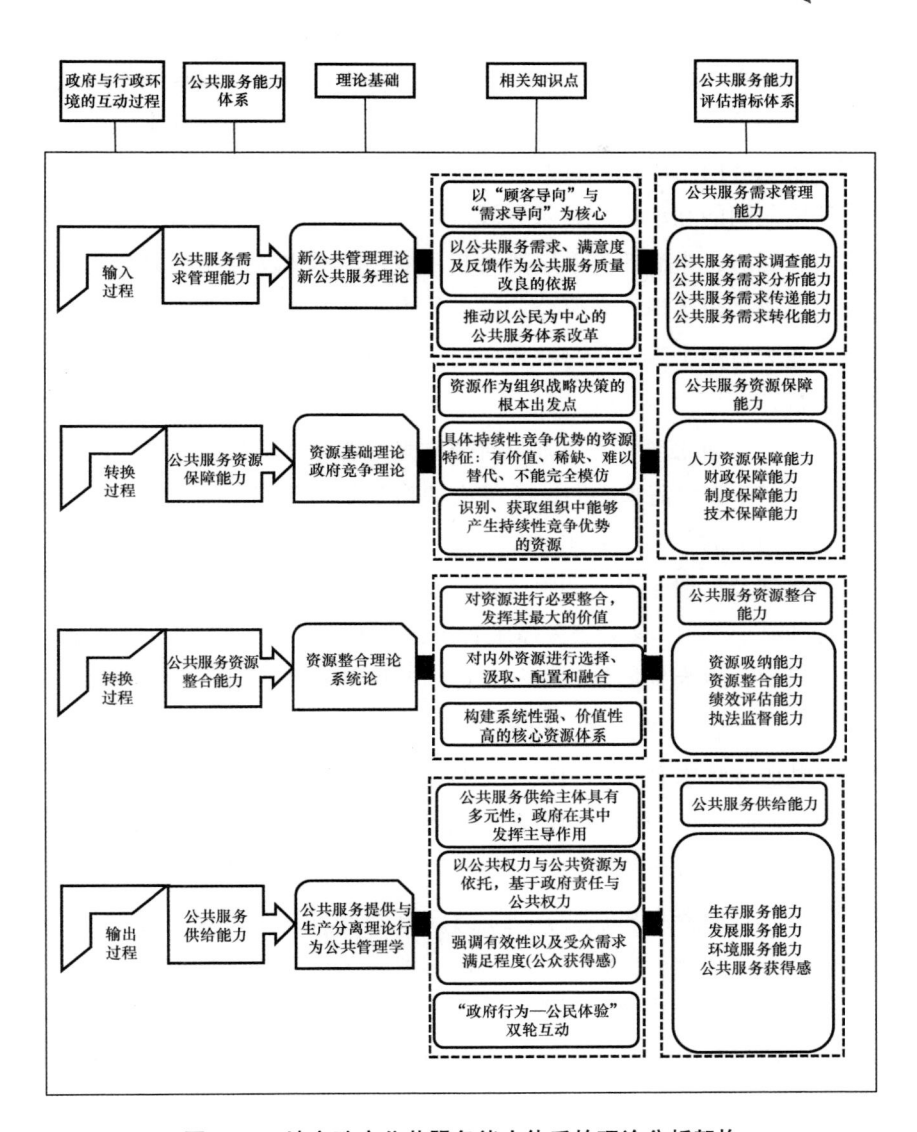

图 7-1　地方政府公共服务能力体系的理论分析架构

作为社会大系统中的子系统，政府是一个开放复杂的巨系统。在政府系统内，不同职能部门及其工作人员之间相互依存、相互影响，并在与行政环境之间的互动过程中维持自身的有效存在、运行与发展。总体上，在这一互动过程中，外在行政环境对政府系统输入各种要求，政府系统则通过采取各种输出或组织行为予以回应，以便建构起与环境之间的良性互动关系。为了提升回应效能，政府往往需要通过专业化和机构化，即组织部门与岗位职责设置等途径，不断提升自身的服务技能。政府与环境之间的互动过程是否有效，环境所提出的各种要求能否得以有效满足和回应，进而政府系统能否与环境之间形成良性互动关系，在很大程度上要受限于地方政府公共服务能力的高低。事实上，地方政府公共服务能力贯穿于政府与行政环境的互动全过程，涉及输入、转化、输出等运行环节。

首先，在输入环节，地方政府公共服务能力体现为公共服务需求管理能力。基于以"需求导向"为核心的新公共管理理论与新公共服务理论可知，当前的公共服务体系改革以公民为中心，并要求以公共服务需求、满意度及反馈作为公共服务质量改良的依据，强调公众公共服务需求管理的必要性[1]。公共服务需求管理是政府部门进行公共产品和服务生产的开端，也为其提供决策与管理的前提基础和依据，是一种包含众多内容的系统性管理活动，以此构成了一个逻辑严密、层层递进的系统。公共服务需求管理是一个动态的过程，会随着社会主要矛盾的变化而变化[2]。而要想全面了解在经济社会不断发展背景下公众的现实公共服务需求，关键在于精准调查、分析、传递及转化公众的公共服务需求。而且公共服务需求管理活动本身具有一定的活动逻辑，会遵循着从需求调查到需求分析再到需求传递最后到需求转化的发展脉络。由此可见，为了实现按需供给公共服务，可以从需求调查能力、需求分析能力、需求传递能力以及需求转化能力四个维度入手，评估并不断有针对性地提高地方政府公共服务需求管理能力。

其次，在转化环节，地方政府公共服务能力主要聚焦于公共服务资源的保障与整合。资源是组织生存与发展的必要依托。在公共服务领

---

[1] 刘熙瑞：《服务型政府——经济全球化背景下中国政府改革的目标选择》，《中国行政管理》2002年第7期。

[2] 盛明科、蔡振华：《公共服务需求管理的历史脉络与现实逻辑——社会主要矛盾的视角》，《北京大学学报》（哲学社会科学版）2018年第4期。

## 第七章 地方政府公共服务能力差异性的生成机制与优化思路

域,资源主要是指直接或间接作用于社会生产的社会经济因素,涵盖政策、资金、技术、人员等有形资源与社会资本、公共精神等无形资源[1],尤其是有形资源的丰富与否、独特与否决定了政府组织的下限与上限,会对公共服务供给的数量和质量产生较为显著的影响。从某种意义上来看,公共服务体系的建立其实是对各种资源进行汲取、整合与配置的过程[2],主要涉及公共服务资源保障能力与公共服务资源整合能力。关于公共服务资源保障能力,基于资源基础理论和政府竞争理论,资源是政府组织进行战略决策的根本出发点。而地方政府若要长期保持自身竞争优势,识别、获取具有持续性竞争优势的资源(具有有价值的、稀缺的、难以替代的和不能完全模仿的特征)是关键环节[3]。而能够创造持续竞争力的公共服务资源通常涉及人力资源、财政资源、制度资源与技术资源等四种基本类型。

关于公共服务资源整合能力,为了发挥公共资源的最大价值,实现政府系统的整体性功能的优化,就需要对其进行必要的整合,即对来自内外环境的资源进行选择、汲取、配置和融合,使其具有较强的系统性和价值性,并通过对资源的筛选,摒弃无价值的资源,最后形成系统性强、价值性高的核心资源体系[4]。本书以政府公共服务职能与不同职能部门在公共服务中的权责划分为研究视角,认为公共服务资源整合除了考虑组织自身的资源整合流程,还要考虑资源整合的公共效果。基于此,公共服务资源整合能力可以进一步划分为资源吸纳、资源整合、绩效评估和执法监督四个维度。前两个维度侧重于资源整合过程本身,后两个维度侧重于公共部门在资源整合过程中的配套制度保障。

---

[1] 沈满洪:《资源与环境经济学》,中国环境科学出版社2007年版,第2页。
[2] 马雪松:《结构、资源、主体:基本公共服务协同治理》,《中国行政管理》2016年第7期。
[3] Barney, J. B., "Firm Resources and Sustained Competitive Advantage", *Journal of Management*, Vol. 17, No. 1, 1991.
[4] 董保宝、葛宝山、王侃:《资源整合过程、动态能力与竞争优势:机理与路径》,《管理世界》(月刊)2011年第3期;[奥]L. V. 贝塔朗菲:《一般系统论》,袁嘉新译,社会科学文献出版社1987年版,第45—46页。

最后，在输出环节，地方政府公共服务能力体现为公共服务供给能力。公共服务供给能力是政府以满足人民的生存、发展及环境权利为基本目的，以公众获得感为评判标准和反馈依据而应具备的能力。具体来说，公共服务供给能力的构成要素聚焦四个方面的内容，即生存服务、发展服务、环境服务与公共服务获得感。一方面，公共服务提供与生产分离理论为政府公共服务供给的选择扩大了范围，强调了公共服务供给主体的多元性特征。但需要注意的是，由于公共服务本身具有的公共属性，使政府在提高市场效率、稳定经济与实现社会公平等方面，发挥重要作用[1]。另一方面，行为公共管理学强调了政府行为与公民体验之间的互动关系，构建了"政府行为—公民体验"双轮互动模型[2]，为公共服务供给能力指标框架的构建提供了理论依据。在"政府—公众"互动关系的逻辑下，公共服务供给是一个动态行为过程，一方面，以公共权力与公共资源为依托，基于政府责任与公共权力[3]；另一方面，强调有效性以及受众需求的满足程度——公众获得感[4]。由此可见，在强调公共服务"由谁供给、供给什么、如何供给"的同时，更应关注"为了谁"的问题[5]。基于此，公共服务供给能力分为生存服务能力、发展服务能力、环境服务能力和公共服务获得感四个维度。

## 二 地方政府公共服务能力评估指标体系构成

通过上述章节较为科学、全面地分析与验证，最终建构起地方政府公共服务能力评估指标体系。确切来说，基于上述理论基础和逻辑架

---

[1] [美]萨缪尔森、诺德豪斯：《经济学（上）》，萧琛主译，中国发展出版社1992年版，第79页；DiNitto, Diana M. & David W. Johnson, *Social Welfare: Politics and Public Policy* (8edition), Austin: Pearson, 2015, pp. 1–2.

[2] 张书维、李纾：《行为公共管理学探新：内容、方法与趋势》，《公共行政评论》2018年第1期。

[3] 王卓、胡梦珠：《国际公共服务：供给实践与理论探析》，《理论与改革》2018年第4期。

[4] 赵黎青：《什么是公共服务》，《中国人才》2008年第15期。

[5] 张丽、冯飞：《善治理念下地方政府公共服务能力的提升研究》，《陕西行政学院学报》2016年第2期。

# 第七章　地方政府公共服务能力差异性的生成机制与优化思路

构，本书所建构的地方政府公共服务能力评估指标体系包括了4个一级指标、16个二级指标与71个三级指标（具体见表7-1）。

1. 公共服务需求管理能力维度的指标体系构成。公共服务需求管理是一个动态过程，是在以人民为中心的理念指导下，包含众多内容的逻辑严密、层层递进的系统性管理活动。公共服务需求管理能力将通过需求调查能力、需求分析能力、需求传递能力以及需求转化能力4个二级指标，以及公众需求了解情况、公共服务技术创新程度、公共服务清单建设情况以及公众意见征集情况等在内的16个三级指标进行系统全面的衡量。具体如下。（1）对于公共服务需求调查能力来说，其核心在于精准了解公众需求。基于此逻辑，本书设计了"公众需求了解情况""公众意见征集情况""公共服务技术创新程度""公共服务清单建设情况"4个三级指标对公共服务需求调查能力进行评估。（2）政府部门作为公共利益的维护者和公共服务的直接供给者，既要侧重提升公共服务的数量和质量，同时也要兼顾不同群体的差异化需求。在明确了目标群体公共服务需求内容的基础上，政府部门还需确定以何种方式回应需求以及如何回应等问题，从而提高公共服务供需匹配的科学性和准确性。基于此逻辑，选择"政民互动情况""公共服务需求处理方式""公共服务需求处理水平""公共服务需求处理效果"4个三级指标对公共服务需求分析能力进行评估。（3）公共服务需求传递能力强调需求信息中心将经过调查和分析的需求信息传递到政府部门（决策部门/供给部门），以此作为公共服务供给决策和供给项目，切实满足公众（目标群体）的公共服务需求。为了保证公共服务需求信息能够顺利传递，有效解决公众（目标群体）、决策部门以及供给部门之间的信息连接问题，畅通的传递渠道必不可少，需要有关政府部门依据严密有序的制度规则予以保障，不断提升公共服务需求信息传递的有效性和准确性。基于此逻辑，选择"公共服务诉求回应情况""公共服务事项完成情况""公共服务事项办理跑动情况""公共服务事项办理受阻反馈途径"4个三级指标对公共服务需求传递能力进行评估。（4）公共

表7－1　湖北省地方政府公共服务能力评估指标体系

| 一级指标 | 一级指标权重 | 二级指标 | 二级指标权重 | 三级指标 | 三级指标权重 | 数据来源 | 类别 |
|---|---|---|---|---|---|---|---|
| 公共服务需求管理能力 | 25% | 公共服务需求调查能力 | 6.25% | 公众需求了解情况 | 1.5625% | 调查问卷 | 主观数据 |
| | | | | 公众意见征集情况 | 1.5625% | | |
| | | | | 公共服务技术创新程度 | 1.5625% | | |
| | | | | 公共服务清单建设情况 | 1.5625% | | |
| | | 公共服务需求分析能力 | 6.25% | 政民互动情况 | 1.5625% | | |
| | | | | 公共服务需求处理方式 | 1.5625% | | |
| | | | | 公共服务需求处理水平 | 1.5625% | | |
| | | | | 公共服务需求处理效果 | 1.5625% | | |
| | | 公共服务传递能力 | 6.25% | 公共服务诉求回应情况 | 1.5625% | | |
| | | | | 公共服务事项完成情况 | 1.5625% | | |
| | | | | 公共服务事项办理跑动情况 | 1.5625% | | |
| | | | | 公共服务事项办理受阻反馈情况 | 1.5625% | | |
| | | 公共服务需求转化能力 | 6.25% | 特殊群体的公共服务覆盖情况 | 1.5625% | | |
| | | | | 公共服务信息获取便捷程度 | 1.5625% | | |
| | | | | 公共服务设施需求满足情况 | 1.5625% | | |
| | | | | 工作人员提供公共服务的态度 | 1.5625% | | |

第七章 地方政府公共服务能力差异性的生成机制与优化思路

续表

| 一级指标 | 一级指标权重 | 二级指标 | 二级指标权重 | 三级指标 | 三级指标权重 | 数据来源 | 类别 |
|---|---|---|---|---|---|---|---|
| 公共服务资源保障能力 | 25% | 人力资源保障能力 | 6.25% | 城市政府工作岗位的吸引力水平 | 1.2500% | 调查问卷 | 主观数据 |
| | | | | 行政人员脱岗在职培训的天数 | 1.2500% | | |
| | | | | 业务培训项目与职业发展需要的匹配度 | 1.2500% | | |
| | | | | 工作内容与所在岗位职责的一致程度 | 1.2500% | | |
| | | | | 行政人员工作满足感 | 1.2500% | | |
| | | 财政保障能力 | 6.25% | 地方一般公共预算人均收入 | 1.2500% | 统计年鉴 | 客观数据 |
| | | | | 一般公共预算人均支出 | 1.2500% | | |
| | | | | 人均地方实际使用外资额度 | 1.2500% | | |
| | | | | 公共服务性财政支出的财政总支出占比 | 1.5625% | | |
| | | | | 人均公共服务性财政支出 | 1.5625% | | |
| | | 制度保障能力 | 6.25% | 地方出台公共服务类政策数量 | 1.5625% | 政府网站 | 客观数据 |
| | | | | 地方政府公布的公共服务权力清单数量 | 1.5625% | | |
| | | | | 相关政府部门或公共服务工作人员依法追责的可能性 | 1.2500% | 调查问卷 | 主观数据 |
| | | | | 城市执法工作实施情况——信用监管 | 1.2500% | | |
| | | 技术保障能力 | 6.25% | 政务服务平台提供信息的覆盖全面性 | 1.2500% | 调查问卷 | 主观数据 |
| | | | | 平台服务事项的覆盖全面性 | 1.2500% | | |
| | | | | 平台智能办理服务水平 | 1.2500% | | |
| | | | | 平台个性化服务水平 | 1.2500% | | |

续表

| 一级指标 | 一级指标权重 | 二级指标 | 二级指标权重 | 三级指标 | 三级指标权重 | 数据来源 | 类别 |
|---|---|---|---|---|---|---|---|
| 公共服务资源整合能力 | 25% | 资源吸纳能力 | 6.25% | PPP立项数量 | 3.1250% | 政府网站 | 客观数据 |
| | | | | 专项转移支付数量 | 3.1250% | 政府网站 | 客观数据 |
| | | 资源配置能力 | 6.25% | 城市政府工作人员的办事能力水平 | 1.0412% | 调查问卷 | 主观数据 |
| | | | | 行政人员在办事过程中是否会暗箱操作 | 1.0412% | | |
| | | | | 是否存在政府决策不连贯的现象 | 1.0412% | | |
| | | | | 是否有过政府部门相互推诿、不担当的情况 | 1.0412% | | |
| | | | | 政府履职的变通能力 | 1.0412% | | |
| | | | | 政府履职的纠错能力 | 1.0412% | | |
| | | 绩效评估能力 | 6.25% | 是否建立专门的绩效评估组织 | 1.5625% | 调查问卷 | 主观数据 |
| | | | | 是否具有充足的预算保障 | 1.5625% | | |
| | | | | 是否拥有完善的绩效评估制度 | 1.5625% | | |
| | | | | 是否严格以绩效考评结果作为薪酬奖励和职务晋升的重要依据 | 1.5625% | | |
| | | 执法监督能力 | 6.25% | "双随机、一公开"监管 | 1.2500% | 调查问卷 | 主观数据 |
| | | | | 重点监管 | 1.2500% | | |
| | | | | 行政审批与监管协调联动工作机制 | 1.2500% | | |
| | | | | 协同监管 | 1.2500% | | |
| | | | | 谨慎包容监管 | 1.2500% | | |

第七章　地方政府公共服务能力差异性的生成机制与优化思路　347

续表

| 一级指标 | 一级指标权重 | 二级指标 | 二级指标权重 | 三级指标 | 三级指标权重 | 数据来源 | 类别 |
|---|---|---|---|---|---|---|---|
| 公共服务供给能力 | 25% | 生存服务能力 | 6.25% | 每千人医疗卫生机构床位数 | 1.5625% | 政府网站 | 客观数据 |
|  |  |  |  | 每千人医疗卫生技术人员数 | 1.5625% |  |  |
|  |  |  |  | 人均医疗卫生健康支出 | 1.5625% |  |  |
|  |  |  |  | 人均社会保障与就业支出 | 1.5625% |  |  |
|  |  | 发展服务能力 | 6.25% | 平均每教位教师负担人数（小学） | 1.2500% | 政府网站 | 客观数据 |
|  |  |  |  | 平均每教位教师负担人数（中学） | 1.2500% |  |  |
|  |  |  |  | 学生人均教育支出 | 1.2500% |  |  |
|  |  |  |  | 每万人图书馆拥有量 | 1.2500% |  |  |
|  |  |  |  | 人均文化旅游体育传媒支出 | 1.2500% |  |  |
|  |  | 环境服务能力 | 6.25% | 城镇生活污水处理率 | 1.2500% | 政府网站 | 客观数据 |
|  |  |  |  | 人均公园绿地面积 | 1.2500% |  |  |
|  |  |  |  | 人均环保支出 | 1.2500% |  |  |
|  |  |  |  | 每万人刑事犯罪率 | 1.2500% |  |  |
|  |  |  |  | 人均公共安全支出 | 1.2500% |  |  |
|  |  | 公共服务获得感 | 6.25% | 基础教育服务满意度 | 1.2500% | 调查问卷 | 主观数据 |
|  |  |  |  | 公立医院服务满意度 | 1.2500% |  |  |
|  |  |  |  | 环境保护服务满意度 | 1.2500% |  |  |
|  |  |  |  | 社会治安服务满意度 | 1.2500% |  |  |
|  |  |  |  | 公共文体服务满意度 | 1.2500% |  |  |

服务需求转化是公共服务需求管理的最终环节，是公共服务决策方和供给方依据分析与整合后的需求信息，进行公共服务决策，将需求信息转化为公共服务政策和项目，并通过政策执行加以贯彻落实，以满足目标群体实际需要的过程。公共服务是关系公众切身利益的重要领域，理想情况下，民众的需求信息会适时进入决策体系中，并以政策和项目的形式将服务和产品提供给民众，最终实现需求对于供给的有效转化。基于此逻辑，本书选择"特殊群体的公共服务覆盖情况""公共服务信息获取便捷程度""公共服务设施需求满足情况""工作人员提供公共服务的态度"4个三级指标对公共服务需求转化能力进行评估。

2. 公共服务资源保障能力维度的指标体系构成。地方政府公共服务能力的保持和成长需要持续的资源获取。换言之，资源保障是政府公共服务顺利开展并取得成效的重要环节。基于以上研究结果，公共服务资源保障能力评估指标体系包括人力资源保障能力、财政保障能力、制度保障能力和技术保障能力4个二级指标，城市政府工作岗位的吸引力水平、行政人员脱岗在职培训的天数、业务培训项目与职业发展需要的匹配度、工作内容与所在岗位职责的一致程度等19个三级指标。具体如下。（1）行政人员是政府组织内最重要的资源之一。除了高素质、高层次专业技术人员的引进之外，对广大行政人员进行有效安排和培训，提高其基本素质，强化在公共服务供给中的服务意识和服务能力，已经成为各级地方政府在人才队伍建设中的重要环节[1]。为此，本书选择"城市政府工作岗位的吸引力水平""行政人员脱岗在职培训的天数""业务培训项目与职业发展需要的匹配度""工作内容与所在岗位职责的一致程度""行政人员工作满足感"5个三级指标对人力资源保障能力进行评估。（2）对于财政保障能力，财政收入是政府从社会获取财政资源的能力——国家汲取能力的体现，是国家制度建设的首要任务[2]。随

---

[1] 张再生、李祥飞：《公共部门人力资源管理的理论与实践前沿问题探讨》，《中国行政管理》2012年第9期。
[2] 王绍光：《国家汲取能力的建设——中华人民共和国成立初期的经验》，《中国社会科学》2002年第1期。

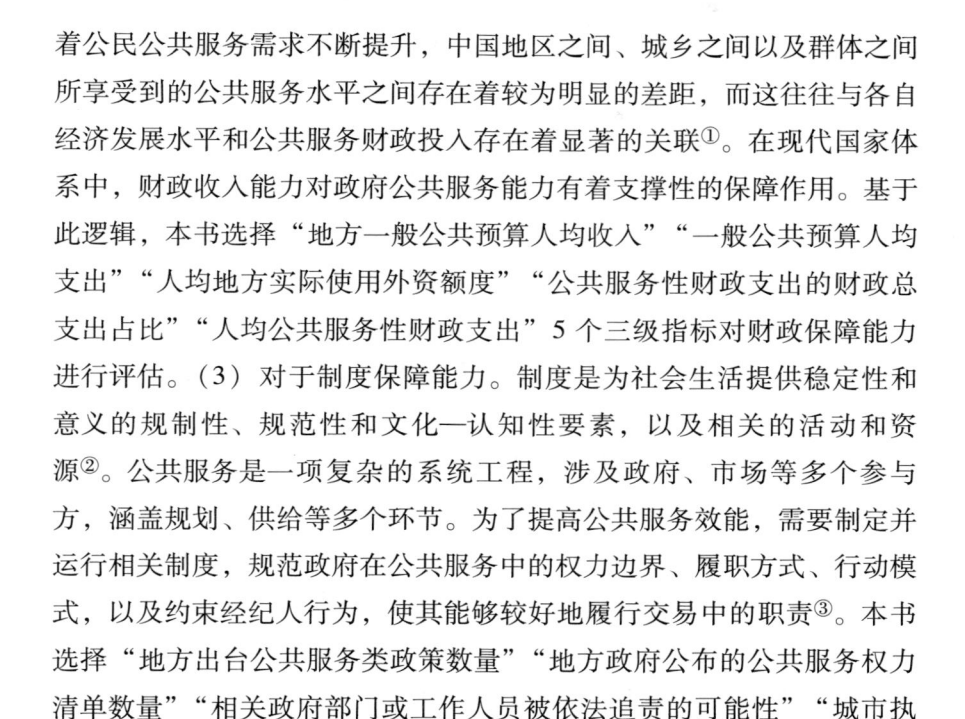

# 第七章 地方政府公共服务能力差异性的生成机制与优化思路

着公民公共服务需求不断提升,中国地区之间、城乡之间以及群体之间所享受到的公共服务水平之间存在着较为明显的差距,而这往往与各自经济发展水平和公共服务财政投入存在着显著的关联[①]。在现代国家体系中,财政收入能力对政府公共服务能力有着支撑性的保障作用。基于此逻辑,本书选择"地方一般公共预算人均收入""一般公共预算人均支出""人均地方实际使用外资额度""公共服务性财政支出的财政总支出占比""人均公共服务性财政支出" 5 个三级指标对财政保障能力进行评估。(3)对于制度保障能力。制度是为社会生活提供稳定性和意义的规制性、规范性和文化——认知性要素,以及相关的活动和资源[②]。公共服务是一项复杂的系统工程,涉及政府、市场等多个参与方,涵盖规划、供给等多个环节。为了提高公共服务效能,需要制定并运行相关制度,规范政府在公共服务中的权力边界、履职方式、行动模式,以及约束经纪人行为,使其能够较好地履行交易中的职责[③]。本书选择"地方出台公共服务类政策数量""地方政府公布的公共服务权力清单数量""相关政府部门或工作人员被依法追责的可能性""城市执法工作实施情况——信用监管" 4 个三级指标对制度保障能力进行评估。(4)对于技术保障能力。数字技术对于提高公共服务能力和水平的重要性不断提升,不仅为公共服务创新提供了重要的契机,而且对政府的公共服务能力提出了严峻的挑战[④]。其中,在线政务服务平台是非常具有代表性的一种模式。由此,在公共服务能力技术保障能力测度部分,本书聚焦于地方政府的在线政务服务平台的建设,选择"政务服务平台提供信息的能力""平台服务事项的覆盖全面性""平台服务事

---

[①] 辛冲冲、陈志勇:《中国基本公共服务供给水平分布动态、地区差异及收敛性》,《数量经济技术经济研究》2019 年第 36 期。

[②] [美] W. 理查德·斯科特:《制度与组织——思想观念与物质利益》,姚伟、王黎芳译,中国人民大学出版社 2010 年版,第 56 页。

[③] 钱颖一:《市场与法治》,《经济社会体制比较》2000 年第 3 期。

[④] 周瑜:《数字技术驱动公共服务创新的经济机理与变革方向》,《当代经济管理》2020 年第 42 期;余江、靳景、温雅婷:《转型背景下公共服务创新中的数字技术及其创新治理:理论追溯与趋势研判》,《科学学与科学技术管理》2021 年第 42 期。

项办理便捷程度""平台智能化服务水平""平台个性化服务水平"5个三级指标。

3. 公共服务资源整合能力维度的指标体系构成。公共服务资源整合以最优化为基本原则，致力于通过公共服务各环节与资源整合各环节的联结，以及公共服务各环节行为主体和资源整合各环节的联结，实现公共服务资源整合，进而整个政府公共服务系统的整体性功能最大化，创造或说实现公共服务的最终价值。由于公共服务资源整合涉及公共服务和资源整合两个系统，因而公共服务资源整合能力评估指标体系包括了资源吸纳能力、资源配置能力、绩效评估能力与执法监督能力4个二级指标，PPP立项数量、专项转移支付数量、城市政府工作人员的办事能力水平、行政人员在办事过程中是否会暗箱操作等17个三级指标。具体如下。（1）关于资源吸纳能力。资源吸纳本质上是一种通过多元化方式获取配置性资源的行为，是解决资源匮乏的重要手段[1]。现代各国政府往往无法仅依赖组织内资源实现不同层次的多样化公共服务需求，社会化资源吸纳机制构成拓宽各级政府日益重要的公共服务资源获取渠道。其中，公私伙伴关系是当前各国公共服务实践中得到广泛应用的一种供给模式，可以被视作政府公共服务资源吸纳行为及其能力的一种具有代表性的模式。同时，由于本书研究的主要是基本公共服务领域，基本公共服务的均等化供给离不开全国统筹和中央政府的转移支付政策支持。尤其是对于单一制国家结构形式下的中国各级地方政府而言，上级（尤其是中央政府）是更为重要的资源来源。基于此逻辑，本书选择"PPP立项数量""专项转移支付数量"2个三级指标对资源吸纳能力进行评估。（2）关于资源配置能力。资源配置是资源整合的核心环节，资源能否发挥价值，关键在于是否将其置放在正确的位置去使用[2]。以资源整合的原理而言，整合的实质在于将政府系统中各要素

---

[1] 张国磊：《科层权威、资源吸纳与基层社会治理——基于"联镇包村"第一书记的行动逻辑考察》，《中国行政管理》2019年第11期。

[2] 董保宝、葛宝山：《新创企业资源整合过程与动态能力关系研究》，《科研管理》2012年第2期。

进行合理配置。这不仅要求政府部门之间建立有效的协同机制,而且需要协调政府与市场、社会的关系。在资源配置这一维度上,本书选择"城市政府工作人员的办事能力水平""行政人员在办事过程中是否会暗箱操作""是否存在政策不连贯的现象""是否有过政府部门相互推诿、不担当的情况""政府履职的变通能力""政府履职的纠错能力"6个三级指标对资源配置能力进行评估。(3)关于绩效评估能力。于公共服务而言,绩效评估的价值主要体现在评估与改善公共服务质量,提升公民对公共服务的满意度上。而绩效评估的重点领域会在很大程度上定义政府工作的重点方向,引导政府职能部门的注意力分布。因而,完善的公共服务绩效评估体制,会促使政府加大对公共服务注意力的投入。同时,为了提高公共服务效能,政府各职能部门除了履行好自身的公共服务职能之外,还会强化与其他部门之间的沟通与合作。为此,本书选择"是否建立专门的绩效评估组织""是否具有充足的预算保障""是否拥有完善的绩效评估制度""是否严格以绩效考评结果作为薪酬奖励和职务晋升的重要依据"4个三级指标对绩效评估能力进行评估。(4)关于执法监督能力。行政执法贯穿于政府履行公共服务职能的各个阶段,而公共服务资源配置中的行政执法行为主要体现在政府对市场的行政执法监管与处理过程中,包含行政许可、检查、处罚、强制等多种行为。而当下中国改善行政执法的关键在于加强执法监督。为此,本书选择"'双随机、一公开'监管""重点监管""行政审批与监管协调联动工作机制""协同监管""谨慎包容监管"5个三级指标对执法监督能力进行评估。

  4. 公共服务供给能力维度的指标体系构成。公共服务供给能力是政府为保障社会公众的基本生存、发展与享有整洁安全环境的权利,满足社会公众公共需求,提升社会公众获得感,通过整合资源来直接或间接生产、提供优质公共产品或者公共服务输出的能力。公共服务供给能力具体通过生存服务能力、发展服务能力、环境服务能力、公共服务获得感4个二级指标,每千人医疗卫生机构床位数、每千人医疗卫生技人员数、人均医疗卫生健康支出等19个三级指标，进行系统全面的衡量。具体如下。（1）关于生存服务能力。这个指标重点考察的是各级政府为了保障公众的基本生存权利所拥有的各种公共服务的供给能力。本书选择"每千人医疗卫生机构床位数""每千人医疗卫生技术人员数""人均医疗卫生健康支出""人均社会保障与就业支出"4个三级指标对生存服务能力进行评估。（2）关于发展服务能力。发展服务能力是指政府为保障社会公众基本发展权利所拥有的提供公共服务的能力。公众的发展权利作为首要的人权应给予保护与尊重，并且应主要关注社会公众的发展问题。本书选择"平均每位教师负担人数（小学）""平均每位教师负担人数（中学）""学生人均教育支出""每万人图书馆拥有量""人均文化旅游体育传媒支出"5个三级指标对发展服务能力进行评估。（3）关于环境服务能力。环境服务能力是指政府为保障社会公众基本环境权以及为公众的生存与发展提供一个舒适安全的环境，满足公众对美好生活需求的能力。本书选择"城镇生活污水处理率""人均公园绿地面积""人均环保支出""每万人刑事犯罪率""人均公共安全支出"5个三级指标对环境服务能力进行评估。（4）关于公共服务获得感。政府公共服务供给与公众获得感反馈形成一种循环过程，即政府端输出公共服务与公众端反馈公共服务感知，明晰了公共服务"为谁提供"的问题。公共服务获得感是辖区居民对其感知公共服务的总体评价，可以通过公众体验来判断，是反映满意度的重要指标之一。获得感与满意度具有客观性与主观性相统一的性质，二者之间存在显著的正向关系[1]。由此，提高公共服务满意度是提高人民获得感、幸福感的政策路径[2]。为此，本书选择"基础教育服务满意度""公立医院服务满意度""环境保护服务满意度""社会治安服务满意度""公共文体服务满意度"5个三级指标对公共服务获得感进行评估。

---

[1] 叶胥、谢迟、毛中根：《中国居民民生获得感与民生满意度：测度及差异分析》，《数量经济技术经济研究》2018年第10期。

[2] 周绍杰、王洪川、苏杨：《中国人如何能有更高水平的幸福感——基于中国民生指数调查》，《管理世界》2015年第6期。

## 第二节 地方政府公共服务能力差异性的结构类别及其比较分析

### 一 数据来源与处理

（一）数据来源

基于前文分析结论，地方政府公共服务能力评估指标体系包括四个一级指标、16个二级指标以及各自的三级指标。其中，一级指标涉及公共服务需求管理能力、公共服务资源保障能力、公共服务资源整合能力及公共服务供给能力等四个维度。具体而言，公共服务需求管理能力包括公共服务需求调查能力、公共服务需求分析能力、公共服务需求传递能力、公共服务需求转化能力四个二级指标。公共服务资源保障能力包括人力资源保障能力、财政保障能力、制度保障能力、技术保障能力四个二级指标。公共服务资源整合能力包括资源吸纳能力、资源配置能力、绩效评估能力、执法监督能力四个二级指标。公共服务供给能力包括生存服务能力、发展服务能力、环境服务能力以及公共服务获得感四个二级指标。根据研究设计，公共服务需求管理能力指标的数据来源为问卷收集的主观数据，而公共服务资源保障能力、公共服务资源整合能力和公共服务供给能力的数据来源既包括由自主设计问卷收集的主观数据，又包括政府官网的统计数据。主客观数据来源以及各级指标得分求取方式在前文介绍较为详细，不再赘述。

基于本章的研究设计，各个地方政府公共服务能力的原始得分操作方法与一级、二级指标得分计算方法相同，也即通过各个一级指标原始分值汇总求出。由此，地方政府公共服务能力水平总得分的计算公式具体为：

$$公共服务能力得分 = \sum_{i=1}^{m} 一级指标 \times 一级指标权重 \quad (7.1)$$

其中，各个一级指标的权重由前文得知均为0.25。各个一级指标的原始得分在前面章节已经求出，不再赘述。基于上述公式，湖北省各个省直管地方政府的公共服务能力水平原始得分如表7-2所示。

表7-2　　湖北省16个省直管地方政府公共服务能力原始得分

| 地方政府 | 公共服务能力 | 公共服务需求管理能力 | 公共服务资源保障能力 | 公共服务资源整合能力 | 公共服务供给能力 |
|---|---|---|---|---|---|
| 武汉 | 0.0104 | 0.0115 | 0.0115 | 0.0106 | 0.0096 |
| 天门 | 0.0096 | 0.0134 | 0.0094 | 0.0101 | 0.0066 |
| 十堰 | 0.0095 | 0.0119 | 0.0078 | 0.0107 | 0.0090 |
| 黄石 | 0.0093 | 0.0116 | 0.0093 | 0.0100 | 0.0076 |
| 宜昌 | 0.0091 | 0.0101 | 0.0075 | 0.0094 | 0.0093 |
| 咸宁 | 0.0090 | 0.0119 | 0.0079 | 0.0098 | 0.0070 |
| 恩施 | 0.0089 | 0.0111 | 0.0075 | 0.0094 | 0.0081 |
| 荆门 | 0.0089 | 0.0097 | 0.0086 | 0.0098 | 0.0084 |
| 潜江 | 0.0087 | 0.0111 | 0.0075 | 0.0100 | 0.0068 |
| 随州 | 0.0087 | 0.0123 | 0.0076 | 0.0096 | 0.0066 |
| 仙桃 | 0.0086 | 0.0115 | 0.0088 | 0.0102 | 0.0065 |
| 襄阳 | 0.0084 | 0.0105 | 0.0078 | 0.0088 | 0.0074 |
| 孝感 | 0.0083 | 0.0104 | 0.0076 | 0.0097 | 0.0065 |
| 黄冈 | 0.0082 | 0.0102 | 0.0070 | 0.0092 | 0.0065 |
| 鄂州 | 0.0080 | 0.0092 | 0.0066 | 0.0087 | 0.0077 |
| 荆州 | 0.0072 | 0.0078 | 0.0072 | 0.0083 | 0.0058 |

资料来源：笔者计算所得。

（二）数据处理

地方政府公共服务能力水平数据处理与各一级指标的处理方式一致。具体操作为对各个地方政府公共服务能力水平原始得分进行了百分制转化，得到其百分制得分。地方政府公共服务能力水平原始得分百分制转化的计算公式如下：

$$\frac{指标原始得分}{该指标满分} = \frac{x}{100} \qquad (7.2)$$

## 第七章 地方政府公共服务能力差异性的生成机制与优化思路

其中，$x$ 为指标百分制得分。前文已经计算得出一级指标、二级指标及三级指标的百分制得分。由前文可知，计算三级指标得分时采用了数据无量纲化处理方式，因此三级指标的满分为1，二级指标的满分是其下各项三级指标得分乘以各自所占权重后汇总所得，一级指标的满分是其下各二级指标得分乘以各自权重后汇总所得。以此类推，公共服务能力的满分则是一级指标满分乘以其各自权重汇总所得。据前文所述，省直管地方政府公共服务能力评估指标体系包括4个一级指标，一级指标的满分已经计算得出为0.015625，其权重为0.25，则公共服务能力满分为 0.015625×4×0.25＝0.015625。此处，公共服务能力指标百分制转换计算公式为：

$$\frac{公共服务能力原始得分}{0.015625}=\frac{x}{100} \tag{7.3}$$

通过公式（7.3）计算得出公共服务能力百分制得分（见表7-3）。

表7-3　湖北省16个省直管地方政府公共服务能力百分制得分

| 地方政府 | 公共服务能力 | 公共服务需求管理能力 | 公共服务资源保障能力 | 公共服务资源整合能力 | 公共服务供给能力 |
| --- | --- | --- | --- | --- | --- |
| 武汉 | 69.18 | 73.31 | 73.78 | 68.09 | 61.57 |
| 天门 | 63.25 | 86.01 | 60.23 | 64.83 | 42.37 |
| 十堰 | 63.04 | 76.22 | 49.69 | 68.49 | 57.47 |
| 黄石 | 61.66 | 74.33 | 59.63 | 64.22 | 48.80 |
| 宜昌 | 58.06 | 64.47 | 48.22 | 60.07 | 59.25 |
| 咸宁 | 58.60 | 76.34 | 50.49 | 62.86 | 44.83 |
| 恩施 | 57.82 | 71.01 | 48.21 | 60.39 | 51.68 |
| 荆门 | 58.34 | 62.26 | 55.12 | 62.47 | 53.71 |
| 潜江 | 56.64 | 71.14 | 48.18 | 63.99 | 43.66 |
| 随州 | 57.81 | 78.56 | 48.85 | 61.65 | 42.46 |
| 仙桃 | 59.26 | 73.41 | 56.19 | 65.50 | 41.58 |

续表

| 地方政府 | 公共服务能力 | 公共服务需求管理能力 | 公共服务资源保障能力 | 公共服务资源整合能力 | 公共服务供给能力 |
|---|---|---|---|---|---|
| 襄阳 | 55.19 | 67.00 | 50.21 | 56.26 | 47.49 |
| 孝感 | 54.79 | 66.80 | 48.52 | 62.35 | 41.64 |
| 黄冈 | 52.71 | 65.35 | 44.50 | 59.16 | 41.59 |
| 鄂州 | 51.59 | 58.56 | 42.12 | 55.95 | 49.14 |
| 荆州 | 46.55 | 49.95 | 46.23 | 53.10 | 36.92 |

资料来源：笔者计算所得。

## 二 各地方政府公共服务能力得分的结构特征分析

通过上述计算方式得出湖北省各省直管地方政府公共服务能力的原始得分以及百分制得分，其中各一级指标的原始得分及百分制得分由前文计算所得。由表7-4可知，各地方政府公共服务能力得分呈现出明显的结构特征，意味着各个地方政府在公共服务能力水平上存在着差异化特征。为更精准地分析湖北省各省直管地方政府公共服务能力得分的结构性差异，参照通常做法和研究设计，使用K-means聚类分析方法对各地方政府的公共服务能力进行聚类分析。为此，根据每次数据样本的分类进行测试与调整①，得到各个地方政府公共服务能力得分的最终聚类中心，分别为69.18、61.80、56.15、46.55。根据聚类分析结果，结合各地方政府在公共服务能力水平上的综合表现，最终得到四个类别。依据其得分特征，将四类地方政府分别命名为领先创新型、积极追赶型、稳步推进型、初始发展型。具体而言，武汉为领先创新型地方政府；天门、十堰、黄石、仙桃4个地方政府为积极追赶型地方政府；咸宁、荆门、宜昌、恩施、随州、潜江、襄阳、孝感、黄冈和鄂州10个地方政府为稳步推进型地方政府；荆州为初始发展型地方政府。领先创新型地方政府类别在各个一级指标的能力建设水平相对都较为均衡与完善，积极追赶

---

① 谭晋秀、何跃：《基于K-means文本聚类的新浪微博个性化博文推荐研究》，《情报科学》2016年第4期。

第七章 地方政府公共服务能力差异性的生成机制与优化思路　357

型地方政府类别在各个一级指标的能力建设水平较为突出，稳步推进型地方政府类别在各个一级指标的能力建设水平参差不齐，而初始发展型地方政府类别在各个一级指标的能力建设水平均有待改善。

表7-4　湖北省16个省直管地方政府公共服务能力得分

| 地方政府 | 总指标 公共服务能力 原始得分 | 总指标 公共服务能力 百分制得分 | 公共服务需求管理能力 原始得分 | 公共服务需求管理能力 百分制得分 | 公共服务资源保障能力 原始得分 | 公共服务资源保障能力 百分制得分 | 公共服务资源整合能力 原始得分 | 公共服务资源整合能力 百分制得分 | 公共服务供给能力 原始得分 | 公共服务供给能力 百分制得分 |
|---|---|---|---|---|---|---|---|---|---|---|
| 武汉 | 0.0108 | 69.18 | 0.0115 | 73.31 | 0.0115 | 73.78 | 0.0106 | 68.09 | 0.0096 | 61.57 |
| 天门 | 0.0099 | 63.25 | 0.0134 | 86.01 | 0.0094 | 60.23 | 0.0101 | 64.83 | 0.0066 | 42.37 |
| 十堰 | 0.0099 | 63.04 | 0.0119 | 76.22 | 0.0078 | 49.69 | 0.0107 | 68.49 | 0.009 | 57.47 |
| 黄石 | 0.0096 | 61.66 | 0.0116 | 74.33 | 0.0093 | 59.63 | 0.0100 | 64.22 | 0.0076 | 48.80 |
| 仙桃 | 0.0093 | 59.26 | 0.0115 | 73.41 | 0.0088 | 56.19 | 0.0102 | 65.50 | 0.0065 | 41.58 |
| 咸宁 | 0.0092 | 58.60 | 0.0119 | 76.34 | 0.0079 | 50.49 | 0.0098 | 62.86 | 0.007 | 44.83 |
| 荆门 | 0.0091 | 58.34 | 0.0097 | 62.26 | 0.0086 | 55.12 | 0.0098 | 62.47 | 0.0084 | 53.71 |
| 宜昌 | 0.0091 | 58.06 | 0.0101 | 64.47 | 0.0075 | 48.22 | 0.0094 | 60.07 | 0.0093 | 59.25 |
| 恩施 | 0.0090 | 57.82 | 0.0111 | 71.01 | 0.0075 | 48.21 | 0.0094 | 60.39 | 0.0081 | 51.68 |
| 随州 | 0.0090 | 57.81 | 0.0123 | 78.56 | 0.0076 | 48.85 | 0.0096 | 61.65 | 0.0066 | 42.46 |
| 潜江 | 0.0088 | 56.64 | 0.0111 | 71.14 | 0.0075 | 48.18 | 0.0100 | 63.99 | 0.0068 | 43.66 |
| 襄阳 | 0.0086 | 55.19 | 0.0105 | 67.00 | 0.0078 | 50.21 | 0.0088 | 56.26 | 0.0074 | 47.49 |
| 孝感 | 0.0086 | 54.79 | 0.0104 | 66.80 | 0.0076 | 48.52 | 0.0097 | 62.35 | 0.0065 | 41.64 |
| 黄冈 | 0.0082 | 52.71 | 0.0102 | 65.35 | 0.007 | 44.50 | 0.0092 | 59.16 | 0.0065 | 41.59 |
| 鄂州 | 0.0081 | 51.59 | 0.0092 | 58.56 | 0.0066 | 42.12 | 0.0087 | 55.95 | 0.0077 | 49.14 |
| 荆州 | 0.0073 | 46.55 | 0.0078 | 49.95 | 0.0072 | 46.23 | 0.0083 | 53.10 | 0.0058 | 36.92 |

资料来源：笔者根据网络公开资料自制。

图7-2直观呈现了湖北省16个省直管地方政府的公共服务能力总体得分情况，全省公共服务能力平均得分为57.78，百分制极差为

22.63，标准差为5.25。可以看出，武汉作为公共服务能力领先创新型地方政府，在公共服务能力方面得分明显高于其他地方政府，在16个省直管地方政府中独占鳌头。天门、十堰、黄石及仙桃4个地方政府作为公共服务能力积极追赶型地方政府，得分区间为59—64，其总得分与武汉有一定的差距，但基本处于全省平均得分之上，且这4个地方政府间得分差异较小，其分值差大致在4分以内，基本上处于同一类别。咸宁、荆门、宜昌、恩施、随州、潜江、襄阳、孝感、黄冈和鄂州10个地方政府是公共服务能力稳步推进型地方政府，得分区间为51—59，其中咸宁、荆门、宜昌、恩施、随州这几个地方政府总得分基本处于全省平均水平之上，但分值相差不大，而潜江、襄阳、孝感、黄冈和鄂州这5个地方政府的总得分处于全省平均水平之下。荆州市作为公共服务能力初始发展型地方政府，其得分与全省平均水平相差较大，超出11分，需要多维度的加强补足。

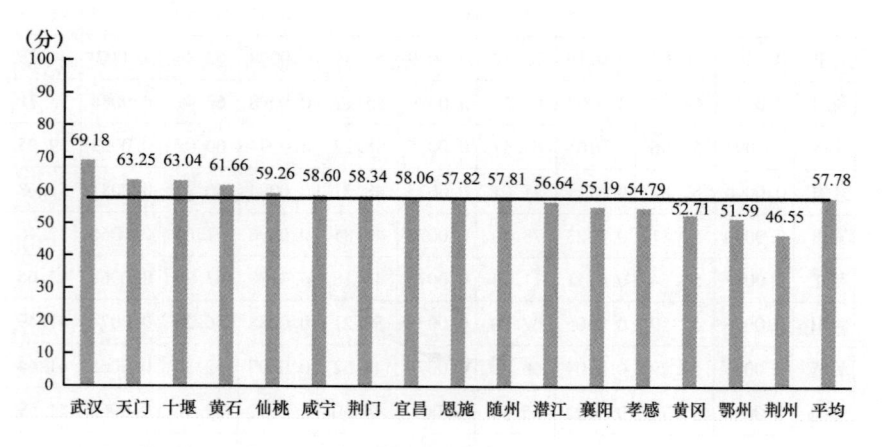

图7-2　湖北省16个省直管地方政府公共服务能力表现

为更加直观地呈现出湖北省16个省直管地方政府在公共服务能力水平上的结构化差异特征，与前文一致，这里将采取雷达图形式展现各地方政府在公共服务需求管理能力、公共服务资源保障能力、公共服务资源整合能力及公共服务供给能力指标得分的结构特征及其相对优势与不足。如图 7-3 所示,各地方政府在各一级指标的表现水平具有明显的差异性。其中,在公共服务需求管理能力结构上,大部分地方政府呈现向外凸的态势,表明在此项能力上表现较好,其中天门、随州表现尤为突出,而荆州、鄂州表现却不尽如人意。在公共服务资源保障能力结构方面,武汉呈现向外凸的态势表明在该项能力上表现突出,而其他地方政府表现水平则相对均衡。在公共服务资源整合能力结构上,十堰表现突出,武汉、仙桃、天门表现较为突出,整体上各地方政府在雷达图中呈现出近似圆形的态势,显示得分差距较小,反映整体表现水平相对均衡。而在公共服务供给能力结构上,各个地方政府都呈现向内凹的态势,表明相对于其他指标,各个地方政府的公共服务供给能力都有待进一步提升。不过,也不乏在公共服务供给能力上表现较为突出的,如武汉、宜昌、十堰等地方政府。

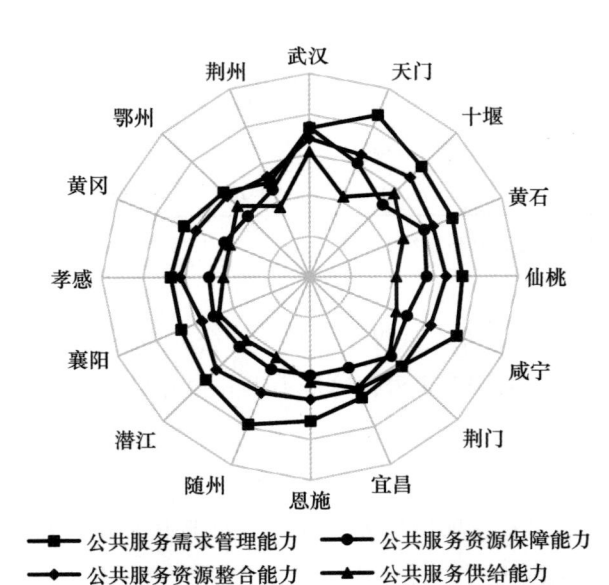

图 7-3 湖北省 16 个省直管地方政府公共服务能力一级指标得分雷达图

### 三 地方政府公共服务能力类别差异性的结构分析

为进一步明晰湖北省省直管地方政府公共服务能力水平的结构差异,

有必要按类别对各地方政府公共服务能力的结构差异展开详细分析，探析差异性生成的内在根源。与前文分析逻辑相一致，这里主要是将领先创新型、积极追赶型、稳步推进型、初始发展型四个类别下的省直管地方政府置于雷达图中进行呈现，并尝试从各个一级指标得分的结构性差异来探讨各个地方政府总体公共服务能力水平差异性生成的根源。

(一) 领先创新型地方政府公共服务能力差异性的结构分析

"十三五"时期，湖北省16个省直管地方政府公共服务能力领先创新型类别仅包括武汉市（见表7-5）。武汉市公共服务能力得分水平的结构特征受到其下一级指标，即公共服务需求管理能力、公共服务资源保障能力、公共服务资源整合能力、公共服务供给能力得分的综合影响。

表7-5　　湖北省公共服务能力领先创新型地方政府得分

| 地方政府 | 总指标 | 一级指标 | | | |
|---|---|---|---|---|---|
| | 公共服务能力 | 公共服务需求管理能力 | 公共服务资源保障能力 | 公共服务资源整合能力 | 公共服务供给能力 |
| | 百分制得分 | 百分制得分 | 百分制得分 | 百分制得分 | 百分制得分 |
| 武汉 | 69.18 | 73.31 | 73.78 | 68.09 | 61.57 |

资料来源：笔者根据网络公开资料自制。

从表7-5可以得知，武汉作为唯一的公共服务能力领先创新型类别地方政府，其公共服务资源保障能力得分和公共服务供给能力得分分别为73.78、61.57，两项得分均位于16个省直管地方政府之首；公共服务资源整合能力得分68.09也处于前列，仅公共服务需求管理能力得分73.31相较于另外三项指标表现较弱，处于中等偏上水平。整体上，武汉在得分上呈现出"三强一中"发展态势，这种相对均衡和领先的一级指标能力结构使武汉市政府公共服务能力得分居于首位。

图7-4展示了武汉市政府在四个一级指标能力的结构特征。可以看出，武汉市政府的公共服务需求管理能力、公共服务资源保障能力、公共服务资源整合能力以及公共服务供给能力在能力结构上基本呈现外凸

## 第七章 地方政府公共服务能力差异性的生成机制与优化思路

状,表明这几项指标表现都较为出色。事实上,作为省会城市的武汉拥有的经济实力、资源禀赋条件远超其他地方政府,更为发达的经济社会发展水平以及成熟的制度体系吸收着周边城市的财力、物力加上高校的加持带来人才的聚集,这些为武汉提供了相对更为充足的人力、物力、财力以及技术保障,也使武汉市的公共服务资源保障能力表现突出。同时武汉市政府本身较强的资源吸纳能力、资源配置能力等使资源整合能力较为突出。而较强的经济发展水平、资源保障能力与整合能力也使武汉市政府在为公众供给生存、发展及环境等民生类公共服务时较为得心应手,因此武汉市的公共服务供给能力表现优异。值得一提的是,武汉市的公共服务需求管理能力处于中间偏上水平,作为该市在公共服务能力建设方面相对的薄弱点,有必要进一步改善加强,从而实现其公共服务能力更为均衡的发展。

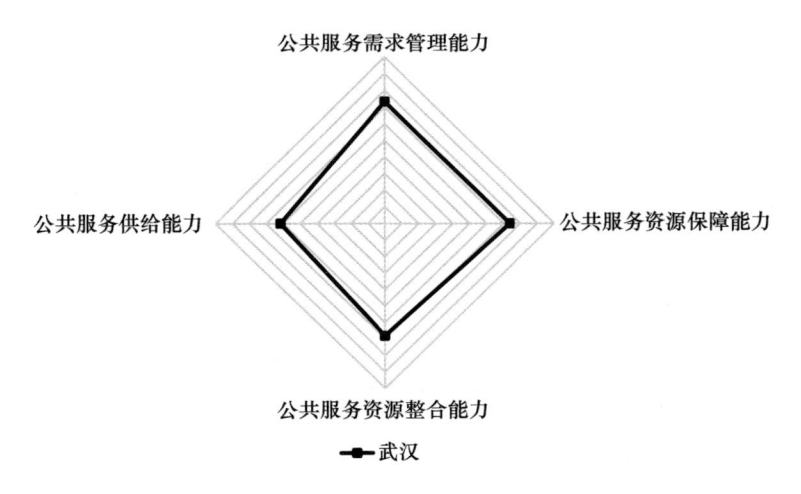

**图 7-4 湖北省公共服务能力领先创新型地方政府一级指标得分雷达图**

(二) 积极追赶型地方政府公共服务能力差异性的结构分析

公共服务能力积极追赶型类别包括天门、十堰、黄石、仙桃这 4 个省直管地方政府,其得分水平情况如表 7-6 所示。由表 7-6 可知,这一类别地方政府的公共服务能力得分咬合较紧,分数差距较小。如前文所述，公共服务能力结构特征的差异性分析需从四个一级指标的结构特征入手。公共服务积极追赶型地方政府都有得分较为突出和相对薄弱的一级指标，也存在各项指标得分相差不大，较为均衡发展的情况。首先一级指标得分较为突出，如天门市的公共服务需求管理能力、公共服务资源保障能力两项指标得分为86.01、60.23，在全省处于数一数二的水平，且与其他地方政府在此项得分上差距较大；十堰市的公共服务需求管理能力、公共服务资源整合能力、公共服务供给能力三项指标得分为76.22、68.49、57.47，均表现较为突出，尤其是资源整合能力表现亮眼处于全省首位；仙桃市在公共服务资源保障能力、公共服务资源整合能力两项指标得分上表现处于上游靠前水平。其次是一级指标得分相对薄弱，如天门市的公共服务供给能力得分仅42.37分，亟待加强；十堰市的公共服务资源保障能力是其需要补足的方面；仙桃市在公共服务需求管理能力指标上得分为73.41处于中游水平，而在公共服务供给能力指标得分上却十分薄弱，仅41.58分接近末尾水平。最后，黄石在公共服务需求管理能力、公共服务资源保障能力、公共服务资源整合能力三项指标上得分表现均处于上游靠前水平，而公共服务供给能力得分48.80，处于中游水平。由此可见，积极追赶型的地方政府总体上会有两项到三项一级指标得分接近上游靠前水平，但是也有一项指标得分较为靠后，也存在部分地方政府各项指标得分均处于中间水平的情况。

表7-6　　湖北省公共服务能力积极追赶型地方政府得分

| 地方政府 | 总指标<br>公共服务能力<br>百分制得分 | 一级指标 | | | |
|---|---|---|---|---|---|
| | | 公共服务<br>需求管理能力<br>百分制得分 | 公共服务<br>资源保障能力<br>百分制得分 | 公共服务<br>资源整合能力<br>百分制得分 | 公共服务<br>供给能力<br>百分制得分 |
| 天门 | 63.25 | 86.01 | 60.23 | 64.83 | 42.37 |
| 十堰 | 63.04 | 76.22 | 49.69 | 68.49 | 57.47 |
| 黄石 | 61.66 | 74.33 | 59.63 | 64.22 | 48.80 |
| 仙桃 | 59.26 | 73.41 | 56.19 | 65.50 | 41.58 |

资料来源：笔者根据网络公开资料自制。

第七章 地方政府公共服务能力差异性的生成机制与优化思路

由图7-5可知，位于积极追赶型类别的地方政府在公共服务需求管理能力上均呈现外凸态势，其中天门市在公共服务需求管理能力上最为突出，且在公共服务资源保障能力方面也较为突出，但在公共服务供给能力方面确实亟待加强。十堰与黄石整体结构上处于较均衡发展状态，其中十堰市的公共服务资源整合能力较为突出，而黄石市的公共服务资源保障能力较为突出。仙桃市在公共服务资源保障能力和公共服务资源整合能力方面较为突出，但是公共服务供给能力需要加强完善。除了一级指标得分引起能力结构的差异性外，公共服务能力积极追赶型省直管地方政府表现水平差异化还取决于自身的积极主动作为。如天门市政府的需求管理发展得益于对公众需求的重视，积极开展公众满意度调查，资源保障能力则得益于政府重视数字平台开发与技术建设，在一定程度上弥补了短板，促使天门在资源保障能力方面表现优异。

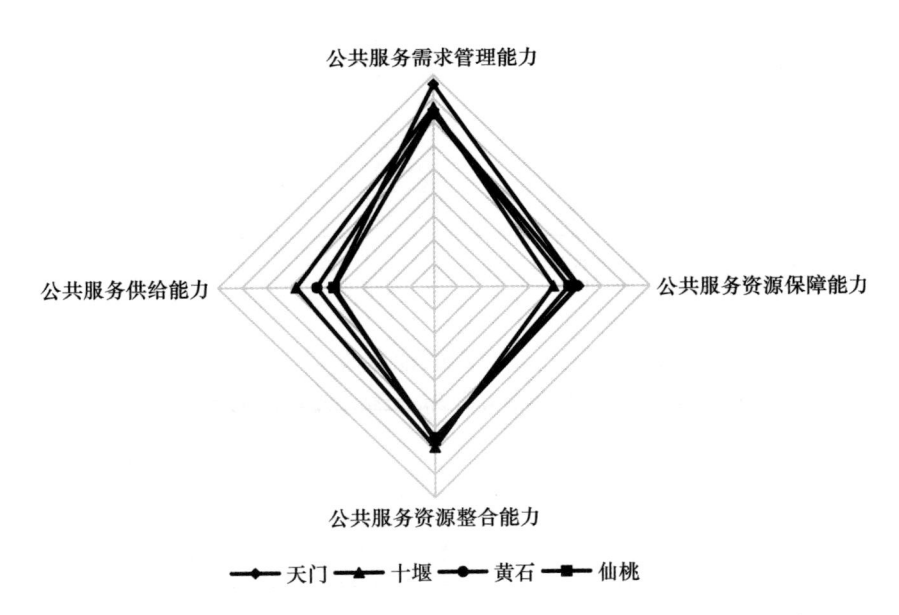

图7-5 湖北省公共服务能力积极追赶型地方政府一级指标得分雷达图

（三）稳步推进型地方政府公共服务能力差异性的结构分析
咸宁、荆门、宜昌、恩施、随州、潜江、襄阳、孝感、黄冈、鄂州属于公共服务能力稳步推进型地方政府。表7-7展示了这些地方政府在公共服务能力及其各个一级指标的得分情况。

表7-7　湖北省公共服务能力稳步推进型地方政府得分

| 地方政府 | 总指标<br>公共服务能力<br>百分制得分 | 一级指标 |||| 
|---|---|---|---|---|---|
| | | 公共服务<br>需求管理能力<br>百分制得分 | 公共服务<br>资源保障能力<br>百分制得分 | 公共服务<br>资源整合能力<br>百分制得分 | 公共服务<br>供给能力<br>百分制得分 |
| 咸宁 | 58.60 | 76.34 | 50.49 | 62.86 | 44.83 |
| 荆门 | 58.34 | 62.26 | 55.12 | 62.47 | 53.71 |
| 宜昌 | 58.06 | 64.47 | 48.22 | 60.07 | 59.25 |
| 恩施 | 57.82 | 71.01 | 48.21 | 60.39 | 51.68 |
| 随州 | 57.81 | 78.56 | 48.85 | 61.65 | 42.46 |
| 潜江 | 56.64 | 71.14 | 48.18 | 63.99 | 43.66 |
| 襄阳 | 55.19 | 67.00 | 50.21 | 56.26 | 47.49 |
| 孝感 | 54.79 | 66.80 | 48.52 | 62.35 | 41.64 |
| 黄冈 | 52.71 | 65.35 | 44.50 | 59.16 | 41.59 |
| 鄂州 | 51.59 | 58.56 | 42.12 | 55.95 | 49.14 |

资料来源：笔者根据网络公开资料自制。

在公共服务能力得分上，此类别的地方政府分值差异较小。在分项指标上，公共服务稳步推进型地方政府多项一级指标处于相对薄弱的状态，部分指标表现较好或者中等。其一，部分指标表现较好或表现中等。如咸宁市公共服务需求管理能力得分为76.34，位于上游靠前水平，而公共服务资源保障能力、公共服务资源整合能力及公共服务供给能力得分分别为50.49、62.86、44.83，均处于中等或中等偏下的水平；荆门市的公共服务资源保障能力、公共服务供给能力得分分别为55.12、53.71，两项指标表现均处于上游水平，公共服务资源整合能力得分为62.47处于中等水平；宜昌与恩施的公共服务供给能力得分分别为59.25、

51.68，表现较好处于上游靠前水平；随州市的公共服务需求管理能力得分 78.56 处于上游靠前水平；潜江市在公共服务需求管理能力得分 71.14 处于中等水平，公共服务资源整合能力得分 63.99 位于中等偏上水平；襄阳市的公共服务资源保障能力和公共服务供给能力得分分别为 50.21、47.49 处于中等水平；孝感市的公共服务资源整合能力得分为 62.35 处于中等偏下水平；鄂州的公共服务供给能力得分 49.14 属于中等偏上水平。其二是多项指标表现相对薄弱，甚至处于末尾水平。如荆门市的公共服务需求管理能力得分 62.26，接近末尾水平；宜昌市的公共服务需求管理能力、公共服务资源保障能力、公共服务资源整合能力三个指标均仍需加强；恩施的公共服务资源保障能力与公共服务资源整合能力得分为 48.21、60.39，两项指标均接近末尾水平；随州市的公共服务资源保障能力、公共服务资源整合能力、公共服务供给能力均需要加强；潜江的公共服务资源保障能力表现稍逊，接近末尾水平；襄阳的公共服务需求管理能力得分 67.00，属于中等偏下水平，公共服务资源整合能力得分 56.26，则处于末尾水平；孝感在四项一级指标上的表现均处于中等偏下甚至有指标接近末尾水平；黄冈的公共服务需求管理能力、公共服务资源保障能力及公共服务供给能力表现均接近末尾水平；鄂州的公共服务需求管理能力、公共服务资源保障能力、公共服务资源整合能力均处于末尾水平。综上所述，公共服务能力稳步推进型地方政府至少会有两项至三项指标处于末尾水平，也至少会有一项指标处于中等甚至上游水平。

图 7-6 展示了上述 10 个地方政府的公共服务能力结构。其中，咸宁仅公共服务需求管理能力较为突出，其余各项能力总体上处于均衡的中等偏下水平；荆门的公共服务资源保障能力、公共服务供给能力较为突出，但公共需求管理能力、公共服务资源整合能力需加强；宜昌在公共服务供给能力上最为突出，其余指标均有待加强；恩施的公共服务供给能力较为突出，公共服务需求管理能力中等，但是公共服务资源保障能力、公共服务资源整合能力需加强；随州市的公共需求管理能力最为突出，而公共服务资源保障能力、公共服务资源整合能力及公共服务供

给能力都亟待加强；潜江在公共服务需求管理能力、公共服务资源整合能力上较为突出，但公共服务资源保障能力相对薄弱；襄阳的公共服务资源保障能力、公共服务需求管理能力与公共服务供给能力均处于中等偏下水平，而公共服务资源整合能力最接近原点处于弱势，有很大提升空间；孝感的公共服务需求管理能力、公共服务资源保障能力、公共服务资源整合能力与公共服务供给能力均处于中等偏下水平甚至接近末尾水平；黄冈的公共服务资源整合能力、公共服务需求管理能力、公共服务资源保障能力、公共服务供给能力距离原点较近呈现末尾水平；鄂州的公共服务供给能力较为突出，但是其他三项处于末尾水平。从能力结构上看，处于稳步推进型的地方政府不仅需要保持自身优势指标，而且需要直面自身的不足之处，补短板弱项，促进公共服务能力的整体发展。

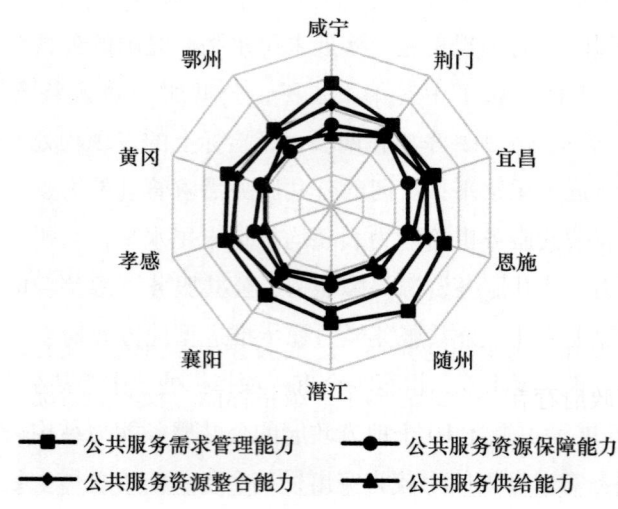

图7-6 湖北省公共服务能力稳步推进型地方政府一级指标得分雷达图

（四）初始发展型地方政府公共服务能力差异性的结构分析

初始发展型省直管地方政府仅包括荆州市。表7-8展示了该市公共服务能力及各一级指标的得分。

第七章 地方政府公共服务能力差异性的生成机制与优化思路　　367

表7-8　　　　湖北省公共服务能力初始发展型地方政府得分

| 地方政府 | 总指标 | 一级指标 | | | |
|---|---|---|---|---|---|
| | 公共服务能力 | 公共服务需求管理能力 | 公共服务资源保障能力 | 公共服务资源整合能力 | 公共服务供给能力 |
| | 百分制得分 | 百分制得分 | 百分制得分 | 百分制得分 | 百分制得分 |
| 荆州 | 46.55 | 49.95 | 46.23 | 53.10 | 36.92 |

资料来源：笔者根据网络公开资料自制。

由表7-8可知，荆州的公共服务能力得分为46.55，位于16个省直管地方政府的末尾水平。其中，公共服务需求管理得分、公共服务资源保障得分、公共服务资源整合得分及公共服务供给能力得分分别为49.95、46.23、53.10、36.92，均属于末尾水平，都亟须加强完善。图7-7呈现了荆州市在公共需求管理能力、公共服务资源保障能力、公共服务资源整合能力以及公共服务供给能力的结构态势。可以看出，荆州市在公共服务需求管理能力、公共服务资源保障能力、公共服务资源整合能力以及公共服务供给能力都距离原点较近，因而这些构成荆州市公共服务能力总体发展水平的结构性因素都有很大的发展与提升空间。

经由上述差异性分析可知，湖北省各省直管地方政府公共服务能力存在较大的差异。其中，公共服务领先创新型地方政府，在各项一级指标能力上表现都更为突出与完善；公共服务积极追赶型地方政府及稳步推进型地方政府存在一个或者多个一级指标能力较弱的情况，其能力水平参差不齐；公共服务初始发展型地方政府却是四项一级指标能力都相对比较薄弱。由此可见，各省直管地方政府公共服务能力层次结构特征的差异性正是各自在公共服务需求管理能力、公共服务资源保障能力、公共服务资源整合能力及公共服务供给能力四个一级指标上相对发展水平差异性结构特征的结果。整体上，各地方政府公共服务能力是分布不均的，每个政府通常都有其各自的相对优势与劣势，因此明晰其优劣势是进一步改进与提升的关键环节。如图7-8所示，公共服务需求管理能力、公共服务资源保障能力以及公共服务供给能力的波动起伏较大，

## 地方政府公共服务能力差异性的结构比较分析

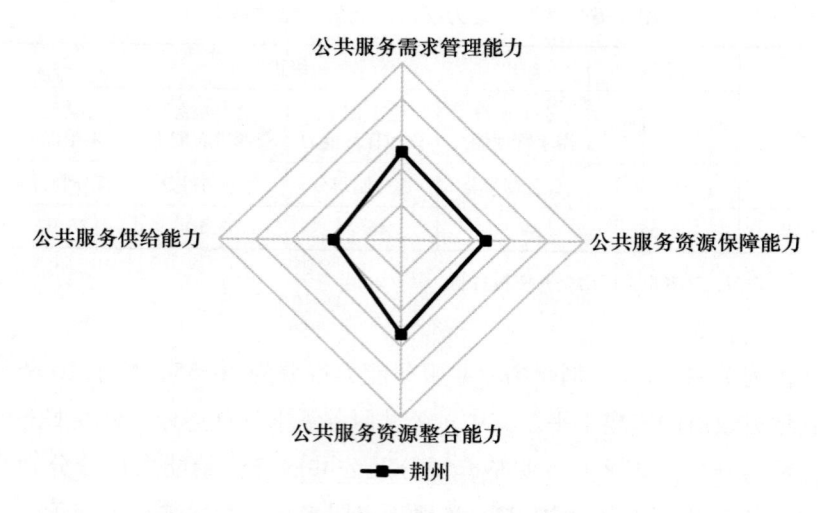

图7-7 湖北省公共服务能力初始发展型地方政府一级指标得分雷达图

说明16个省直管地方政府在这几项能力建设与发展上并未实现均衡发展，有待进一步加强完善。而公共服务资源整合能力相较于其他三项指标起伏较小，指标得分差距较小，相对发展也更为均衡。

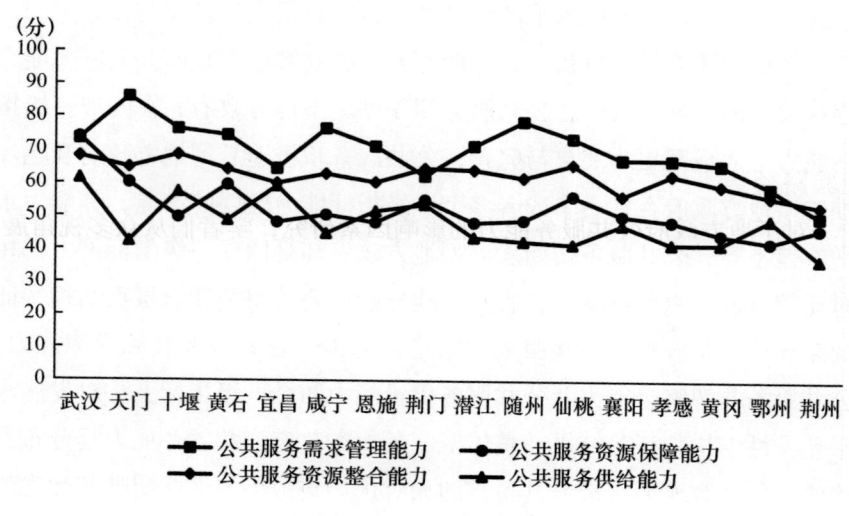

图7-8 湖北省16个省直管地方政府公共服务能力一级指标表现

除此之外，湖北省各省直管地方政府公共服务能力呈现出结构性差异特征，与本身的经济、人文、地理等外部因素息息相关。各省直管地方政府可结合本地区发展实际情况，合理整合资源，结合当地公众实际需求输出高质量的公共服务。

## 第三节　湖北省地方政府公共服务能力差异性的生成路径分析

### 一　文献综述与分析框架

（一）公共服务能力影响因素的研究进展

政府公共服务能力是政府能力研究中的一个重要领域[1]，也是国家公共服务能力的核心和基础[2]。地方政府的公共服务能力主要是指地方政府部门通过汲取、分配及整合各种"有形"和"无形"的资源，基于一定的方式和途径提供满足社会公共服务和公共产品需求的能力[3]。综合中国公共服务能力建设实践及相关学术研究结论，可以发现地方政府公共服务能力有待进一步提升，且不同区域之间、城乡之间存在较大差异[4]。基于此，众多学者展开了对于公共服务能力影响因素的研究，以期提炼总结出推进中国地方政府公共服务能力提升的经验路径。

对于地方政府公共服务能力的影响因素研究，学者们从众多视角展开了详细分析。李晓园基于对江西省和湖北省的调查分析，发现行政环

---

[1] 雷玉琼等：《乡镇政府公共服务供给能力评估指标体系建构——兼论政府公共服务能力的研究现状》，《中国行政管理》2015年第11期。

[2] 张开云、张兴杰、李倩：《地方政府公共服务供给能力：影响因素与实现路径》，《中国行政管理》，《西安交通大学学报》（社会科学版）2010年第1期。

[3] 蒋云根：《提升基层政府公共服务供给能力的路径思考》，《甘肃行政学院学报》2008年第3期。

[4] 姜晓萍等：《我国基本公共服务体系的共同趋势与地区差异——基于国家和地方基本公共服务十二五规划的比较》，《上海行政学院学报》2013年第6期。

境、政府人力资源、政府回应和行政文化是影响地方政府公共服务能力的关键因素[1]。邓治春等人通过对成都市郫县政府公共服务能力建设的细致分析，发现政府职能、组织结构、运作机制及物质保障是地方政府公共服务能力得以提升的重要因素[2]。龙立军基于对滇黔桂三省的调查数据分析，发现行政生态因子、政府回应因子和系统互动因子对政府公共服务能力有显著性影响[3]。丁辉侠指出经济发展、财政体制改革、问责机制等是提升地方政府公共服务能力的重要举措[4]。张武强等人在研究中发现梳理服务型政府理念、加快职能转变、增强财政能力以及加强公共服务队伍建设等能够促进地方政府公共服务能力的提升[5]。

综上所述，既有文献对于地方政府公共服务能力的影响因素进行了探索，但仍有可进一步探究的空间，尤其在系统分析影响地方政府公共服务能力的复杂因素方面。首先，在研究内容方面，既有文献主要聚焦于公共服务能力建设和提升的顶层设计及实际建设情况的描述总结，鲜有对不同地方政府公共服务能力的差异化原因进行深入剖析。其次，在研究对象方面，现有研究多以单一案例为研究对象，揭示所在地区公共服务能力建设和提升的阻碍因素和梗阻问题，缺乏宏观层面的公共服务能力评价，也并未对具体的影响机制进行系统全面的分类考察，缺少关联性、整体性的思考。最后，在研究方法方面，既有文献多采用单案例或线性回归分析方法考察公共服务能力影响因素之间的单一关系，忽略了各因素是相互关联、相互影响、共同塑造结果的互动关系，缺乏对多重条件之间协同效应的探讨，少有研究从组态视角细致考察地方政府公

---

[1] 李晓园：《县级政府公共服务能力与其影响因素关系研究——基于江西、湖北两省的调查分析》，《公共管理学报》2010年第4期。

[2] 邓治春等：《地方政府公共服务能力及提升策略——以成都市郫县为例》，《武汉理工大学学报》（社会科学版）2013年第2期。

[3] 龙立军：《西部地区贫困县政府公共服务能力影响因素的回归分析——基于滇黔桂三省的调查数据》，《社会科学家》2020年第3期。

[4] 丁辉侠：《地方政府提供公共服务的能力与动力分析》，《河南社会科学》2012年第9期。

[5] 张武强等：《基层政府公共服务能力：影响因素及对策分析》，《江西社会科学》2009年第5期。

共服务能力多重条件之间的等效驱动和替代机制。

基于此，本节在梳理既有文献的基础上，从公共价值管理理论视角出发，以湖北省16个省直管地方政府为研究样本，对其公共服务能力差异性的生成条件进行组态分析，以期揭示地方政府公共服务能力提升的路径模式。

（二）公共价值管理理论

公共价值这一概念由 Moore 于 1995 年在其著作《创造公共价值：政府战略管理》中提出[1]，在此基础上，他提出了公共部门的战略三角模型，强调公共部门需要获得政治授权、控制组织运作以及考虑外部环境，从而确定公共价值并不断探寻价值、支持性以及运作能力之间的适配程度和平衡情况[2]。公共价值对公共服务资源配置决策、绩效测量及服务系统选择具有决定性作用[3]，引起学者们的广泛关注和深入分析。在中国的现实情境中，王学军等学者基于对既有文献和著作的梳理，发现公共价值的性质可以分为共识主导和结果主导。具体而言，共识主导的公共价值强调共识和规范对公共行政过程的约束，以此解决公共行政过程中相互冲突的公共价值[4]，而结果导向的公共价值则是指作为客观存在的公共产品和公共服务，能够满足公众需求和集体偏好等，在此基础上，享受公共产品和公共服务的社会个体或群体可以根据实际情况对管理者的绩效进行评估[5]。本节关注的是结果主导的公共价值，原因在于地方政府提供的公共服务需满足包括公众、市场主体等其他利益相关者的需求，最终实现公众收益的增加、社会公平正义以及社会效益的不断提升。

---

[1] ［美］马克·H. 穆尔：《创造公共价值：政府战略管理》，伍满桂译，商务印书馆 2016 年版。

[2] Moore, M., "Managing for Value: Organizational Strategy in for-Profit, Nonprofit and Governmental Organizations", *Nonprofit and Voluntary Sector Quarterly*, Vol. 29, No. 1, 2000, pp. 183 – 204.

[3] Kelly, G., Muers, S., Mulgan, G., "Creating Public Value: An Analytical Framework for Public Service Reform", London: Cabinet Office, UK Government, 2002, pp. 1 – 35.

[4] 王学军等：《地方政府公共价值创造的挑战与路径——基于 G 省地方政府官员访谈的探索性研究》，《兰州大学学报》（社会科学版）2014 年第 3 期。

[5] 王学军等：《公共价值的研究路径与前沿问题》，《公共管理学报》2013 年第 2 期。

公共价值管理理论将公共部门的关注重点由组织转向社会，从高效利用公共服务转向生产更广泛公共利益的公共服务[①]，从而推动政府部门工作人员重新思考公共服务供给方式以及公共服务能力的提升路径，不断适应和满足多样化、个性化的公共服务需求。常莉等人指出，公共价值与公共服务之间存在逻辑内化关系，逐渐引导政府重视公共价值表达[②]。Pang等学者发现充分利用公共组织的IT资源，培养公共服务能力、公众参与能力、合作生产能力、资源建设能力以及公共部门创新能力等举措，能够有力推动公共价值的实现，从而降低由相互冲突的价值引起的矛盾[③]。付冷冷指出公共价值管理理论与公共服务能力的有效提升之间具有高度契合性，具体体现在：首先，公共服务改革的最终目标是创造公共价值并使之最大化；其次，公共价值管理既强调公共服务主体结构的平等性，也对公共服务的伦理问题尤其关注，故而对于公共服务回应机制的关注在确保公共价值实现、满足公共服务需求等方面具有重要作用。

本节在综合考虑公共价值管理理论和战略三角模型的核心要点的基础上，对既有文献进行梳理和借鉴，构建出"价值目标—组织支持—社会环境"的三维分析框架（见图7-9），用以分析不同地方政府公共服务能力差异性的生成机制。本节最终落脚于公共服务能力核心要素的组合模式与多重路径，期待为地方政府公共服务能力的影响因素及其作用机制这一问题提供更具说服力的解释。

（三）分析框架

1. 价值目标

价值目标维度对地方政府公共服务能力的影响因素分为公众需求因素和企业需求因素两类。首先，党的十九大报告将"完善公共服务体

---

[①] 王学军等：《数字政府治理绩效生成路径：公共价值视角下的定性比较分析》，《电子政务》2021年第8期。

[②] 常莉等：《公共价值与公共服务：逻辑内化与现实偏离》，《行政论坛》2020年第5期。

[③] Pang, M. S., Lee, G., Delone, W. H., "IT Resources, Organizational Capabilities, and Value Creation in Public Sector Organizations: A Public-value Management Perspective", *Journal of Information Technology*, Vol. 29, No. 3, 2014, pp. 187–205.

# 第七章 地方政府公共服务能力差异性的生成机制与优化思路

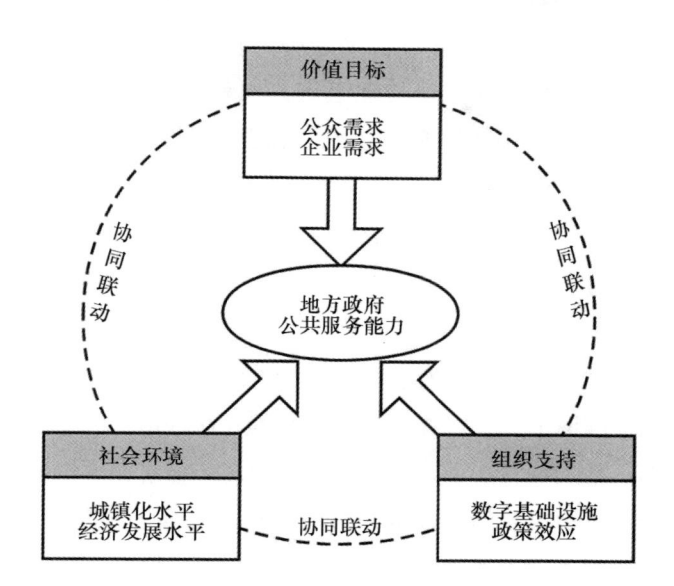

图7-9 地方政府公共服务能力生成机制的分析框架

系,保障群众基本生活,不断满足人民日益增长的美好生活需要"作为改善民生与社会治理的重要目标。有效识别公众真实的公共服务需求,实现公共服务的精准供给,从而增强公众的获得感,这一系列要求逐渐成为政府部门建设和提升公共服务能力的核心目标[1]。面对公众日益增长的美好生活的需要,政府部门有必要优化公共服务环境,不断提升自身公共服务能力,为公众提供更加便捷、高效的公共服务,以满足多样化的公众需求。

其次,地方政府部门为公众和社会组织提供公共服务和产品的过程,就是其公共服务能力的释放过程[2]。企业作为社会组织的重要组成部分,地方政府部门对企业需求的满足程度也逐渐成为其公共供给服务

---

[1] 容志:《大数据背景下公共服务需求精准识别机制创新》,《上海行政学院学报》2019年第4期。

[2] 张立荣等:《县级政府公共服务能力结构的理论建构、实证检测及政策建议——基于湖北、江西两省的问卷调查与分析》,《中国行政管理》2010年第5期。

能力提升的有效途径①。近年来，随着中国政府机构改革的持续推进，公共服务部门依托互联网平台实现组织架构和工作流程的优化重组②，加之"互联网＋公共服务"创新了政府公共服务供给模式，打破了政府与企业之间的信息壁垒③，为政府部门充分考虑企业的多方面需求提供了便利，优化了所在地区的营商环境，从而促进地方政府公共服务能力的进一步提升④。

2. 组织支持

组织支持维度对地方政府公共服务能力的影响可以概括为数字基础设施和政策效应两个因素。首先，在大数据、区块链、人工智能等现代信息技术的迅猛发展背景下，各级政府部门对于信息技术的应用水平不断提高，推动其由传统的公共服务向信息化、数字化方向转变⑤，进一步带动其公共服务能力的优化和提升⑥。在这一过程中，数字基础设施的建设和完善逐渐成为政府部门提供公共服务的网络支撑和硬件条件，对于地方政府公共服务能力的提升至关重要。

其次，随着中国社会主要矛盾转化为人民日益增长的美好生活需要和不平衡不充分的发展之间的矛盾，有效提升公共服务能力是作为国家行政体制重要组成部分的地方政府应有的责任和义务，也是进一步推动国家治理体系和治理能力现代化的有力举措⑦。基于此，国家及各级政府部门相继出台多项政策文件，为公共服务能力的提升提供政策鼓励和引导。而政策制度的实际效应是否有利于以及在多大程度上有利于公共

---

① 高海虹：《发展社会企业：改善公共服务能力的有效途径》，《理论探讨》2011年第6期。
② 姜晓萍：《我国政府流程再造的公共需求与可行性分析》，《理论与改革》2009年第4期。
③ 何继新等：《"互联网＋公共服务"模式建构中的管理问题——基于供给效率观》，《电子政务》2016年第10期。
④ 黄恒学等：《政府服务企业方式变革与创新研究》，《行政管理改革》2021年第2期。
⑤ 郑跃平等：《地方政府部门数字化转型的现状与问题——基于城市层面政务热线的实证研究》，《电子政务》2021年第2期。
⑥ 郭小聪等：《地方政府公共服务创新：驱动机制与路径选择——中国情境下的分析框架和经验证据》，《北京行政学院学报》2020年第1期。
⑦ 吕炜等：《国家治理视域下的公共服务供给——现实定位与路径创新》，《财经问题研究》2018年第3期。

服务能力的提升，逐渐成为驱动地方政府实现公共服务能力提升的重要制度背景①。

3. 社会环境

社会环境维度对地方政府公共服务能力的影响可以分为城镇化水平和经济发展水平两个因素。首先，由于不同地区的自然环境、资源禀赋等的不同，城镇化发展模式也存在异质性②，由此形成了差异化的城镇化水平。随着城镇化建设进程的持续推进，使人口在空间上集聚，既能够降低政府部门的公共服务的供给成本，同时也能降低公众的公共服务获取成本③。因此，积极推进城镇化建设，提高区域城镇化水平，对于地方政府公共服务能力的建设和提升意义重大。

其次，行政生态学理论强调政府行为与外界环境存在一定的相互依存关系，政府在生存和发展过程中需要与外部环境进行互动，获取组织发展所需的社会资源，不断提高组织竞争力④。公共服务能力的建设和提升同样需要一定的社会资源投入才能持续深入地开展，而地区经济发展水平是影响社会资源多寡的重要因素⑤，也是把握地区宏观经济运行状况的有效工具⑥。

## 二 研究设计

### （一）研究方法

定性比较分析方法是由社会学家 Ragin 于 1987 年率先提出的，借

---

① 范柏乃等：《基本公共服务均等化运行机制、政策效应与制度重构》，《软科学》2021年第8期。

② 程岚等：《不同城镇化视角下基本公共服务均等化的测度和影响因素研究》，《经济与管理评论》2018年第6期。

③ 赵林等：《河南省基本公共服务质量空间格局与空间效应研究》，《地理科学》2016年第10期。

④ 段晓亮：《行政生态学视域下中国公共服务供给优化问题研究》，《领导科学》2022年第12期。

⑤ 汤志伟等：《中国省级政府政务服务在线办理能力的影响因素与路径组合》，《电子政务》2021年第5期。

⑥ 齐元静等：《中国经济发展阶段及其时空格局演变特征》，《地理学报》2013年第4期。

助集合论的思想探究多种复杂条件变量的组合对结果变量的影响，是一种以多案例为导向、定性与定量相结合的混合研究方法[①]。最初被应用于小样本和宏观层面的研究，随着该方法的发展和完善，其应用范畴已经拓展到了中等样本量和大样本的研究以及更为中观和微观层面的研究中，逐渐成为社会科学等领域分析复杂组态问题的重要工具[②]。

本节采用定性比较分析方法对湖北省地方政府公共服务能力产生差异性的生成机制进行分析的理由如下。其一，传统的计量分析方法只能解决单一自变量与因变量之间的线性关系，在此基础上得出自变量与因变量之间的净效应，且更倾向对大样本量数据进行分析。定性比较分析方法可以解决中小样本的数据分析，一般而言样本规模在10—60个为佳。本书对象为16个省直管地方政府，样本数量适合采用此方法。其二，传统的单案例研究方法只针对个案进行分析，研究结果不具有普适性。而模糊集定性比较分析可展开跨案例的研究，将多个案例视为一个整体，分析各类条件及条件组合对结果造成的影响，揭示各条件之间的匹配或替代效应。这一方法既能系统地分析各个地方政府公共服务能力产生差异性的多重条件，也能够揭示其生成路径。

按照变量赋值方式的不同，定性比较分析方法可以分为清晰集定性比较分析、多值集定性比较分析与模糊集定性比较分析。相较于清晰集和多值集，模糊集的功能较为强大，能够运用0—1区间的任意数值校准集合的隶属程度。考虑到本书中结果变量及条件变量的测量是连续的，无法直接通过0和1简单地进行赋值界定。因此，本节采用模糊集定性比较分析方法对地方政府公共服务能力进行组态分析。

（二）变量赋值

1. 结果变量

本节关注的是地方政府公共服务能力产生差异化的生成机制，选取

---

[①] ［美］查尔斯 C. 拉金：《QCA设计原理与应用：超越定性与定量研究的新方法》，杜运周等译，机械工业出版社2017年版。

[②] 杜运周等：《组态视角与定性比较分析（QCA）：管理学研究的一条新道路》，《管理世界》2017年第6期。

第二节测度的2020年湖北省16个省直管地方政府的公共服务能力指数作为结果变量。公共服务能力评估指标体系包括公共服务需求管理能力、公共服务资源保障能力、公共服务资源整合能力及公共服务供给能力四个指标，通过主客观数据相结合的方式最终测算得出湖北省16个省直管地方政府公共服务能力的最终得分，基本能够真实反映各地公共服务能力水平。

2. 条件变量

条件变量为湖北省16个省直管地方政府公共服务能力的影响因素。根据定性比较分析方法的使用惯例，条件变量的数量最好在4—7个。在借鉴既有文献的基础上①，以公共价值管理理论为切入点，从价值目标、组织支持和社会环境三个层面确定公众需求、企业需求、数字基础设施、政策效应、城镇化水平及经济发展水平作为条件变量。考虑到结果变量为2020年湖北省16个省直管地方政府的公共服务能力指数，为了避免数据分析中的因果倒置问题，条件变量数据均来自2019年的《湖北省统计年鉴》。

（1）公众需求

地方政府在提供公共服务的过程中需要兼顾政治合法性和社会公信力问题，这就要求其维持与社会公众的稳定关系。实践中，积极识别并回应公众的公共服务诉求，一直是各级政府部门关注的重点内容。在建设和提升地方政府公共服务能力的过程中，必须考虑到公众的实际需求。基于此，参考汤志伟等人的做法②，选取湖北省16个省直管地方政府所在地区的常住人口总量占行政区面积的比重作为衡量该地区的公众需求指标。

（2）企业需求

从企业需求侧分析，企业需求量的大小，服务环境、服务方式等方

---

① 王学军等：《数字政府治理绩效生成路径：公共价值视角下的定性比较分析》，《电子政务》2021年第8期；付冷冷：《中国公共服务供给改革的价值追求及实现策略——基于公共价值管理的视角》，《东岳论丛》2018年第2期。

② 汤志伟等：《地方政府互联网服务能力及其影响因素研究——基于全国334个地级行政区的调查分析》，《电子政务》2019年第7期。

面会产生直接影响①，地方政府在面临不同的企业需求强度时，会产生差异化的公共服务能力表现。本节参照顾丽梅等学者的操作方式②，采用湖北省 16 个省直管地方政府所在地区规模以上工业企业的数量作为衡量其企业需求的指标。企业数量越大，表明企业对公共服务的需求越大。

（3）数字基础设施

通过对既有文献的梳理发现，数字基础设施建设逐渐成为影响政府部门提升公共服务能力的关键因素③。数字基础设施通过新一代网络信息通信技术为公共服务供给提供强大的底层技术支撑，最终基于互联网端口实现数据信息在多主体之间的流动④。故而，本节参照张青等人的操作思路⑤，选取湖北省 16 个省直管地方政府所在地区互联网宽带用户接入数作为衡量该地区数字基础设施的代理指标，接入数量越多，代表该地区数字技术设施建设状况越好。

（4）政策效应

公共服务能力的建设和提升成为中国公共行政和政府改革的核心要义和关键因素，对于改善民生及建设和谐社会具有重大意义⑥。在此背景下，地方政府为了不断增强所在地区公共服务发展的活力，会制定出台相应的政策文件，为公共服务能力的发展和提升提供制度保障。在实践中，地方政府颁布的政策制度很大程度上体现在对投资⑦、税收⑧等

---

① 赵海怡：《企业视角下地方营商制度环境实证研究——以地方制度供给与企业需求差距为主线》，《南京大学学报》（哲学·人文科学·社会科学）2020 年第 2 期。
② 顾丽梅等：《地方政府政务环境建设的逻辑探索——基于 68 个地级市的定性比较分析》，《北京行政学院学报》2021 年第 4 期。
③ 胡税根等：《大数据驱动的公共服务需求精准管理：内涵特征、分析框架与实现路径》，《理论探讨》2022 年第 1 期。
④ 鞠京芮等：《社会技术系统理论视角下城市智能治理变革的要素框架与风险应对——以城市大脑为例》，《电子政务》2022 年第 1 期。
⑤ 张青等：《新型数字基础设施促进现代服务业虚拟集聚的路径研究》，《经济问题探索》2021 年第 7 期。
⑥ 姜晓萍：《人民至上：党的十八大以来我国完善基本公共服务的历程、成就与经验》，《管理世界》2022 年第 10 期。
⑦ 卢新海等：《中国城市建设用地结构时空演变特征及机理研究》，《经济问题探索》2018 年第 10 期。
⑧ 王艳飞等：《中国城乡协调发展格局特征及影响因素》，《地理科学》2016 年第 1 期。

第七章 地方政府公共服务能力差异性的生成机制与优化思路

方面的侧重和倾斜,不同的政策制度对公共服务能力的发展和提升会产生差异化的政策效应。因此,本节参考王毅等人的做法[1],选择人均固定资产投资额作为衡量湖北省 16 个省直管地方政府政策效应的代理指标,投资额越大,政策效应越明显。

(5) 城镇化水平

城镇化水平代表所在地区城市发展所处的阶段[2],城镇化水平的不同意味着省直管地方政府部门用于基础交通、城市建设等公共服务领域的资源也会存在差异[3],更进一步来说,湖北省 16 个省直管地方政府部门的公共服务能力也会因此而不同。通过对相关文献的梳理发现,城镇人口占总人口比重是城镇化水平的真实反映。基于此,本节参照王法硕的做法[4],选取湖北省 16 个省直管地方政府所在地区城镇人口占总人口的比重作为城镇化水平的衡量指标,比重越大,表明所在地区城镇化水平越高。

(6) 经济发展水平

公共服务能力的持续发展需要社会资源的投入和支持,社会资源的重组与否直接受到所在地区经济发展情况的影响,通过对相关文献的梳理发现,人均生产总值是一个地区社会经济运行状况的客观反映,多被学者们作为衡量地区经济发展水平的有效工具。因此,选取湖北省 16 个省直管地方政府所在地区人均生产总值作为经济发展水平的测量指标,人均生产总值越高,表明所在地区经济发展水平越好。结果变量与条件变量的操作化及数据来源参见表 7-9。

---

[1] 王毅等:《浙江省公共服务水平的空间不均衡及其影响因素研究》,《南京师大学报》(自然科学版) 2019 年第 1 期。

[2] 杨莉等:《长三角地区环境基本公共服务绩效评价及影响因素研究》,《现代经济探讨》2019 年第 11 期。

[3] 许恒周等:《京津冀城市圈公共服务资源配置与人口城镇化协调效率研究》,《中国人口·资源与环境》2018 年第 3 期。

[4] 王法硕:《省级政府"互联网+政务服务"能力的影响因素——基于 30 个省级政府样本的定性比较分析》,《东北大学学报》(社会科学版) 2019 年第 2 期。

表 7-9　　　　　结果变量与条件变量的操作化与数据来源

| 变量类别 | 变量名称 | 测量指标 | 支撑文献 | 数据来源 |
|---|---|---|---|---|
| 结果变量 | 公共服务能力 | 地方政府公共服务能力指数 | — | 本书测算 |
| 条件变量 | 公众需求 | 常住人口占行政区面积的比重 | 汤志伟等，2019 | 《湖北省统计年鉴（2019）》 |
|  | 企业需求 | 规模以上工业企业数量 | 顾丽梅等，2021 |  |
|  | 数字基础设施 | 互联网宽带用户接入数 | 张青等，2021 |  |
|  | 政策效应 | 人均固定资产投资额* | 王毅等，2019 |  |
|  | 城镇化水平 | 城镇人口占总人口比重 | 王法硕，2019 |  |
|  | 经济发展水平 | 人均地区生产总值* | 赵林等，2020 |  |

注：*表示该变量取自然对数。

## （三）变量校准

在具体分析之前，首先需要对条件变量和结果变量进行校准，具体而言，就是通过将绝对数值表示的条件变量和结果变量转化为用模糊集隶属度表示的条件变量和结果变量[1]。通过校准给案例赋予集合隶属关系，校准后的集合隶属度在 0—1 之间。在这个过程中需要根据变量实际取值分布及案例的实际情况选取能够体现条件变量中间程度的值作为校准的锚点，也就是"完全隶属""交叉点""完全不隶属"所代表的值。本节参照既有研究的做法，将排除奇异点后的各个变量数据的 95% 和 5% 分位数作为"完全隶属"和"完全不隶属"的定性锚点[2]，运用直接校准法分别赋值为 0.95 和 0.05。此外，对于各个变量数据交叉点的选择，通过梳理既往文献，发现学者们大多按照各个变量数据的平均值并根据实际情况加以调整[3]。基于此，本节将按照湖北省 16 个

---

[1] 高伟等：《创业政策对城市创业的影响路径——基于模糊集定性比较分析》，《技术经济》2018 年第 4 期。

[2] 谭海波等：《技术管理能力、注意力分配与地方政府网站建设——一项基于 TOE 框架的组态分析》，《管理世界》2019 年第 9 期。

[3] 汤志伟等：《TOE 框架下政府数据开放平台利用水平的组态分析》，《情报杂志》2020 年第 6 期。

省直管地方政府所在地区的综合实力、实际发展状况以及过往权威新闻报道综合确定条件变量和结果变量的交叉点。上述操作均使用 fsQCA 3.0 软件对样本数据进行校准,具体的校准结果如表 7-10 所示。

表 7-10　　　　　　　　条件变量与结果变量的校准

| 变量类别 | 变量名称 | 完全隶属 | 交叉点 | 完全不隶属 |
| --- | --- | --- | --- | --- |
| 结果变量 | 公共服务能力 | 0.0108 | 0.0090 | 0.0073 |
| 条件变量 | 公众需求 | 1308.44 | 287.92 | 140.9 |
|  | 企业需求 | 2903 | 712 | 253 |
|  | 数字基础设施 | 0.4745 | 0.3041 | 0.1774 |
|  | 政策效应 | 5.06 | 4.8 | 4.48 |
|  | 城镇化水平 | 80.49 | 57.8 | 45.86 |
|  | 经济发展水平 | 5.16 | 4.8 | 4.53 |

### 三　结果分析

（一）必要条件分析

在进行组态分析之前,需对每个条件变量与结果变量之间的单一关系进行检验,目的在于验证各条件变量是否为结果变量的必要条件。随后,对无法单独作为必要条件的变量展开充分条件分析,并通过布尔代数最小化识别出对目标案例解释性最强的条件组态。本节运用 fsQCA 3.0 软件对各个条件变量的一致性和覆盖度进行分析,其中一致性是指所有案例在多大程度上共享了导致结果发生的某个条件组合,计算公式如式 (7.4) 所示;覆盖度是指条件组合在多大程度上解释了结果的出现[1],计算公式如式 (7.5) 所示。

$$\text{Consistency}\ (X_i \leqslant Y_i) = \frac{\sum [\min(X_i, Y_i)]}{\sum (X_i)} \qquad (7.4)$$

---

[1]　何俊志:《比较政治分析中的模糊集方法》,《社会科学》2013 年第 5 期。

$$\text{Coverage}\ (X_i \leqslant Y_i) = \frac{\sum [\min(X_i, Y_i)]}{\sum (Y_i)} \tag{7.5}$$

一般而言，条件变量的一致性临界值为 0.9，如果某个条件变量的一致性高于 0.9，则将其视为结果变量的必要条件。若经由必要性分析发现某个条件变量通过了必要性检验，则其为结果变量的必要条件，表明这个条件变量是核心变量，在对组态分析结果的解读中不能忽视必要条件的存在①。条件变量的必要性分析结果如表 7-11 所示。

表 7-11　　　　　　　　　条件变量的必要性分析

| 变量名称 | 一致性 | 覆盖度 |
| --- | --- | --- |
| 公众需求 | 0.675 | 0.711 |
| 企业需求 | 0.684 | 0.726 |
| 数字基础设施 | 0.769 | 0.871 |
| 政策效应 | 0.763 | 0.724 |
| 城镇化水平 | 0.727 | 0.780 |
| 经济发展水平 | 0.705 | 0.824 |

表 7-11 中各条件变量分析说明，16 个省直管地方政府公共服务能力的各个条件变量的一致性均低于临界值 0.9，这一结果说明了省直管地方政府公共服务能力提升的复杂性。换言之，这意味着单一的条件变量无法构成影响省直管地方政府公共服务能力的必要条件，也就是说地方政府公共服务能力受多个条件变量的共同影响，而不是某个单一因素的影响。因此，需要进行条件组态分析，进一步综合考量价值目标、组织支持及社会环境三方面因素对省直管地方政府公共服务能力的协同联动，以此探讨各个条件变量之间的协同效应。

---

① 张明等：《组织与管理研究中 QCA 方法的应用：定位、策略和方向》，《管理学报》2019 年第 9 期。

## （二）条件组态分析

本节利用 fsQCA 3.0 软件对解释变量的条件组合进行分析，可以得到复杂解、中间解和简约解三种组合方式。大部分的学者认为应该结合简约解汇报中间解，通过中间解发现条件变量中的必要条件，在此基础上，结合简约解分析其核心与边缘条件[①]。具体而言，如果某个条件变量同时出现在简约解和中间解中，则将其视为分析结果的核心条件；如果该条件变量仅在中间解中出现，而未在简约解中出现，则将其记为边缘条件。除此之外，在前文的必要条件分析中，一致性在 0.9 及以上条件变量也属于分析结果中的核心条件。基于此，省直管地方政府公共服务能力的条件组态分析结果如表 7-12 所示。其中●表示该条件变量存在，⊗表示该条件变量缺失，空白表示该条件变量的出现不影响结果；大圆表示核心条件，小圆表示边缘条件。

从表 7-12 中呈现的数据分析结果可以发现，导致省直管地方政府公共服务能力产生差异性的路径是多元的，共存在 4 种条件组合，总一致性为 0.899，说明在符合 4 种组合的省直管地方政府中，有 89.9% 的省直管地方政府具备较强的公共服务能力。总覆盖度为 0.740，说明 4 种组合可覆盖 74% 的具有较强公共服务能力的省直管地方政府。此外，所有条件组合的一致性均高于 0.8，表明这 4 种条件组合均具有较强的解释力。

表 7-12　　**省直管地方政府公共服务能力的条件组态分析**

| 分析变量 | 组织引领型 | 综合联动型 | 目标—组织驱动型 | 组织—环境协同型 |
|---|---|---|---|---|
| 条件 | 组合 1 | 组合 2 | 组合 3 | 组合 4 |
| 公众需求 | ⊗ |  | ● | ⊗ |
| 企业需求 | ⊗ | ● | ● | ⊗ |

---

① 杜运周等：《复杂动态视角下的组态理论与 QCA 方法：研究进展与未来方向》，《管理世界》2021 年第 3 期。

续表

| 分析变量 | 组织引领型 | 综合联动型 | 目标—组织驱动型 | 组织—环境协同型 |
|---|---|---|---|---|
| 条件 | 组合1 | 组合2 | 组合3 | 组合4 |
| 数字基础设施 | ● | ● | ● | ⊗ |
| 政策效应 | ● | ● | ⊗ | ● |
| 城镇化水平 |  | • | ⊗ | • |
| 经济发展水平 | ⊗ | • | ⊗ | • |
| 原覆盖度 | 0.424 | 0.391 | 0.309 | 0.387 |
| 净覆盖度 | 0.090 | 0.146 | 0.075 | 0.072 |
| 一致性 | 0.868 | 0.966 | 0.845 | 0.966 |
| 解的一致性 | 0.899 ||||
| 解的覆盖度 | 0.740 ||||

通过对省直管地方政府公共服务能力路径组合的逐条分析，发现每条路径组合均有独特的生成逻辑。在此基础上，可以进一步识别出价值目标、组织支持和社会环境等三个要素在推动各地方政府公共服务能力提升过程中的差异化适配关系。参考现有研究的路径归纳思路[①]，按照各个条件变量在价值目标、组织支持及社会环境各个维度出现的情况，总结出地方政府公共服务能力产生差异性的四种路径模式，分别为组织引领型、目标—组织驱动型、组织—环境协同型及综合联动型。

组织引领型。该模式对应表7-12的组合1：~公众需求 * ~企业需求 * 数字基础设施 * 政策效应 * ~经济发展水平[②]。该模式表明相较于其他条件而言，地方政府的数字基础设施建设较好且政策效应发挥作用明显。也就是说，将更多的组织支持举措分配给公共服务供给方式变

---

① 顾丽梅等：《地方政府政务环境建设的逻辑探索——基于68个地级市的定性比较分析》，《北京行政学院学报》2021年第4期。

② "*"是变量之间的连接符号，表示变量之间是交集关系；"~"表示该变量不存在。

革、服务环境改善等方面，该地方政府的公共服务能力将会得到显著提高。基于数据分析结果，可以发现数字基础设施和政策效应两个条件变量均为核心条件。在16个省直管地方政府中，有44.2%的地方政府通过这种路径模式推动了公共服务能力的提升。以随州市为例，虽然可能在经济水平、技术水平和基础资源等客观禀赋方面存在欠缺，但是从随州市关于政民互动的政策安排与数字基础设施建设上看，均体现出其对公共服务方式优化、服务环境改善等方面的重视。具体而言，随州市政府每年都会出台政策并实施政府网站"在线访谈"计划，该政策不仅强调要征集民众问题、做好政策宣传，而且要求访谈单位对公众高度负责，提高回应和解决民众问题的质量，进一步完善公共服务相关政策，以发挥政策效应的最大化作用。在数字基础设施建设上，随州市积极推动新型基础设施建设，着重推进基础网络建设、产业转型升级、信息化建设等，不断优化公共服务供给方式。

目标—组织驱动型。该模式对应表7-12的组合3：公众需求 * 企业需求 * 数字基础设施 * ~政策效应 * ~城镇化水平 * ~经济发展水平。该模式表明，如果地方政府的数字基础设施建设水平较高，且面临高强度的公众需求和企业需求，也能够提高自身的公共服务能力。在这种路径模式下，当价值目标和数字基础设施建设同时存在时，其他因素对公共服务能力的建设和提升而言无关紧要。结合数据分析结果发现，在16个省直管地方政府中，有33.1%的地方政府通过这种路径模式推动了自身公共服务能力的提升。以十堰市为例，十堰市政府尝试通过各种途径主动了解公众的公共服务需求，在政府网站首页设置"公众参与"栏目，创新应用先进技术改善公共服务方式，并定期开展"周五面对面"工作，注重对公众需求的收集和满足。与此同时，十堰市政府相关部门还不断畅通企业诉求反馈渠道，通过"十堰亲清企业服务信息平台"受理企业诉求，帮助企业化解难题，提升公共服务诉求受理和办理水平。此外，十堰市政府部门还不断加强新型基础设施建设，注重补齐数字基础设施建设短板，以此提升自身公共服务能力。

组织—环境协同型。该模式对应表 7-12 的组合 4：~公众需求 * ~企业需求 * ~数字基础设施 * 政策效应 * 城镇化水平 * 经济发展水平。该模式表明省直管地方政府颁布了更多规范和指导公共服务能力优化提升的政策文件，注重当地政策效应的持续有效发挥。在这种情况下，如果所在地区的城镇化和经济发展的水平均较高，公共服务能力的建设和提升工作也会更加顺利。数据分析结果发现，在 16 个省直管地方政府中，有 39.1% 的地方政府通过这种路径模式推动了自身公共服务能力的优化。以仙桃市为例，仙桃政府颁布了相关政策文件，将公共服务建设工作明确划分给主体部门，如市改革办和市政服务办负责持续推进放管服改革，加强行政审批制度改革；市政务服务办、市财政局、市公共资源交易中心等部门负责深化市场经济体制改革，优化公共服务投融资体制，一系列的制度安排对于政策效应在公共服务能力建设过程中的切实发挥具有促进作用。此外，仙桃市综合实力位列全国县域经济百强，还获得了全国新型城镇化质量百强等诸多荣誉，政府自身建设也相应得到进一步加强，公共服务能力的建设和提升工作进展顺利。

综合联动型。该模式对应表 7-12 的组合 2：企业需求 * 数字基础设施 * 政策效应 * 城镇化水平 * 经济发展水平。该模式表明当地方政府拥有优质的数字基础设施并给予一定的政策支持和制度重视时，如果所在地区城镇化水平和经济发展水平均较高，同时面临高强度的企业需求，也能够形成更强的公共服务能力。这种路径模式强调地方政府在提升公共服务能力的过程中，既需要综合考量价值目标的实现程度，也需要充分发挥组织支持的积极效用，同时还需要注重对社会环境中不同社会资源的高效利用。通过数据分析结果发现，在 16 个省直管地方政府中，有 41.9% 的地方政府通过这种路径模式推动了自身公共服务能力的优化。以武汉市为例，作为湖北省省会，也是中部地区的中心城市，武汉建成了武汉中小企业公共服务平台，从多方面满足了企业的公共服务需求。武汉市拥有雄厚的科技实力，作为全国首批5G应用城市，在数字基础设施建设过程中拥有丰富的人力、物力等资源。同时，武汉市政府积极响应国家政策号召，颁布了多项推动公共服务水平进一步发展的相关政策，为公共服务能力的建设和提升营造了良好的制度环境。此外，《湖北省新型城镇化规划（2021—2035年）》等系列政策制度的颁布实施也有助于不断提升武汉市的城镇化水平，加之武汉市的经济韧性较强，即使受到新冠疫情的冲击，但总体而言经济发展状况逐渐向好，综合实力位列全国20强，对于公共服务能力的提升提供了众多资源支持。

（三）条件间的潜在替代效应

通过对条件组合1、组合3及组合4的异同比较，本节进一步识别出条件变量之间的潜在替代关系。首先，通过对比条件组合1和组合3，可以发现对于数字基础设施建设较好的地方政府而言，企业需求与公众需求的条件组合可以和政策效应相互替代（见图7-10），以推动省直管地方政府公共服务能力的提升。其次，通过对比条件组合1和组合4，可以发现对于政策效应发挥较好的地方政府而言，城镇化水平与经济发展水平的条件组合可以和数字基础设施相互替代（见图7-11），从而增强省直管地方政府的公共服务能力。

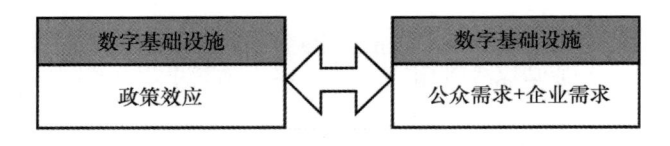

图7-10　政策效应与公众需求和企业需求的替代关系

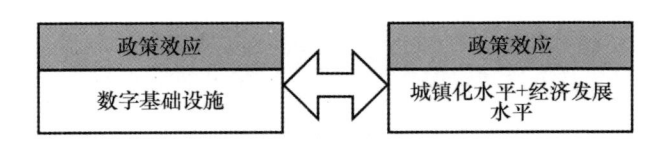

图7-11　数字基础设施与城镇化水平和经济发展水平的替代关系

通过对条件间的替代关系作进一步分析，可以发现，组织支持维度的政策效应和数字基础设施两个条件对于地方政府公共服务能力的提升具有更加重要的作用。具体而言，在特定的客观禀赋情况下，政策效应能够发挥公众需求和企业需求的组合效用，数字基础设施能够发挥城镇化水平和经济发展水平的组合效用。究其原因，无论是作为价值目标的公众需求和企业需求因素，还是作为社会环境的城镇化水平和经济发展水平因素，都是地方政府难以在短期内快速改变的客观因素，而作为组织支持方式的政策效应的发挥和数字基础设施的建设则属于主观因素[①]。在一定条件下，地方政府的主观努力或许可以弥补客观条件的不足，即加大政策支持力度以及加强互联网、软硬件基础设施建设等，能够在一定程度上提升自身的公共服务能力。

### （四）稳健性检验

在定性比较分析中，需通过稳健性检验检测结果的稳定性，以验证数据分析。对定性比较分析进行稳健性检验是必要的步骤，目前较为成熟的方法有适当增减案例数、调整条件变量、改变校准阈值、改变一致性门槛值、改变案例频数等[②]。本节通过改变结果变量的校准阈值进行稳健性检验，将结果变量的交叉点取值提高为0.0091，并重复前文的分析，发现所得结论基本保持不变。在必要条件分析中，所有条件变量的一致性均低于0.9。在条件组态分析中，总一致性为0.880，总覆盖度为0.763，和前文的分析结果相比，虽然总一致性有所降低，但总覆盖度有所提升，且识别出与前文基本一致的路径模式。由此可以判断表7-12的条件组合对省直管地方政府公共服务能力的影响是稳健的。

---

[①] 顾丽梅等：《地方政府政务环境建设的逻辑探索——基于68个地级市的定性比较分析》，《北京行政学院学报》2021年第4期。

[②] 张明等：《中国企业"凭什么"完全并购境外高新技术企业——基于94个案例的模糊集定性比较分析（fsQCA）》，《中国工业经济》2019年第4期。

## 第四节 湖北省地方政府公共服务能力优化思路分析

### 一 地方政府公共服务能力优化的目标与必要性分析

（一）地方政府公共服务能力优化的目标

当下中国社会主要矛盾已经转化为人民日益增长的美好生活需要和不平衡不充分的发展之间的矛盾。2019年党的十九届四中全会通过的《中共中央关于坚持和完善中国特色社会主义制度 推进国家治理体系和治理能力现代化若干重大问题的决定》（以下简称《决定》）提出，"增进人民福祉、促进人的全面发展，必须健全幼有所育、学有所教、劳有所得、病有所医、老有所养、住有所居、弱有所扶等方面国家基本公共服务制度体系"，政府公共服务体系和能力的建设正是不断满足人民美好生活需要的基本前提与要求。

《决定》指出，要"尽力而为，量力而行，注重加强普惠性、基础性、兜底性民生建设，保障群众基本生活。创新公共服务提供方式，鼓励支持社会力量兴办公益事业，满足人民多层次多样化需求，使改革发展成果更多更公平惠及全体人民"[1]。《中华人民共和国国民经济和社会发展第十四个五年规划和2035年远景目标纲要》（以下简称《规划和纲要》）提出，"健全基本公共服务体系，加强普惠性、基础性、兜底性民生建设，完善共建共治共享的社会治理制度，制定促进共同富裕行动纲要，自觉主动缩小地区、城乡和收入差距，让发展成果更多更公平惠及全体人民，不断增强人民群众获得感、幸福感、安全感"[2]。《高举

---

[1] 《中共中央关于坚持和完善中国特色社会主义制度 推进国家治理体系和治理能力现代化若干重大问题的决定》，共产党员网，2019年11月5日，https://www.12371.cn/2019/11/05/ARTI1572948516253457.shtml。

[2] 《中华人民共和国国民经济和社会发展第十四个五年规划和2035年远景目标纲要》，共产党员网，2021年3月13日，https://www.12371.cn/2021/03/13/ARTI1615598751923816.shtml#d14。

中国特色社会主义伟大旗帜 为全面建设社会主义现代化国家而团结奋斗——在中国共产党第二十次全国代表大会上的报告》（以下简称《报告》）进一步指出，"要实现好、维护好、发展好最广大人民根本利益，紧紧抓住人民最关心最直接最现实的利益问题，坚持尽力而为、量力而行，深入群众、深入基层，采取更多惠民生、暖民心举措，着力解决好人民群众急难愁盼问题，健全基本公共服务体系，提高公共服务水平，增强均衡性和可及性，扎实推进共同富裕"[①]。

由此可以看出，就增进人民福祉而言，大体可以分为两个层面：其一要健全基本公共服务体系，加强普惠性、基础性、兜底性民生建设，满足人民多层次多样化需求；其二，基于公共服务水平的提升，最终使改革发展成果更多更公平地惠及全体人民，推进共同富裕。因而，作为承载着提供公共服务重要职能的地方政府，公共服务能力优化目标可以分为直接目标和根本目标两个层次。其直接目标为健全基本公共服务体系，提高公共服务水平；根本目标为推进公共服务均等化，为最终实现共同富裕筑牢根基。

（二）地方政府公共服务能力优化的必要性

第一，优化公共服务能力是地方政府提升公共服务水平的客观需求。不断满足人民群众对于日益增长的美好生活的需要，是各个地方政府的核心职责所在，需要不断提升各级政府的公共服务水平，即实现公共服务数量与质量的提升。究其实质，公共服务水平可以被视为公众接受政府服务时，能满足民众的期望和需求，既涵盖客观层面各种公共服务本身的产出规模和结果质量，亦涵盖主观层面公众的满意度和感知质量。公共服务能力的提升，既体现在通过公共服务资源保障和整合，为公众提供更大规模和更高质量的公共服务产出，还体现在通过对公众公共服务需求和偏好进行调查、分析，精准把握公众的现实需求，满足公

---

① 《高举中国特色社会主义伟大旗帜 为全面建设社会主义现代化国家而团结奋斗——在中国共产党第二十次全国代表大会上的报告》，共产党员网，2022年10月25日，https://www.12371.cn/2022/10/25/ARTI1666705047474465.shtml。

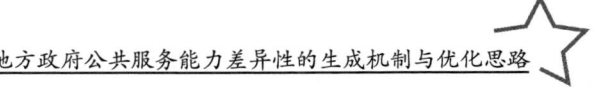

众对政府所提供的公共服务成效的心理预期。由此，在主客观层面上，公共服务能力的提升通常可以对公共服务水平的提升产生较为显著的促进作用。为实现公共服务水平的提升，迫切需要地方政府提升自身公共服务能力，满足公众日益多样化且高质量的公共服务需求。

第二，优化公共服务能力是地方政府健全公共服务制度体系的内在要求。2005年，在国务院《政府工作报告》中明确提出"建设服务型政府"的要求之后，服务型政府随后成为中国行政管理体制改革的目标。新公共服务理论认为，政府的首要作用是帮助人民明确表达并进而实现其共同利益，而非试图控制和驾驭社会，即政府的职能是服务而非"掌舵"。该理论明确阐明为社会提供公共服务、追求公共利益是政府应当追求的根本目标和终极价值，亦是政府最核心的职能。自建设服务型政府的理念提出以来，中国致力于将建设服务型政府作为行政体制改革的方向和目标。服务型政府是在公民本位、社会本位理念指导下，在民主秩序的框架下，通过法定程序，按照公民意志组建起来的以为公民服务为宗旨并承担着服务责任的政府[1]，是将服务作为社会治理价值体系核心和政府职能结构重心。服务型政府要求政府不断提升公共服务能力，构建覆盖全民的公共服务体系。

随着发展的民生取向不断强化，中国各级政府逐步推动了以"基本公共服务均等化"为目标的公共服务体系建设，通过公共服务投入向农村、欠发达地区和弱势群体倾斜，缩小城乡间、区域间和群体间的公共服务差距，提高基本公共服务的普遍性、可及性、公平性和均等化水平，并努力平衡公共服务供给的公益与效率目标。[2]《规划和纲要》提出要健全国家公共服务制度体系，加快补齐基本公共服务短板，着力增强非基本公共服务弱项，努力提升公共服务水平，应当提高基本公共服务均等化、创新公共服务提供方式和完善公共服务政策保障体系。

---

[1] 刘熙瑞：《服务型政府——经济全球化背景下中国政府改革的目标选择》，《中国行政管理》2002年第7期。

[2] 郁建兴：《中国的公共服务体系：发展历程、社会政策与体制机制》，《学术月刊》2011年第3期。

基于前文分析可知，地方政府公共服务能力界定为需求管理能力、资源保障能力、资源整合能力和供给能力四个维度。提高公共服务的需求管理能力，可实现按需供给公共服务，提升公众的公共服务满意度和政府部门的公信力；提高资源保障能力，可为公共服务的开展提供必要的条件，推动实现公共服务多元供给格局；提高资源整合能力，可提高公共服务供给的效率与效果，创新公共服务制度体系；提高供给能力，有助于政府面向社会公众提供更优质更全面的公共服务，更好地满足社会公众对公共服务的多样化需求。整体而言，地方政府公共服务能力的优化既涵盖公共服务供给机制创新，又体现出包含财政保障在内的诸多配套保障体系，并最终将满足人民群众日益多样的公共服务需求作为能力提升的落脚点。因而，就健全公共服务制度体系的内涵而言，提升政府公共服务能力是实现这一目标的内在要求。

第三，优化公共服务能力是地方政府提升竞争力，促进经济发展的现实要求。从历史角度来看，政府之间的竞争逐步从早期的"军事竞争力"和"资源竞争力"演进到"组织结构竞争力"和"制度竞争力"。而在经济实力具备相当基础的假定前提下，政府竞争力本质就是政府之间公共服务能力的竞争[1]。根据"用脚投票"理论，居民可以在不同地区之间自由流动并且具有偏好差异，会依据自身偏好选择居住地点，其最终抉择通常取决于地方政府的公共物品供给水平和课税水平是否相匹配。可以看出，公共服务能力已经成为衡量政府竞争能力最重要的要素之一。相应的，在区域竞争力已经渐趋取决于地方政府公共服务能力的背景下，地方政府为实现生产要素的集聚以提高本地区竞争力或避免生产要素的流失以保持竞争力，都势必要将优化公共服务能力作为实现上述目标的重要途径，而地区竞争力的提升又会对促进本地区经济发展和政府公共服务能力的提升产生正向推动作用。因此，就提升本地竞争力和促进经济发展而言，地方政府优化公共服务能力是执政者的现

---

[1] 张开云、张兴杰、李倩：《地方政府公共服务供给能力：影响因素与实现路径》，《中国行政管理》2010年第1期。

实要求。

第四，优化公共服务能力是地方政府推动实现基本公共服务均等化，实现共同富裕的必要基础。基本公共服务均等化，即使人人都能享受到基本公共服务且享受到基本公共服务的机会均等。《规划和纲要》明确指出，到2025年基本公共服务均等化水平明显提高，到2035年基本公共服务实现均等化，提高基本公共服务均等化水平，要"推动城乡区域基本公共服务制度统一、质量水平有效衔接""建立健全基本公共服务标准体系""推动标准水平城乡区域间衔接平衡""统筹基本公共服务设施布局和共建共享，促进基本公共服务资源向基层延伸、向农村覆盖、向边远地区和生活困难群众倾斜"。《报告》也指出，要实现好、维护好、发展好最广大人民根本利益，"提高公共服务水平，增强均衡性和可及性"。由此可以看出，基本公共服务均等化，追求的根本目标是"均衡"。追求公共服务均等化需要阶段性地实现地区之间和城乡之间基本公共服务的均等化，进而实现人与人之间基本公共服务的均等化[1]。

部分地区当前所存在的基本公共服务不均的问题，究其本源，是区域之间、城乡之间经济发展水平不一致所导致的结果[2]。因而，实现基本公共服务均等化，需要明确中央政府与地方政府在基本公共服务方面的事权，健全财力与事权相匹配的财政体制，同时完善促成均等化的转移支付制度。然而，仅仅从财政保障维度难以根本实现基本公共服务均等化的目标。事实上，自基本公共服务均等化理念提出以来，基本公共服务均等化政策在主题内容、价值目标上呈现出较为显著的变迁。总体上，基本公共服务均等化政策早期的重点在于构建一个涵盖教育、医疗等多重领域的基本公共服务的服务体系。此后随着关注重点聚焦于关注城乡与区域之间的差距，政策目标更加关注"公平"与"均衡"。近年来，基于基本公共服务均等化水平的整体提升，政策目标的重点开始转

---

[1] 安体富、任强：《公共服务均等化：理论、问题与对策》，《财贸经济》2007年第8期。
[2] 辛冲冲、陈志勇：《中国基本公共服务供给水平分布动态、地区差异及收敛性》，《数量经济技术经济研究》2019年第8期。

向公众对于基本公共服务的个性化需求与获得感的提升①。不过，由于城乡之间与区域之间发展存在显著差异，中国基本公共服务均等化的推进在不同领域也呈现出不同态势，整体上呈现在基本公共服务体系建构，以公平和均衡的理念缩小城乡与区域差距以及提升基本公共服务获得感三个维度同时开展的结构特征。而任一维度下，基本公共服务均等化的有效推进都有赖于政府公共服务能力的优化。相应地，本书建构了一个较为立体的公共服务能力框架，既涵盖基于公共服务资源保障与资源整合的物质与政策资源的支持，又涵盖通过公共服务供给以实质上保障公民的基本发展权利，同时还纳入了公共服务需求识别以求能够在公共服务开展伊始就为公共提供更具个性化的公共服务供给。

2021年8月17日，习近平总书记在中央财经委员会第十次会议上围绕"扎实推动共同富裕"进行了系统阐述，将"促进基本公共服务均等化"作为六条路径之一②。《报告》也指出，"健全基本公共服务体系，提高公共服务水平，增强均衡性和可及性，扎实推进共同富裕"。这意味着，进入新的发展阶段，健全基本公共服务体系，推动基本公共服务均等化被赋予了"共同富裕"这一鲜明的时代特色③。推动实现共同富裕，需要扎实推进基本公共服务均等化，这又有赖于政府公共服务能力的优化。因此，政府公共服务能力的优化是地方政府推动实现基本公共服务均等化，实现共同富裕的必要基础。

## 二 地方政府公共服务能力优化的基本原则

（一）标准化原则

"标准"概念起源于工业管理，既要具有科学性，即标准是以科学研究与实践经验结合产生的综合成果为基础，又要具有权威性与广泛

---

① 姜晓萍、郭宁：《我国基本公共服务均等化的政策目标与演化规律——基于党的十八大以来中央政策的文本分析》，《公共管理与政策评论》2020年第6期。
② 习近平：《扎实推动共同富裕》，《求是》2021年第20期。
③ 李实、杨一心：《面向共同富裕的基本公共服务均等化：行动逻辑与路径选择》，《中国工业经济》2022年第2期。

性，即标准需要经过权威机构的批准，在实践中需要所有适用对象的服从。同时还需要具有价值关怀，即标准需要承担促进社会效益的使命。虽然标准发端于工业管理，但是在公共服务领域，尤其是在推进基本公共服务标准化进程中，标准的理念同样具有较强的适用性，已逐渐成为公共服务过程的重要组成部分。

标准化强调的是一种秩序的建立与规律的总结。中共中央办公厅、国务院办公厅印发的《关于建立健全基本公共服务标准体系的指导意见》指出，以标准化促进基本公共服务均等化、普惠化、便捷化，是新时代提高保障和改善民生水平、推进国家治理体系和治理能力现代化的必然要求。在实践中，要以标准化手段优化资源配置、规范服务流程、提升服务质量、明确权责关系、创新治理方式，并力争到2025年，基本公共服务标准化理念融入政府治理，标准化手段得到普及应用，系统完善、层次分明、衔接配套、科学适用的基本公共服务标准体系全面建立[1]。因此，政府进行公共服务必然要求将标准化原则贯入其中。

标准化涉及公共服务投出、转化和产出的各个环节，既涵盖公共服务提供的主体与多元的参与者，还有公共服务的供给机制、评估机制，当然也包含公共服务的实际产出。从具体内容上看，政府基本公共服务标准化，不仅包括如基本公共服务事项标准化、基本公共服务流程标准化、公共服务资源获取与配置标准化、公共服务预算与支出标准化在内的基本公共服务的标准化，而且也有对政府管理标准化创新的绩效评估的特征，如创新性评估、参与性评估等[2]。基本公共服务标准化所涉及的基本内容明确了地方政府优化公共服务能力的基本思路。在需求管理、资源保障、资源整合和服务供给四个层面，遵循标准化的原则既有利于进行公共服务能力优化的经验的总结，也有利于在不断的经验学习中实现标准的优化，同时还可以明确不同流程中主要负责主体的权力与

---

[1] 《中共中央办公厅 国务院办公厅印发〈关于建立健全基本公共服务标准体系的指导意见〉》，中华人民共和国中央人民政府，2018年12月12日，http://www.gov.cn/xinwen/2018-12/12/content_ 5348159. htm。

[2] 郁建兴、秦上人：《论基本公共服务的标准化》，《中国行政管理》2015年第4期。

责任，进行有效监督。

（二）数字化原则

近二十年来，以互联网、物联网、大数据、人工智能等技术为代表的数字技术快速发展，对社会生产和生活的方式产生了强烈冲击，在经济、社会、文化等多个领域产生了显著的影响。《数字中国发展报告（2020年）》指出，数字政府建设成为推进国家治理体系和治理能力现代化的有效手段。"十三五"时期，中国数字政府服务效能显著提升，全国一体化政务服务平台基本建成，政务信息资源开发利用深入推进，全国政府网站集约化水平和网上服务水平持续提高①。就公共服务而言，数字化在一定程度上变革了公共服务的形式和内容，改变了以往公共服务的内容与质量由供给方掌控，需求方只能被动接受的局面。数字化为民众提供了主动参与公共服务订制的渠道，在客观上对公共服务的内容与质量提出了更高的要求。具体而言，数字化一方面重塑了政府、市场、社会和公民的关系，打破了原有的公共服务模式，形成全新的合作边界和协作方式，为公共服务创新提供了重要的契机；另一方面数字化的发展使公民对公共服务的意见易被互联网放大形成一种舆论压力，要求政府更及时、准确地回应公民的公共服务诉求，对政府的公共服务能力提出了严峻的挑战。

数字化浪潮对地方政府进行公共服务提出了必须要回答的崭新的时代课题。《规划和纲要》指出，要加快数字社会建设步伐，适应数字技术全面融入社会交往和日常生活新趋势，促进公共服务和社会运行方式创新，要提供智慧便捷的公共服务，推进线上线下公共服务共同发展、深度融合；建设智慧城市和数字乡村，以数字化助推城乡发展和治理模式创新。此外，《规划和纲要》专门就数字政府的建设进行论述，提出将数字技术广泛应用于政府管理服务，推动政府治理流程再造和模式优

---

① 《国家互联网信息办公室发布〈数字中国发展报告（2020年）〉》，中华人民共和国中央人民政府，2021年7月3日，http：//www.gov.cn/xinwen/2021-07/03/content_5622668.htm。

化，不断提高决策科学性和服务效率。由此，以数字化转型整体驱动生产方式、生活方式和治理方式变革是大势所趋，地方政府必须要将数字化的理念融入公共服务过程中，以数字化推动公共服务能力优化，通过数字化转型，成为可信赖的政府、透明的政府、负责任的政府和能够提供服务的政府①。

（三）制度化原则

《"十三五"推进基本公共服务均等化规划》指出，中国基本公共服务还存在规模不足、质量不高、发展不平衡等短板，而体制机制创新滞后是其突出表现之一。该规划明确提出，到2020年，要实现基本公共服务体系更加完善、体制机制更加健全的目标，要使制度规范基本成型，各领域制度规范衔接配套、基本完备，服务提供和享有有规可循、有责可究，基本公共服务依法治理水平明显提升②，强调了制度建设对推进基本公共服务均等化的重要性。

制度的价值在于在一个确定的框架下，对行为主体及其行为进行规范和引导。时至今日，公共服务越发复杂，政府已不是唯一的公共服务提供者，市场和社会力量亦越发深入地参与到公共服务供给中，而就公共服务流程而言，也逐渐呈现精细化、个性化的特点。因此，若缺乏制度的规范与引导，就容易陷入混乱的局面，降低服务效率，损害服务效果。而且，随着基本公共服务均等化已全面提上日程，公共服务规模不断扩大，可支配的资源也不断增加，完善的制度安排也是减少寻租等腐败现象出现的根本方法。因此，与时俱进，不断对公共服务制度进行建设与完善，是地方政府优化公共服务能力时所必须要考虑的选项。

（四）差异化原则

随着经济发展和生活水平的提高，公民对公共服务已不再仅仅停留在基本公共服务需求的满足阶段，而呈现出多样化、个性化的差异化需

---

① 张成福、谢侃侃：《数字化时代的政府转型与数字政府》，《行政论坛》2020年第6期。
② 《国务院关于印发"十三五"推进基本公共服务均等化规划的通知》（国发〔2017〕9号），http://www.gov.cn/zhengce/content/2017-03/01/content_5172013.htm。

求。当前公共服务领域政府垄断的局面已经被打破，市场化改革成为公共服务领域发展的重要内容。引入市场竞争机制，充分发挥市场在资源配置中的作用，将原本由政府承担的部分公共服务职能转由市场主体来承担，能够有效提升公共服务的效率和质量。公共服务市场化带来的最显著变化是市场检验和顾客导向。各种公共服务供给主体为争夺市场资源和份额而激烈竞争，这就要求相关主体在激烈竞争中主动对公共服务消费者不断变化的需求作出反应，降低成本，提高效率，以顾客为导向，满足顾客的需要，进而有助于实现公共服务质量和效率的提高。从消费者的角度看，多元的供给主体提供了更多的选择机会，使其可以在多元供给者之间进行充分的选择。

以宏观发展的视角来看，公民对公共服务的需求也遵循着一个由低级到高级，由单一化产品向多样化、个性化产品发展的规律。虽然当前中国将推进基本公共服务均等化作为公共服务发展的首要目标，但公共服务均等化的开展并不意味着要牺牲掉差异化的需求。当公民的基本温饱、医疗、教育问题解决之后，尤其是在经济发展状况良好、居民收入水平较高、基本公共服务已渐趋实现的地区，公民对差异化、个性化的公共服务提出需求是符合社会和人的发展规律的。即使在欠发达地区，在推进基本公共服务均等化的同时，也应当适度关注公民的差异化需求，因为即使在这些地区，由于自然环境和历史文化等因素的影响，人们对于公共服务的需求也是各有侧重的。

## 三 地方政府公共服务能力优化的基本措施

### （一）以标准化为着力点，推进公共服务标准化建设

一方面，在基本公共服务领域，地方政府要严格遵守全国或地区统一的公共服务标准。基本公共服务标准化以均等化为目标，目的在于克服地域之间的差别，通过制定相对统一标准的方式，保证其全面性和可及性。换言之，基本公共服务均等化本身就体现着标准化的内涵。因此，地方政府必然要严格遵守基本公共服务的相关标准，在优化公共服

第七章 地方政府公共服务能力差异性的生成机制与优化思路

务能力时，将其置于首位。另一方面，要逐步开展公共服务标准化系统的建设与完善工作。首先，公共服务管理体制的标准化。这是指政府对公共服务领域中需要协调统一的行政管理事项所进行的标准化。它是对政府公共服务的工作方法、程序、职责范围和行为操作所进行的统一规定[①]。这一点尤为体现在政务服务标准化建设的工作中。简而言之，政务服务标准化建设是一个复杂的系统工程，涉及事项管理、平台建设、信息共享、数据交换、安全保障、线上线下服务融合等多方面内容，仅仅是零星的、单个的标准制定，难以满足政府服务标准化建设的需要。此外，客观数据表明，各个地方政府在公开的公共服务权力清单数量上存在巨大差异，这也是管理体制标准化工作建设迟滞的反映之一。其次，公共服务绩效评估的标准化。于公共服务而言，绩效评估的价值主要体现在能够改善公共服务质量，提升公民对公共服务的满意度。绩效评估的重点领域在很大程度上将界定政府工作的重点方向，完善的公共服务绩效评估体制有助于促使各级政府加大对公共服务注意力的投入。政府绩效管理体制的标准化就是在政府绩效管理的实践中引入标准化操作，通过公共服务标准的建立来衡量和考核政府公共服务的实际绩效。根据前述第五章节的计算结果，湖北省 16 个省直管地方政府在绩效评估能力方面存在着较为明显的差距，这就迫切需要地方政府强化公共服务绩效评估的标准化工作。

地方政府在推进公共服务管理体制标准化建设过程中，要注意由权威部门牵头，统筹推进标准化工作的开展，出台协调统一的政务管理标准化制度规范，避免出现标准化认知偏差。同时，还需要打破原有的各部门各自为战、重复建设的状况，实现多部门协调、统一工作的建设格局。此外，还应当借鉴浙江、广东等省份标准化建设的先进经验，紧跟国家政策前沿和外省发展动态，结合各地方的实际工作经验，进行标准化体系的建设与完善。

---

① 胡税根、徐元帅：《中国政府公共服务标准化建设的价值研究》，《甘肃行政学院学报》2009 年第 5 期。

## （二）以公共服务均等化为基本目标，坚持均等化和差异化的有机结合

《决定》指出，必须健全幼有所育、学有所教、劳有所得、病有所医、老有所养、住有所居、弱有所扶等方面的国家基本公共服务制度体系，尽力而为，量力而行，注重加强普惠性、基础性、兜底性民生建设，保障群众基本生活。同时，要创新公共服务提供方式，鼓励支持社会力量兴办公益事业，满足人民多层次多样化需求，使改革发展成果更多更公平惠及全体人民。其中所体现的正是基本公共服务均等化和公共服务差异化相结合的理念。

首先，基本公共服务均等化优先于公共服务差异化。基本公共服务关系到人最基本的生存与发展权利的实现，是人人都应当享有的最基本权利，是实现共同富裕的通路，也是社会稳定的保障。就当前公共服务事业建设的情形而言，依旧需要将实现基本公共服务均等化作为工作的重中之重。《决定》还指出，使改革发展成果更多更公平惠及全体人民，要着重做到，健全有利于更充分更高质量就业的促进机制，构建服务全民终身学习的教育体系，完善覆盖全民的社会保障体系和强化提高人民健康水平的制度保障。这需要地方政府持续在教育、医疗、就业、住房等基本公共服务领域进行投入，尤其要注意对欠发达地区和农村地区进行政策与资源的倾斜。

其次，基本公共服务均等化与公共服务差异化并行不悖，公共服务差异化的开展并不以基本公共服务均等化的完全实现为绝对先决条件。随着基本公共服务均等化逐渐开展，人民对公共服务的需求日趋多样化与个性化，这就要求地方政府紧紧把握时代脉搏与人民群众的呼声，制定差异化的公共服务策略。尤其是在需求识别与管理阶段，要注重对公众的公共服务需求和偏好进行调查、分析，以公民为中心推动公共服务体系改革，并以公民的公共服务需求、满意度及反馈作为公共服务质量改良的依据。

## （三）弥补短板，加强基础设施建设

根据前述有关湖北省16个省直管地方政府公共服务能力差异性生

成路径分析的结果,由条件变量之间的潜在替代关系可以发现,基础设施建设是快速提高地方政府公共服务能力的可行性选择。就推进基本公共服务均等化而言,加强基础设施建设是促进欠发达地区发展的基础性条件,是关系到公民个人的生存生活质量和发展质量的关键性要素。涵盖道路、住房、饮用水、电力等在内的公共服务基础设施,是保障现代化生活水准的基础性条件。如果这些方面的基本需求不能得到满足,人们的生存和生活质量无法得到保障,会进一步引发其他生活与发展条件的匮乏和不足。

从资源保障的视角来看,如果无法解决最基础的公共服务设施建设滞后的问题,地方政府进行公共服务能力优化只能是巧妇难为无米之炊。换言之,基础设施建设是地方政府开展公共服务的先决条件。根据湖北省各省直管地方政府的经济社会发展情况,在基础设施建设投入这一层面还远达不到高枕无忧的程度,部分欠发达地区在基础设施建设上依旧存在巨大短板,这就需要各级政府尤其是当地政府持续重视基础设施建设,弥补短板。

(四)多重领域并进,完善公共服务政策保障体系

根据前述有关地方政府公共服务能力差异性生成路径分析的结果,可以发现除数字基础设施建设之外,组织支持维度的政策效应对于各个地方政府公共服务能力的提升同样具有重要的作用。《规划和纲要》在健全国家公共服务制度体系中强调,要完善公共服务制度保障体系,包括优化财政支出结构,明确划分中央和地方在公共服务领域的事权和支出责任,将更多公共服务项目纳入政府购买服务指导性目录,等等。政策是指导行为主体开展各项工作的关键。前文提到,地方政府虽然承担着公共服务的主要责任,但是公共服务并非地方政府追求的唯一目标。促进经济增长是与公共服务并重的重要目标,如何抉择取决于政府的行为偏好。长久以来,地方经济增长水平在地方政府绩效考核中占据核心位置,这就需要出台相应政策对地方政府的偏好进行引导。

各地方政府公共服务政策保障能力的提升,需要着重做好两个方面

的工作。其一，在公共服务项目中，加大政府购买力度，在资格准入、土地供给、财政支持、监督管理等方面公平对待民办与公办机构。公共服务供给的多元化格局已然是大势所趋，只有在政策上给予政府之外的供给者以充分的支持，才能进一步优化多元供给格局，充分发挥市场力量和社会力量在公共服务中的作用，这对政府公共服务能力的优化有直接的促进作用。其二，保障公共服务有充足的财政支持。这就需要在政策上不断强化地方政府在公共服务领域投入的责任，将政府工作的重点规范到为人民群众提供充足且高质量的公共服务上来，切实有效地实现向服务型政府建设的转型。

# 附　录

1. 湖北省统计局各市州年度统计公报，http：//tjj. hubei. gov. cn/tjsj/tjgb/ndtjgb/sztjgb/。

2. 湖北省统计局各市州统计年鉴，http：//tjj. hubei. gov. cn/tjsj/sjkscx/tjnj/gsztj/whs/。

3. 政府和社会资本合作中心项目管理库、国家财政部，https：//www. cpppc. org：8082/inforpublic/homepage. html#/searchresult。

4. 《各年份湖北省专项转移支付分市县、分项目表》，湖北省财政厅，https：//czt. hubei. gov. cn/。

5. 鄂州市人民检察院，http：//ez. hbjc. gov. cn/。

6. 鄂州市人民政府，http：//www. ezhou. gov. cn/sy/。

7. 恩施市人民政府，http：//www. es. gov. cn/。

8. 恩施州土家族苗族自治州人民检察院，http：//es. hbjc. gov. cn/。

9. 黄冈市人民检察院，http：//hg. hbjc. gov. cn/。

10. 黄冈市人民政府，http：//www. hg. gov. cn/。

11. 黄石市人民检察院，http：//hs. hbjc. gov. cn/。

12. 黄石市人民政府，http：//www. huangshi. gov. cn/。

13. 荆门市人民检察院，http：//jm. hbjc. gov. cn/。

14. 荆门市人民政府，http：//www. jingmen. gov. cn/。

15. 荆州市人民检察院，http：//jz. hbjc. gov. cn/。

16. 荆州市人民政府，http：//www. jingzhou. gov. cn/。

17. 潜江市人民检察院，http：//qj. hj. hbjc. gov. cn/。
18. 潜江市人民政府，http：//www. hbqj. gov. cn/。
19. 十堰市人民检察院，http：//sy. hbjc. gov. cn/。
20. 十堰市人民政府，https：//www. shiyan. gov. cn/。
21. 随州市人民检察院，http：//sz. hbjc. gov. cn/。
22. 随州市人民政府，http：//www. suizhou. gov. cn/。
23. 天门市人民检察院，http：//tm. hj. hbjc. gov. cn/。
24. 天门市人民政府，http：//www. tianmen. gov. cn/。
25. 武汉市人民检察院，http：//wh. hbjc. gov. cn/。
26. 武汉市人民政府，http：//www. wuhan. gov. cn/。
27. 仙桃市人民检察院，http：//xt. hj. hbjc. gov. cn/。
28. 仙桃市人民政府，http：//www. xiantao. gov. cn/。
29. 咸宁市人民检察院，http：//xn. hbjc. gov. cn/。
30. 咸宁市人民政府，http：//www. xianning. gov. cn/。
31. 襄阳市人民检察院，http：//xy. hbjc. gov. cn/。
32. 襄阳市人民政府，http：//xiangyang. gov. cn/wzsy/。
33. 孝感市人民检察院，http：//xg. hbjc. gov. cn/。
34. 孝感市人民政府，https：//www. xiaogan. gov. cn/。
35. 宜昌市人民检察院，http：//yc. hbjc. gov. cn/。
36. 宜昌市人民政府，http：//www. yichang. gov. cn/。

# 参考文献

## 一 中文著作

《毛泽东选集》第1卷,人民出版社1991年版。

《习近平谈治国理政》第3卷,外文出版社2020年版。

《中共中央关于党的百年奋斗重大成就和历史经验的决议》,人民出版社2021年版。

陈世香:《行政价值研究:以美国中央政府行政价值体系为例》,人民出版社2006年版。

陈振明:《公共服务导论》,北京大学出版社2011年版。

何艳玲:《城市政府能力蓝皮书:中国城市政府公共服务能力评估报告(2013)》,社会科学文献出版社2013年版。

何艳玲:《中国城市政府公共服务能力评估报告(2016)》,社会科学文献出版社2016年版。

江易华:《当代中国县级政府基本公共服务绩效评估指标体系的理论构建与实证研究》,中国社会科学出版社2010年版。

姜晓萍:《地方政府流程再造》,中国人民大学出版社2012年版。

金太军:《政府职能梳理与重构》,广东人民出版社2002年版。

李娟、傅利平:《公共文化服务水平综合评价研究》,经济科学出版社2017年版。

李晓园:《包容性增长视角下的县级公共服务能力研究》,中国社会科学出版社 2016 年版。

联合国开发计划署驻华代表处：《中国（海南）改革发展研究院·中国人民发展报告 2007/2008——惠及 13 亿人的基本公共服务》，中国出版集团公司 2008 年版。

娄成武、杜宝贵：《行政管理学》，高等教育出版社 2010 年版。

罗维：《地方政府公共服务能力建设研究——基于宁波实践的分析》，浙江大学出版社 2018 年版。

钱学森：《论系统工程（新世纪版）》，上海交通大学出版社 2007 年版。

沈满洪：《资源与环境经济学》，中国环境科学出版社 2007 年版。

施雪华：《政府权能理论》，浙江人民出版社 1998 年版。

石亚军：《破题政府职能转变：内涵式政府改革新路径实证研究》，中国政法大学出版社 2016 年版。

孙友然：《中国新市民公共文化服务体系研究》，南京大学出版社 2018 年版。

汤志伟等：《政府互联网服务能力蓝皮书：中国地方政府互联网服务能力发展报告（2019）》，社会科学文献出版社 2019 年版。

王沪宁：《行政生态分析》，复旦大学出版社 1989 年版。

王绍光、胡鞍钢：《中国国家能力报告》，辽宁人民出版社 1993 年版。

魏宏森、曾国屏：《系统论——系统科学哲学》，世界图书出版公司 2009 年版。

吴国光：《国家、市场与社会》，牛津大学出版社 1994 年版。

《新华日报》编：《新中国 70 年大事记》，人民出版社 2020 年版。

燕继荣：《中国治理：东方大国的复兴之道》，中国人民大学出版社 2017 年版。

叶响裙：《公共服务多元主体供给：理论与实践》，社会科学文献出版社 2014 年版。

## 二　中文论文

习近平：《把握新发展阶段，贯彻新发展理念，构建新发展格局》，《求是》2021 年第 9 期。

习近平：《扎实推动共同富裕》，《求是》2021 年第 20 期。

安淑新：《"十三五"规划指标体系设置研究》，《宏观经济管理》2014 年第 11 期。

安体富、任强：《公共服务均等化：理论、问题与对策》，《财贸经济》2007 年第 8 期。

安体富：《中国转移支付制度：现状·问题·改革建议》，《财政研究》2007 年第 1 期。

北京大学课题组、黄璜：《平台驱动的数字政府：能力、转型与现代化》，《电子政务》2020 年第 7 期。

常莉等：《公共价值与公共服务：逻辑内化与现实偏离》，《行政论坛》2020 年第 5 期。

陈朝月、许治：《政府 R&D 资助政策对企业共性技术项目决策的影响探究》，《管理评论》2019 年第 9 期。

陈光、伍红建、杨一帆：《电子政务：政府治理能力现代化的新途径》，《电子政务》2014 年第 8 期。

陈国权、陈杰：《论责任政府的回应性》，《浙江社会科学》2008 年第 11 期。

陈国权、卢志朋：《广义政府：当代中国公共管理主体及其双重性》，《公共管理学报》2023 年第 1 期。

陈国权：《论责任政府及其实现过程中的监督作用》，《浙江大学学报》（人文社会科学版）2001 年第 2 期。

陈海威：《中国基本公共服务体系研究》，《科学社会主义》2007 年第 3 期。

陈康团：《政府行政能力与政府财力资源》，《开放时代》2000 年第 6 期。

陈康团：《政府行政能力与政府财力资源问题研究》，《中国行政管理》2000 年第 8 期。

陈亮、王彩波：《国家治理现代化：理论诠释与实践路径》，《重庆社会科学》2014年第9期。

陈鹏：《智能治理时代的政府：风险防范和能力提升》，《宁夏社会科学》2019年第1期。

陈世香：《建国以来中国行政价值体系结构的历史演化研究》，《上海行政学院学报》2009年第6期。

陈淑伟：《制约政府应急管理能力提升的障碍因素分析》，《东岳论丛》2009年第12期。

陈水生：《公共服务需求管理：服务型政府建设的新议程》，《江苏行政学院学报》2017年第1期。

陈水生：《政府职能现代化的整体性建构：一个三维分析框架》，《探索》2021年第2期。

陈涛等：《推进"互联网+政务服务"提升政府服务与社会治理能力》，《电子政务》2016年第8期。

陈涛等：《推进"互联网+政务服务"提升政府服务与社会治理能力》，《电子政务》2016年第8期。

陈振明、黄子玉：《数字治理的公共价值及其实现路径》，《郑州大学学报》（哲学社会科学版）2022年第6期。

陈振明、李德国：《以高效能治理引领公共服务高质量发展》，《人民论坛》2020年第29期。

陈振明：《评西方的"新公共管理"范式》，《中国社会科学》2000年第6期。

陈振明：《政府能力建设与"好政府"的达成——评梅利里·S.：格林德尔主编的〈获得好政府〉一书》，《管理世界》2003年第8期。

陈振明：《政治与经济的整合研究——公共选择理论的方法论及其启示》，《厦门大学学报》（哲学社会科学版）2003年第2期。

陈之常：《应用大数据推进政府治理能力现代化——以北京市东城区为例》，《中国行政管理》2015年第2期。

陈周旺：《从放权到分权：国家与社会关系的转型》，《求索》2000年第5期。

程岚等：《不同城镇化视角下基本公共服务均等化的测度和影响因素研究》，《经济与管理评论》2018年第6期。

迟福林：《加快建立社会主义公共服务体制的思考》，《福建行政学院福建经济管理干部学院学报》2006年第5期。

楚德江：《关于有效政府的特征分析》，《理论探索》2010年第1期。

楚德江：《中国社会变革进程中的政府有效性论纲》，《社会科学》2010年第1期。

褚松燕：《提升国家有效治理：核心关切与基本框架》，《当代世界》2018年第6期。

崔月琴：《转型期中国社会组织发展的契机及其限制》，《吉林大学社会科学学报》2009年第3期。

崔运武等：《区块链嵌入公共服务的技术禀赋与应用路径》，《行政管理改革》2022年第1期。

戴长征、鲍静：《数字政府治理——基于社会形态演变进程的考察》，《中国行政管理》2017年第9期。

党秀云等：《公共服务多元合作供给机制有效运行中的政府行为选择》，《教学与研究》2020年第11期。

党秀云：《论合作治理中的政府能力要求及提升路径》，《中国行政管理》2017年第4期。

党秀云：《政府再造与政府能力之提升》，《行政论坛》2004年第1期。

邓理等：《行政能力复合化：基层行政人员如何影响"互联网+政务服务"治理绩效——基于S市社区事务受理服务中心的案例研究》，《甘肃行政学院学报》2020年第3期。

邓治春等：《地方政府公共服务能力及提升策略——以成都市郫县为例》，《武汉理工大学学报》（社会科学版）2013年第2期。

丁煌：《当代西方公共行政理论的新发展——从新公共管理到新公共服

务》，《广东行政学院学报》2005 年第 6 期。

丁辉侠：《地方政府提供公共服务的能力与动力分析》，《河南社会科学》2012 年第 9 期。

丁辉侠：《我国地方政府提供公共服务的困境与对策分析》，《吉首大学学报》（社会科学版）2012 年第 4 期。

丁琼：《优化地方政府公共服务供给面临的困境及其破解》，《中州学刊》2019 年第 12 期。

丁永玲：《构建服务型政府应提高公务员公共服务能力》，《中国党政干部论坛》2014 年第 8 期。

丁元竹：《实现基本公共服务均等化的实践和理论创新》，《人民论坛·学术前沿》2022 年第 5 期。

丁忠毅：《国家治理能力建设的社会政策之维：依据、路径及提升》，《四川大学学报》（哲学社会科学版）2016 年第 6 期。

董保宝、葛宝山、王侃：《资源整合过程、动态能力与竞争优势：机理与路径》，《管理世界》2011 年第 3 期。

董保宝、葛宝山：《新创企业资源整合过程与动态能力关系研究》，《科研管理》2012 年第 2 期。

杜创国：《全球化进程中政府能力的提升》，《行政论坛》2007 年第 1 期。

杜运周等：《复杂动态视角下的组态理论与 QCA 方法：研究进展与未来方向》，《管理世界》2021 年第 3 期。

杜运周等：《组态视角与定性比较分析（QCA）：管理学研究的一条新道路》，《管理世界》2017 年第 6 期。

段晓亮：《行政生态学视域下中国公共服务供给优化问题研究》，《领导科学》2022 年第 12 期。

范柏乃等：《基本公共服务均等化运行机制、政策效应与制度重构》，《软科学》2021 年第 8 期。

范并思：《应对发展公共服务体系的挑战》，《图书馆建设》2022 年第

2 期。

范逢春：《国家治理现代化：逻辑意蕴、价值维度与实践向度》，《四川大学学报》（哲学社会科学版）2014 年第 4 期。

方茜：《民族地区公共服务能力的比较研究》，《生态经济》2010 年第 5 期。

冯菲等：《中国城市公共服务公众满意度的影响因素探析——基于 10 个城市公众满意度的调查》，《上海行政学院学报》2016 年第 2 期。

付冷冷：《中国公共服务供给改革的价值追求及实现策略——基于公共价值管理的视角》，《东岳论丛》2018 年第 2 期。

高海虹：《发展社会企业：改善公共服务能力的有效途径》，《理论探讨》2011 年第 6 期。

高建、张洪峰：《如何提升地方政府的治理能力》，《人民论坛》2017 年第 29 期。

高伟等：《创业政策对城市创业的影响路径——基于模糊集定性比较分析》，《技术经济》2018 年第 4 期。

宫笠俐、王国锋：《公共环境服务供给模式研究》，《中国行政管理》2012 年第 10 期。

龚益鸣等：《顾客需求识别及其模型》，《复旦学报》（自然科学版）2003 年第 5 期。

勾学玲：《推广政府购买服务探析》，《理论探讨》2015 年第 4 期。

顾丽梅等：《地方政府政务环境建设的逻辑探索——基于 68 个地级市的定性比较分析》，《北京行政学院学报》2021 年第 4 期。

郭华、宓一鸣、袁正光、黄英实：《新型智库服务政府决策能力的创新思考》，《图书馆理论与实践》2018 年第 6 期。

郭建锦、郭建平：《大数据背景下的国家治理能力建设研究》，《中国行政管理》2015 年第 6 期。

郭小聪等：《地方政府公共服务创新：驱动机制与路径选择——中国情境下的分析框架和经验证据》，《北京行政学院学报》2020 年第 1 期。

郭小聪、聂勇浩：《行政伦理：降低行政官员道德风险的有效途径》，《中山大学学报》（社会科学版）2003年第1期。

郭亚丽：《论推进社会管理创新》，《山西财经大学学报》2011年第S1期。

国家行政学院课题组、姜异康、袁曙宏、韩康：《关于公共服务体系和服务型政府建设的几个问题（上）》，《国家行政学院学报》2008年第4期。

郝春旭、董战峰、葛察忠、王慧杰、裘浪：《基于聚类分析法的省级环境绩效动态评估与分析》，《生态经济》2015年第1期。

郝雅立等：《能力堕距：治理现代化背景下公务员队伍建设与发展问题研究》，《中国人力资源开发》2017年第4期。

何继新等：《"互联网+公共服务"模式建构中的管理问题——基于供给效率观》，《电子政务》2016年第10期。

何继新等：《基层公共服务精细化治理的逻辑关联、社会行动与路径创新》，《北京行政学院学报》2018年第1期。

何建华：《论提高政府维护社会公正秩序的能力》，《治理研究》2011年第6期。

何精华：《区分供给与生产：基于政府公共服务职能实现方式的分析框架》，《中国行政管理》2007年第2期。

何菊芳等：《构建农村公共产品供给的新体制》，《浙江学刊》2004年第3期。

何俊志：《比较政治分析中的模糊集方法》，《社会科学》2013年第5期。

何水：《中国公共服务改革：实践透视与路径探寻》，《郑州大学学报》（哲学社会科学版）2013年第6期。

何艳玲、郑文强：《"回应市民需求"：城市政府能力评估的核心》，《同济大学学报》（社会科学版）2014年第6期。

何增科：《腐败与治理状况的测量、评估、诊断和预警初探》，《毛泽东邓小平理论研究》2008年第11期。

何增科：《国家治理及其现代化探微》，《国家行政学院学报》2014年第4期。

洪荣塔：《关于地方政府提升公共物品供给能力的思考》，《行政论坛》2005年第6期。

侯保疆：《从概念的理论内涵看政府职能转变的内容》，《太平洋学报》2007年第7期。

侯雷：《城市公共安全服务供给的基本机制及其整合——以城市社会治安服务为例》，《东北师大学报》（哲学社会科学版）2014年第3期。

胡鞍钢、杭承政：《论建立"以人民为中心"的治理模式——基于行为科学的视角》，《中国行政管理》2018年第1期。

胡税根等：《大数据驱动的公共服务需求精准管理：内涵特征、分析框架与实现路径》，《理论探讨》2022年第1期。

胡税根、莫锦江、李军良：《公共文化资源整合绩效评估指标体系构建与实证研究》，《理论探讨》2018年第2期。

胡税根、徐元帅：《中国政府公共服务标准化建设的价值研究》，《甘肃行政学院学报》2009年第5期。

胡正明：《"顾客中心"的再认识——兼评"顾客中心过时论"》，《南开管理评论》2001年第4期。

胡志平：《国家治理现代化的公共服务路径》，《探索》2015年第6期。

黄恒学等：《政府服务企业方式变革与创新研究》，《行政管理改革》2021年第2期。

黄璜、黄竹修：《大数据与公共政策研究：概念、关系与视角》，《中国行政管理》2015年第10期。

黄金辉：《社会主义政治文明特征探微》，《社会科学研究》2003年第3期。

黄仁宗：《政府能力研究的新趋势：从发展行政到行政发展》，《宁夏社会科学》2010年第1期。

黄新华、刘祺：《城市公共服务供给状况的实际测度与综合评价——基于河南省18地市的量化分析》，《城市观察》2010年第5期。

黄艳敏、张岩贵：《公共安全财政支出理论分析及中国数据的检验》，《中央财经大学学报》2014年第8期。

黄滢、王刚：《网络社会治理中的政府能力重塑》，《人民论坛》2018年第16期。

贾康、孙洁：《公私伙伴关系（PPP）的概念、起源、特征与功能》，《财政研究》2009年第10期。

贾奇凡、尹泽轩、周洁：《行为公共管理学视角下公众的政府满意度：概念、测量及影响因素》，《公共行政评论》2018年第1期。

江国华、卢宇博：《中国乡镇政府治理体系转型的立法回应》，《中南民族大学学报》（人文社会科学版）2021年第6期。

江小涓：《大数据时代的政府管理与服务：提升能力及应对挑战》，《中国行政管理》2018年第9期。

江秀平：《提高政府能力与治理有效性》，《中国行政管理》2001年第2期。

姜晓萍、陈朝兵：《公共服务的理论认知与中国语境》，《政治学研究》2018年第6期。

姜晓萍等：《人民至上：党的十八大以来我国完善基本公共服务的历程、成就与经验》，《管理世界》2022年第10期。

姜晓萍等：《我国基本公共服务体系的共同趋势与地区差异——基于国家和地方基本公共服务十二五规划的比较》，《上海行政学院学报》2013年第6期。

姜晓萍、郭金云：《基于价值取向的公共服务绩效评价体系研究》，《行政论坛》2013年第6期。

姜晓萍、郭宁：《我国基本公共服务均等化的政策目标与演化规律——基于党的十八大以来中央政策的文本分析》，《公共管理与政策评论》2020年第6期。

姜晓萍：《我国政府流程再造的公共需求与可行性分析》，《理论与改革》2009 年第 4 期。

姜晓萍：《中国公共服务体制改革 30 年》，《中国行政管理》2008 年第 12 期。

蒋承勇：《现代现实主义及其"现代性"内涵考论》，《文艺研究》2022 年第 1 期。

蒋云根：《提升基层政府公共服务供给能力的路径思考》，《甘肃行政学院学报》2008 年第 3 期。

金太军、袁建军：《和谐社会视角下的政府能力考量》，《社会科学战线》2006 年第 4 期。

金太军：《政府能力引论》，《宁夏社会科学》1998 年第 6 期。

金文哲、王谦：《新时期中国地方政府公共服务能力建设思路探析》，《理论月刊》2011 年第 2 期。

靳永翥：《治理转型中我国地方政府社会治理能力的培育》，《贵州社会科学》2004 年第 6 期。

鞠京芮等：《社会技术系统理论视角下城市智能治理变革的要素框架与风险应对——以城市大脑为例》，《电子政务》2022 年第 1 期。

孔栋等：《O2O 模式分类体系构建的多案例研究》，《管理学报》2015 年第 11 期。

孔祥利：《论我国地方政府政策创新能力的提升》，《行政论坛》2004 年第 3 期。

赖丹馨、费方域：《公私合作制（PPP）的效率：一个综述》，《经济学家》2010 年第 7 期。

蓝志勇、魏明：《现代国家治理体系：顶层设计、实践经验与复杂性》，《公共管理学报》2014 年第 1 期。

雷玉琼、李岚：《乡镇政府公共服务供给能力评估指标体系建构——兼论政府公共服务能力的研究现状》，《中国行政管理》2015 年第 11 期。

黎炳盛：《有限政府的有效性与合法性》，《云南行政学院学报》2000 年第 5 期。

李春:《新中国成立以来公共服务模式转型分析》,《中共天津市委党校学报》2010年第2期。

李大海、朱文东、于会娟:《沿海城市海洋科学研究支撑能力评估——基于综合性国家科学中心建设视角》,《中国软科学》2021年第12期。

李华、董艳玲:《中国基本公共服务均等化测度及趋势演进——基于高质量发展维度的研究》,《中国软科学》2020年第10期。

李华、王银、孙秋柏:《地方政府经济治理能力评价:基于辽宁省的实证》,《统计与决策》2019年第10期。

李军鹏:《国外公共服务改革的做法与启示》,《行政管理改革》2010年第10期。

李磊:《习近平的美好生活观论析》,《社会主义研究》2018年第1期。

李利文等:《公共服务下沉创新:理论框架、实践样态与支撑逻辑》,《新视野》2021年第6期。

李实、杨一心:《面向共同富裕的基本公共服务均等化:行动逻辑与路径选择》,《中国工业经济》2022年第2期。

李素利等:《政府农村养老保障服务能力对服务质量的影响研究——基于不确定政策下的调查证据》,《公共管理学报》2016年第4期。

李文彬、陈晓运:《政府治理能力现代化的评估框架》,《中国行政管理》2015年第5期。

李文星、蒋瑛:《地方政府财政能力的理论建构》,《南开经济研究》2002年第2期。

李小园:《媒体运作能力的提升与政府形象的塑造》,《治理研究》2011年第4期。

李晓方、王友奎、孟庆国:《政务服务智能化:典型场景、价值质询和治理回应》,《电子政务》2020年第2期。

李晓园:《县级政府公共服务能力与其影响因素关系研究——基于江西、湖北两省的调查分析》,《公共管理学报》2010年第4期。

李燕凌、杨日映、陈麒羽:《城乡基本公共服务均等化的功能、困境与路径选择》，《湘潭大学学报》（哲学社会科学版）2016 年第 6 期。

李云新、吕明煜：《"互联网+政务服务"平台建设的特征、动因与绩效：一个多案例分析》，《电子政务》2017 年第 5 期。

李重照等：《中国省级移动政务平台建设现状研究：从 WAP 到 APP》，《电子政务》2014 年第 11 期。

梁芷铭：《论公共服务效能提升与政府组织结构创新》，《管理学刊》2011 年第 2 期。

林阿妙：《政府绩效管理创新与治理能力提升的契合性——基于地方政府的视角》，《经济问题》2015 年第 11 期。

林钧跃：《中国城市商业信用环境指数研制与分析》，《财贸经济》2012 年第 2 期。

林尚立：《政府改革：责任、能力与绩效》，《上海大学学报》（社会科学版）2007 年第 3 期。

林贤：《大数据推进政府治理能力提升论析——以福州市政府的大数据实践为例》，《福建论坛》（人文社会科学版）2018 年第 7 期。

刘波、崔鹏鹏：《省级政府公共服务供给能力评价》，《西安交通大学学报》（社会科学版）2010 年第 4 期。

刘德吉：《阿玛蒂亚·森的能力平等观与公共服务均等化》，《上海经济研究》2009 年第 11 期。

刘海峰、刘畅、曹如中：《智库治理能力的内涵与机理研究：基于智库服务政府决策视角》，《情报杂志》2018 年第 3 期。

刘恒：《提高政府基层组织服务能力之我见》，《改革与发展》2006 年第 1 期。

刘焕成、杨彩云：《政府网站化解网络舆情事件的能力研究》，《图书情报知识》2012 年第 1 期。

刘建丽：《大变局下中国工业利用外资的态势、风险与"十四五"政策着力点》，《改革》2020 年第 10 期。

刘建丽：《新中国利用外资 70 年：历程、效应与主要经验》，《管理世界》2019 年第 11 期。

刘开君:《国家治理现代化进程中的价值指向与实践路径》,《求索》2016 年第 4 期。

刘磊等:《基于公众需求的政府信息公开调查分析——以宁京两地为例》,《图书馆》2013 年第 2 期。

刘薇:《PPP 模式理论阐释及其现实例证》,《改革》2015 年第 1 期。

刘熙瑞:《服务型政府——经济全球化背景下中国政府改革的目标选择》,《中国行政管理》2002 年第 7 期。

刘小春、李婵、熊惠君:《我国区域基本公共服务均等化水平及其影响因素分析》,《江西社会科学》2021 年第 6 期。

刘笑杰、夏四友、李丁等:《湖南省基本公共服务质量的时空分异与影响因素》,《长江流域资源与环境》2020 年第 7 期。

刘雪华、马威力:《地方政府治理能力提升的理论逻辑与实践路径——基于当前我国社会主要矛盾变化的研究》,《社会科学战线》2018 年第 9 期。

刘银喜、赵森、赵子昕:《政府数据治理能力影响因素分析》,《电子政务》2019 年第 10 期。

刘志平:《"多规合一"第三方评估及"十三五"展望》,《探索与争鸣》2015 年第 6 期。

龙立军:《西部地区贫困县政府公共服务能力影响因素的回归分析——基于滇黔桂三省的调查数据》,《社会科学家》2020 年第 3 期。

卢汉桥:《地方政府行政诚信建设研究论纲》,《求索》2003 年第 6 期。

卢坤建:《回应型政府:理论基础、内涵与特征》,《学术研究》2009 年第 7 期。

卢新海等:《中国城市建设用地结构时空演变特征及机理研究》,《经济问题探索》2018 年第 10 期。

吕炜等:《国家治理视域下的公共服务供给——现实定位与路径创新》,《财经问题研究》2018 年第 3 期。

吕炜、王伟同：《发展失衡、公共服务与政府责任——基于政府偏好和政府效率视角的分析》，《中国社会科学》2008年第4期。

吕小康、黄妍：《如何测量"获得感"？——以中国社会状况综合调查（CSS）数据为例》，《西北师大学报》（社会科学版）2018年第5期。

罗伯特·B. 丹哈特、珍妮特·V. 丹哈特、刘俊生：《新公共服务：服务而非掌舵》，《中国行政管理》2002年第10期。

罗建文：《增强政府行政能力必须奉行公正理念》，《求索》2005年第12期。

骆梅英等：《公众参与在行政决策生成中的角色重考》，《行政法学研究》2016年第1期。

麻宝斌、郭蕊：《全球化时代的地方政府治理模式》，《学海》2008年第4期。

马得勇等：《新媒体时代政府公信力的决定因素——透明性、回应性抑或公关技巧？》，《公共管理学报》2014年第1期。

马文峰：《数字资源整合研究》，《中国图书馆学报》2002年第4期。

马雪松：《结构、资源、主体：基本公共服务协同治理》，《中国行政管理》2016年第7期。

马志敏：《大数据驱动下政府公共服务：创新机制及发展路径》，《经济问题》2020年第12期。

孟华：《推进以公共服务为主要内容的政府绩效评估——从机构绩效评估向公共服务绩效评估的转变》，《中国行政管理》2009年第2期。

莫于川：《行政执法监督制度论要》，《法学评论》2000年第1期。

宁靓等：《大数据驱动下的公共服务供需匹配研究——基于精准管理视角》，《上海行政学院学报》2019年第5期。

彭国甫：《基于DEA模型的地方政府公共事业管理有效性评价——对湖南省11个地级州市政府的实证分析》，《中国软科学》2005年第8期。

彭向刚、张世杰：《论构建和谐社会中的政府能力建设》，《吉林大学社会科学学报》2005年第3期。

彭雅丽、孙平军、罗宁、刘菊：《成渝城市群基本公共服务均等化的时空特征与成因解析》，《地域研究与开发》2022年第1期。

齐元静等：《中国经济发展阶段及其时空格局演变特征》，《地理学报》2013年第4期。

钱雪亚、宋文娟：《城市基本公共服务面向农民工开放度测量研究》，《统计研究》2020年第3期。

钱颖一：《市场与法治》，《经济社会体制比较》2000年第3期。

秦国民：《我国行政体制改革的主要途径和目标选择》，《郑州大学学报》（哲学社会科学版）2004年第4期。

饶扬德：《企业资源整合过程与能力分析》，《工业技术经济》2006年第9期。

任建明、刘理晖：《公共管理职业技能的探索性研究》，《公共管理学报》2004年第2期。

任维德：《中国社会转型时期的政府能力开发与建设》，《中国行政管理》2001年第11期。

容志：《大数据背景下公共服务需求精准识别机制创新》，《上海行政学院学报》2019年第4期。

容志：《基层政府公共服务供给的问题与对策：基于上海的研究》，《上海行政学院学报》2011年第6期。

容志：《基于区块链技术的公共服务供给侧改革：运用与前瞻》，《上海对外经贸大学学报》2021年第1期。

鄢爱红：《公共需求管理与公共服务标准化》，《北京行政学院学报》2012年第2期。

尚虎平：《保障与孵化公民基本生存与发展权利——我国基本公共服务均等化的历程、逻辑与未来》，《政治学研究》2021年第4期。

尚虎平：《合理配置政治监督评估与"内控评估"的持续探索——中国40年政府绩效评估体制改革的反思与进路》，《管理世界》2018年第10期。

邵娜、张宇：《政府治理中的"大数据"嵌入：理念、结构与能力》，《电子政务》2018年第11期。

邵亚萍：《公共服务市场化中的利益冲突及其协调——以有线电视模转数的公共服务为例》，《浙江社会科学》2011年第11期。

申静、刘莹、赵域航：《国际大都市创新评价指标体系构建及应用》，《技术经济》2018年第2期。

沈荣华：《提高政府公共服务能力的思路选择》，《中国行政管理》2004年第1期。

盛明科、蔡振华：《公共服务需求管理的历史脉络与现实逻辑——社会主要矛盾的视角》，《北京大学学报》（哲学社会科学版）2018年第4期。

施雪华：《论政府能力及其特性》，《政治学研究》1996年第1期。

施雪华、孙发锋：《政府"大部制"面面观》，《中国行政管理》2008年第3期。

石庆功、郑燃、唐义：《公共数字文化资源整合的标准体系：内容框架及构建路径》，《图书馆论坛》2021年第8期。

事业单位体制改革研究课题组：《事业单位体制改革中需研究解决的几个原则性问题》，《管理世界》2003年第1期。

宋世明：《中国行政体制改革70年回顾与反思》，《行政管理改革》2019年第9期。

孙柏瑛：《社会管理与政府能力建构》，《南京社会科学》2012年第8期。

孙彩红：《协同治理视域下政府资源整合与组织能力分析——以新冠肺炎疫情防控为例》，《四川大学学报》（哲学社会科学版）2020年第4期。

孙峰、郑雨涵、邓炜、纪道涓：《"互联网+"时代我国应急管理吹哨预警机制优化研究》，《电子政务》2021年第9期。

孙杰：《"四个全面"战略布局下政府治理能力提升的困境与路径》，《科学社会主义》2017年第4期。

孙晓冬：《中国事业单位的改革历程及其逻辑》，《中国行政管理》2022年第4期。

谭海波等：《技术管理能力、注意力分配与地方政府网站建设——一项基于TOE框架的组态分析》，《管理世界》2019年第9期。

谭晋秀、何跃：《基于K-means文本聚类的新浪微博个性化博文推荐研究》，《情报科学》2016年第4期。

谭兴中：《论提高西部地方政府公共服务能力》，《西南民族大学学报》（人文社会科学版）2004年第11期。

汤志伟等：《TOE框架下政府数据开放平台利用水平的组态分析》，《情报杂志》2020年第6期。

汤志伟等：《地方政府互联网服务能力及其影响因素研究——基于全国334个地级行政区的调查分析》，《电子政务》2019年第7期。

汤志伟等：《中国省级政府政务服务在线办理能力的影响因素与路径组合》，《电子政务》2021年第5期。

唐代兴：《生存与发展：环境与技术博弈的文化张力》，《福建论坛》（人文社会科学版）2021年第12期。

唐晓阳、代凯：《大数据时代提升政府治理能力研究》，《中共天津市委党校学报》2017年第6期。

唐义、肖希明、周力虹：《我国公共数字文化资源整合模式构建研究》，《图书馆杂志》2016年第7期。

田广清、李倩、刘建伟：《制度建设和创新：党和政府最基本的执政能力——兼论和谐社会构建的制度保障》，《理论与改革》2007年第2期。

仝德、孙裔煜、谢苗苗：《基于改进高斯两步移动搜索法的深圳市公园绿地可达性评价》，《地理科学进展》2021年第7期。

汪欢欢：《基于K-均值聚类与贝叶斯判别的区域创新极培育能力评价——以我国30个省市自治区为例》，《工业技术经济》2019年第5期。

汪佳丽、徐焕东、常青青：《构建全过程、多主体、动态循环的政府购买公共服务监督机制》,《中国行政管理》2021 年第 1 期。

汪锦军:《公共服务中的政府与非营利组织合作:三种模式分析》,《中国行政管理》2009 年第 10 期。

汪永成:《经济全球化进程中政府能力的供求变化及平衡战略》,《武汉大学学报》(哲学社会科学版) 2002 年第 2 期。

汪永成:《论新世纪中国政府能力建设的战略方向》,《马克思主义与现实》2005 年第 6 期。

汪永成:《新时期我国政府能力建设的意义与任务》,《深圳大学学报》(人文社会科学版) 2004 年第 6 期。

汪永成:《政府能力的结构分析》,《政治学研究》2004 年第 2 期。

王琛伟:《我国"放管服"改革成效评估体系的构建》,《改革》2019 年第 4 期。

王丛虎:《政府有效提供公共服务的路径探析》,《人民论坛》2019 年第 34 期。

王法硕:《省级政府"互联网+政务服务"能力的影响因素——基于 30 个省级政府样本的定性比较分析》,《东北大学学报》(社会科学版) 2019 年第 2 期。

王法硕、张桓朋:《重大公共危机事件背景下爆发式政策扩散研究——基于健康码省际扩散的事件史分析》,《电子政务》2021 年第 1 期。

王峰虎、方丽娟:《基层政府公共服务能力分析及提升策略》,《西安交通大学学报》2008 年第 6 期。

王锋、陶学荣:《政府公共服务职能的界定、问题分析及对策》,《甘肃社会科学》2005 年第 4 期。

王虹燕、李杰:《城市环境客观绩效对公众满意度的影响关系及改进策略研究》,《现代城市研究》2017 年第 3 期。

王洪川:《完善国家公共服务制度体系现代化发展的路径分析》,《经济学家》2021 年第 1 期。

王进、陈爽、姚士谋:《城市规划建设的绿地功能应用研究新思路》,

《地理与地理信息科学》2004年第6期。

王军凤：《和谐社会的评价指标体系》，《统计与决策》2007年第3期。

王丽萍：《治理现代化背景下公务员能力评价体系的优化路径》，《东岳论丛》2022年第5期。

王琳、漆国生：《提升地方政府公共服务能力思考》，《理论探索》2008年第4期。

王洛忠、李建呈：《中国共产党建立健全公共服务体系的百年实践与经验》，《中国高校社会科学》2021年第5期。

王洛忠：《论中国政府行政改革的基本价值选择——以1998年中央政府机构改革为例》，《中国行政管理》2000年第10期。

王楠、杨银付：《英国"开放公共服务"改革框架及启示——以卡梅伦政府〈开放公共服务白皮书〉为主要分析对象》，《中国行政管理》2016年第3期。

王骚、王达梅：《公共政策视角下的政府能力建设》，《政治学研究》2006年第4期。

王山：《大数据时代中国政府治理能力建设与公共治理创新》，《求实》2017年第1期。

王绍光：《国家汲取能力的建设——中华人民共和国成立初期的经验》，《中国社会科学》2002年第1期。

王晓东、王旭冉、张路瑶、李国红：《公共服务绩效评价体系构建与应用研究——以河北省为例》，《会计之友》2016年第8期。

王学军等：《地方政府公共价值创造的挑战与路径——基于G省地方政府官员访谈的探索性研究》，《兰州大学学报》（社会科学版）2014年第3期。

王学军等：《公共价值的研究路径与前沿问题》，《公共管理学报》2013年第2期。

王学军等：《数字政府治理绩效生成路径：公共价值视角下的定性比较分析》，《电子政务》2021年第8期。

王雪晴、田家华:《湖北省基本公共服务均等化水平测度》,《统计与决策》2021年第37期。

王艳飞等:《中国城乡协调发展格局特征及影响因素》,《地理科学》2016年第1期。

王毅等:《浙江省公共服务水平的空间不均衡及其影响因素研究》,《南京师大学报》(自然科学版)2019年第1期。

王玉龙等:《需求识别、数据治理与精准供给——基本公共服务供给侧改革之道》,《学术论坛》2018年第2期。

王郁、范莉莉:《环保公共服务均等化评估与地区差距分析》,《上海交通大学学报》(哲学社会科学版)2011年第3期。

王震:《公共政策70年:社会保障与公共服务供给体系的发展与改革》,《北京工业大学学报》(社会科学版)2019年第5期。

王臻荣、邹祥波:《试论我国现阶段有效政府的构建及路径选择》,《政治学研究》2005年第2期。

王志锋、张维凡、朱中华:《中国城镇化70年:基于地方政府治理视角的回顾和展望》,《经济问题》2019年第7期。

王卓、胡梦珠:《国际公共服务:供给实践与理论探析》,《理论与改革》2018年第4期。

魏登才:《论网络问政背景下的政府执政能力建设》,《江汉论坛》2012年第7期。

魏礼群:《中国行政体制改革的历程和经验》,《全球化》2017年第5期。

魏淑艳、郑美玲:《国家治理现代化进程中公共行政价值的多维选择》,《理论探讨》2020年第3期。

文宏、刘志鹏:《人民获得感的时序比较——基于中国城乡社会治理数据的实证分析》,《社会科学》2018年第3期。

文少保:《高校智库服务政府决策的逻辑起点、难点与策略——国家治理能力现代化的视角》,《中国高教研究》2015年第1期。

文智强：《雷达图法在教师课堂教学质量评价中的应用》，《中国职业技术教育》2010年第29期。

翁列恩、胡税根：《公共服务质量：分析框架与路径优化》，《中国社会科学》2021年第11期。

吴丹、朱玉春：《农村公共产品供给能力评价体系的多维观察》，《改革》2011年第9期。

吴国玖、金世斌、甘继勇：《政务热线：提升城市政府治理能力的有力杠杆——以南京市"12345"政府公共服务平台为例》，《现代城市研究》2014年第7期。

吴家庆、徐容雅：《地方政府能力刍议》，《湖南师范大学社会科学学报》2004年第3期。

吴旅燕：《以大数据提升政府治理能力》，《人民论坛》2017年第35期。

吴益兵、廖义刚：《国家能力视角下的政府内部控制体系构建》，《厦门大学学报》（哲学社会科学版）2021年第1期。

向波：《"新公共服务"浪潮与我国政府职能的新定位》，《探索》2006年第6期。

项久雨：《美好社会：现代中国社会的历史展开与演化图景》，《中国社会科学》2020年第6期。

肖陆军：《论政府信用建设》，《云南社会科学》2006年第4期。

肖文涛：《公共管理视野中的社会主义和谐社会建设》，《甘肃行政学院学报》2005年第4期。

肖文涛：《论构建和谐社会的政府行政能力建设》，《中国行政管理》2005年第5期。

肖文涛：《能力建设：现代地方政府面临的时代课题》，《理论探讨》2005年第3期。

肖希明、张芳源：《公共数字文化资源整合中行为主体的角色及职能研究》，《图书情报工作》2015年第11期。

肖子华、徐水源、刘金伟：《中国城市流动人口社会融合评估——以50

个主要人口流入地城市为对象》,《人口研究》2019 年第 5 期。

谢庆奎:《论政府发展的涵义》,《北京大学学报》(哲学社会科学版) 2003 年第 1 期。

谢星全:《基本公共服务质量:一个系统的概念与分析框架》,《中国行政管理》2017 年第 3 期。

谢雨宸:《云模式助推政府服务能力提升》,《人民论坛》2016 年第 32 期。

辛冲冲、陈志勇:《中国基本公共服务供给水平分布动态、地区差异及收敛性》,《数量经济技术经济研究》2019 年第 8 期。

熊光清:《大数据技术的运用与政府治理能力的提升》,《当代世界与社会主义》2019 年第 2 期。

熊水龙:《构建和谐社会目标下的政府核心能力》,《行政论坛》2006 年第 6 期。

徐光等:《基于公众需求的政府信息公开程度 ANP 评价研究》,《情报科学》2016 年第 8 期。

徐国亮:《和谐社会架构下的有效公共管理体系研究》,《理论视野》2006 年第 4 期。

徐琴:《基本公共服务供给评估指标体系的构建》,《统计与决策》2012 年第 5 期。

徐铜柱:《试析社会管理中政府权力与责任的统一》,《社会主义研究》2013 年第 2 期。

徐顽强、张婷:《公共危机治理中社会组织的角色审视与嵌入路径》,《郑州大学学报》(哲学社会科学版)2021 年第 6 期。

徐元善等:《我国乡镇政府政策执行力提升研究》,《政治学研究》2013 年第 2 期。

徐增阳、张磊:《公共服务精准化:城市社区治理机制创新》,《华中师范大学学报》(人文社会科学版)2019 年第 4 期。

许恒周等:《京津冀城市圈公共服务资源配置与人口城镇化协调效率研

究》，《中国人口·资源与环境》2018 年第 3 期。
许家楠、张桂珠：《基于数据场的数据势能竞争与 K-means 融合的聚类算法》，《计算机应用与软件》2017 年第 12 期。
许阳、王程程：《大数据推进政府治理能力现代化：研究热点与发展趋势》，《电子政务》2018 年第 11 期。
许耀桐：《当代中国国家治理问题论析》，《理论探讨》2018 年第 2 期。
许晔：《以大数据创新提升政府管理决策能力》，《科学管理研究》2017 年第 3 期。
薛澜：《顶层设计与泥泞前行：中国国家治理现代化之路》，《公共管理学报》2014 年第 4 期。
薛澜、李宇环：《走向国家治理现代化的政府职能转变：系统思维与改革取向》，《政治学研究》2014 年第 5 期。
薛澜、张强、钟开斌：《危机管理：转型期中国面临的挑战》，《中国软科学》2003 年第 4 期。
燕继荣、朱春昊：《中国公共政策的调适——兼论"以人民为中心"的价值取向及其实践》，《治理研究》2021 年第 5 期。
杨戴萍、古小华、欧阳彬：《大数据时代的政府回应——变革、挑战与应对》，《南京邮电大学学报》（社会科学版）2015 年第 4 期。
杨国栋：《论我国地方政府公共服务供给能力提升的行动逻辑》，《江西行政学院学报》2007 年第 3 期。
杨宏山：《公共服务供给与政府责任定位》，《中州学刊》2009 年第 4 期。
杨莉等：《长三角地区环境基本公共服务绩效评价及影响因素研究》，《现代经济探讨》2019 年第 11 期。
杨柳：《公共服务供给中的需求管理》，《中国党政干部论坛》2017 年第 1 期。
杨梅：《中国地方政府公共服务标准化探索与思考》，《北京行政学院学报》2012 年第 3 期。
杨宜勇、邢伟：《公共服务体系的供给侧改革研究》，《人民论坛·学术前沿》2016 年第 5 期。

杨元元：《以大数据提升政府公共危机管理能力》，《人民论坛》2018 年第 5 期。

杨振华、李凯林：《新时代中国公共行政价值的回溯与重构》，《人民论坛·学术前沿》2019 年第 12 期。

叶富春：《试论新民本政治视野下的政府行政能力》，《中国行政管理》2006 年第 1 期。

叶托：《资源依赖、关系合同与组织能力——政府购买公共服务中的社会组织发展研究》，《行政论坛》2019 年第 6 期。

叶晓倩：《人才公共服务：政府职能及其政策选择》，《管理世界》2012 年第 8 期。

叶胥、谢迟、毛中根：《中国居民民生获得感与民生满意度：测度及差异分析》，《数量经济技术经济研究》2018 年第 10 期。

易朝辉：《资源整合能力、创业导向与创业绩效的关系研究》，《科学学研究》2010 年第 5 期。

尹华、朱明仕：《论我国公共服务供给主体多元化协调机制的构建》，《经济问题探索》2011 年第 7 期。

尹鹏、刘继生、陈才：《东北地区资源型城市基本公共服务效率研究》，《中国人口·资源与环境》2015 年第 6 期。

尹振东、汤玉刚：《专项转移支付与地方财政支出行为——以农村义务教育补助为例》，《经济研究》2016 年第 4 期。

应松年：《加快法治建设促进国家治理体系和治理能力现代化》，《中国法学》2014 年第 6 期。

余江、靳景、温雅婷：《转型背景下公共服务创新中的数字技术及其创新治理：理论追溯与趋势研判》，《科学学与科学技术管理》2021 年第 2 期。

俞可平：《全球化与中国政府能力》，《公共管理学报》2005 年第 1 期。

俞可平：《治理和善治引论》，《马克思主义与现实》1999 年第 5 期。

郁建兴、秦上人：《论基本公共服务的标准化》，《中国行政管理》2015年第4期。

郁建兴、吴玉霞：《公共服务供给机制创新：一个新的分析框架》，《学术月刊》2009年第12期。

郁建兴：《中国的公共服务体系：发展历程、社会政策与体制机制》，《学术月刊》2011年第3期。

郁俊莉、姚清晨：《内容指向与结果导向：县域治理评估框架构建研究》，《北京工业大学学报》（社会科学版）2020年第1期。

袁刚、温圣军、赵晶晶、陈红：《政务数据资源整合共享：需求、困境与关键进路》，《电子政务》2020年第10期。

袁文瀚：《信用监管的行政法解读》，《行政法学研究》2019年第1期。

袁湘濵：《建立符合科学发展观的社会治安综合评估体系》，《理论前沿》2006年第23期。

臧乃康：《论政府能力》，《甘肃社会科学》2001年第3期。

臧乃康：《论政府能力》，《江苏行政学院学报》2001年第1期。

曾红颖：《我国基本公共服务均等化标准体系及转移支付效果评价》，《经济研究》2012年第6期。

曾维和、陈岩：《我国社会组织承接政府购买服务能力体系构建》，《社会主义研究》2014年第3期。

张成福、谢侃侃：《数字化时代的政府转型与数字政府》，《行政论坛》2020年第6期。

张成福：《责任政府论》，《中国人民大学学报》2000年第2期。

张成伟：《国家科技奖励工作后评估指标体系的理论构建与实证检验》，《科技管理研究》2020年第19期。

张东豫、莫光财：《基本公共服务均等化：基于地区差异及分析》，《甘肃行政学院学报》2007年第4期。

张钢、徐贤春：《地方政府能力的评价与规划——以浙江省11个城市为例》，《政治学研究》2005年第2期。

张钢、徐贤春、刘蕾：《长江三角洲 16 个城市政府能力的比较研究》，《管理世界》2004 年第 8 期。

张国磊：《科层权威、资源吸纳与基层社会治理——基于"联镇包村"第一书记的行动逻辑考察》，《中国行政管理》2019 年第 11 期。

张皓玮：《和谐社会视野下的政府危机应对能力建设浅谈》，《东南大学学报》（哲学社会科学版）2007 年第 S2 期。

张菊梅：《美国公共服务改革及其对中国的启示》，《电子科技大学学报》（社会科学版）2014 年第 2 期。

张军：《乡村价值定位与乡村振兴》，《中国农村经济》2018 年第 1 期。

张开云、张兴杰、李倩：《地方政府公共服务供给能力：影响因素与实现路径》，《中国行政管理》，《西安交通大学学报》（社会科学版）2010 年第 1 期。

张康之、程倩：《在服务型政府建构中提高党的执政能力》，《理论学刊》2005 年第 7 期。

张康之：《机构改革后阻碍政府能力提升的因素》，《南京社会科学》2001 年第 5 期。

张康之：《行政改革提升政府能力的道德分析》，《中共中央党校学报》2001 年第 2 期。

张力、李梅：《构建体制性的政府危机管理系统——恐怖活动猖獗对我国政府危机管理能力的预警》，《理论与改革》2003 年第 2 期。

张立荣等：《县级政府公共服务能力结构的理论建构、实证检测及政策建议——基于湖北、江西两省的问卷调查与分析》，《中国行政管理》2010 年第 5 期。

张丽、冯飞：《善治理念下地方政府公共服务能力的提升研究》，《陕西行政学院学报》2016 年第 2 期。

张丽恒、张平：《"十三五"时期底线生存服务均等化建设的对策研究——以天津市为例》，《经济体制改革》2015 年第 4 期。

张琳、席酉民、杨敏：《资源基础理论 60 年：国外研究脉络与热点演变》,《经济管理》2021 年第 9 期。

张玲、李颖:《利用新兴信息技术助力政府治理能力现代化》,《电子政务》2015 年第 1 期。

张璐:《以"美好生活需要"为导向的环境权塑造》,《人权》2021 年第 6 期。

张明等:《中国企业"凭什么"完全并购境外高新技术企业——基于 94 个案例的模糊集定性比较分析(fsQCA)》,《中国工业经济》2019 年第 4 期。

张明等:《组织与管理研究中 QCA 方法的应用:定位、策略和方向》,《管理学报》2019 年第 9 期。

张启春、江朦朦:《中国省际环境基本公共服务绩效差异分析》,《财经理论与实践》2014 年第 3 期。

张勤、窦高涵:《论电子政务发展与促进政府能力提升》,《电子政务》2012 年第 11 期。

张青等:《新型数字基础设施促进现代服务业虚拟集聚的路径研究》,《经济问题探索》2021 年第 7 期。

张书维、李纾:《行为公共管理学探新:内容、方法与趋势》,《公共行政评论》2018 年第 1 期。

张文显:《法治与国家治理现代化》,《中国法学》2014 年第 4 期。

张武强等:《基层政府公共服务能力:影响因素及对策分析》,《江西社会科学》2009 年第 5 期。

张贤明等:《设施布局均等化:基本公共服务体系建设的空间路径》,《行政论坛》2016 年第 6 期。

张序:《公共服务供给的理论基础:体系梳理与框架构建》,《四川大学学报》(哲学社会科学版)2015 年第 4 期。

张再生、李祥飞:《公共部门人力资源管理的理论与实践前沿问题探讨》,《中国行政管理》2012 年第 9 期。

张正岩:《关于地方政府公共服务能力的内涵与改进的探讨》,《长春师范学院学报》2011 年第 7 期。

赵海怡:《企业视角下地方营商制度环境实证研究——以地方制度供给与企业需求差距为主线》,《南京大学学报》(哲学·人文科学·社会科学) 2020 年第 2 期。

赵晖:《从抗击"非典"审视我国政府能力》,《青海社会科学》2003 年第 5 期。

赵黎青:《什么是公共服务》,《中国人才》2008 年第 15 期。

赵林等:《河南省基本公共服务质量空间格局与空间效应研究》,《地理科学》2016 年第 10 期。

赵志立:《加强危机管理与提高党和政府执政能力》,《社会科学研究》2005 年第 5 期。

郑月龙、周立新、王琳:《政府补贴下复杂产品共性技术协同研发的信号博弈》,《系统管理学报》2020 年第 1 期。

郑跃平等:《地方政府部门数字化转型的现状与问题——基于城市层面政务热线的实证研究》,《电子政务》2021 年第 2 期。

中国行政管理学会课题组:《加快我国社会管理和公共服务改革的研究报告》,《中国行政管理》2005 年第 2 期。

钟辉勇、陆铭:《财政转移支付如何影响了地方政府债务?》,《金融研究》2015 年第 9 期。

周国华、胡慧中、李施瑶:《公平偏好视角下复杂产品共性技术供给模式研究》,《科技管理研究》2019 年第 21 期。

周静、高颖:《国内基本公共服务供给的测度及其对民生福祉的影响:一个文献综述》,《当代经济管理》2022 年第 3 期。

周黎安:《中国地方官员的晋升锦标赛模式研究》,《经济研究》2007 年第 7 期。

周梅芳:《论新时期政府的行政决策能力》,《贵州社会科学》2000 年第 3 期。

周绍杰、王洪川、苏杨:《中国人如何能有更高水平的幸福感——基于中国民生指数调查》，《管理世界》2015年第6期。

周文彰：《数字政府和国家治理现代化》，《行政管理改革》2020年第2期。

周晓丽、毛寿龙：《论我国公共文化服务及其模式选择》，《江苏社会科学》2008年第1期。

周学荣：《英国公共服务改革及其启示》，《国家行政学院学报》2010年第6期。

周艳玲、姜继为：《构建和谐社会与政府规制能力》，《江汉论坛》2007年第8期。

周瑜：《数字技术驱动公共服务创新的经济机理与变革方向》，《当代经济管理》2020年第2期。

周志忍：《政府绩效管理研究：问题、责任与方向》，《中国行政管理》2006年第12期。

朱恒鹏、徐静婷：《共享发展、共同体认同与社会保障制度构建》，《财贸经济》2016年第10期。

朱旭峰、赵慧：《政府间关系视角下的社会政策扩散——以城市低保制度为例（1993—1999）》，《中国社会科学》2016年第8期。

朱艳菊：《政府大数据能力建设研究》，《电子政务》2016年第7期。

左宏愿等：《基层公务员的政策执行：结构脉络中的策略性选择》，《党政研究》2019年第1期。

### 三　中译著作

《马克思恩格斯全集》（第3卷），人民出版社2008年版。

《马克思恩格斯选集》（第1卷），人民出版社1995年版。

《马克思恩格斯选集》（第4卷），人民出版社1995年版。

世界银行《1997年世界发展报告》编写组：《1997年世界发展报告：变革世界中的政府》，蔡秋生等译，中国财政经济出版社1997年版。

［奥］L. V. 贝塔朗菲：《一般系统论》，袁嘉新译，社会科学文献出版

社 1987 年版。

［德］赫尔曼·哈肯：《协同学：大自然构成的奥秘》，凌复华译，上海译文出版社 2005 年版。

［德］尤尔根·哈贝马斯：《交往与社会进化》，张博树译，重庆出版社 1989 年版。

［美］C. E. 布莱克：《现代化的动力》，段小光译，四川人民出版社 1988 年版。

［美］E. S. 萨瓦斯：《民营化与公私部门的伙伴关系》，周志忍等译，中国人民大学出版社 2002 年版。

［美］H. 乔治·弗雷德里克森：《公共行政的精神》，张成福等译，中国人民大学出版社 2013 年版。

［美］R. J. 斯蒂尔曼：《公共行政学》，李方等译，中国社会科学出版社 1988 年版。

［美］W. 理查德·斯科特：《制度与组织——思想观念与物质利益》，姚伟、王黎芳译，中国人民大学出版社 2010 年版。

［美］查尔斯·C. 拉金：《QCA 设计原理与应用：超越定性与定量研究的新方法》，杜运周等译，机械工业出版社 2017 年版。

［美］戴维·伊斯顿：《政治生活的系统分析》，王浦劬译，华夏出版社 1989 年版。

［美］丹尼斯·C. 穆勒：《公共选择理论》，韩旭、杨春学等译，中国社会科学出版社 1999 年版。

［美］德怀特·沃尔多：《行政国家：美国公共行政的政治理论研究》，颜昌武译，中央编译出版社 2017 年版。

［美］富兰克林·罗斯福：《罗斯福选集》，关在汉译，商务印书馆 1982 年版。

［美］吉尔伯特·罗兹曼：《中国的现代化》，国家社会科学基金"比较现代化"课题组译，江苏人民出版社 2010 年版。

［美］加布里埃尔·A. 阿尔蒙德、小 G. 宾厄姆·鲍威尔：《比较政治

学——体系、过程和政策》，曹沛霖、郑世平、公婷、陈峰译，上海译文出版社1987年版。

［美］莱斯特·M.萨拉蒙：《公共服务中的伙伴——现代福利国家中政府与非营利组织的关系》，田凯译，商务印书馆2008年版。

［美］马克·H.穆尔：《创造公共价值：政府战略管理》，伍满桂译，商务印书馆2016年版。

［美］马泰·卡林内斯库：《现代性的五副面孔：现代主义、先锋派、颓废、媚俗艺术、后现代主义》，顾爱彬、李瑞华译，商务印书馆2002年版。

［美］迈克尔·麦金尼斯：《多中心体制与地方公共经济》，毛寿龙译，上海三联书店2000年版。

［美］萨缪尔森、诺德豪斯：《经济学》，萧琛主译，人民邮电出版社2004年版。

［美］塞缪尔·P.亨廷顿：《变化社会中的政治秩序》，王冠华、刘为等译，上海人民出版社2008年版。

［美］斯蒂格利茨：《经济学（上册）》，梁小民译，中国人民大学出版社1997年版。

［美］西奥多·H.波伊斯特：《公共与非营利组织绩效考评：方法与应用》，肖鸣政等译，中国人民大学出版社2005年版。

［英］A.C.庇古：《福利经济学》，朱泱、张胜纪、吴良健译，商务印书馆2011年版。

［英］戴维·米勒、韦农·波格丹诺：《布莱克维尔政治学百科全书》，邓正来译，中国政法大学出版社1992年版。

［英］亚当·斯密：《国民财富的性质和原因的研究（下卷）》，郭大力、王亚南译，商务印书馆1974年版。

## 四 外文著作

Deutsch K. W. , *The Nerves of Government*; *Models of Political Communica-*

*tion and Control*, Landon: Free Press of Glencoe, 1963.

Di Nitto, Diana M. & David W. Johnson, *Social Welfare: Politics and Public Policy (8edition)*, Austin: Pearson, 2015.

Di Nitto, Diana M. & David W. Johnson, *Social Welfare: Politics and Public Policy (8edition)*, Austin: Pearson, 2015.

Kahnemand, *Objective Happiness*, New York: Russell Sage Foundation, 1999.

MacQueen, J., "Some Methods for Classification and Analysis of Multivariate Observations", 1965.

Migdal, Joel S., *Strong Societies and Weak States: State-society Relations and State Capabilities in the Third World*, Princeton University Press, 1988.

Penrose, E. T., *The Theory of the Growth of the Firm*, New York: Wiley, 1959.

Stuart Hall and Bram Gieben (eds.), *Formations of Modernity*, Cambridge: Polity, 1992.

## 五 外文论文

Barney, J. B., "Firm Resources and Sustained Competitive Advantage", *Journal of Management*, Vol. 17, No. 1, 1991.

Barney, J. B., "Looking Inside for Competitive Advantages", *Academy of Management Executive*, Vol. 9, No. 4, 1995.

Barney, J. B., "Strategic Factor Markets: Expectations, Luck, and Business Strategy", *Management Science*, Vol. 32, No. 10, 1986.

Baskoy, Tuna, Bryan Evans, and John Shields, "Assessing Policy Capacity in Canada's Public Services: Perspectives of Deputy and Assistant Deputy Ministers", *Canadian Public Administration*, Vol. 54, No. 2, 2011.

Bozeman, Barry, and Japera Johnson, "The Political Economy of Public Values: A Case for the Public Sphere and Progressive Opportunity", *The American Review of Public Administration*, Vol. 45, No. 1, 2015.

Brush, C. G., Greene, P. G., Hart, M., "From Initial Idea to Unique

Advantage: The Entrepreneurial Challenge of Constructing a Resource Base", *Academy of Management Executive*, Vol. 15, 2001.

Eisenhardt, K. M., Martin, J. A., "Dynamic Capabilities: What Are They?", *Strategic Management Journal*, Vol. 21, No. 10 – 11, 2000.

Fornell, Claes, "A National Customer Satisfaction Barometer: The Swedish Experience", *Journal of Marketing*, Vol. 56, No. 1, 1992.

Fornell, Claes, et al., "The American Customer Satisfaction Index: nature, Purpose, and Findings", *Journal of Marketing*, Vol. 60, No. 4, 1996.

Ge, B., Dong, B., "Resource Integration Process and Venture Performance: Based on the Contingency Model of Resource Integration Capability", *2008 International Conference on Management Science and Engineering 15th Annual Conference Proceedings*, IEEE, 2008.

Johnson, Michael D., et al., "The Evolution and Future of National Customer Satisfaction Index Models", *Journal of Economic Psychology*, Vol. 22, No. 2, 2001.

José Vilares, Manuel, and Pedro Simões Coelho, "The Employee-customer Satisfaction Chain in the ECSI Model", *European Journal of Marketing*, Vol. 37, No. 11/12, 2003.

Kelly, G., Muers, S., Mulgan, G., "Creating Public Value: An Analytical Framework for Public Service Reform", London: Cabinet Office, U. K. Government, 2002.

Koruna, S., "Leveraging Knowledge Assets: Combinative Capabilities-theory and Practice", *R&D Management*, Vol. 34, No. 5, 2004.

Lewis, C., "The Howard Government: The Extent to Which Public Attitudes Influenced Australia's Federal Policy Mix", *Australian Journal of Public Administration*, Vol. 66, No. 1, 2007.

MacQueen, J., "Some Methods for Classification and Analysis of Multivariate Observations", 1965.

Moore, M., "Managing for Value: Organizational Strategy in for-Profit, Nonprofit and Governmental Organizations", *Nonprofit and Voluntary Sector Quarterly*, Vol. 29, No. 1, 2000.

Oates, W. E., "Toward a Second-generation Theory of Fiscal Federalism", *International Tax and Public Finance*, Vol. 12, No. 4, 2005.

Panagiotopoulos, Panos, Bram Klievink, and Antonio Cordella, "Public Value Creation in Digital Government", *Government Information Quarterly*, Vol. 36, No. 4, 2019.

Pang, M. S., Lee, G., Delone, W. H., "IT Resources, Organizational Capabilities, and Value Creation in Public Sector Organizations: A Public-value Management Perspective", *Journal of Information Technology*, Vol. 29, No. 3, 2014.

Paul A. Samuelson, "The Pure Theory of Public Expenditure", *The Review of Economics and Statistics*, Vol. 36, No. 4, 1954.

Smith, A., *An Inquiry Into the Nature and Causes of the Wealth of Nations*, Edwin Cannan's Annotated Edition, Chicago: University of Chicago Press, 1777.

Stoker, Gerry, "Public Value Management: A New Narrative for Networked Governance?" *The American Review of Public Administration*, Vol. 36, No. 1, 2006.

Charles M. Tiebout, "A Pure Theory of Local Expenditures", *Journal of Political Economy*, Vol. 64, No. 5, 1956.

Twizeyimana, Jean Damascene, and Annika Andersson, "The Public Value of E-Government-A literature Review", *Government Information Quarterly*, Vol. 36, No. 2, 2019.

Wernerfelt, B., "A Resource-based View of the Firm", *Strategic Management Journal*, Vol. 5, No. 2, 1984.

Wu LeiYu, "Applicability of the Resource-based and Dynamic-capability

Views under Environmental Volatility", *Journal of Business Research*, Vol. 63, No. 1, 2010.

### 六 学位论文

蒋牧宸:《地方政府公共服务供给机制改革研究》,博士学位论文,武汉大学,2014年。

刘大卫:《社会保障财政资金分配效应研究》,博士学位论文,西南财经大学,2013年。

刘丹:《医疗服务体系资源整合促进策略研究》,博士学位论文,华中科技大学,2014年。

马鸿佳:《创业环境、资源整合能力与过程对新创企业绩效的影响研究》,博士学位论文,吉林大学,2008年。

### 七 网络文献

《2002年国务院政府工作报告》,中华人民共和国中央人民政府,2006年2月16日,http://www.gov.cn/test/2006-02/16/content_201164.htm。

《2003年国务院政府工作报告》,中华人民共和国中央人民政府,2006年2月16日,http://www.gov.cn/test/2006-02/16/content_201173.htm。

《高举中国特色社会主义伟大旗帜 为全面建设社会主义现代化国家而团结奋斗——在中国共产党第二十次全国代表大会上的报告》,共产党员网,2022年10月25日,https://www.12371.cn/2022/10/25/ARTI1666705047474465.shtml。

《国家互联网信息办公室发布〈数字中国发展报告(2020年)〉》,中华人民共和国中央人民政府,2021年7月3日,http://www.gov.cn/xinwen/2021-07/03/content_5622668.htm。

《国家政务服务平台简介》,http://gjzwfw.www.gov.cn/col/col129/index. html，2022 年 5 月 14 日。

《国务院关于加快推进"互联网＋政务服务"工作的指导意见》，中华人民共和国中央人民政府，2016 年 9 月 25 日，http：//www.gov.cn/gongbao/content/2016/content_5120694.htm。

《国务院关于印发"十三五"推进基本公共服务均等化规划的通知》（国发〔2017〕9 号），中华人民共和国中央人民政府，2017 年 3 月 1 日，http://www.gov.cn/zhengce/content/2017-03/01/content_5172013.htm。

李杰：《CiteSpace 中文指南》，2015 年 5 月 3 日，http：//blog.sciencenet.cn/blog-496649-886962.html。

《人力资源社会保障部关于印发人力资源和社会保障事业发展"十三五"规划纲要的通知》（人社部发〔2016〕63 号），中华人民共和国中央人民政府，2016 年 7 月 6 日，http：//www.gov.cn/gongbao/content/2017/content_5181097.htm。

王爽：《习近平：坚定制度自信不要固步自封》2014 年 2 月 17 日，http://news.xinhuanet.com/politics/2014-02/17/c_119373758.htm。

《习近平主持召开中央全面深化改革领导小组第十次会议》，中华人民共和国中央人民政府，2015 年 2 月 28 日，http：//www.gov.cn/xinwen/2015-02/27/content_2822649.htm。

夏征农、陈至立等：《大辞海》，http：//www.dacihai.com.cn/search_index.html?_st=1&keyWord=资源&itemId=83796。

《中共中央办公厅 国务院办公厅印发〈关于建立健全基本公共服务标准体系的指导意见〉》，中华人民共和国中央人民政府，2018 年 12 月 12 日，http：//www.gov.cn/xinwen/2018-12/12/content_5348159.htm。

《中共中央关于坚持和完善中国特色社会主义制度 推进国家治理体系和治理能力现代化若干重大问题的决定》，共产党员网，2019 年 11 月 5 日，https：//www.12371.cn/2019/11/05/ARTI1572948516253457.shtml。

《中华人民共和国国民经济和社会发展第十四个五年规划和2035 年远景

目标纲要》，https：//www.12371.cn/2021/03/13/ARTI161559875 1923816.shtml#d14。

《中华人民共和国国民经济和社会发展第十四个五年规划和2035年远景目标纲要》，中华人民共和国中央人民政府，2017年3月13日，http：//www.gov.cn/xinwen/2021-03/13/content_5592681.htm。

《最新！中国10大幸福城市出炉了！你的家乡上榜了吗？》，央视财经，2018年2月，https：//baijiahao.baidu.com/s?id=1591656358029191569&wfr=spider&for=pc，2022年6月7日。

## 八　报纸

《激发制度活力激活基层经验激励干部作为 扎扎实实把全面深化改革推向深入》，《人民日报》2018年7月7日。

《决胜全面建成小康社会夺取新时代中国特色社会主义伟大胜利——在中国共产党第十九次全国代表大会上的报告》，《人民日报》2017年10月28日。

《落实责任完善体系整合资源统筹力量 全面提高国家综合防灾减灾救灾能力》，《人民日报》2016年7月29日。

《习近平主持召开中央全面深化改革领导小组第三十次会议》，《人民日报》2016年12月6日。

《中共中央关于坚持和完善中国特色社会主义制度推进国家治理体系和治理能力现代化若干重大问题的决定》，《人民日报》2019年11月6日。

# 后 记

本书是作者所承担的国家社科基金艺术类重点项目"国家文化管理体制改革与创新研究"（15AH007）、湖北省软科学研究专项计划项目"中国地方基本公共服务体制创新研究：以湖北省为例"（2011DHA012），以及武汉大学"双一流"建设引导专项"湖北省地级市公共服务能力指数研究"（1203/250000471）等相关课题的阶段性成果。因此，在此要感谢国家社会科学基金委、湖北省软科学研究专项和武汉大学"双一流"建设引导专项的经费支持。正是在这些经费的支持下，课题组得以克服新冠疫情带来的种种阻力，尤其是确保了较大规模的问卷调查和数据分析工作有效完成。

本书是长期研究积累、大规模调研与理论分析的产物。随着经济社会发展，现代政府职能重心逐渐依次由公共安全与秩序保障、经济繁荣与发展转向社会公平与公共服务供给为核心，无论如何指称，尽管存在着不同的发展路径和千差万别的结构特征，服务型政府至少在名义上已经成为当今世界主要国家的政府发展导向。21世纪伊始，中国各级政府建设也逐渐转向以社会公平与公共服务职能为中心，中共中央、国务院制定与颁布了一系列重大政策安排。由于中国特色的政治社会制度、悠久深重的历史发展路径和多样化的社会自然条件使然，在政府、市场、社会与公民个人角色不断互动重构的历史进程中，我国服务型政府建设路径，乃至于不同区域、不同层级的政府公共服务能力结构特征与生成机制呈现出多样化而复杂的发展格局。为了洞悉其中奥妙，笔者连同所在的武汉大学地方政府公共服务创新研究中心团队成员，不断追踪搜集政府公共服务政策措施与行动实践资料，以湖北省为重点个案，综合运用问卷调查、重点访谈和实地考察等方法，搜集数十万字的一手资料和图片。在此基础上，借鉴既有研究成果，本书建构起地方政府公共服务能力评估指标体系和政府公共服务能力差异性的结构比较分析理论架构，综合运用公共管理学、政治学、经济学、社会学等相关学科理论，尤其是紧扣我国相关领域政策发展趋势，为推动政府公共服务能力差异性研究领域的本土化话语建构和促成政府公共服务能力体系的实践创新，较为系统地阐述与揭示我国地方政府公共服务能力体系的结构特征及其生成机制。本书对于关注地方政府公共服务能力相关主题研究的专家学者、研究人员应该具有启发意义，对于试图了解地方政府公共服务运行实践和原理的各个层次学生也能提供较好的理论话语、研究发现和资料素材，对于相关实践部门工作人员自然也有一定借鉴意义。这也正是本书的研究目的与撰写初心所在。

由于研究工作的完成涉及大量主客观数据的采取、处理与分析工作，本书是团队成员共同努力的结晶。笔者统筹了项目研究规划、数据采集与处理、研究分析与书稿撰写工作，完成了话语体系与分析架构建构、书稿整体及后记撰写工作。其他团队成员，主要包括徐蕾、李帅、周维、朱胜姣、冯柯铭、牛一凡、韩旭龙、王琰洁、王艳蕊、鲍子欣、魏元琳，参与了相关章节的数据处理、图表制作和书稿撰写工作。要特别感谢著名公共管理学家陈振明教授为本书作序，尤其是要感谢陈老师对后生的一贯悉心栽培与扶持。同时，要致谢中国社会科学出版社，尤其是郭曼曼编辑为本书出版提供的专业支持和宝贵建议，他们精细的行文修改与校正工作为文本增色不少。武汉大学政治与公共管理学院将本书列入论丛，并承担了部分出版经费，在这里一并感谢。